성 명	
수 험 번 호	
감 독 관 확 인	

KBS 한국어능력시험
실전모의고사

제1회

시   분 ~ 시   분 (총 100문항/120분)

* 시작과 종료 시각을 정한 후, 실전처럼 모의고사를 풀어보세요.

▢ 시험 응시 유의사항

- 문제지와 OMR 답안지에 성명, 수험 번호를 정확히 기입하여 주시기 바랍니다.

- 시험은 쉬는 시간 없이 진행되며, 듣기·말하기 시험은 25분간 진행됩니다. 본 실전모의고사 4쪽의 QR코드를 스캔하여 듣기 MP3 파일을 바로 다운로드 받을 수 있습니다.

- 함께 제공되는 OMR 답안지를 이용하여 실전처럼 모의고사를 풀어본 후, 해설집의 '모바일 자동 채점+성적 분석 서비스' QR코드를 스캔하여 응시 인원에 따른 본인의 석차와 취약 영역을 확인해 보시기 바랍니다.

⑪ 해커스자격증

한국어능력시험 문항 (100문항)

영역	문항 번호
듣기 · 말하기	1 ~ 15
어휘	16 ~ 30
어법	31 ~ 45
쓰기	46 ~ 50
창안	51 ~ 60
읽기	61 ~ 90
국어 문화	91 ~ 100

1. 그림에 대한 설명에서 확인할 수 <u>없는</u> 내용은?

① 작품에 대한 당대의 평가
② 작품에 담긴 풍토가 조성된 배경
③ 작품의 색감이 자아내는 분위기
④ 작품에 드러나는 당시 화풍의 특징
⑤ 작품 속 남성들이 취하는 행위의 의미

2. 이 이야기 마지막에 이어질 교훈으로 가장 적절한 것은?

① 다른 사람의 이유 없는 배려는 경계해야 한다는 내용입니다.
② 겉으로 드러나는 모습보다 내실을 추구해야 한다는 내용입니다.
③ 다음 단계로 도약하기 위해 단련하는 과정이 필요하다는 내용입니다.
④ 적절한 시기의 도움은 더 나은 상태로 도약할 수 있게 해 준다는 내용입니다.
⑤ 실패의 요인을 분석할 때 남을 탓하지 말고 나 자신을 점검해야 한다는 내용입니다.

3. 강연의 내용과 일치하지 <u>않는</u> 것은?

① 접속 수역에서는 어느 나라도 권리를 행사할 수 없다.
② 연안국은 배타적 경제 수역에서 어업 활동과 해양 자원 채굴을 할 수 있다.
③ 해안선에서 24해리까지의 바다 영역에서 연안국은 불법적 행위를 규제할 수 있다.
④ 영해는 연안국의 영역이지만 그곳의 질서와 안전을 해치지 않는 한 외국 선박의 출입이 가능하다.
⑤ 해안에서 200해리까지의 영역인 배타적 경제 수역의 자원에 대해 연안국은 경제적 혜택을 독차지할 수 있다.

4. 정책 담당자의 설명과 일치하지 <u>않는</u> 것은?

① 청소년 국제 교류 활동의 실무를 지원해 줄 수 있는 전문가가 부족한 상황이다.
② 청소년이 상대국에 방문하는 경우 경비에 대한 물적 자원을 전부 지원해 주고 있다.
③ 청소년 국제 교류의 목적은 국제 사회에 대한 청소년들의 참여 의식을 함양하는 데 있다.
④ 해당 프로그램에 참여하는 고등학생들은 교류를 맺은 나라의 학교에서 학습을 할 수 있다.
⑤ 취약 계층 청소년들이 국제 교류 활동에 활발하게 참여할 수 있도록 해당 프로그램을 널리 알리고자 한다.

5. 시에서 '그것'이 가리키는 대상으로 가장 적절한 것은?

① 햇볕　　　　　　　　② 꿈나무　　　　　　　　③ 별똥별
④ 은행나무　　　　　　⑤ 노란 손수건

6. 과장이 설명한 의약품 공급 정보망에 대한 내용과 일치하는 것은?

① 회원 가입을 하지 않아도 사업에 참여할 수 있다.
② 국외 의료 봉사 단체도 의료품을 지원받을 수 있다.
③ 약사의 처방 없이 의약품을 제공하는 것이 이 사업의 문제점이다.
④ 의료보험이 적용되지 않는 의약품은 원가의 반값으로 제공받을 수 있다.
⑤ 자치 단체가 약국의 재고 약품을 전달받아 의약품이 필요한 곳에 제공해 주는 서비스이다.

7. 진행자의 말하기 전략에 대한 설명으로 적절하지 않은 것은?

① 사업 내용과 관련된 구체적인 예를 요구하고 있다.
② 사업의 번창을 기원하며 인터뷰를 마무리하고 있다.
③ 과장이 설명한 문제점을 해결하기 위한 방법을 언급하고 있다.
④ 주제에 벗어난 이야기를 저지하기 위하여 화제를 돌리고 있다.
⑤ 어떠한 결과를 제시하고 그 이유를 추측하며 인터뷰를 이끌어 가고 있다.

8. 대화를 통해 알 수 있는 등장인물의 생각으로 적절하지 않은 것은?

① 아내: 아이를 몰아붙이는 것은 잘못된 양육 방식이다.
② 아내: 자신의 아이는 비행을 저지르지 않을 것이라고 확신한다.
③ 남편: 가족 간 대화가 원활하지 않아 아영이에게 문제 행동이 발생하였다.
④ 남편: 원만한 사회적 관계를 위해서 자신의 감정을 조절할 수 있어야 한다.
⑤ 남편: 친구 간의 불화는 학교 폭력의 징후이므로 이를 안일하게 여기면 안 된다.

9. 두 사람의 갈등이 일어난 원인으로 가장 적절한 것은?

① 학교 폭력에 대한 인식 차이
② 자녀의 성별에 따른 부모의 역할 차이
③ 자녀와 대화를 나누는 시간에 대한 견해 차이
④ 양육과 직장 업무의 우선순위에 대한 견해 차이
⑤ 학교폭력대책심의위원회의 조치에 대한 견해 차이

10. 강연의 내용과 일치하지 않는 것은?

① 금속으로 만들어졌어도 목관 악기에 속하는 악기가 있다.
② 피콜로, 오보에는 목관 악기에 속하며 호른, 튜바는 금관 악기에 속한다.
③ 오케스트라는 관현악을 연주하는 악단을 일컫는 동시에 관현악 합주를 의미한다.
④ 체임버 오케스트라는 현악기, 관악기, 타악기의 세 가지 악기군으로 구성된다.
⑤ 오케스트라는 고대 그리스에서 특정한 공간을 가리키던 말인 '오르케스트라'에서 비롯되었다.

11. 이 강연의 특징에 대한 설명으로 가장 적절한 것은?

① 시대에 따른 오케스트라의 의미 변화를 중심으로 설명하고 있다.

② 잘못 알려진 오케스트라의 정의를 바로잡는 방식으로 설명하고 있다.

③ 오케스트라 규모에 따라 연주되는 곡의 형식을 구체적으로 소개하고 있다.

④ 오케스트라를 구성하는 악기군을 분류하며 그에 대한 정의를 함께 제시하고 있다.

⑤ 체임버 오케스트라와 심포니 오케스트라로 나뉘는 기준을 역사적인 배경을 들어 설명하고 있다.

12. 대화를 이해한 내용으로 가장 적절한 것은?

① 김 과장은 강 사원이 중요한 보고를 구두로만 하여 화가 났다.

② 강 사원은 김 과장이 자신에게 일부러 트집 잡는다고 생각하고 있다.

③ 김 과장은 강 사원이 2주 전에 올린 결재를 아직까지 확인하지 않았다.

④ 강 사원은 김 과장이 거래처와의 미팅으로 이득을 취한다고 생각하고 있다.

⑤ 김 과장이 부서 일정표를 확인할 때 강 사원의 연차 예정일이 기재되어 있지 않았다.

13. 두 사람의 말하기 방식을 고려했을 때 갈등이 생긴 근본적인 원인으로 적절한 것은?

① 김 과장은 강 사원이 업무에 집중을 하지 않는다고 화를 내고 있다.

② 강 사원은 거래처와의 미팅을 안일하게 여기며 일을 미루고 있다.

③ 김 과장은 강 사원의 입장을 고려하지 않고 업무 일정에만 맞추기를 강요하고 있다.

④ 강 사원은 김 과장에게 양해를 구하지 않고 자신의 휴무일에 대해 의견을 굽히지 않고 있다.

⑤ 강 사원이 어머니 일로 휴무일을 바꾸지 못한다고 말했음에도 김 과장은 이를 무시하고 있다.

14. 발표의 내용을 바탕으로 사진에 적합한 탈의 정확한 이름을 연결한 것은?

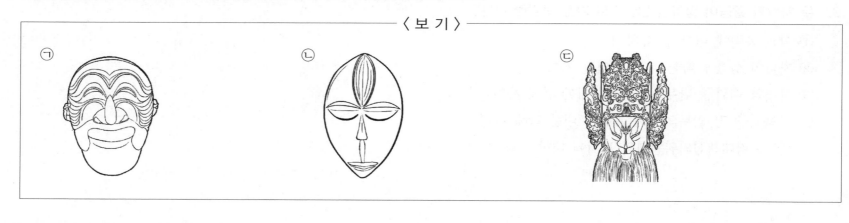

〈 보 기 〉

	㉠	㉡	㉢
①	하회탈	관우 탈	카메룬의 탈
②	양반탈	관우 탈	카메룬의 탈
③	양반탈	하회탈	관우 탈
④	하회탈	카메룬의 탈	관우 탈
⑤	양반탈	카메룬의 탈	관우 탈

15. 이 발표의 내용 구성 전략으로 가장 적절한 것은?

① 탈의 용도에 따라 분류하며 설명하고 있다.

② 탈의 형태에 초점을 맞추어 설명하고 있다.

③ 봉산 탈춤에 등장하는 탈의 역할을 설명하고 있다.

④ 각각의 탈이 만들어진 시기를 비교하며 설명하고 있다.

⑤ 하나의 탈을 기준으로 다른 탈과의 차이점을 들며 설명하고 있다.

어휘 (16번 ~ 30번)

16. '잠시도 늦추지 않다'를 의미하는 고유어는?

① 막놓다　　　　　　　　② 다그치다　　　　　　　　③ 득달같다

④ 모지락스럽다　　　　　　⑤ 사부작거리다

17. 한자어의 사전적 의미로 옳지 않은 것은?

① 유치(誘致): 행사나 사업 등을 이끌어 들임

② 치부(恥部): 남에게 드러내고 싶지 않은 부끄러운 부분

③ 경계(警戒): 사물이 어떠한 기준에 의하여 분간되는 한계

④ 진수(眞髓): 사물이나 현상의 가장 중요하고 본질적인 부분

⑤ 천착(穿鑿): 어떤 원인이나 내용 등을 따지고 파고들어 알려고 하거나 연구함

18. 밑줄 친 고유어의 의미로 적절하지 않은 것은?

① 토론 시간에 <u>사뭇</u> 침묵하던 그가 갑자기 말문을 열었다. → 내내 끝까지

② 마감 시간이 다가오자 부장은 나에게 <u>갈무리</u>를 재촉하였다. → 일을 처리하여 마무리함

③ 그녀는 <u>일껏</u> 그와의 만남을 주선하였지만 그는 약속 장소에 나타나지 않았다. → 모처럼 애써서

④ 아이는 술래를 피해 요리조리 도망 다니다가 <u>가뭇없이</u> 숨어 버렸다. → 눈에 띄지 않게 감쪽같이

⑤ 놀이방에 장난감이 <u>엉기정기</u> 흩어져 있어 어수선하다. → 작고 또렷한 것들이 고르지 않게 많이 벌여 있는 모양

19. 밑줄 친 한자어의 쓰임이 적절하지 않은 것은?

① 그의 글은 매우 <u>난삽(難澁)</u>하여 읽을 엄두가 나지 않는다.

② 형은 몹시 어리석고 <u>용렬(庸劣)</u>하여 하는 일마다 그르친다.

③ 한참을 망설이던 그녀는 자신의 범죄 행각을 모두 <u>실토(實吐)</u>하였다.

④ 연구소는 정부에게서 <u>수탁(受託)</u>한 임상 시험을 진행하기 위해 피험자를 모집하고 있다.

⑤ 무슨 영문인지 그들은 우리에게 진수성찬까지 차려 주며 <u>융성(隆盛)</u>한 대접을 해 주었다.

20. 다음 중 〈보기〉의 의미로 사용되지 <u>않은</u> 것은?

〈 보 기 〉

개정하다(改定하다)
이미 정하였던 것을 고쳐 다시 정하다.

① 전통 시장의 활성화를 위해 대형 마트의 영업일을 <u>개정하였다</u>.
② 학교는 신입생이 늘어나자 편의 시설 증축에 대한 일정을 <u>개정하였다</u>.
③ 공정한 방법으로 선수를 지명하기 위해 선발 방법을 <u>개정할</u> 예정이다.
④ 학회는 게재 중인 논문에서 오타를 발견하여 해당 부분을 <u>개정한</u> 사실을 공지하였다.
⑤ 정부는 이달 중순부터 기존 중개료의 요율을 0.2% 인하하여 <u>개정할</u> 것을 발표하였다.

21. 〈보기〉의 ㉠~㉢에 해당하는 한자끼리 올바르게 묶인 것은?

〈 보 기 〉

• 상사는 일말의 고민도 없이 사직서를 ㉠<u>수리</u>하였다.
• 그녀는 ㉡<u>수리</u> 영역에서 높은 점수를 받기 위하여 문제 풀이에 매진하였다.
• 관리인은 건물에 ㉢<u>수리</u>가 필요한 곳이 한두 군데가 아니라며 너스레를 떨었다.

	㉠	㉡	㉢			㉠	㉡	㉢
①	數理	修理	受理		②	修理	受理	數理
③	受理	修理	數理		④	修理	數理	受理
⑤	受理	數理	修理					

22. 〈보기〉는 다의어 '가볍다'의 사전적 의미와 그에 대한 예문이다. ㉠~㉤ 중 '무겁다'와 반의 관계가 형성될 수 <u>없는</u> 것은?

〈 보 기 〉

가볍다

1

「1」 무게가 일반적이거나 기준이 되는 대상의 것보다 적다.
  • 할머니의 짐이 나의 배낭보다 ㉠<u>가볍다</u>.
「2」 비중이나 가치, 책임 등이 낮거나 적다.
  • 그는 자신의 책무를 너무 ㉡<u>가볍게</u> 생각한다.
「3」 죄과나 실수 등이 그다지 심하지 않다.
  • 죄질이 ㉢<u>가벼운</u> 그녀는 결국 구속되지 않았다.
      ⋮
「6」 몸이나 손발 등의 움직임이 날쌔고 재다.
  • 그녀는 몸놀림이 매우 ㉣<u>가볍다</u>.
「7」 노력이나 부담 등이 적다.
  • ㉤<u>가벼운</u> 식사 자리를 마련하였다.

① ㉠   ② ㉡   ③ ㉢   ④ ㉣   ⑤ ㉤

23. 밑줄 친 어휘의 사용이 적절하지 않은 것은?

① 곗날이 다음 주 월요일로 미뤄졌다.

② 아스팔트 도로 위로 아지랑이가 피어올랐다.

③ 다리에 부종이 심해져서 부기가 잘 빠지지 않는다.

④ 가재미처럼 생겼다는 말에 그녀는 화가 난 듯 눈을 흘겼다.

⑤ 그끄저께부터 시작된 비는 좀처럼 그칠 기미가 보이지 않았다.

24. 한자어와 고유어의 대응으로 적절하지 않은 것은?

① 그녀는 우리에게 질서를 유지(維持)해[지켜] 달라고 부탁하였다.

② 무겁고 부피가 큰 원목 가구들은 대형 화물차에 탑재(搭載)하여[실어] 배송해야 한다.

③ 전 재산을 쏟아부었다는 이야기를 듣고 우리는 그의 우매(愚昧)함[어리석음]을 탓하였다.

④ 우리 형은 대학에서 하키 동아리를 결성(結成)할[만들] 만큼 하키에 대한 열정이 대단하다.

⑤ 인체에 해로운 물질을 여과(濾過)한[없앤] 후 출시되는 음료이므로 아이들이 마셔도 무방합니다.

25. 〈보기〉의 밑줄 친 부분과 같은 의미로 사용된 것은?

─── 〈 보 기 〉───

그가 7년 전에 투자했던 금액을 요즘 시세로 치면 그때의 몇 곱절이 된다.

① 그녀가 제주에 도착한 첫날부터 비바람이 거세게 치기 시작했다.

② 노조는 초과 근무 시간의 수당을 만 원 이상으로 쳐 주기를 요구하였다.

③ 아버지께서는 시골에서 닭이나 오리를 치며 살고 싶다고 종종 말씀하셨다.

④ 과거에는 부모님이 돌아가시면 자식이 3년 동안 무덤 근처에 여막을 쳐서 생활하였다.

⑤ 병원비까지 쳤을 때 1인 가구의 한 달 생활비가 평균 얼마 정도인지에 대해 설문 조사를 실시하였다.

26. 밑줄 친 속담의 쓰임이 적절하지 않은 것은?

① 무얼 먼저 해야 할지 갈피가 잡히지 않는 언 손 불기 같은 상황이다.

② 눈 감고 따라간다고, 내 동생은 주관 없이 남을 따르는 경향이 있다.

③ 거래가 성사되기 직전에 이런 실수를 하다니, 다 된 죽에 코 풀기 같은 상황이다.

④ 입에 쓴 약이 병에는 좋다고 잔소리로 들렸던 형의 충고가 지금의 나에게 가장 큰 도움이 되고 있다.

⑤ 도둑질을 해도 손발이 맞아야 하는데 그와 그녀는 같은 업무를 하면서 서로 의견을 굽히지 않으니 걱정이다.

27. '제 역량을 생각하지 않고, 강한 상대나 되지 않을 일에 덤벼드는 무모한 행동거지를 비유적으로 이르는 말'을 의미하는 한자 성어는?

① 기고만장(氣高萬丈)　　② 낭중지추(囊中之錐)　　③ 당랑거철(螳螂拒轍)

④ 천라지망(天羅地網)　　⑤ 풍전등화(風前燈火)

28. 밑줄 친 관용구의 의미가 적절하지 않은 것은?

① 누나의 놀림에 잔뜩 골이 난 동생은 <u>눈이 곤두섰다</u>. → 화가 나서 눈에 독기가 오르다.

② 그의 잘못이 세간에 알려지자 많은 사람들이 그에게 <u>돌을 던졌다</u>. → 남의 잘못을 비난하다.

③ 김 대리는 <u>손이 떠서</u> 제시간에 일을 끝내는 경우가 거의 없다. → 일하는 동작이 매우 굼뜨다.

④ 정장을 멋들어지게 차려입은 그녀에게 동생은 농담 투로 <u>볼꼴 좋다</u>고 말하였다. → 맵시 있는 태도가 보이다.

⑤ 우리 동네에 <u>큰물이 가서</u> 농사를 짓는 사람들의 피해가 이만저만이 아니었다. → 큰비가 내려 강이나 개울의 물이 넘쳐 논밭을 휩쓸고 지나가다.

29. 밑줄 친 한자어의 순화어가 적절하지 않은 것은?

① 보고서의 세부 사항은 <u>별첨(別添)</u>으로 제시하였다. → 덧붙임

② 10일 만에 구출된 그는 <u>빈사 상태(瀕死狀態)</u>나 다름없었다. → 다 죽은 상태

③ 우리 형은 시험 전에 모든 유형의 문제를 <u>거개(擧皆)</u> 다 풀어 보았다. → 거의

④ 저희 부서에서 최 과장은 상품을 심사하는 업무를 <u>관장(管掌)</u>하고 있습니다. → 맡고

⑤ 그녀는 마음에 들지 않은 구절을 <u>주말(朱抹)</u>하고 그 위에 새로운 글귀를 쓰기 시작했다. → 붉은 선으로 지우고

30. 밑줄 친 표현을 다듬은 말로 적절하지 않은 것은?

① 담당자는 작가에게 <u>데드라인</u> 일정을 공지하였다. → 마감

② 그는 공작 기계 분야에서 가장 유명한 <u>베테랑</u>이다. → 영향력자

③ 긴급한 안내 사항은 누리집에 접속 시 <u>팝업 창</u>으로 확인하실 수 있습니다. → 알림창

④ 나는 학창 시절에 대인 관계에 대한 <u>콤플렉스</u>로 친구를 사귀는 것이 힘들었다. → 강박 관념

⑤ 우리 회사는 이번 전시회 개최로 <u>컨벤션 효과</u>의 최대 수혜자가 되기를 바라고 있다. → 행사 효과

어법 (31번 ~ 45번)

31. 〈보기〉를 참고할 때, 단어의 표기가 옳지 않은 것은?

─〈 보 기 〉─

한글 맞춤법 제21항 명사나 혹은 용언의 어간 뒤에 자음으로 시작된 접미사가 붙어서 된 말은 그 명사나 어간의 원형을 밝히어 적는다.

다만, 다음과 같은 말은 소리대로 적는다.

(1) 겹받침의 끝소리가 드러나지 않는 것

(2) 어원이 분명하지 않거나 본뜻에서 멀어진 것

① 굵직하다   ② 넓다랗다   ③ 넓적하다
④ 읊조리다   ⑤ 갉작거리다

32. 밑줄 친 부분의 표기가 옳지 않은 것은?

① 아이가 낙엽을 밟자 부썩 소리가 들렸다.

② 어머니는 냄비에 고깃국을 담뿍 끓이셨다.

③ 지난겨울에 담근 깍두기가 잘 익어 맛이 좋다.

④ 재단사는 눈대중으로 원단 한 필을 싹뚝 잘랐다.

⑤ 그는 아침부터 법석을 부리며 집 안팎을 돌아다녔다.

33. 〈보기〉의 ㉠~㉤ 중 표기가 어법에 맞지 않는 것은?

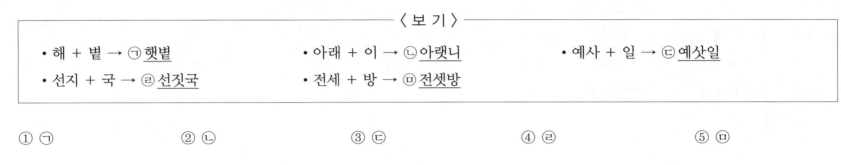

─────────── 〈 보 기 〉 ───────────

• 해 + 볕 → ㉠햇볕   • 아래 + 이 → ㉡아랫니   • 예사 + 일 → ㉢예삿일

• 선지 + 국 → ㉣선짓국   • 전세 + 방 → ㉤전셋방

① ㉠   ② ㉡   ③ ㉢   ④ ㉣   ⑤ ㉤

34. 밑줄 친 부분의 띄어쓰기가 옳지 않은 것은?

① 그녀는 통장을 금고에 집어넣어 두었다.

② 그는 이번에 출시된 딸기 과자를 먹어보았다.

③ 동생은 불리한 상황에 처하면 매번 우는척한다.

④ 나는 살 만한 물건이 있는지 가판대를 기웃거렸다.

⑤ 사회자는 총장님이 도착하시자마자 취임식을 시작해버렸다.

35. 문장 부호의 사용에 관한 설명으로 적절하지 않은 것은?

① 소괄호(( ))는 생략할 수 있는 요소임을 나타내는 경우에 쓸 수 있다.

② 소괄호(( )) 안에 또 괄호를 써야 하는 경우 안쪽의 괄호로 대괄호([ ])를 쓸 수 있다.

③ 물음표(?)는 소괄호(( )) 안에 쓰여 의심스러움, 빈정거림 등의 감정을 나타내는 부호로 쓸 수 있다.

④ 느낌표(!)는 대답을 요구하지 않는 의문문에서 놀람, 반가움 등의 강한 감정을 표현하는 경우에 쓸 수 있다.

⑤ 그림이나 노래와 같은 예술 작품의 제목, 상호 등을 나타낼 때 홑낫표(「 」)와 홑화살괄호(〈 〉) 대신 작은따옴표(' ')를 쓸 수 있다.

36. 밑줄 친 부분에 대한 설명으로 적절한 것은?

① 어디 갔다가 인제 들어오니? → '이제에 이르러'를 뜻하는 방언이다.

② 매운탕이 제법 알큰하니 맛이 좋다. → '입 안이 조금 알알할 정도로 맵다'를 뜻하는 방언이다.

③ 그는 되려 방해만 되었다. → '예상이나 기대 또는 일반적인 생각과는 반대되거나 다르게'를 뜻하는 방언이다.

④ 나는 우리 아버지와 영판 닮았다는 소리를 자주 듣는다. → '보통 정도보다 훨씬 더 넘어선 상태로'를 뜻하는 표준어이다.

⑤ 할머니 댁의 시골 풍경을 떠올리면 좁고 기다란 고샅이 제일 먼저 생각난다. → '초가지붕을 일 때 쓰는 새끼'를 뜻하는 표준어이다.

37. 〈보기〉의 ㉠과 ㉡에 들어갈 단어의 연결이 적절하지 <u>않은</u> 것은?

─────── 〈 보 기 〉 ───────

표준어 사정 원칙 제7항 수컷을 이르는 접두사는 '수-'로 통일한다.

　다만 1. 다음 단어에서는 접두사 다음에서 나는 거센소리를 인정한다. 접두사 '암-'이 결합되는 경우에도 이에 준한다. (ㄱ을 표준어로 삼고, ㄴ을 버림)

ㄱ	ㄴ
㉠	㉡

	㉠	㉡		㉠	㉡
①	암캐	암개	②	수키와	숫기와
③	수퇘지	숫돼지	④	수코양이	숫고양이
⑤	암평아리	암병아리			

38. 〈보기〉에서 된소리되기가 일어나는 조건이 같은 것끼리 묶은 것은?

─────── 〈 보 기 〉 ───────

㉠ 늙다[늑따]　　㉡ 앉다[안따]　　㉢ 닮다[담:따]　　㉣ 값지다[갑찌다]　　㉤ 껴안다[껴안따]

① ㉠㉡ / ㉢㉣㉤　　　　　② ㉠㉢ / ㉡㉣㉤　　　　　③ ㉠㉤ / ㉡㉢㉣
④ ㉠㉡㉤ / ㉢㉣　　　　　⑤ ㉠㉡㉣ / ㉢㉤

39. 다음 중 외래어 표기가 <u>틀린</u> 것은?

① 플래시(flash)　　　　② 옐로우(yellow)　　　　③ 비스킷(biscuit)
④ 색소폰(saxophone)　　⑤ 심포지엄(symposium)

40. 단어의 로마자 표기가 <u>틀린</u> 것은?

① 꽃빵 – kkotppang　　　② 탕수육 – tangsuyuk　　　③ 떡볶이 – tteokbokki
④ 삼계탕 – samgyetang　　⑤ 깻잎전 – kkaetnipjeon

41. 〈보기〉의 ㉠~㉤에서 일어나는 음운 변동에 대한 설명으로 적절하지 <u>않은</u> 것은?

〈 보 기 〉

㉠ 긁- + -는 → [긍는]   ㉡ 깎- + -는 → [깡는]   ㉢ 넓- + -게 → [널께]

㉣ 닳- + -는 → [달른]   ㉤ 끊- + -기- + -어 → [끈켜]

① ㉠과 ㉡에서 모두 비음화가 일어났다.
② ㉠과 ㉢에서 자음군 단순화가 일어나면서 같은 자음이 탈락하였다.
③ ㉡에서는 '깎는 → [깍는] → [깡는]'의 변동 과정이 일어났다.
④ ㉣에서는 '닳는 → [달는] → [달른]'의 변동 과정이 일어났다.
⑤ ㉤에서는 자음 축약 현상이 일어났다.

42. 다음 중 문장 성분의 호응이 자연스럽지 <u>않은</u> 문장은?

① 아플 때는 모름지기 잘 쉬어야 한다.
② 그의 몰상식한 행동을 도저히 이해할 수 없었다.
③ 새로 들어온 직원은 몸집도 우람한 게 여간 힘이 좋아 보였다.
④ 아이는 사탕과 초콜릿 중에서 딱히 하나를 고르기 어려운 눈치였다.
⑤ 그녀는 지금껏 저축한 재산을 모두 자신의 모교에 기부하겠다고 말했다.

43. 어법상 가장 자연스럽지 <u>않은</u> 문장은?

① 정조는 사도세자의 능침을 양주 배봉산에서 조선 최대의 명당인 수원 화산으로 옮기고 화산 부근에 있던 읍치를 수원 팔달산 아래로 옮기면서 수원화성을 축성하였다. ② 그러나 수원화성 축조의 근본은 정조의 효심에만 있는 것이 아니다. ③ 정조는 수원화성 축성을 통해 당파 정치 근절과 강력한 왕도 정치를 실현하고자 하였다. ④ 정조는 수원화성의 설계를 맡게 하였으며 축성 공사는 1794년에 시작되어 그로부터 2년 뒤에 완공되었다. ⑤ 수원화성은 건축물의 가치를 인정받아 1997년에 유네스코 세계문화유산으로 지정되었다.

44. 다음 중 중의성이 <u>없는</u> 문장은?

① 그가 나에게 100만 원을 준 것이 아니었다.
② 우리 할머니의 사진이 왼쪽 벽에 걸려 있다.
③ 아이는 하얀 모자를 쓰고 나서 거울로 다가갔다.
④ 올해부터 삼촌과 숙모는 구제 사업을 함께 시작하였다.
⑤ 어머니는 걱정스러운 표정을 지으며 거실에서 서성이는 동생을 바라보았다.

45. 밑줄 친 번역 투의 문장을 <u>잘못</u> 고친 것은?

① 이 답안지는 <u>백지에 다름 아닙니다.</u> → 백지와 다름이 없습니다.
② 아름다운 경관으로 유명했던 이곳은 몇 년 전 <u>화재에 의해</u> 전소되었다. → 화재로
③ 지역 특성에 맞는 <u>도시 계획 실현을 통해</u> 도시 성장을 이루었다. → 도시 계획을 실현하여
④ 팀을 관리 및 감독해야 할 팀장도 <u>책임에서 자유롭지 못하다.</u> → 책임에서 자유로울 수 없다.
⑤ 하천의 오염도가 작년보다 더 높아졌음을 이번 <u>후속 조사의 결과가 말하고 있다.</u> → 후속 조사의 결과로 알 수 있다.

[46 ~ 50] '로봇세 도입'에 대한 글을 작성하려고 한다. 제시된 물음에 답하시오.

46. 〈글쓰기 계획〉의 내용으로 적절하지 <u>않은</u> 것은?

─── 〈 글쓰기 계획 〉 ───

- 주제: 로봇 시장의 활성화를 위한 '로봇세 도입'에 대한 재고 필요
- 목적: 로봇세 도입의 문제점 및 로봇 사용의 필요성 제시
- 글의 내용
  - 로봇세의 정의와 로봇세 도입의 배경을 제시한다. ·· ①
  - 로봇세 도입의 문제점 중 로봇세 부과 기준의 형평성과 관련된 내용을 제시한다. ········· ②
  - 로봇세 도입의 문제점 중 로봇 기술의 발전에 부정적 영향을 주는 내용을 제시한다. ········· ③
  - 로봇에 대한 윤리적 문제와 그에 대한 책임을 비판하는 내용을 제시한다. ············· ④
  - 로봇 사용의 긍정적 측면을 근거로 로봇세 도입을 반대하는 입장을 제시한다. ········· ⑤

47. 〈글쓰기 자료〉에 제시된 자료의 활용 방안으로 적절하지 <u>않은</u> 것은?

─── 〈 글쓰기 자료 〉 ───

ⓐ 한 설문 조사에서 전체 응답자 중 86.6%가 로봇이 일자리를 **빼앗을** 것이라고, 52.2%는 자신의 직업이 로봇으로 인해 위협받게 될 것이라고 응답했다.

ⓑ 이중 과세란 동일한 과세 대상에 대하여 같은 성격의 조세를 두 번 이상 과세하는 일을 가리키며, 일반적으로 이중 과세를 방지하기 위해 세액 공제 등의 제도가 마련되어 있다.

ⓒ 로봇 산업은 기술적인 측면에서 대부분 특허권이 인정될 수 있는 고부가 가치 산업이므로 로봇세 부과와 같은 제약은 거시적으로 보았을 때 국가적 이익의 손실로 이어질 수 있다.

ⓓ 새로운 유형의 경제적 실체에 대해 과세하기 위해서는 법적 개념의 규명, 유사한 경제적 실체와의 과세상 형평성 등 고려해야 할 이슈가 있으므로 로봇세 또한 이러한 사항을 고려하여야 한다.

ⓔ 이전의 산업 혁명을 거치면서 산업 전반의 일자리가 증가해 왔으며, 4차 산업 혁명 관련 기술 분야에서 새로운 시장이 창출됨으로써 새로운 직업군이 등장하고 일자리 수요가 증가하게 될 것이라는 전망이 존재한다.

① ⓐ을 토대로 로봇에게 일자리를 **빼앗긴** 사람들을 지원할 예산을 확보하기 위해 '로봇세' 도입이 필요하다는 일각의 견해를 제시한다.

② ⓑ을 토대로 로봇으로 얻는 수익의 소득세와 그 로봇에 대한 로봇세는 동일한 대상에 대한 과세이므로 이중 과세 문제가 될 수 있음을 제시한다.

③ ⓓ을 토대로 이미 활성화된 자동화 기기에는 세금이 부과되지 않고 있는 점을 근거로 들어 과세 대상이 되는 로봇의 기준과 그에 대한 형평성의 문제를 제시한다.

④ ⓐ과 ⓔ을 토대로 로봇 산업 활성화에 대한 부정적인 시각이 있지만, 로봇 기술의 혁신은 이를 일축시키고 새로운 형태의 일자리를 제공할 것이라는 긍정적 전망을 제시한다.

⑤ ⓑ과 ⓒ을 토대로 로봇 산업은 큰 이익을 취할 수 있으므로 국가적 이익을 위해 이중 과세 되지 않는 한도 내에서 로봇세 부과 기준에 대한 정책이 수립되어야 함을 제시한다.

48. 위의 〈글쓰기 계획〉과 〈글쓰기 자료〉를 바탕으로 〈글쓰기 개요〉를 작성하였다. 〈글쓰기 개요〉의 수정 방안으로 적절하지 <u>않은</u> 것은?

─────〈 글쓰기 개요 〉─────

Ⅰ. 로봇세 도입의 배경 및 목적
    1. 로봇의 발달로 일자리를 잃는 것에 대한 사람들의 우려
    2. 로봇세의 정의
    3. 로봇세 도입의 목적 ·················· ㉠
Ⅱ. 로봇세 부과와 관련된 문제점
    1. 로봇세가 부과되는 대상의 기준에 따른 문제
    2. 재산세 부과로 인한 이중 과세의 문제 ·················· ㉡
Ⅲ. 로봇세 도입이 끼치는 부정적인 영향 ·················· ㉢
    1. 로봇 기술 발전의 긍정적 기대 효과
    2. 로봇세 납부 부담으로 인한 기업의 기술 개발 저하
    3. 로봇 기술 개발 저하로 인한 국가적 손해 ·················· ㉣
Ⅳ. 로봇 사용에 따른 일자리 전망
    1. 기술의 발전으로 인한 일자리 증가 사례
    2. 로봇 사용으로 인해 늘어날 일자리 분야
    3. 고부가 가치 산업 종사자 현황 ·················· ㉤
Ⅴ. 결론
    1. 로봇 사용으로 인한 긍정적 효과
    2. 로봇 시장 활성화를 위한 로봇세 도입의 불필요성 강조

① ㉠은 'Ⅰ-1'의 배경을 고려하여 '로봇으로 인한 피해 보상을 위한 예산 마련의 목적'과 같이 목적을 구체적으로 수정한다.
② ㉡은 상위 항목을 고려하여 '로봇세 부과로 인한 이중 과세의 문제'로 수정한다.
③ ㉢은 하위 항목을 포함할 수 있는 내용인 '로봇 발전의 긍정적 효과와 이를 저해하는 로봇세 도입의 악영향'으로 수정한다.
④ ㉣은 'Ⅲ-2'의 원인이 되는 내용이므로 'Ⅲ-2'와 순서를 바꾸어 제시한다.
⑤ ㉤은 글의 목적과 관련 없는 내용이므로 삭제한다.

[49 ~ 50] 위의 〈글쓰기 계획〉, 〈글쓰기 자료〉, 〈글쓰기 개요〉를 토대로 작성한 글의 일부를 읽고 물음에 답하시오.

로봇의 발달로 일자리가 줄어들 것이라는 사람들의 불안이 커지면서 최근 로봇세 도입에 대한 논의가 활발하다. 로봇세는 로봇을 사용해 이익을 얻는 기업이나 개인에 부과하는 세금이다. 로봇으로 인해 ㉠일자리를 잃은 사람들이나 사회 안전망을 구축하기 위해 예산을 마련하자는 것이 로봇세 도입의 목적이다. ㉡하지만 나는 로봇세 도입을 다음과 같은 이유로 반대한다.

로봇세는 공정한 과세로 보기 어렵다. 널리 쓰이고 있는 모바일 뱅킹이나 티켓 자동 발매기도 일자리를 줄였음에도 세금을 부과하지 않았는데 로봇에만 세금을 부과하는 것은 그 기준이 일관되지 않는다는 문제가 있다. 또 로봇을 사용해 이익을 얻은 기업이나 개인은 이미 법인세나 소득세를 납부하고 있다. ㉢로봇을 사용했다는 이유로 세금을 추가로 부과한다면 한 번의 이익에 두 번의 과세를 하는 것이므로 불공평하다.

앞으로 로봇 수요가 증가하면서 로봇 시장의 우위를 선점하기 위한 로봇 기술 개발의 경쟁이 더욱 뜨거워질 것이다. 로봇 기술 중 상당수가 특허권이 ㉣인정되는 고부가 가치 기술이기 때문이다. 이러한 상황에서 전문가들은 로봇세를 도입하면 기술 개발에 악영향을 끼칠 수 있다고 말한다. 로봇세를 도입하면 ㉤세금에 대한 부담이 늘어나 로봇에 대한 수요가 감소한다. 그렇게 되면 로봇을 생산하는 기업은 기술 개발 의지가 약화되어 로봇 기술의 특허권으로 이익을 창출할 수 있는 기회가 줄어들게 된다. 그래서 로봇 사용이 필요한 기업이나 개인은 _____(가)_____ 막대한 금액이 외부로 유출되어 국가적으로 손해이다.

로봇의 사용으로 일자리가 감소할 것이라는 이유로 로봇세의 필요성이 제기되었지만, 역사적으로 볼 때 새로운 기술로 인해 전체 일자리는 줄지 않았다. 산업 혁명을 거치면서 새로운 기술에 대한 걱정은 늘 존재했지만, 산업 전반에서 일자리는 오히려 증가해 왔다는 점이 이를 뒷받침한다. 따라서 로봇의 사용으로 일자리가 줄어들 가능성은 낮다.

우리는 로봇 덕분에 어렵고 위험한 일이나 반복적인 일로부터 벗어나고 있다. 로봇 사용의 증가 추세에서 알 수 있듯이 로봇 기술이 인간의 삶을 편하게 만들어 주는 것은 틀림이 없다. 로봇세의 도입으로 이러한 편안한 삶이 지연되지 않기를 바란다.

49. ㉠~㉤을 수정하기 위한 방안으로 가장 적절한 것은?

① ㉠: 목적어와 서술어의 호응이 어색하므로 '일자리를 잃은 사람들을 지원하거나 사회 안전망을 구축하기 위해'로 수정한다.

② ㉡: 이전 문장과의 자연스러운 연결을 위해 '따라서'로 수정한다.

③ ㉢: 앞 문장과 내용이 중복되므로 삭제한다.

④ ㉣: 문맥을 고려하여 '인정하는'으로 수정한다.

⑤ ㉤: 문장의 의미를 고려하여 '세금에 대한 부담이 늘어나지만'으로 수정한다.

50. 글의 내용과 문맥을 고려할 때, ┌─── (가) ───┐ 에 들어갈 내용으로 가장 적절한 것은?

① 로봇세 도입을 막기 위해 법적 자문을 구해야 하므로

② 위험 기계가 있는 사업장에 많은 로봇을 보유해야 하므로

③ 선진 로봇 기술이 적용된 로봇을 외국에서 수입해야 하므로

④ 과다한 법인세나 소득세 부과를 피하고자 외국의 로봇 기술을 사들여야 하므로

⑤ 고부가 가치의 로봇 기술을 개발하기 위해 외국 유명 기업의 로봇 기술자들을 물색해야 하므로

창안 (51번 ~ 60번)

[51 ~ 54] 가습기의 종류에 따른 특성을 활용하여 다양한 대상의 속성을 유추하고자 한다. <보기>를 읽고 물음에 답하시오.

─────〈 보 기 〉─────

가습기는 수증기를 내어 실내의 습도를 조절하는 전기 기구로, 작동하는 원리에 따라 초음파식 가습기, 가열식 가습기, 복합식 가습기로 분류할 수 있다. 초음파식 가습기는 물을 가열하지 않고 초음파를 이용하여 가습시키는 기구로 다른 가습기에 비해 전력 소비가 적다. 구매 비용이 적은데 비해 가습량이 좋으며 빠른 시간 내에 가습이 이루어진다. 그러나 살균되지 않아 세균 번식이 발생할 수 있어 자주 청소를 해 주어야 하며 차가운 가습으로 실내 온도가 낮아지는 단점이 있다. ㉠가열식 가습기는 물을 끓여 가습한다는 점에서 깨끗하고 살균력이 좋으나 화상의 위험이 있다. 또 초음파식보다 위생적이지만 전력 소모가 많아 경제적 부담이 생길 수 있다. 마지막으로 복합식 가습기는 초음파식과 가열식의 단점을 보완한 기구로, ㉡물을 가열하여 온도를 75~80℃로 올린 뒤부터는 초음파식으로 작동하여 따뜻한 온도의 습기로 가습시키는 동시에 살균 작용도 할 수 있다. 또한 전기 소모도 초음파식과 복합식의 중간으로 적당한 편이다.

51. 〈보기〉의 '가습기 종류'를 '투자 상품'에 비유할 때, 유추할 수 있는 내용으로 적절하지 <u>않은</u> 것은?

	가습기 종류	투자 상품
①	초음파식 가습기	투입 금액 대비 수익이 좋은 상품
②	초음파식 가습기	낮은 가격으로 진입 장벽이 낮지만 원금을 지키기 어려운 상품
③	가열식 가습기	자칫하면 큰 손실을 입을 수 있는 위험 부담을 가진 상품
④	가열식 가습기	상대적으로 투입 금액이 높은 상품
⑤	복합식 가습기	성장 가능성이 있지만 원금 손실의 부담이 높은 상품

52. 〈보기〉의 ㉠을 '식물 기르기'에 비유하여 주장할 수 있는 내용으로 가장 적절한 것은?

① 아름다운 꽃을 피우기 위해서는 추운 겨울도 이겨내야 한다.
② 분갈이를 할 때 무조건 좋은 흙을 사용하기보다 그 식물의 특성에 맞는 흙을 사용해야 한다.
③ 화분에 물이 고이면 식물의 뿌리가 썩을 수 있으므로 적당한 시기마다 분갈이를 해 주어야 한다.
④ 거름은 땅을 기름지게 하여 식물이 잘 자라도록 하지만 악취의 원인이 될 수 있으니 잘 관리하여야 한다.
⑤ 풍성한 열매를 가진 나무도 양분을 공급 받지 못하면 시들어 버릴 수 있으므로 영양소를 꾸준히 공급해 줘야 한다.

53. 〈보기〉의 ㉡을 활용하여 설명할 수 있는 논지로 가장 적절한 것은?

① 토론에서 자신의 의견을 관철하는 것이 중요하다.
② 틀에 박힌 사고에서 벗어나 색다른 아이디어를 내야 한다.
③ 자신에게 유리한 정보만 수용한다면 잘못된 결론을 내릴 수밖에 없다.
④ 기존의 여러 사례가 각각 지닌 긍정적 요소를 조화롭게 수용할 수 있어야 한다.
⑤ 두 관점을 정리하여 하나의 정보로 제시할 때 양면에 담긴 모든 특성을 드러내야 한다.

54. 〈조건〉에 맞는 공익 광고 문구로 가장 적절한 것은?

〈 조 건 〉

'환경 보호'를 주제로 한 문구를 '초음파식 가습기'의 특성에 빗대어 표현하시오.

① 지구의 생명은 물, 아껴 쓸수록 우리의 터전을 지킬 수 있습니다.
② 편하게 사용한 종이컵, 분해되는 데 걸리는 시간은 약 20년 이상입니다.
③ 제멋대로 엉켜있는 전선들, 방치한 사이 화재와 우리는 더욱 가까워졌습니다.
④ 점점 뜨거워지는 지구, 모두 한마음으로 탄소 중립을 위한 생활을 실천해야 합니다.
⑤ 일회용품 사용으로 우리의 시간은 단축, 이대로 방치한다면 우리의 수명도 단축될 수 있습니다.

[55 ~ 57] 골프채의 종류에 따른 특성을 바탕으로 다양한 상황을 유추하고자 한다. 〈보기〉를 읽고 물음에 답하시오.

〈 보 기 〉

(가) 우드	(나) 퍼터

골프채는 헤드의 모양에 따라 분류할 수 있다. 골프채의 종류 중 우드는 공을 원거리로 보낼 때 사용하는 골프채로 주로 단단한 소재의 금속으로 두껍게 만들어진다. 보통 골프 경기를 시작하고 첫 순서에 골프공을 멀리 보내기 위해 우드를 사용한다.

㉠골프 경기에서 좋은 결과를 내려면 상황에 맞는 골프채를 사용하는 것이 중요한데, 우드는 원거리용인 반면 퍼터는 홀이 있는 구역인 그린에서 단거리용으로 공을 굴려 홀 안에 골프공을 넣기 위해 사용된다. ㉡200m 이상 공을 보내는 우드가 짧게 공을 굴리는 퍼터보다 중요하다고 생각할 수 있으나, 우드와 퍼터를 상황에 따라 알맞게 사용하여야 좋은 점수를 낼 수 있으므로 둘 다 중요시해야 한다.

퍼터는 주로 짧은 손잡이에 평평한 표면의 헤드가 달려 있으며 다른 골프채에 비해 소재와 모양이 다양한 편이어서 본인에게 안정감을 주는 퍼터를 사용하는 것이 좋다. 하지만 아무리 본인에게 맞는 퍼터를 사용하더라도 ㉢퍼팅(퍼터를 하는 동작) 자세가 안정적이지 않다면 좋은 타수가 나올 수 없다.

55. 〈보기〉의 ㉠을 협상에 비유하여 도출할 수 있는 내용으로 가장 적절한 것은?

① 협상에서 유리하려면 상대방보다 내가 가진 이점이 많아야 한다.
② 협상에서 어떤 상황을 맞닥뜨려도 자신의 입장을 끝까지 고수하는 모습이 필요하다.
③ 협상에서 상대방이 어떤 말을 할지 모르므로 이를 예견하여 대비하는 자세가 필요하다.
④ 안정감 있는 장소에서 협상을 진행하는 경우 모두가 만족하는 결과로 이루어질 가능성이 높다.
⑤ 협상에서는 상대를 파악하고 그에 따라 상대를 대하는 태도를 전환해야 원하는 결과를 얻을 수 있다.

56. 〈보기〉의 ㉡을 활용하여 주장할 수 있는 내용으로 가장 적절한 것은?

① 팀에서 제 몫을 하기 위해서 많은 업무량을 신속하게 처리해야 한다.
② 공정한 업무 분장을 위하여 모든 팀원에게 똑같이 업무량을 배정해야 한다.
③ 팀원마다 가지고 있는 핵심 역량이 다르므로 한 가지 관점에서 그들을 평가하면 안 된다.
④ 팀에서 자신이 가장 까다로운 직무를 맡았더라도 팀 전체의 목표를 위해 최선을 다하여야 한다.
⑤ 팀에서 좋은 성과를 내려면 팀원들이 상대를 모델로 삼아 서로의 장점을 배우려고 노력해야 한다.

57. 〈보기〉의 ㉢과 관련 있는 한자 성어로 가장 적절한 것은?

① 각양각색(各樣各色) ② 간담상조(肝膽相照) ③ 미봉지책(彌縫之策)
④ 순망치한(脣亡齒寒) ⑤ 혼정신성(昏定晨省)

[58 ~ 60] 다음 그림을 보고 물음에 답하시오.

(가)   (나)

58. 그림 (가)와 (나)를 분석한 내용으로 가장 적절하지 않은 것은?

(가)	(가)는 ① 책을 겹쳐 나무의 나이테처럼 표현한 그림으로 ② 나무가 지나온 시간을 나타내는 나이테처럼 책도 과거부터 현재까지의 지식을 담고 있다는 것을 보여 준다. 이를 통해 ③ 책에는 무한한 지식이 담겨 있으니 폭넓은 영역의 정보를 얻기 위해서 독서를 해야 한다는 주제를 이끌어 낼 수 있다.
(나)	(나)는 ④ 한자 성어 여리박빙(如履薄氷)을 표현한 그림으로 매우 위태롭고 불안한 상황을 보여 준다. 이를 통해 ⑤ 아무리 어려운 상황이라도 대담하게 행동해야 한다는 주제를 이끌어 낼 수 있다.

59. 그림 (가)를 활용하여 도출할 수 있는 내용으로 가장 적절한 것은?

① 독서는 스트레스를 해소하는 데 도움을 준다.
② 독서를 통해 시간을 뛰어넘는 지식을 탐구할 수 있다.
③ 시간이 지날수록 독서를 하는 사람들이 줄어들고 있다.
④ 책에 제시된 정보에서 무엇이 옳고 그른지를 판별할 수 있는 능력이 필요하다.
⑤ 독서는 정보를 이해하는 능력을 요하므로 독서를 통해 논리적 사고를 키울 수 있다.

60. 그림 (나)를 활용하여 〈보기〉의 상황을 비판하는 논지로 가장 적절한 것은?

———————————— 〈 보 기 〉 ————————————

산림 인접지에서 허가 없이 논·밭두렁, 고춧대, 폐비닐 등과 같은 영농 부산물과 생활 쓰레기를 소각하여 큰 산불이 일어나기도 한다.

① 법에 저촉되는 행동은 금하여야 한다.
② 자연을 소홀히 여기는 것은 이기적인 행동이다.
③ 환경 오염의 원인이 되는 행동은 자제해야 한다.
④ 책임의 소재를 남에게 미루는 것은 부끄러운 행동이다.
⑤ 경각심 없이 위험한 행동을 하는 것은 바람직하지 않다.

[61 ~ 62] 다음 글을 읽고 물음에 답하시오.

우리 집도 아니고
일갓집도 아닌 집
고향은 더욱 아닌 곳에서
㉠아버지의 침상(寢床) 없는 최후 최후의 밤은
풀벌레 소리 가득 차 있었다.

노령(露領)*을 다니면서까지
애써 자래운 아들과 딸에게
㉡한마디 남겨 두는 말도 없었고,
㉢아무을만(灣)*의 파선도
설룽한 니코리스크*의 밤도 완전히 잊으셨다.
목침을 반듯이 벤 채.

다시 뜨시잖는 두 눈에
㉣피지 못한 꿈의 꽃봉오리가 갈앉고
얼음장에 누우신 듯 손발은 식어 갈 뿐
입술은 심장의 영원한 정지(停止)를 가리켰다.
때늦은 의원이 아모 말없이 돌아간 뒤
㉤이웃 늙은이의 손으로
눈빛 미명은 고요히
낯을 덮었다.

우리는 머리맡에 엎디어
있는 대로의 울음을 다아 울었고
아버지의 침상 없는 최후 최후의 밤은
풀벌레 소리 가득 차 있었다.

– 이용악, 「풀벌레 소리 가득 차 있었다」

* 노령(露領): 러시아의 영토. 시베리아 일대를 이른다.
* 아무을만(灣): 러시아 극동 연방관구에 위치한 '아무르주'를 이른다.
* 니코리스크: 러시아 사라토프 주의 도시로 현 지명은 '푸가초프'이다.

61. 윗글에 대한 설명으로 가장 적절한 것은?

① 수미 상관의 구조를 통해 경건한 분위기를 조성하고 있다.
② 공감각적 심상을 활용하여 주제를 상징적으로 드러내고 있다.
③ 시간의 흐름에 따라 변화하는 화자의 심정을 구체적으로 표현하고 있다.
④ '아버지'의 죽음에 대한 슬픈 감정을 특정 대상에 투영하여 표현하고 있다.
⑤ 가정법을 사용하여 돌아가신 '아버지'에게 효를 다하지 못한 자신을 반성하고 있다.

62. ⊙~⊙에서 짐작할 수 있는 작가의 의도로 가장 적절하지 <u>않은</u> 것은?

① ⊙: '아버지'가 빈곤하고 궁색한 상태에서 죽음을 맞이했음을 보여 주기 위함이다.

② ⓒ: 돌아가실 때까지 가족에게 짐이 되고 싶지 않은 '아버지'의 마음을 보여 주기 위함이다.

③ ⓒ: 구체적인 배경을 제시하여 '아버지'가 유랑민이었음을 보여 주기 위함이다.

④ ⓔ: '아버지'가 생전에 바라던 염원이 결국 이루어지지 못하였음을 보여 주기 위함이다.

⑤ ⓜ: '아버지'가 돌아가신 모습을 담담하게 전달하기 위함이다.

[63 ~ 65] 다음 글을 읽고 물음에 답하시오.

그는 지금 어머니와 함께 꼬두메를 찾아 내려가고 있는 참이었다. 허황하기조차 한 그녀의 넋두리를 좇아 이렇듯 추운 한겨울밤을 완행열차에 흔들리며, 떠나온 지 십삼 년이 넘은 고향으로 향하게 되리라고는 바로 몇 시간 전까지만 해도 그는 미처 상상조차 못 했던 것이다. 이 느닷없는 귀향길은 어찌 보면 어처구니없을 만큼 충동적으로 결행된 셈이었다. 아내의 말마따나 제정신이 아닌 짓인지도 모를 일이었다. 바로 이날 오후였다. 휴일이 아닌데도 그는 담배꽁초만 재떨이에 수북하게 쌓아 가며 종일 방구석에 틀어박혀 있었다. 몸이 불편해서 출근하지 않는 줄로만 여겼는지, 아내는 되도록이면 그를 혼자 있도록 내버려 두고 있는 눈치였다. 이날 아침 그는 기어이 사표를 써서 집 앞 우체통에 넣었던 것이다. 몇 푼 안 되는 퇴직금은 고사하고라도 몇 달째 밀린 봉급이라도 받을 수 있을까 하는 기대조차 사라진 지 오래였다. 무엇보다 자신과 똑같은 처지의 동료들의 누렇게 뜬 얼굴들을 대하기가 소름이 돋도록 두려웠다. 결국 그는 또다시 실업자가 되었다는 것 외에는 아무것도 변한 게 없다는 사실을 알았다. 이번으로 두 번째였다. 신문사를 나온 후, 오 년 동안의 그 공백 기간에 겪었던 처참함을 그는 아직도 생생히 기억하고 있었다.

이제 아내는 다시 예전처럼 방 한 칸이 달린 구멍가게 자리를 구하기 위해 발바닥이 부르트도록 변두리를 돌아다닐 수도 없으리라. 그나마 남아 있던 쥐꼬리만 한 돈은 바닥이 난 지 오래였고, 전세금을 줄여 가며 변두리로만 이사를 다니다가 급기야 월세방 처지로 주저앉게 된 지도 벌써 이태째였다. 하지만 그는 이젠 도저히 또 다른 직장을 찾아 나설 용기도 아니, 그래야 할 것이라는 생각조차도 사라져 버리고 만 듯한 느낌이었다. 〈중 략〉

그렇다면……. 그는 고개 아래 기슭까지 들어앉아 있는 육중한 고층 아파트 건물들을 바라보았다. 그것은 그의 기억 속의 풍경과는 눈꼽만큼도 닮아 있어 주지 않았다. 변두리의 맨 마지막 가로등이 있는 곳으로부터도 논둑길을 따라 반 시간은 족히 걸어야 했던 산비탈 동네가 번드르르한 고급 주택가로 변해 있었고, 눈만 뜨면 을씨년스레 시야를 붙잡아 내리곤 하던 맞은편 언덕의 공동묘지 자리엔 아파트가 여러 채 들어서 있었다. 그리고 그 사이로 기름진 팔뚝 같은 아스팔트가 훤히 뚫려 있는 것이었다.

모두가 생각하면 할수록 어리석은 짓이었음을 그는 뒤늦게야 깨닫고 있었다. 처음부터 앞뒤 가릴 여유조차 없이 어머니의 황당한 넋두리를 좇아서 덜컥 그곳으로 찾아 내려온 것부터가 엉뚱하기 그지없는 일이었다. 애당초 십여 년이 지난 지금까지 그 가난한 꼬두메 마을이 고스란히 남아 있을 리가 만무했다.

"찬우야이. 어서 우리 집으로 가자니께 왜 여그서 이러고 있냐이."

어머니는 어린아이처럼 보채기 시작했다. 추위로 그녀의 입술이 푸르게 변해 있었다. 여기가 꼬두메예요, 어머니. 똑똑히 보시라구요. 어머니가 그렇게 가자고 조르시던 곳이 바로 여기라니까요. 하지만 그는 차마 그 말을 입 밖에 낼 수가 없었다. 설혹 그런다 한들 알아들을 리도 없을 터였다. 그는 눈앞으로 허공을 비스듬히 가로지르고 있는 아파트 건물을 우울하게 올려다보았다. 거기는 바로 예전에 공동묘지가 있던 자리였다. 십 년이 넘도록 한 번도 찾아보지 못한 채 내버려 두었던 아버지의 무덤. 그 무덤이 어쩌면 저 거대한 아파트 밑의 땅속 어딘가에 묻혀 있을지도 모른다는 생각이 들었다. 그는 문득 무엇인가 목구멍을 치밀어 오르는 뜨거운 덩어리를 삼켰다. 뒤늦은 후회와 죄책감이 가슴을 후벼 파고 있었다. 〈중 략〉

눈이 다시 내리기 시작했다. 만발한 목화송이처럼 희고 탐스러운 눈송이가 이내 하늘을 가득 채우며 펑펑 쏟아져 내리고 있었다. 그는 산기슭에 이르러 한동안 걸음을 멈추고, 어디로 가야 할지를 몰라 망설였다. 거기서부터 길은 구불구불하고 가파른 잣고개로 이어지게 되어 있었다. 저편으로 고갯길을 오르는 사람들의 모습이 띄엄띄엄 눈에 띄기는 했지만, 그 가운데에 어머니가 끼여 있는지는 확실치가 않았다. 아아, 이 눈 속에서 어머니는 혼자 어디로 가신 것일까. 찬우야이, 꼬두메로 핑 가자이. 불길한 주문만 같던 어머니의 음성이 귓전에서 맴을 돌았다. 정말, 어머니는 기어코 꼬두메를 찾아가시겠다고 얼토당토않게시리 홀로 길을 나선 것일까. 온몸에 하얗게 눈을 맞으며 어디론가 하염없는 걸음을 옮기고 있을 어머니의 모습이 눈앞에 떠올랐다. 꼬두메는 이미 이 세상에는 존재하지 않는 과거 속의 마을이었다. 그렇다면 어머니는 이젠 더 이상 아무도 그것을 기억해 주지 않는 이 땅을 떠나, 그 과거의 이름들이 아직 살아 숨 쉬고 있을 또 다른 세계를 찾아 길을 나선 것일까. 그렇다면 그 세상은 오직 어머니 혼자만 아는, 당신만의 소중한 세계일 터였다. 거기엔 어머니가 한시도 잊지 못했던 그리운 사람들과 정겨운 이름들이 예전 그대로 살아 있을 것이었다. 한쪽 눈을 못 보는 아버지와 착한 형, 그리고 어쩌면 어린 시절의 그의 앳된 얼굴도 그 가난한 식구들 곁에서 함께 곤히 잠들어 있을지도 모른다.

아니, 아니야. 그러나 그는 세차게 고개를 흔들어 버렸다. 꼬두메는 이미 이 세상에는 존재하지 않는다. 그것은 결코 아무도 찾아갈 수 없는 망각의 땅일 뿐이다. 그는 그것을 알고 있었다. 아니, 온 세상 사람들이 모두가 알고 있는 그 분명한 사실을 다만 어머니 혼자서만 아직도 모르고 있을 뿐이었다.

'찾아야 해. 어머니를 찾아야만 해.'

그는 마침내 흐드러지게 쏟아져 내리는 함박눈을 맞으며, 비틀거리는 걸음으로 잣고개를 기어오르기 시작했다. 차츰 눈송이가 굵어져 가고 있었다. ㉠은빛, 세상은 온통 은빛이었다.

- 임철우, 「눈이 오면」

63. 윗글을 이해한 내용으로 적절하지 않은 것은?

① 어머니는 달라진 고향의 모습을 보고 슬픔에 잠겨 있다.
② '그'는 꼬두메로 출발하는 날 아침에 사표를 우편으로 보냈다.
③ '그'의 아내는 '그'와 어머니가 꼬두메로 가는 것을 못마땅하게 생각한다.
④ '그'가 첫 번째 직장인 신문사를 그만두고 '그'의 가족은 생활고에 시달렸다.
⑤ '그'는 돌아가신 아버지의 묏자리가 사라진 것을 보고 죄책감을 느끼며 슬퍼하고 있다.

64. ㉠에 대한 설명으로 적절한 것은?

① 잃어버린 어머니를 찾을 수 없을 것임을 예견한다.
② 가족과 함께 행복하였던 꼬두메에 대한 추억을 의미한다.
③ 고향과 어머니를 잃어버린 '그'의 허탈하고 서글픈 현실을 상징한다.
④ 무기력했던 '그'가 어머니를 찾고 현실을 극복해 나갈 것임을 예고한다.
⑤ 눈 속에 '그'의 죄책감과 아픔을 묻음으로써 고통이 해소되었음을 보여 준다.

65. 윗글의 서술 방식에 대한 설명으로 가장 적절한 것은?

① 과거와 현재의 시점을 오가며 긴장감을 부여하고 있다.
② 등장인물 간의 갈등과 화해를 중심으로 사건을 전개하고 있다.
③ 토속적인 어휘를 사용하여 작품에 향토적 분위기를 더하고 있다.
④ 작품 외부의 서술자가 작품 속 인물의 입장에서 사건을 서술하고 있다.
⑤ 인물의 독백 없이 장면 묘사를 위주로 전개하여 독자의 상상력을 자극하고 있다.

(가) '역사학은 문학인가 혹은 과학인가?'라는 질문은 개인과 시대에 따라 그 대답이 다르게 나타난다. 옛날 로마 시대에는 역사학을 문학의 일부로 간주하였다. 이러한 경향은 18세기 계몽사상가들에 이르기까지 지속되었다. 역사 서술은 옛 사람들의 선행을 본받고 교훈을 전하는 글이었으며, 역사가들에게 요구되는 것은 엄밀한 사실 확인이 아니라 타인을 설득할 수 있는 힘이었다. 그렇기 때문에 감동적인 문체로 글을 써야 했다.

(나) 하지만 19세기 독일의 역사가들은 엄밀한 사실을 추구하면서 과거에 일어난 일을 사실 그대로 밝히는 것이 역사가의 가장 중요한 임무라고 생각하였으며 역사학은 '정신과학' 혹은 '문화과학'의 일부가 되어야 한다고 생각했다. 역사학에서 '과학성'이 부각된 것이다. 과학의 시대를 대표하는 데카르트는 '명백하고 확실한' 지식을 진리의 기준으로 여겼다. 데카르트는 역사 서술은 과거의 기억에 의존하며, 역사가가 자신의 민족이나 조상의 과거를 과장하는 경향을 지적하면서 역사학의 신빙성이 부족하다고 생각했다. 실로 과학의 담론 즉, 엄밀한 객관적 사실을 추구하는 일이 정제된 언어의 향취를 통해 감명과 교훈을 주는 일을 제치고 역사학의 본령으로 받아들여지게 되었다.

(다) 그러나 역사의 문학성을 강조하는 사람들은 과학성을 지나치게 강조할 경우 역사학 자체가 '지식을 위한 지식'을 추구하는 사소한 학문으로 전락할 우려가 있다는 점을 지적한다. 감동을 통해 교훈을 전달하는 일은 역사학이 본디부터 지니고 있던 중요한 대중적 기능의 하나인데 역사학이 과학화된 이후 역사학은 대중들과는 멀어져 단지 학자들만을 위한 향연으로 바뀌었다고 말할 수 있다. 따라서 역사의 문학성을 되찾는 일은 역사학 본래의 사명을 되찾는 일임은 물론, 그것을 원래의 소유자들에게 되돌려주려는 중요한 시도라는 것이다.

(라) 모든 학문이 그러하듯 역사학도 시대상을 반영한다. 그러면 합리성에 근거한 모더니즘의 계획이 붕괴된 탈근대를 지향하는 오늘날에 역사학은 어떠한 성격을 견지해야 하는가? 오늘날 역사학은 단순히 문학적인 감동을 주도록 역사를 서술해서는 안 되며 객관적 사실만을 나열해서도 안 된다. 역사학이란 과거에 실제 일어났던 '사실에 대한 진실'을 말한다고 할 때, '사실'에 대한 '진실'을 어떻게 기술하느냐가 이 논의의 핵심이라고 할 수 있다. 만약 역사학이 과학이라면 역사가에게 주어진 역사적 사건에 대한 역사가들의 서술은 같아야 한다. 그러나 실제로는 한 사건에 대한 역사가들의 해석은 역사가의 출신 배경, 이념, 기질 등에 따라 한 극단에서 다른 극단에 이르기까지 다양한 층위를 이루고 있다. 역사가의 주관성이 강하게 작용하고 있는 것이다.

(마) 그렇다고 역사학은 문학이 되어야 한다고 말할 수는 없다. 다만, 역사가의 주관적이고 해석적인 요소를 적극적으로 인정할 필요가 있는 것이다. 역사 기술에 내재되어 있는 문학성과 과학성을 동시에 인정할 때, 역사학은 문학이나 과학과는 다른 고유의 정체성을 가질 수 있을 것이다.

66. 윗글에 대해 이해한 내용으로 적절하지 않은 것은?

① 18세기 역사가들은 타인을 설득할 수 있는 글을 쓸 수 있어야 했다.

② 오늘날의 역사학에서 중요한 논점은 진실을 어떻게 전달하느냐이다.

③ 역사학에서 과학성이 부각된 이후 역사에 대한 사람들의 관심이 높아졌다.

④ 19세기 독일의 역사가들은 역사학이 정신과학 또는 문화과학에 속해야 한다고 주장하였다.

⑤ 데카르트는 역사의 문학성을 비판하며 객관적 사실이 역사의 기준이 되어야 한다고 생각하였다.

67. (가)~(마)의 중심 내용으로 적절하지 않은 것은?

① (가): 로마 시대부터 18세기까지의 역사학의 특징 및 이 시대 역사가에게 요구된 능력

② (나): 19세기 역사학의 근본적 가치와 기존의 역사 서술에 대한 비판

③ (다): 역사학의 과학화가 지니는 한계 및 역사학에서 필요한 태도

④ (라): 과거와 오늘날의 역사 서술의 특징 비교

⑤ (마): 역사학의 정체성을 위해 오늘날의 역사학이 가져야 할 자세

68. 윗글을 통해 〈보기〉를 이해한 내용으로 가장 적절한 것은?

─〈 보 기 〉─

　　사마천은 사실을 기록하는 일에 엄청난 열정을 쏟았지만 그것을 역사 서술의 유일한 목적으로 삼지는 않았으며 인간 본성의 빛과 그늘, 삶의 의미, 군주의 덕성, 권력의 광휘와 비루함, 반복되는 사건의 패턴을 포착해 드러내려고 노력했다. 그랬기 때문에 사회와 인간을 연구하는 인문학자들, 지나간 역사를 보면서 삶의 보편적 의미를 사유하는 평범한 역사 애호가들, 인간관계를 관리하는 방법과 조직을 이끄는 리더십에 관심을 가진 기업인과 정치인들은 21세기에도 여전히 『사기』를 읽는다.

① 사마천은 역사서에 문학적 요소를 추가하여 역사학의 위상을 높였다.
② 사마천은 역사적 사실의 보편성과 특수성을 상호 보완한 역사서를 제작하였다.
③ 사마천은 역사학의 문학적 기능과 과학적 기능을 두루 갖춘 역사서를 기술하였다.
④ 사마천은 지식을 위한 지식을 추구하며 역사학에서 사실 전달의 중요성을 강조하였다.
⑤ 사마천은 삶에서 반복되는 사건을 서술함으로써 인간이 갖출 보편적 덕목을 전달하고자 하였다.

[69 ~ 71] 다음 글을 읽고 물음에 답하시오.

　　지식의 본성을 다루는 학문인 인식론은 흔히 지식의 유형을 나누는 데에서 이야기를 시작한다. 지식의 유형은 '안다'는 말의 다양한 용례들이 보여 주는 의미 차이를 통해서 드러나기도 한다. 예컨대 '그는 자전거를 탈 줄 안다'와 '그는 이 사과가 둥글다는 것을 안다'에서 '안다'가 바로 그런 경우이다. 전자의 '안다'는 능력의 소유를 의미하는 것으로 '절차적 지식'이라고 부르고, 후자의 '안다'는 정보의 소유를 의미하는 것으로 '표상적 지식'이라고 부른다.

　　어떤 사람이 자전거에 대해서 많은 정보를 갖고 있다고 해서 자전거를 탈 수 있게 되는 것은 아니며, 자전거를 탈 줄 알기 위해서 반드시 자전거에 대해서 많은 정보를 갖고 있어야 하는 것도 아니다. 아무 정보 없이 그저 넘어지거나 다치거나 하는 과정을 거쳐 자전거를 탈 줄 알게 될 수도 있다. '자전거가 왼쪽으로 기울면 핸들을 왼쪽으로 틀어라'와 같은 정보를 이용해서 자전거 타는 법을 배운 사람이라도 자전거를 익숙하게 타게 된 후에는 그러한 정보를 전혀 의식하지 않고서도 자전거를 잘 탈 수 있다. 자전거 타기 같은 절차적 지식을 갖기 위해서는 훈련을 통하여 몸과 마음을 특정한 방식으로 조직화해야 한다. 그러나 특정한 정보를 마음에 떠올릴 필요는 없다.

　　반면, '이 사과는 둥글다'는 것을 알기 위해서는 둥근 사과의 이미지가 되었건 '이 사과는 둥글다'는 명제가 되었건 어떤 정보를 마음속에 떠올려야 한다. '마음속에 떠올린 정보'를 표상이라고 할 수 있으므로, 이러한 지식을 표상적 지식이라고 부른다. 그런데 어떤 표상적 지식을 새로 얻게 됨으로써 이전에 할 수 없었던 어떤 것을 하게 될지는 분명하지 않다. 이런 점에서 표상적 지식은 절차적 지식과 달리 특정한 일을 수행하는 능력과 직접 연결되어 있지 않다.

　　표상적 지식은 다시 여러 가지 기준에 따라 나눌 수 있는데, 그중에서도 '경험적 지식'과 '선험적 지식'으로 나누는 방법이 대표적이다. 경험적 지식이란 감각 경험에서 얻은 증거에 의존하는 지식으로, '그는 이 사과가 둥글다는 것을 안다'가 그 예이다. 물리적 사물들의 특정한 상태, 즉 사과의 둥근 상태가 감각 경험을 통해서 우리에게 입력되고, 인지 과정을 거쳐 하나의 표상적 지식이 이루어진 것이다. 우리는 감각 경험을 통해 직접 만나는 개별적인 대상들로부터 귀납추리를 통해 일반 법칙에 도달할 수 있다. 따라서 자연 세계의 일반 법칙에 대한 지식도 경험적 지식이다.

　　한편, 같은 표상적 지식이라 할지라도 '2＋3＝5'를 아는 것은 '이 사과가 둥글다'를 아는 것과는 다르다. ㉠'2＋3＝5'라는 명제는 감각 경험의 사례들에 의해서 반박될 수 없는 진리이다. 예컨대 물 2리터에 알코올 3리터를 합한 용액이 5리터가 안 되는 것을 발견했다고 해서 이 명제가 거짓이 되지는 않는다. 이렇게 감각 경험의 증거에 의존하지 않는 지식이 선험적 지식이다. 그래서 어떤 철학자들은 인간에게 경험 이외에 지식을 산출하는 다른 인식 능력이 있다고 생각하며, 수학적 지식이 그것을 보여 주는 좋은 예가 된다고 믿는다.

69. 윗글을 읽고 이해한 내용으로 적절한 것은?

① 선험적 지식은 감각 경험에 의존하여 입력된다.

② 절차적 지식은 '~을 할 줄 안다'와 같은 정보의 소유를 의미한다.

③ 자전거 타기는 몸과 마음을 조직화하는 훈련과 밀접한 관련이 있다.

④ 자전거를 타기 위해서는 자전거에 대한 '표상적 지식'을 많이 갖추어야 한다.

⑤ 경험적 지식은 경험 전후의 인식에 따라 표상적 지식과 선험적 지식으로 나뉜다.

70. ㉠의 이유를 설명한 내용으로 가장 적절한 것은?

① 지식은 능력이 아닌 정보의 소유를 의미하기 때문이다.

② 과거부터 오랜 시간 동안 인정된 지식은 불변의 법칙이기 때문이다.

③ 지식을 인식하는 바탕은 경험이며, 경험이 곧 지식이 되기 때문이다.

④ 수학적 지식은 특정한 수행 능력이 아닌 대상에 대한 귀납추리를 통해 산출되기 때문이다.

⑤ 지식은 대상에 대한 감각 경험이 아닌 다른 인식 방법으로 산출되는 경우도 있기 때문이다.

71. 〈보기〉의 관점에서 윗글의 '경험적 지식'을 이해한 내용으로 가장 적절한 것은?

〈 보 기 〉

영국의 철학자 '프랜시스 베이컨'은 인간의 합리성과 과학적 세계관을 강조하며 경험적 관찰과 실험을 학문의 기초에 두었다. 또한 경험적 관찰을 통해 자연 과학의 참된 지식을 얻으려면 선입견을 타파해야 한다고 주장하였고, 이러한 선입견을 '우상'으로 보았다. 베이컨은 '우상'에서 벗어나 사물을 관찰하여 발견된 여러 사실들의 공통점을 추출한 후 일반적인 법칙을 이끌어 내는 귀납법이 지식을 얻는 방법이라고 주장하였다.

베이컨은 '우상'을 '종족의 우상', '동굴의 우상', '시장의 우상', '극장의 우상' 등으로 분류하였는데 이 중 '동굴의 우상'은 개인의 특수한 배경과 경험으로 모든 현상을 파악하려는 편견을 의미한다.

① 훈련을 통하여 지식을 얻는 경우 자신을 객관적으로 파악하는 것이 선행되어야 한다.

② 물리적 사물에 대한 지식을 얻기 위해서는 관찰자의 편견을 없애고 사물에 대한 감각적 경험에 의존해야 한다.

③ '자전거가 왼쪽으로 기울면 핸들을 왼쪽으로 틀어라'와 같은 정보는 개인의 특수한 경험으로 얻은 '동굴의 우상'에 속한다.

④ '사과는 둥글다'라는 명제에서 일반적인 법칙을 이끌어 내기 위해서는 '사과'와 '둥글다'라는 사전적 정의를 확인하여야 한다.

⑤ 개별적인 대상을 관찰한 후 발견된 공통점을 추출하여 지식을 얻음으로써 그 대상의 정보를 활용하는 수행 능력을 얻을 수 있다.

'옵션(option)'이라면 금융 상품을 떠올리기 쉽지만, 알고 보면 우리 주위에는 옵션의 성격을 갖는 현상이 참 많다. 옵션의 특성을 잘 이해하면 위험과 관련된 경제 현상을 이해하는 데 큰 도움이 된다. 옵션은 '미래의 일정한 시기(행사 시기)에 미리 정해진 가격(행사 가격)으로 어떤 상품(기초 자산)을 사거나 팔 수 있는 권리'로 정의된다.

역사에 등장하는 최초의 옵션은 고대 그리스 시대로 거슬러 올라간다. 기하학의 아버지로 우리에게 친숙한 탈레스는 올리브유 압착기에 대한 옵션을 개발했다고 전해진다. 당시 사람들은 올리브에서 기름을 얻기 위해서 돈을 주고 압착기를 빌려야 했다. 탈레스는 파종기에 미리 조금의 돈을 주고 수확기에 일정한 임대료로 압착기를 빌릴 수 있는 권리를 사 두었다. 만약 올리브가 풍작이면 압착기를 빌리려는 사람이 많아져서 임대료가 상승할 것이다. 이렇게 되면 탈레스는 파종기에 계약한 임대료로 압착기를 빌려서, 수확기에 새로 형성된 임대료로 사람들에게 빌려줌으로써 큰 이윤을 남길 수 있다. 하지만 흉작이면 압착기를 빌릴 권리를 포기하면 된다. 탈레스가 파종기에 계약을 통해 사 둔 권리는 그 성격상 '살 권리'라는 옵션임을 알 수 있다.

이처럼 상황에 따라 유리하면 행사하고 불리하면 포기할 수 있는 선택권이라는 성격 때문에 옵션은 수익의 비대칭성을 낳는다. 즉, 미래에 기초 자산의 가격이 유리한 방향으로 변화하면 옵션을 구입한 사람의 수익이 늘어나게 해 주지만, 불리한 방향으로 변화해도 [㉠] 해 주는 것이다. 따라서 이 권리를 사기 위해 지급한 돈, 즉 '옵션 프리미엄'은 이러한 보장을 제공 받기 위해 치르는 비용인 것이다.

옵션 가운데 주식을 기초 자산으로 하는 주식 옵션의 사례를 살펴보면 옵션의 성격을 이해하기가 한층 더 쉽다. 가령, 2년 후에 어떤 회사의 주식을 한 주당 1만 원에 살 수 있는 권리를 지금 1천 원에 샀다고 하자. 2년 후에 그 회사의 주식 가격이 1만원을 넘으면 이 옵션을 가진 사람으로서는 옵션을 행사하는 것이 유리하다. 만약 1만 5천 원이라면 1만 원에 사서 5천 원의 차익을 얻게 되므로 옵션 구입 가격 1천 원을 제하면 수익은 주당 4천 원이 된다. 하지만 1만 원에 못 미칠 경우에는 옵션을 포기하면 되므로 손실은 1천 원에 그친다.

여기서 주식 옵션을 가진 사람의 수익이 기초 자산인 주식의 가격 변화에 의존함을 확인할 수 있다. 회사가 경영자에게 주식 옵션을 유인책으로 지급하는 것은 바로 이 때문이다. 이 경우에는 옵션 프리미엄이 없다고 생각하기 쉽지만, 경영자가 옵션을 지급 받는 대신 포기한 현금을 옵션 프리미엄으로 볼 수 있다. 수익의 비대칭성으로 인해 옵션은 적은 돈으로 기초 자산의 가격 변동에 대응할 수 있게 해 준다. 이 때문에 옵션은 미래의 불확실성에 대처하게 해 주는 위험 관리 수단이 될 수 있다. 하지만 옵션 보유자가 기초 자산의 가격에 영향을 미칠 수 있는 경우, 옵션은 보유자로 하여금 더 큰 위험을 선택하도록 부추기는 측면도 있다. 예컨대 주식을 살 권리를 가진 경영자의 경우에는 기초 자산의 가격을 많이 올릴 가능성이 큰 사업을 선택할 유인이 크지만, 그런 사업일수록 가격을 많이 하락시킬 확률도 높기 때문이다. 옵션의 이러한 특성을 이해하는 것은 주주와 경영자의 행동을 비롯하여 다양한 경제 현상을 이해하는 데 무척 중요하다.

72. 윗글을 읽고 이해한 내용으로 적절한 것은?

① 옵션에 영향을 줄 수 있는 사람이 옵션의 보유자가 될 수도 있다.
② 올리브유 압착기는 고대 그리스 시대에 탈레스가 개발한 발명품이다.
③ 어떤 대상에 대한 옵션을 구매한 경우 정해진 시기 외에도 옵션을 행사할 수 있다.
④ 옵션 프리미엄은 미래에 상품의 가격이 유리한 방향으로 흘러갔을 때 생기는 수익금을 말한다.
⑤ 회사가 유인책으로 경영자들에게 주식에 대한 옵션을 주는 경우 경영자들은 옵션에 대한 비용을 치르지 않는다.

73. ㉠에 들어갈 말로 가장 적절한 것은?

① 그의 손실이 없도록
② 옵션을 행사할 수 있도록
③ 일정 비율의 수익을 가질 수 있도록
④ 계약된 옵션의 조건을 조정할 수 있도록
⑤ 그의 손실이 일정한 수준을 넘지 않도록

[74 ~ 76] 다음 글을 읽고 물음에 답하시오.

ㄱ음악은 시간 예술이다. 회화나 조각과 같은 공간 예술과는 달리, 음악에서는 시간이 흐르면서 사라지는 음을 기억하기 위한 방법이 필요하다. 작곡가들은 그 방법의 하나로 반복을 활용했다. 즉 반복을 통해 어떤 일이 어떻게 일어났는지를 기억하여 악곡의 전체를 쉽게 파악할 수 있도록 한 것이다. 이러한 반복의 양상과 효과는 〈비행기〉와 같은 동요에서도 확인할 수 있다. 이 동요에서는 ㄴ반복되는 선율이 노래를 하나로 묶어 주고 있다.

ㄷ무반주 성악곡을 즐겨 부른 르네상스 시대의 다성 음악 양식에서는 입체적인 효과를 주기 위한 기술적인 방법으로 '모방'을 선택했다. 이때 모방은 노래의 시작 부분에서 돌림 노래와 비슷한 방식을 적용함으로써 구현된다. 예를 들어 소프라노 성부의 노래에 뒤이어 알토 성부가 시간차를 두고 같은 선율로 시작하는 반복 기법을 적용하는 것이다. 이렇게 돌림 노래처럼 시작한 후에는 각 성부가 서로 다른 선율로 노래를 이어 간다. 이로써 다성 음악 양식에서는 성부의 독립성을 추구하면서도 통일감을 느끼게 해 주는 짜임새가 만들어졌다.

다성 음악의 시대를 지나 바로크 시대로 들어서면 성악 음악을 구현하는 데 모방은 더 이상 효과적인 기법이 아니었다. 이제 음악가들은 화성을 중시해서, 여러 성부로 이루어진 음악을 연주하기보다 화성 반주에 맞추어 하나의 선율을 노래하는 짜임새를 선호하게 되었다. 화성 반주의 악보 중에는 저음 성부에서 일정한 패턴이 반복되는 경우가 있다. 이때 고음 성부에서는 선율이 반주에 맞춰 변화되는 이른바 장식적 변주가 나타난다. 이로써 반복의 일관성과 변주의 다양성을 통해 조화된 아름다움을 이룰 수 있게 되었다.

고전 시대에는 반복이 악곡의 형식을 결정하는 요소로 사용된다. 이 시대에 널리 쓰인 ㄹ소나타는 주제가 다른 여러 악장이 음악적 대조를 이루는데, 마지막 악장은 첫 악장에 비해 상대적으로 쉬운 음악으로 구성된다. 마지막 악장의 ㅁ이런 성격을 표현하는 데에는 론도 형식이 적합하다. 이 형식은 악장의 주제를 주기적으로 반복하는 사이사이에 이와 대조되는 새로운 주제들을 삽입하는 방식이다.

각 시대의 작곡가는 입체적인 모방, 장식적인 변주, 형식적인 반복 등 다양한 방법을 통해, 시간의 흐름 속에 구현된 악곡 전체의 모습을 파악할 수 있게 하였다. 결국 음악은 시대마다 그 양상은 다르지만, 반복을 기본 원리의 하나로 활용하여 만들어진 것이다.

74. 윗글을 읽고 이해한 내용으로 적절하지 않은 것은?

① 작곡가들은 선율의 반복을 통해 전체 곡조를 이해하려 하였다.

② 바로크 시대의 음악은 반복보다 통일의 원리를 더욱 중요시하였다.

③ 바로크 시대에서 돌림 노래와 같은 기법은 효과적인 음악 양식이 아니었다.

④ 소나타의 첫 악장은 상대적으로 마지막 악장보다 어려운 형태로 이루어진다.

⑤ 다성 음악의 시대에는 소프라노가 부른 노래를 알토가 같은 가락으로 다시 부르는 기법이 활용되었다.

75. ㄱ~ㅁ의 전제로 적절하지 않은 것은?

① ㄱ: 음은 시간이 지나면 남아있지 않기 때문이다.

② ㄴ: 반복의 원리는 구성 요소 간의 조화에 도움을 준다.

③ ㄷ: 르네상스 시대에는 악기를 쉽게 구할 수 없어 악기를 다룰 줄 아는 사람이 많지 않았다.

④ ㄹ: 소나타는 몇 개의 악장으로 이루어진 악곡의 형식이다.

⑤ ㅁ: 반복되는 악장의 주제 사이에 그와 대조되는 주제를 끼워 넣는 방법은 비교적 쉬운 악곡의 형식이다.

76. 윗글을 바탕으로 〈보기〉를 이해한 내용으로 가장 적절한 것은?

─────────────〈 보 기 〉─────────────

변주곡은 하나의 주제가 되는 선율을 바탕으로, 선율·리듬·화성 등을 여러 가지로 변형하는 곡이다. 변주곡의 주제는 듣는 이가 한 번 듣고 악곡의 전체를 파악할 수 있는 단순한 형식으로 이루어진 것이 적합하다. 변주곡 중에서 주제를 바탕으로 가락을 거의 변화시키지 않고 주로 반주나 리듬을 변화시켜 만든 변주곡을 '엄격변주곡'이라고 하는데, 이는 주제를 확인할 수 있는 범위 내에서만 변화를 주기 때문에 주제의 윤곽은 변하지 않는다. 이와 달리 '자유변주곡'은 주제의 가락이나 화성, 리듬, 박자까지도 자유롭게 변화시켜 만든 변주곡으로 주제가 부분적으로 남거나 완전히 사라질 수도 있으며 각 변주는 독립적 성격을 가진다. 이처럼 주제의 변화에 따라 변주곡을 분류할 수 있지만 변주는 주제의 중심 요소를 유지하며 변화를 주면서 이를 반복하는 것에 기초를 둔다.

① 변주곡에는 론도 형식의 악장이 나타날 수 없다.
② 변주곡은 시대별 작곡가들이 사용했던 반복의 기본 원리에서 벗어난 형태이다.
③ 〈비행기〉의 변주곡을 작곡할 때 악보의 '우리비행기' 구간의 선율이 주제가 된다.
④ 엄격변주곡은 주제가 고정된 채 반주가 선율을 변화시키는 장식적 변주의 형태로 나타날 수 있다.
⑤ 자유변주곡의 독립적 성격은 소프라노 성부와 알토 성부가 같은 선율을 돌림 노래로 부를 때 나타난다.

[77 ~ 80] 다음 글을 읽고 물음에 답하시오.

소리를 다양하게 정의할 수 있지만 ⊙우리가 일상적으로 사용하는 소리라는 단어가 갖는 의미와 과학에서 사용하는 소리의 개념은 다를 수 있다. 그렇지만 과학적 개념이 우리의 일상적인 '소리'의 용법에 침투하여 우리는 어느새 과학적 소리 개념을 상당 부분 일상적인 용법에서도 받아들이고 있다.

소리는 귀로 듣는 것이라는 점에 대해서 누구나 동의할 것이다. 소리를 청각의 대상이라고 생각하는 것이다. 귀를 양손으로 막으면 들리던 소리가 약해진다. 이것은 귀가 소리를 듣는다는 확실한 증거이다. 그렇지만 앰프에서 강력한 저음이 흘러나오는 것을 들을 때 몸이 흔들리는 것을 느끼면 우리는 소리를 몸으로 느낀다고 생각하기도 한다. 그렇지만 그 진동의 범위가 가청 주파수 대역의 하한인 16Hz를 넘어서 더 낮은 진동수를 갖게 되면 우리의 몸은 흔들리지만 귀로는 아무 것도 듣지 못한다. 때로는 지진파가 이와 같은 낮은 진동으로 전달되어 몸을 흔들기도 한다. 이러한 느린 진동은 16Hz를 넘어서는 빠른 진동과 비교해서 진동이라는 점에서 물리적으로 별로 다른 것이 없다. 그리하여 우리는 이 들리지 않는 진동에 대해서 저주파음(infrasound)이라는 용어를 사용한다. 귀에 들리지 않는 진동도 소리로 간주할 수 있다는 생각에서다. 그래서 우리는 이러한 진동을 귀에 들리지 않는 저음이라는 범주 속에 집어넣는다.

높은 진동수의 영역에서도 귀에 들리지 않는 공기의 진동이 있다. 청력이 좋은 사람도 2만 Hz 이상의 공기의 진동이 귀에 도달하면 소리로 인식하지 못한다. 그렇지만 여기에서도 2만 Hz라는 한계는 사람의 지각상의 한계이지 물리적으로는 아무런 경계선이 되지 못한다. 그래서 우리는 이렇게 사람의 귀에 들리지 않는 영역의 음파에 대하여 초음파(ultrasound)라는 용어를 사용한다.

그렇지만 우리는 동물들이 사람에게 들리지 않는 소리를 듣는 것을 안다. 우리와 가까이 지내는 개나 고양이만 하더라도 사람보다 더 넓은 가청 주파수 대역을 가지고 있다. 가령, 개는 50Hz에서 45,000Hz까지 들을 수 있고, 박쥐는 12만 Hz까지, 돌고래는 20만 Hz까지 들을 수 있다고 한다. 개 호각(dog whistle)이라는 것이 있는데 이것에서 발생하는 높은 주파수의 진동은 개에게는 들리지만 사람에게는 들리지 않는다. 사람은 이 호각을 불 때 호각이 진동하는 것을 입술로 느낄 수 있지만 귀로는 아무 소리도 듣지 못한다. 그렇지만 옆에 있는 개는 귀를 움찔하면서 반응을 보이고 멀리 있는 개는 달려오기도 한다. 조련사는 개 호각을 불면 개가 달려오게 훈련시킬 수 있다. 일찍이 골턴이라는 영국의 학자는 19세기 후반에 골턴 호각이라는 것을 만들어서 동물들의 반응을 조사하였다. 이 호각에서 나오는 소리는 사람의 귀에 들리지 않았는데 개나 고양이, 말, 곤충 등 다양한 동물들은 반응을 보였다. ⟦ ⓛ ⟧ 때문에 골턴은 동물들의 가청 주파수의 상한을 이 도구를 이용하여 측정할 수 있었다.

77. 윗글을 읽고 이해한 내용으로 적절하지 <u>않은</u> 것은?

① 개 호각을 불 때 사람은 그 소리를 입술의 진동으로 느낄 수 있다.

② 사람이 들을 수 있는 주파수 대역의 상한은 대략 2만 Hz까지이다.

③ 골턴의 호각을 이용하여 곤충의 가청 주파수 대역의 상한을 측정할 수 있다.

④ 앰프나 지진파에서 발생하는 낮은 진동은 사람의 몸을 흔들리게 할 수도 있다.

⑤ 돌고래는 가청 주파수 대역의 상한이 높아 초음파를 들을 수 있지만 개는 이를 들을 수 없다.

78. ㉠과 같이 서술한 이유로 적절한 것은?

① 일상에서는 사람의 목소리도 소리로 인정하기 때문에

② 일상생활 속에 소음이 많아 가청 주파수가 더 낮아지기 때문에

③ 과학에서는 귀로 들을 수 없는 소리도 '소리'로 취급하기 때문에

④ 과학에서 정의하는 소리를 일상에서 어느 정도 인지하고 있기 때문에

⑤ 소리의 진동을 느낄 때 귀를 막으면 이전보다 진동이 약하게 느껴지기 때문에

79. 윗글을 쓴 목적으로 가장 적절한 것은?

① 골턴 호각을 발명한 영국의 학자 골턴을 소개하기 위해

② 개를 훈련할 때 개 호각을 사용하는 조련사를 비판하기 위해

③ 동물의 종류에 따라 가청 주파수 대역의 상한과 하한을 비교하기 위해

④ 저주파음이 사람의 몸에 작용하는 기본 원리와 그 영역을 설명하기 위해

⑤ 소리의 영역과 대상에 따라 들을 수 있는 소리의 범위가 다름을 설명하기 위해

80. ㉡에 들어갈 내용으로 가장 적절한 것은?

① 이 호각의 소리에 개가 반응했기

② 이 호각의 진동수를 조절할 수 있었기

③ 이 호각은 2만 Hz부터 4만 5천 Hz의 소리를 낼 수 있었기

④ 이 호각은 사람이 낼 수 있는 음역의 소리를 낼 수 있었기

⑤ 이 호각은 사람이 들을 수 없는 낮은 음의 소리를 낼 수 있었기

대전시, 괴정 육교 재포장 공사 실시… 통행제한

▫ 대전시는 오는 10월 15일부터 11월 23일까지 괴정 육교 보수공사를 실시할 계획이라고 밝히며, 공사 기간에 차량 통행이 일부 제한되므로 운전자들에게 서행 및 우회 도로 이용을 당부했다.

○ 괴정 육교는 대전의 중심부와 서남부권역을 잇는 차도 육교로, 1998년 설치 이후 연간 약 36만대, 일평균 약 1천여 대의 교통량을 소화하는 시설물로 큰마을네거리와 안골네거리 사이에 설치되어 있다.

○ 준공 이후 23년이라는 세월 동안 많은 교통량을 감당하며 시설 전반에 노후가 진행된 상황으로, 포장 노후에 의한 포트홀* 발생과 이에 따른 잦은 유지보수로 이용자 불편이 가중됐다.

○ 대전시는 육교의 통행량 및 교통상황을 감안하여 통행 불편이 유발될 수 있는 공사 추진에 신중을 기하였으나, 2020년 시행한 정밀 안전 점검 결과에 따라 이번 교량 방수와 전면 재포장 공사를 추진하게 되었다.

○ 대전시는 공사 중 시민 불편을 최소화하기 위해 교통량이 많은 육교 본선은 차로 일부를 부분적으로 통제하고, 각 한 개 차로로 구성된 램프 구간은 부득이 전면 통제 후 주·야간작업을 병행하여 공사를 진행할 계획이다.

○ 이에 따라 육교 본선은 오는 15일부터 다음달 10일까지 부분 통제가, 램프 구간은 다음달 13일부터 23일까지 전면 통제가 이루어진다. 다만, 교통 정체 방지를 위해 출·퇴근 시간을 제외한 주·야간에만 공사가 진행될 예정이다.

○ 괴정 육교의 장기적인 내구성 향상을 목표로 추진하는 이번 공사에서 포장면 전반에 걸친 재포장이 실시되면 동절기 포트홀에 의한 안전사고 예방은 물론 육교 이용자들의 편의가 한층 개선될 것으로 기대된다.

○ 대전시 관계자는 공사 중 발생할 수 있는 교통정체와 혼잡에 대해 미리 양해를 구하며, 사전에 우회도로를 확인해 줄 것을 당부했다.

* 포트홀(pothole): 아스팔트 도로에 움푹 패인 구멍

---

81. 윗글을 이해한 내용으로 적절한 것은?

① 괴정 육교는 대전의 동부와 서부가 맞닿는 경계선에 설치되어 있다.

② 대전시는 괴정 육교의 방수 작업과 부분 재포장 공사를 추진할 예정이다.

③ 육교의 램프 구간은 차로를 번갈아 차단하며 부분적으로 통제할 예정이다.

④ 괴정 육교의 공사 기간에 보행자에게 우회하여 다른 도보를 이용해 줄 것을 요청하고 있다.

⑤ 육교의 본선과 부분 구간 모두 출·퇴근 시간을 제외한 나머지 시간에 공사를 진행할 예정이다.

82. 윗글을 읽고 정보를 보완하기 위하여 제기할 수 있는 질문으로 적절하지 않은 것은?

① 재포장 공사로 겨울철 포트홀로 인한 사고를 예방할 수 있는가?

② 육교의 재포장 공사 이후 통행 시 주의해야 할 사항이 있는가?

③ 램프 구간은 무엇이며 괴정 육교에서 램프 구간의 위치는 어디인가?

④ 공사 기간 동안 괴정 육교를 대체하여 이용할 수 있는 도로는 무엇인가?

⑤ 2020년 시행된 괴정 육교의 정밀 안전 점검의 결과는 어디서 확인할 수 있는가?

[83 ~ 85] 다음 글을 읽고 물음에 답하시오.

협업이음터 안내서
– 협업이음터를 소개합니다! –

Q1. 「협업이음터」가 뭔가요?

A1. 「협업이음터」는 사업을 추진하면서 다른 기관과의 협업이 요구될 때, 필요한 역량(자원)과 뜻을 가진 협업 상대방을 찾을 수 있는 온라인 공간입니다. 쉽게 말해, 함께할 '협업 짝꿍'을 폭넓게 찾아 이어주는 '열린 협업 공간'이라 할 수 있습니다.

Q2. 누가 이용하나요?

A2. 중앙행정기관·지방자치단체·교육청·공공기관 등 공공부문은 물론, 민간의 단체·협회·기업 등도 자유롭게 이용할 수 있습니다.

Q3. 언제 이용하나요?

A3. 함께 협업할 기관을 찾고 싶을 때면 언제든 이용할 수 있습니다. 일방적으로 도움을 구하는 경우보단, 서로에게 이익이 되는 역량과 자원을 주고받는 경우에 '협업 이음 성사'로 이어질 가능성이 커집니다. 「협업이음터」를 사용하는 대표적인 경우는 다음과 같습니다.

- **협업 상대방에 대한 정보가 부족한 사업**
  - 협업 상대방에 대한 특성(예: 인접 지자체, 직원교육을 희망하는 민간기관)은 정해졌으나, 구체적으로 어떤 기관이 협업할 의사와 역량을 가졌는지 정보가 부족한 경우
  - 개별적으로 기관을 탐색하여 확인하는 방식에서 벗어나 사전에 인지하지 못했던 잠재적 협업 상대방까지 폭넓게 탐색하고자 하는 경우
- **신규 사업 시범 시행, 기존 사업 확산 대상 탐색**
  - 새롭게 시행하는 사업에 대하여 참여할 의사를 가진 공공·민간기관을 찾고자 하는 경우
  - 기존에 진행해오던 사업을 확산하거나(예: 사업 대상 지역 확대), 우수사례를 전파·벤치마킹하고자 하는 경우

Q4. '협업 이음'은 어떻게 진행되나요?

A4. 크게 네 단계로 진행됩니다.

1
① 협업 이음 수요 등록 ➡ 2 ② 협업 이음 참여하기 ➡ 3 ③ 온·오프라인 협의 ➡ 4 ④ 협업 이음 성사

① 먼저, 협업사업을 추진하는 기관(협업 수요 기관)이 제공할 수 있는 자원과 필요로 하는 협업 상대방(협업 참여 기관)의 역량(자원)을 등록하면,

② 이를 확인한 공공 또는 민간의 다양한 기관들이 자율적으로 협업 의사를 밝히는 '협업 이음 참여 답글'을 남깁니다.

③ 답글을 토대로 협업 수요 기관과 협업 참여 기관 간 온·오프라인 협의를 거친 후에

④ 협업 이음이 성사되고, 함께 협업사업을 추진하는 방식으로 진행됩니다.

Q5. 「협업이음터」를 이용하면 좋은 점은 뭔가요?

A5. 협업 상대방을 폭넓게 찾을 수 있습니다. 공공·민간이 모두 접속하는 '열린 공간'인 만큼, 필요한 역량(자원)과 협업할 의지를 가진 다양한 기관들이 게시글을 확인하고 '협업 이음'에 참여하게 됩니다. 미처 생각하지 못했던 잠재적 협업 상대방까지 만날 수 있게 되는 겁니다.

83. 협업이음터가 개설된 목적으로 적절한 것은?

① 열린 공간을 통해 국민과 함께 정책을 논의하기 위함이다.

② 정부 부처와 함께 도전적인 아이디어를 실현하기 위함이다.

③ 효율적인 협업을 도모하여 사회적 약자를 구제하기 위함이다.

④ 협업이음터를 활성화하여 중앙행정기관의 수익률을 높이기 위함이다.

⑤ 협업 수요 기관이 다양한 협업 참여 기관과 자유롭게 협업하게 하기 위함이다.

84. 윗글을 읽은 독자의 반응으로 적절한 것은?

① 영세 중소기업은 우선적으로 협업 이음에 참여할 수 있겠군.

② 협업 이음 수요를 등록하는 경우 기관 정보 및 연락처를 필수로 기재해야겠군.

③ 협업이음터를 이용할 수 있는 횟수와 기간이 정해져 있으니 이를 주의해야겠군.

④ 협업 이음 수요를 등록하면 매개 기관에서 이를 파악하고 협업이 가능한 기관을 직접 연결시켜 주는 시스템이군.

⑤ 협업 이음이 이루어질 수 있는 확률을 높이려면 상대방에게도 이익이 될 수 있는 자원의 정보도 함께 등록해야겠군.

85. 협업이음터를 이용하고자 하는 사례로 적절하지 않은 것은?

① 하자가 있는 상품을 기증하고 싶은 민간 기업이 이 상품을 고쳐 활용할 수 있는 기관을 탐색하는 경우

② 연구 사업을 진행 중인 개인이 연구에 필요한 자료를 제공해 줄 수 있는 지방자치단체를 탐색하는 경우

③ 새로운 데이터를 개발한 중앙행정기관이 이를 활용한 사업을 진행할 수 있는 민간 기업을 탐색하는 경우

④ 학생들의 안전 교육을 실시하고자 하는 교육청이 해당 교육을 함께 진행할 수 있는 소방서를 탐색하는 경우

⑤ 공공기관에서 진행 중인 사업의 수요처가 늘어나 이와 관련된 업무를 함께 수행할 수 있는 민간단체를 탐색하는 경우

– 「농지법」 기본이념 구현을 위한 –
부산시, 「농지관리 개선방안」 시행… 농지 투기 막는다!

부산시는 「농지법」 개정에 따라, 농지의 투기를 방지하고 농업 생산 본래의 기능을 수행하기 위해 농지관리 개선방안을 시행한다고 밝혔다.

[A] 이번 방안에는 농지 투기를 억제하기 위해 취득 절차 및 사후 관리, 불법 농지취득에 대한 벌칙 등 제재를 강화하고, 부당 이득을 환수하기 위한 농지 및 농업법인 제도 개선 내용을 담고 있다.

먼저, ▲ 농지취득자격 심사가 강화된다. 농지취득자격 심사 시 제출하는 농업경영계획서상 의무 기재 사항에 직업, 영농 경력 등을 추가하고, 관련 증빙 서류 제출도 의무화한다. 주말·체험영농 용도의 농지취득 심사 시, 영농거리 등을 포함하는 체험영농 계획서(신설) 제출도 의무화된다.

▲ 투기 우려 농지 등은 사전·사후 관리가 강화된다. 투기 우려 지역 농지 및 관외거주자의 농지 신규 취득 등에 대해서는 지역 농업인·전문가·시민단체 등이 참여하는 농지위원회를 설치하여 농지취득자격을 심의한다.

우량농지 보전 등을 위해 농업진흥지역 내 농지의 주말·체험영농을 목적으로 하는 취득은 제한하며 도시근교 신규 취득 농지 등 투기 우려 농지는 매년 1회 이상 지자체가 이용 실태조사를 해야 한다. 농업법인 실태조사 주기도 현행 3년에서 1년으로 단축한다.

아울러, ▲ ⟨＿＿＿＿＿＿＿＿＿＿＿ ㉠ ＿＿＿＿＿＿＿＿＿＿＿⟩

이와 함께 농지 불법 취득과 임대차 등 중개행위 및 중개업소에 대한 광고 행위를 금지하고 이를 위반할 시 벌칙(3년 이하의 징역 또는 3천만 원 이하의 벌금)을 신설한다.

또한, 농업법인이 농지를 이용하여 목적 외 사업인 부동산업 또는 임대업을 영위한 경우에는 해당 부당이득 환수를 위한 과징금 제도를 도입한다. 농지를 불법으로 임대한 경우, 벌칙(벌금형)을 현행 1천만 원 이하에서 2천만 원 이하로 상향한다.

마지막으로 ▲ 농지관리 행정 체계도 개선·확충한다. 농지 관련 정보를 종합적·체계적으로 관리할 수 있도록 농지원부를 '농지대장'으로 전면 개편한다. 명칭 변경뿐만 아니라 농지원부 작성 기준을 농업인에서 '농지 필지'로 변경하고, 관할 행정청도 농업인 주소지에서 '농지 소재지'로 변경한다. 작성 대상도 당초 1천m² 이상에서 모든 농지로 확대한다.

아울러, 소유자에게 임대차 계약 체결·변경 등 농지 소유와 이용 현황과 관련한 중요 사항이 변경된 경우에는 신고를 의무화한다.

부산시 농축산유통과장은 "이번 농지관리 개선방안이 농지 투기를 근절하고 농지가 농업 생산 자원으로서 본래 기능을 되찾는 계기가 될 수 있도록 차질 없이 시행하기 위해 최선을 다하겠다."라고 전했다.

86. 농지관리 개선방안에 대한 설명으로 적절하지 <u>않은</u> 것은?

① 농지는 그 면적과 상관없이 농지대장을 작성해야 한다.

② 농지취득을 위한 농업경영계획서를 쓰는 경우 농업 경영과 관련한 경력을 의무적으로 기재해야 한다.

③ 농지의 소유자는 기존에 임차인에게 빌려주었던 농지의 계약 내용이 변경되어도 의무적으로 신고해야 한다.

④ 농지관리 개선방안을 실시하는 이유는 농지로 부당이득을 취하는 것을 막고 농지 본연의 기능을 회복하기 위함이다.

⑤ 농업법인에 대한 실태조사를 주기에 따라 실시하지 않는 경우 벌칙을 1천만 원 이하에서 2천만 원 이하로 상향하였다.

87. [A]를 참고할 때 ㉠에 들어갈 내용으로 가장 적절한 것은?

① 농지취득에 대한 심사를 강화하기 위해 농업경영계획서의 민원 처리 기간을 기존 4일에서 7일로 늘려 이를 심의하도록 한다.

② 농지의 개량 시설과 농축산물 생산 시설을 설치하는 경우 그 사유가 발생한 날부터 60일 이내에 농지대장의 변경을 신청하여야 한다.

③ 자연에서 시간을 보낼 수 있는 주말농장이 중·장년층에게 큰 인기를 얻으면서 친환경 주말농장을 분양하는 지자체들이 늘어나고 있다.

④ 농업을 경영하거나 농산물을 유통·가공·판매를 기업적으로 하고자 하는 이는 농업법인을 설립할 수 있는데 이러한 농업법인에게는 농지에 한정하여 부동산업이 허가가 된다.

⑤ 농지 관련 불법 행위 제재를 강화하고 부당이득 환수제를 도입한다. 투기 목적 취득 농지의 신속한 강제 처분 절차 집행을 위해 현행 1년인 처분 의무 기간을 없애고 즉시 처분 명령을 내리도록 개선한다.

88. 윗글을 바탕으로 할 때, 〈보기〉의 '갑'이 'B 농지'를 취득하지 못한 이유로 가장 적절한 것은?

───〈 보 기 〉───

회사원인 '갑'은 여가를 활용하여 직접 작물을 재배할 목적으로 'B 농지'를 소유하고자 체험영농계획서를 제출하였으나 'B 농지'를 취득할 수 없다는 통보를 받았다.

① '갑'이 체험영농계획서에 직업을 기재하지 않았기 때문에

② '갑'이 'B 농지'의 취득을 위한 농지위원회에 참여하지 않았기 때문에

③ '갑'이 농사가 아닌 투자 목적으로 'B 농지'를 소유하고자 했기 때문에

④ 다른 직업과 병행하지 않는 전문 농업인에게만 농지 소유가 허가되기 때문에

⑤ 'B 농지'가 주말·체험영농의 목적으로 소유할 수 없는 농업진흥지역에 속하기 때문에

89. 〈보기〉의 그래프를 분석한 내용으로 적절하지 <u>않은</u> 것은?

─〈 보 기 〉─

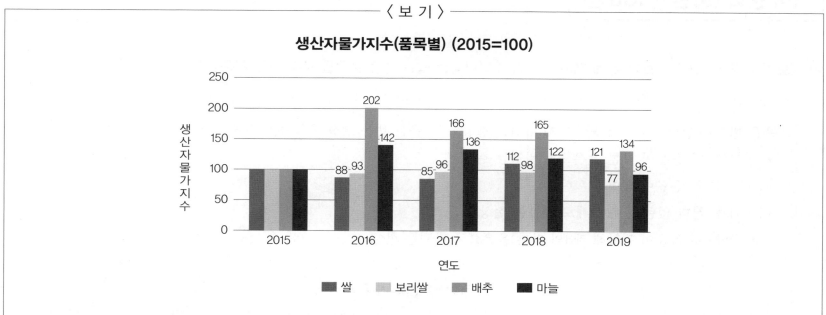

생산자물가지수(품목별) (2015=100)

* 생산자물가지수: 국내생산자가 국내시장에 공급하는 상품 및 서비스의 가격변동을 측정하는 통계로서 경기동향 판단지표, GDP 디플레이터 등으로 이용됨

① 2016년과 2017년에 보리쌀이 쌀보다 생산자물가지수가 높았다.

② 보리쌀과 마늘의 생산자물가지수는 2015년보다 2019년에 더 낮다.

③ 2015년부터 2019년까지 마늘의 생산자물가지수는 지속 상승하였다.

④ 2016년부터 2019년까지 생산자물가지수가 가장 높은 품목은 배추이다.

⑤ 2015년에서 2016년 사이에 생산자물가지수 변화 폭이 가장 큰 품목은 배추이다.

90. 〈보기〉의 빈칸에 들어갈 말로 적절한 것은?

─〈 보 기 〉─

넛지는 선택 설계자가 취하는 하나의 방식으로서, 사람들에게 어떤 선택을 금지하거나 그들의 경제적 인센티브를 크게 변화시키지 않고 예상 가능한 방향으로 그들의 행동을 변화시키는 것이다. 넛지 형태의 간섭은 쉽게 피할 수 있는 동시에 그렇게 하는 데 비용도 적게 들어야 한다. 넛지는 [＿＿＿＿＿＿＿＿＿＿＿＿＿＿＿] 과일을 눈에 잘 띄는 위치에 놓는 것은 넛지다. 그러나 정크푸드를 금지하는 것은 넛지가 아니다.

실제로 설계된 넛지의 예로는, 위의 그림과 같이 피아노 모양으로 계단을 설계하고 디딜 때마다 소리가 나게 함으로써 사람들이 계단을 이용하도록 유도하고, 이를 통해 사람들의 건강을 개선할 수 있다. 또 쓰레기통을 농구 골대 모양으로 만들어, 농구공을 골대 안에 집어넣는 것처럼 사람들이 쓰레기를 쓰레기통에 조준하여 넣도록 유도함으로써 깨끗한 환경을 만들 수도 있다.

① 명령이나 지시가 아니다.

② 사람들을 속이는 기발한 장치이다.

③ 어떤 행동도 금지하지 않는 것이다.

④ 설계한 사람이 가장 큰 이익을 취한다.

⑤ 일상에서 쉽게 접할 수 없는 대상을 조합하는 것이다.

91. 〈보기 1〉을 참고하여 〈보기 2〉에 제시된 단어에 나타나는 음운 변동 현상을 모두 고른 것은?

───────〈 보 기 1 〉───────

음운 변동은 단어 내부에서 말소리가 바뀌는 현상으로, 음운 변동 현상 유형에는 '교체, 탈락, 첨가, 축약'이 있다.

- ㉠ 교체: 한 음운이 다른 음운으로 바뀌는 현상
- ㉡ 탈락: 한 음운이 없어지는 현상
- ㉢ 첨가: 본디 없던 음운이 새로 덧붙는 현상
- ㉣ 축약: 두 음운이 결합해 제3의 다른 음운으로 바뀌는 현상

───────〈 보 기 2 〉───────

- 색연필[생년필]
- 넓히다[널피다]

	색연필	넓히다
①	㉠	㉣
③	㉠	㉡, ㉣
⑤	㉠, ㉢	㉡, ㉣

	색연필	넓히다
②	㉠	㉠, ㉡
④	㉠, ㉢	㉣

92. 〈보기〉의 조건에 해당하는 문장으로 적절한 것은?

───────〈 보 기 〉───────

1. 명사절을 안은 문장일 것
2. 안긴문장이 안은문장에서 목적어의 기능을 할 것

① 그가 나를 보았음이 분명하다.
② 그는 게을러서 번번이 약속 시간보다 늦게 온다.
③ 아무도 그녀의 말이 거짓임을 알아채지 못하였다.
④ 아이의 밝은 미소가 부모의 마음을 훈훈하게 하였다.
⑤ 나는 우리 반이 노래 경연에서 가장 잘했다고 생각한다.

93. 〈보기 1〉의 대화를 참고할 때, 〈보기 2〉의 점자 표기에 대한 설명으로 적절하지 않은 것은?

─〈 보 기 1 〉─

혜수: 어제 인터넷에서 찾은 점자 표기법을 참고해서 점자 표기를 직접 해 봤어. 이건 어떤 단어일지 맞혀 봐.

가은: 그래. 앞 글자의 중성이 상단의 1점, 중단의 5점, 하단의 3점에 위치해 있고, 점자는 왼쪽에서부터 읽으니까…….
　　　알겠다! '딛다'를 표기한 거 맞지?

혜수: 정답이야!

─〈 보 기 2 〉─

ㄷ	ㅣ	ㄷ	ㄷ
○ ●	● ○	○ ○	○ ●
● ○	○ ●	○ ●	● ○
○ ○	● ○	● ○	○ ○

① 한국의 점자로 '다'를 표기할 때 모음 'ㅏ'를 생략한다.
② 한국의 점자는 한글과 같이 모아쓰기 방식으로 적는다.
③ 한국의 점자는 점 여섯 개를 조합하여 한 칸을 구성한다.
④ 한국의 점자에서 한 칸을 구성하는 점에는 각각 번호가 매겨져 있다.
⑤ 한국의 점자는 같은 자음이라도 초성, 종성에 따라 다르게 표기한다.

94. 〈보기〉의 ㉠~㉤에 나타나는 중세 국어의 특징으로 적절하지 않은 것은?

─〈 보 기 〉─

• ㉠아ᄃ리 孝道(효도)ᄒ고
• ㉡부텻 功德(공덕)을 ㉢듣즙고
• 나랏 ㉣말ᄊᆞ미 中國(중국)에 달아
• 우리 始祖(시조)ㅣ ㉤慶興(경흥)에 사ᄅᆞ샤

① ㉠: 연철 표기가 사용되었음을 알 수 있다.
② ㉡: 앞에 오는 체언이 존경의 대상인 경우 관형격 조사로 'ㅅ'이 쓰였음을 알 수 있다.
③ ㉢: 어간의 끝소리가 'ㄷ'인 경우 주체 높임을 나타내는 선어말 어미로 '-즙-'이 쓰였음을 알 수 있다.
④ ㉣: 앞에 오는 체언에 받침이 있는 경우 주격 조사 '이'가 쓰였음을 알 수 있다.
⑤ ㉤: 앞에 오는 체언의 끝음절에 음성 모음이 오는 경우 부사격 조사로 '에'가 쓰였음을 알 수 있다.

95. 〈보기〉의 ㉠에 공통으로 들어갈 말로 적절한 것은?

───────────〈 보 기 〉───────────

　　양귀자의 '원미동 사람들'은 부천시 원미동에 사는 사람들의 다양한 모습을 그린 연작 소설로, 총 11편의 단편으로 구성되어 있다. 각각의 작품은 독립적인 이야기로 구성되어 있으나, 한 작품의 등장인물이 다른 작품 속에서 나타나기도 한다. 이처럼 '원미동 사람들'과 같은 형식으로 구성된 소설을 _____㉠_____ (식) 소설이라고 한다. 본래 _____㉠_____ (식) 소설은 과거 에스파냐에서 유행한 소설 양식으로, 악한 사람을 주인공으로 하여, 그의 행동과 범행을 중심으로 유머가 풍부한 사건이 연속되지만 대부분 주인공이 악한 행동을 뉘우치고 결혼하며 끝나는 소설을 의미했다.

① 세태　　　　　　　　② 액자　　　　　　　　③ 연재
④ 몽자류　　　　　　　⑤ 피카레스크

96. 〈보기〉의 ㉠에 들어갈 문학 작품으로 적절한 것은?

───────────〈 보 기 〉───────────

• 작품명: _____㉠_____
• 작품의 갈래: 국문 소설, 영웅 소설, 군담 소설
• 작품의 배경: 중국 송(宋)나라 시대
• 작품의 특징: 영웅의 일대기 구조를 거의 그대로 따르고 있으나, 주인공의 탄생을 기원하거나 특이한 태몽을 동반하지 않는다는 점에서 특이하며, 주인공이 천상에서 하강한 인물이 아니다.
• 작품의 의의: 군담 소설류 중 가장 널리 읽혔던 작품으로 전해지고 있다.

① 「호질」　　　　　　　② 「조웅전」　　　　　　③ 「최척전」
④ 「춘향전」　　　　　　⑤ 「이생규장전」

97. 〈보기〉의 밑줄 친 부분에 해당하는 문학 작품으로 적절한 것은?

───────────〈 보 기 〉───────────

　　'풍자 소설'은 인물과 사회의 결점, 모순, 불합리 등을 비웃으며 비판하는 소설이다.

① 신경숙, 「외딴 방」　　　　② 박태원, 「천변 풍경」　　　　③ 전광용, 「꺼삐딴 리」
④ 최인호, 「타인의 방」　　　⑤ 강신재, 「젊은 느티나무」

98. 〈보기〉에서 설명하고 있는 작가는?

─〈보 기〉─

1936년에 조선일보 신춘문예에 단편 「사하촌」이 당선되면서 정식으로 문단에 등단하였다. 주로 농촌 현실의 문제점을 고발하는 농촌 문학에 관심을 두었으며 그 과정에서 드러나는 민중의 저항 정신을 다루었다. 대표작으로는 「모래톱 이야기」, 「수라도」, 「인간단지」 등이 있다.

① 김정한   ② 박영희   ③ 이광수   ④ 이태준   ⑤ 황순원

99. 방송 언어에 대한 지적으로 적절하지 않은 것은?

① 기승을 부리던 강추위가 물러나면서 오늘 서울의 한낮 최고 기온은 10도까지 올랐습니다. → 주격 조사를 '이'로 바꿔 쓰는 것이 더 적절하다.

② 작은 생명도 귀하게 여겼던 옛 성현의 모습을 전철 삼아 생명을 존중하는 가치관을 형성할 수 있도록 노력합시다. → 부정적인 일이나 행동을 이르는 말이므로 '본보기'로 바꿔 쓰는 것이 더 적절하다.

③ 특히 부상으로 이번 대회에 출전하지 못한 ○○○선수는 벌써부터 다음 대회에 출사표를 내걸며 우승에 대한 포부를 밝히고 있습니다. → '출사표를 내며' 또는 '출사표를 던지며'로 바꿔 쓰는 것이 더 적절하다.

④ 수법이 악랄하기로 소문난 범죄 조직에 대한 수사가 착수되어 중국에 있는 용의자들이 우리나라로 송환될 예정입니다. → 구어보다 문어를 사용하는 것이 자연스러우므로 '회자된'으로 바꿔 쓰는 것이 더 적절하다.

⑤ 일본 정부 대변인은 이번 회담에 대해 "한국과 원만한 합의를 이끌어 내지 못하여 유감입니다"라고 밝혔습니다. → '한국과 원만한 합의를 이끌어 내지 못하여 유감이라고'와 같이 간접 화법으로 바꿔 쓰는 것이 더 적절하다.

100. 〈보기〉는 남한과 북한의 언어를 비교한 표이다. 이를 통해 알 수 있는 내용으로 적절하지 않은 것은?

─〈보 기〉─

	남한어	북한어
㉠	되어	되여
㉡	한∨개	한개
㉢	나룻배	나루배
㉣	화장지	위생지
㉤	낙원(樂園)	락원(樂園)

① ㉠: '되다'의 어간 뒤에 연결 어미 '−어'가 붙을 때 북한에서는 연결 어미를 '−어'를 '−여'로 바꿔 표기함을 알 수 있다.

② ㉡: 남한어와 달리 북한어에서는 관형사와 의존 명사의 띄어쓰기를 하지 않음을 알 수 있다.

③ ㉢: 남한어와 달리 북한어는 단어를 발음에 따라 표기함을 알 수 있다.

④ ㉣: 남한어와 북한어에서 동일한 대상을 나타내는 어휘가 다름을 알 수 있다.

⑤ ㉤: 남한어에서 한자어 '락'이 단어 첫머리에서 '낙'으로 표기된 것을 통해 두음 법칙이 남한에는 적용되고 북한에는 적용되지 않음을 알 수 있다.

성 명	
수 험 번 호	
감 독 관 확 인	

KBS 한국어능력시험
실전모의고사

제3회 [고난도]

시 분 ~ 시 분 (총 100문항/120분)

* 시작과 종료 시각을 정한 후, 실전처럼 모의고사를 풀어보세요.

□ 시험 응시 유의사항

- 문제지와 OMR 답안지에 성명, 수험 번호를 정확히 기입하여 주시기 바랍니다.

- 시험은 쉬는 시간 없이 진행되며, 듣기·말하기 시험은 25분간 진행됩니다. 본 실전모의고사 4쪽의 QR코드를 스캔하여 듣기 MP3 파일을 바로 다운로드 받을 수 있습니다.

- 함께 제공되는 OMR 답안지를 이용하여 실전처럼 모의고사를 풀어본 후, 해설집의 '모바일 자동 채점+성적 분석 서비스' QR코드를 스캔하여 응시 인원에 따른 본인의 석차와 취약 영역을 확인해 보시기 바랍니다.

해커스자격증

한국어능력시험 문항 (100문항)

영역	문항 번호
듣기 · 말하기	1 ~ 15
어휘	16 ~ 30
어법	31 ~ 45
쓰기	46 ~ 50
창안	51 ~ 60
읽기	61 ~ 90
국어 문화	91 ~ 100

1. 그림에 관한 설명에서 다루지 <u>않은</u> 것은?

① 파르테논을 봉헌받은 신
② 파르테논과 연관된 축제
③ 파르테논의 건축 시기와 위치
④ 파르테논의 건축 양식과 재료
⑤ 파르테논을 이루는 선의 특징

2. 이 이야기 마지막에 이어질 내용으로 가장 적절한 것은?

① 이처럼 아돌프 키에프는 재능을 믿기보다 노력해야 한다는 교훈을 줍니다.
② 이처럼 아돌프 키에프는 인간에게 이르지 못할 경지는 없다는 교훈을 줍니다.
③ 이처럼 아돌프 키에프는 타의 모범이 되기 위해서는 도덕성을 길러야 한다는 교훈을 줍니다.
④ 이처럼 아돌프 키에프는 성공을 위해 기존의 방식만 고수할 필요는 없다는 점을 시사합니다.
⑤ 이처럼 아돌프 키에프는 특정 분야에서 두각을 나타내는 인재를 발굴하는 것의 중요성을 시사합니다.

3. 강연의 내용과 일치하지 <u>않는</u> 것은?

① 빅터 파파넥의 가치관이 이타적 디자인을 만들어 내었다.
② 라이프 스트로우는 개인이 혼자 쓰는 것을 염두에 둔 구호 물품이다.
③ 빅터 파파넥은 국가에 구애받지 않고 사회적 약자를 위해 헌신하였다.
④ 여러 단체의 후원으로 라이프 스트로우의 제작 비용을 절감할 수 있었다.
⑤ 미켈의 휴대용 정수기는 아프리카의 식수 문제를 해결하기 위해 고안되었다.

4. 리포트의 내용과 일치하지 <u>않는</u> 것은?

① 옛 고구려의 영토에는 단군족이 거주하고 있었다.
② 고구려 출신인 대조영이 당을 물리친 지역은 영주이다.
③ 신라와 당의 전쟁에 고구려와 백제의 유민도 참가하였다.
④ 당시 신라의 힘은 고구려의 영토를 회복하기에 충분했다.
⑤ 신라는 당과 전쟁을 하였으나 이후 우호적인 관계를 맺었다.

5. 이 시의 중심 소재로 가장 적절한 것은?

① 봄 　　　　② 겨울 　　　　③ 고향
④ 꾀꼬리 　　　　⑤ 보리밭

6. 박 교수가 설명한 내용과 일치하지 <u>않는</u> 것은?

① 유연학기제는 교수의 연구 시간과 교과목 특성을 고려한 제도이다.
② 융합전공제를 통해 소속 대학에 개설되지 않은 전공을 이수할 수 있다.
③ 학습경험인정제로 학생이 취득할 수 있는 학점은 졸업 학점의 20% 이하이다.
④ 융합전공제는 학과 간 통폐합 없이도 새로운 전공을 개설할 수 있게 하는 제도이다.
⑤ 집중이수제는 1학점당 15시간 이상 강의가 이루어져야 하는 전제 조건을 지켜야 한다.

7. 기자의 말하기 전략으로 적절하지 <u>않은</u> 것은?

① 박 교수가 설명한 내용과 관련된 자신의 경험을 언급하고 있다.
② 각 제도의 우려되는 점을 제시하며 그 해결 방안을 질문하고 있다.
③ 박 교수가 소개한 제도에 대한 기대감을 내비치며 인터뷰를 마무리하고 있다.
④ 인터뷰에서 다루는 화제가 대두되게 된 배경을 소개하며 인터뷰를 시작하고 있다.
⑤ 제도의 명칭을 풀이하며 박 교수에게 그에 대해 자세히 설명해 줄 것을 요구하고 있다.

8. 대화를 통해 알 수 있는 등장인물의 생각으로 볼 수 <u>없는</u> 것은?

① 청년: 허황된 두려움을 느끼며 살고 싶지 않다.
② 촌장: 마을은 자신이 만든 질서에 의해 지켜지고 있다.
③ 촌장: 파수꾼의 인생은 규칙을 지키지 않아 헛되어졌다.
④ 청년: 마을 사람들에게 진실을 숨기는 행위는 옳지 않다.
⑤ 촌장: 사람들은 이리를 경계하고 있기 때문에 단결한 것이다.

9. 두 사람의 갈등이 촉발된 근본적인 원인으로 가장 적절한 것은?

① 마을 사람들에게 헌신하는 정도의 차이
② 파수꾼이 수행하는 역할에 대한 의견 차이
③ 이리의 존재 여부를 밝히는 데에 대한 생각 차이
④ 마을 사람들이 느끼는 두려움을 바라보는 시선의 차이
⑤ 파수꾼이 촌장에게 복종해야 하는가에 대한 견해 차이

10. 강연의 내용과 일치하지 <u>않는</u> 것은?

① 황반은 망막을 이루는 일부분을 지칭하는 명칭이다.
② 50대 이상의 연령층에서 황반변성 환자의 비율이 높다.
③ 황반변성의 주된 원인은 드루젠을 제거해 주는 세포의 감소이다.
④ 사물의 상이 왜곡돼 보인다면 중심 시력 이상을 의심해 보아야 한다.
⑤ 일부 황반변성은 전문의의 진료뿐 아니라 자가 검사로도 확인할 수 있다.

11. 이 강연의 특징에 대한 설명으로 가장 적절한 것은?

① 전문가의 말을 인용하여 황반변성의 위험성을 설명하고 있다.

② 황반변성과 망막변성의 원인을 차이점을 중심으로 설명하고 있다.

③ 눈이 시각 자극을 받아들이는 과정을 카메라에 빗대어 설명하고 있다.

④ 황반변성에 대한 일반적인 설명을 한 뒤 세부 유형으로 나누어 설명하고 있다.

⑤ 황반변성에 동반되는 증상을 치료할 수 있는 구체적인 방법을 설명하고 있다.

12. 두 사람의 입장과 일치하지 <u>않는</u> 것은?

① 안민진: 팬덤 문화는 청소년의 심리에 악영향을 끼친다.

② 한소현: 청소년 팬덤 문화가 소비 활동만을 의미하지는 않는다.

③ 한소현: 팬덤 문화는 청소년이 또래와 맺는 관계로 파악해야 한다.

④ 안민진: 팬덤 문화는 청소년이 자퇴를 결정하는 데 큰 영향을 준다.

⑤ 한소현: 청소년 팬덤 문화는 얼마든지 좋은 방향으로 나아갈 수 있다.

13. 두 사람의 상반된 입장을 중재하기 위해 제3자가 제공할 수 있는 자료로 가장 적절한 것은?

① 팬덤 문화 확산과 굿즈 시장의 매출 증가의 상관관계를 분석한 자료

② 청소년이 인식하는 청소년 팬덤 문화의 장점과 단점을 조사한 자료

③ 청소년이 하루에 팬덤 활동을 위해 사용하는 시간에 대한 통계 자료

④ 또래와의 상호 작용이 청소년의 심리에 미치는 영향력에 대한 논문

⑤ 부모 소득 수준에 따른 청소년의 팬덤 문화 참여도를 조사한 보고서

14. 다음 중 처음으로 돌아가라는 지시를 내리는 기호는?

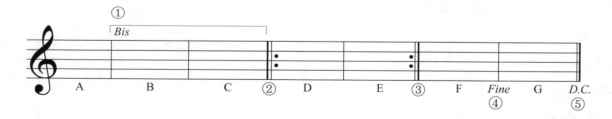

15. 이 발표의 내용 구성 전략으로 가장 적절한 것은?

① 묻고 답하는 형식으로 다양한 반복 기호를 설명하고 있다.

② 표기 방법과 의미를 중심으로 반복 기호를 설명하고 있다.

③ 유사한 역할을 하는 반복 기호끼리 묶어 그 예와 함께 설명하고 있다.

④ 반복 기호를 이해하는 데 필요한 배경지식을 나열하며 발표를 끝내고 있다.

⑤ 반복 범위가 넓은 반복 기호부터 반복 범위가 좁은 반복 기호까지 순차적으로 제시하고 있다.

16. '차진 기가 없고 부스러져 헤어질 듯한 모양'을 의미하는 고유어는?

① 곰질곰질   ② 버석버석   ③ 부슬부슬
④ 추적추적   ⑤ 흐슬부슬

17. 한자어의 사전적 뜻풀이로 옳지 않은 것은?

① 선처(善處): 형편에 따라 잘 처리함
② 박명(薄命): 복이 없고 팔자가 사나움
③ 금도(襟度): 다른 사람을 포용할 만한 도량
④ 자처(自處): 어떤 일에 나서기를 스스로 청함
⑤ 사족(蛇足): 쓸데없는 군짓을 하여 도리어 잘못되게 함을 이르는 말

18. 밑줄 친 고유어의 쓰임이 적절하지 않은 것은?

① 그는 독서를 통해 문제의 근원을 깨단하였다.
② 노름으로 집안이 결딴난 후 우리 가족은 뿔뿔이 흩어졌다.
③ 잠이 덜 깬 누나는 잠시 몸을 꿈적하더니 다시 잠이 들었다.
④ 그녀는 열차를 놓치지 않기 위해 달려왔는지 새근새근 숨을 쉬었다.
⑤ 선뜻 결정하지 않고 어떻게 해야 할지 망설이며 우럭우럭한 모습이 몹시 답답하다.

19. 밑줄 친 한자어의 쓰임이 적절하지 않은 것은?

① 두 달 전부터 월급이 체불(滯拂)되어 수도 요금조차 내지 못했다.
② 새로 부임한 부장은 조직에서 직무 태만을 추방(追放)하고자 하였다.
③ 비상시 부대와 통신할 수 있도록 군모에 통신 기기를 장착(裝着)할 예정이다.
④ 상품 개발을 위한 논의 끝에 우리는 새로운 시장에 진출하자는 결론에 귀착(歸着)하였다.
⑤ 학연에 따른 파벌로 생기는 차별적 대우는 사회에서 불식(拂拭)되었지만 아직도 곳곳에 남아 있다.

20. 밑줄 친 한자어의 쓰임이 가장 적절하지 않은 것은?

① 숙연(肅然)한 분위기 속에서 추모식이 진행되었다.
② 그녀가 그린 삽화는 유명 잡지에 게재(揭載)되었다.
③ 최근 수주(受注)가 늘어나 공장 기계를 주야로 가동하고 있다.
④ 검사의 논리적 의견에 변호사는 쉽게 방증(傍證)하지 못하였다.
⑤ 정부는 주거 안정을 위해 시세보다 낮은 가격으로 아파트를 임대(賃貸)하였다.

21. 밑줄 친 말의 한자 병기가 <u>잘못된</u> 것은?

① 그는 연신 허리를 굽히며 <u>감사(感謝)</u>를 표현하였다.

② 이번 협상의 <u>결렬(決裂)</u>로 회사는 경제적으로 큰 타격을 입었다.

③ 양장점을 하는 그녀는 천을 떼러 도매 <u>상가(商街)</u>에 방문하였다.

④ 형제가 옥신각신 다투기 시작하자 아버지께서는 <u>역정(逆情)</u>을 내셨다.

⑤ 장마철에 생기는 누수 현상에 대비하여 낡은 천장의 <u>보수(保守)</u>를 계획하였다.

22. 〈보기〉의 밑줄 친 한자어의 유의어와 반의어가 바르게 연결된 것은?

─────────── 〈 보 기 〉 ───────────

두 나라는 국경 문제를 놓고 <u>개전(開戰)</u>하였다.

	유의어	반의어			유의어	반의어
①	개장(開仗)	반전(反戰)		②	개장(開仗)	종전(終戰)
③	참전(參戰)	반전(反戰)		④	참전(參戰)	종전(終戰)
⑤	휴전(休戰)	종전(終戰)				

23. 〈보기〉의 ㉠～㉢에 들어갈 단어가 올바르게 연결된 것은?

─────────── 〈 보 기 〉 ───────────

• 출장길에 본가에 (㉠) 계획이다.

• 그는 경찰의 눈을 피해 노름판을 (㉡).

• 그녀는 여러 종류의 가방을 (㉢) 보았다.

	㉠	㉡	㉢			㉠	㉡	㉢
①	들를	벌렸다	매어		②	들릴	벌렸다	메어
③	들를	벌렸다	메어		④	들릴	벌였다	매어
⑤	들를	벌였다	메어					

24. 고유어 '놓다'와 한자어의 대응으로 적절하지 <u>않은</u> 것은?

① 할머니 댁에 보일러를 놓았다[설치(設置)하였다].

② 그는 고함을 지르며 공중에 총을 놓았다[발포(發砲)하였다].

③ 아이는 토마토 모종을 작은 화분에 놓았다[재배(栽培)하였다].

④ 공항 경찰은 마약 탐지를 위해 개를 놓았다[사육(飼育)하였다].

⑤ 어선은 멸치잡이를 위해 여기저기에 그물을 놓았다[장치(裝置)하였다].

25. 〈보기〉를 참고할 때, ㉠과 ㉡의 관계가 나머지 넷과 다른 하나는?

> ───────〈 보 기 〉───────
> • 다의어(多義語): 두 가지 이상의 뜻을 가진 단어
> • 동음이의어(同音異義語): 소리는 같으나 뜻이 다른 단어

① • 시큼한 냄새가 코를 ㉠지른다.
  • 친구가 팔꿈치로 나를 쿡쿡 ㉡질렀다.
② • 그는 시선만 ㉠주고 아무 말도 하지 않았다.
  • 아버지는 손목에 침을 ㉡주러 한의원에 가셨다.
③ • 어머니가 참기름을 ㉠짜니 고소한 냄새가 났다.
  • 할머니께서는 내가 ㉡짠 목도리를 하고 계셨다.
④ • 붓 관리를 할 때 붓털을 잘 ㉠골라 주어야 한다.
  • 시골길에 보도블록을 깔아 땅을 ㉡고르게 하였다.
⑤ • 아이가 강아지와 함께 공원으로 산책을 ㉠나갔다.
  • 이 사실이 외부로 ㉡나가지 않도록 주의해야 한다.

26. 밑줄 친 속담의 쓰임이 적절하지 않은 것은?

① 생업을 잃고 몹쓸 병까지 얻다니 기침에 재채기이다.
② 앉아 주고 서서 받는다더니 꾸어 준 돈은 돌려받기가 참 어렵다.
③ 초록은 동색이라더니 비슷한 상황에 놓인 사람들은 서로 금방 친해진다.
④ 석새짚신에 구슬 감기라고 수수한 사람도 차려입고 나오니 귀티가 흐른다.
⑤ 그는 주야로 열심히 일했지만 마른논에 물 대기처럼 어떤 결실도 이루어 내지 못했다.

27. '이전에도 없었고 앞으로도 없음'을 의미하는 한자 성어는?

① 공전절후(空前絶後)
② 유비무환(有備無患)
③ 유전유후(由前由後)
④ 천하무쌍(天下無雙)
⑤ 후안무치(厚顔無恥)

28. 관용구의 의미가 적절하지 않은 것은?

① '마른침을 삼키다' → 몹시 긴장하거나 초조해하다.
② '느루 가다' → 양식이 일정한 예정보다 더 오래가다.
③ '눈물이 앞서다' → 말을 하지 못하고 눈물을 먼저 흘리다.
④ '서릿발을 이다' → 서릿발처럼 준엄하고 매서운 기운이 있다.
⑤ '허리를 잡다' → 웃음을 참을 수 없어 고꾸라질 듯이 마구 웃다.

29. 일본식 표현의 순화어가 적절하지 않은 것은?

① 몸뻬(もんぺ) → 편한 바지
② 도비라(扉, とびら) → 속표지
③ 우동(饂飩, うどん) → 가락국수
④ 출하(出荷, しゅっか) → 실어내기
⑤ 대합실(待合室, まちあいしつ) → 맞이방

30. 밑줄 친 표현을 다듬은 말로 적절하지 <u>않은</u> 것은?

① 모 기업은 우리 회사의 공식 <u>파트너사</u>(→ 협력사)로 선정되었다.

② 이번에 협업한 두 작가를 <u>론칭쇼</u>(→ 특별 공연)에서 소개하기로 하였다.

③ 전력 소모가 심한 여름철에는 예기치 못한 <u>블랙아웃</u>(→ 대정전)이 발생하기도 한다.

④ <u>소셜 커머스</u>(→ 공동 할인 구매)를 통해 시세보다 싼 가격으로 상품을 구입할 수 있다.

⑤ 동서양의 문화가 접목된 음식이 많아지면서 후식 문화에 <u>신드롬</u>(→ 증후군)이 나타나고 있다.

어법 (31번 ~ 45번)

31. 밑줄 친 부분의 표기가 옳지 <u>않은</u> 것은?

① 기름이 남지 않도록 그릇을 <u>깨끗이</u> 닦았다.

② 유치원생 둘이서 손을 잡고 <u>나란이</u> 걷고 있다.

③ 그녀는 <u>일찍이</u> 이 사업이 성공할 거라고 믿었다.

④ 나와 눈이 마주치자 조카는 <u>생긋이</u> 웃어 보였다.

⑤ 할머니 생신을 <u>변변히</u> 챙겨드리지 못해 아쉬웠다.

32. 밑줄 친 부분의 표기가 올바르지 <u>않은</u> 것은?

① 그대가 오늘 낭송할 것은 이것이<u>오</u>.

② 이곳이 푸르게 되도록 나무를 많이 심으리<u>오</u>.

③ 저분이 내 형님이고, 이 아이가 그의 아들이<u>오</u>.

④ 필요한 물건들을 다 적어뒀으니 그대로 사 오시<u>오</u>.

⑤ 아이들은 출가하고 아내와 둘이 이곳에서 지낸다<u>오</u>.

33. 밑줄 친 부분이 어법에 맞지 <u>않는</u> 것은?

① 그는 미생물 연구의 발전을 위해 일생을 <u>바쳤다</u>.

② 추리 소설의 삽화가 중심 사건의 묘사를 <u>받쳤다</u>.

③ 새해를 맞아 고마운 분들께 직접 고른 선물을 <u>바쳤다</u>.

④ 지리 수업의 과제를 하느라 얇은 종이 아래에 지도를 <u>받쳤다</u>.

⑤ 형은 장바구니를 든 동생을 위해 우산을 동생 쪽으로 <u>바쳤다</u>.

34. 밑줄 친 부분의 띄어쓰기가 잘못된 것은?

① 공동체에 소속된 사람이라면 <u>윤리∨의식</u>을 지녀야 한다.

② 그가 부친에게서 물려받은 농토는 죄다 <u>묵은땅</u>이었다.

③ 유네스코는 <u>문화유산</u>을 보호하기 위해 노력하고 있다.

④ 그녀의 <u>수상∨소감</u>은 배우와 감독들에게 감동을 주었다.

⑤ F 학점을 받은 과목을 <u>계절∨학기</u>로 재수강하기로 했다.

35. 다음 문장에서 숨김표(○)가 사용법에 맞게 쓰이지 <u>않은</u> 것은?

① 검찰은 오늘 주○○ 씨를 사기 혐의로 기소했다.
② 강○지, 조○영 사원은 다른 부서로 발령이 났다.
③ 취객들은 ○○○이라는 욕설을 퍼부으며 다투었다.
④ 한국어 자음 중 울림소리는 네 개로, ○○○○이다.
⑤ 교실에서 ○, ○○과 같은 말은 사용하지 않습니다.

36. 〈보기〉의 ㉠~㉢에 대한 설명으로 적절하지 <u>않은</u> 것은?

———————————————〈 보 기 〉———————————————

• 아무것도 먹지 않고 뛰었더니 ㉠<u>욕지기</u>가 난다.
• 현관문에 달아둔 ㉡<u>갈쿠리</u>에 모자와 마스크를 걸었다.
• ㉢<u>으례</u> 어린아이는 바깥에서 뛰어놀아야 하는 법이다.
• 훌륭하다던 소문에 비해 도배장이의 실력은 ㉣<u>젬병</u>이다.
• 할아버지는 ㉢<u>대거리</u>를 일삼는 손자를 보며 역정을 냈다.

① ㉠: '토할 듯 메스꺼운 느낌'이라는 뜻의 표준어이다.
② ㉡: '끝이 뾰족하고 꼬부라진 물건'이라는 뜻의 방언이다.
③ ㉢: '두말할 것 없이 당연히'라는 뜻의 방언이다.
④ ㉣: 형편없는 것을 속되게 이르는 말로, 표준어이다.
⑤ ㉢: '상대편에게 맞서서 대듦. 또는 그런 말이나 행동'이라는 뜻의 표준어이다.

37. 〈보기〉에 제시된 표준어 사정 원칙의 예에 해당하지 <u>않는</u> 것은?

———————————————〈 보 기 〉———————————————

[표준어 사정 원칙 제17항] 비슷한 발음의 몇 형태가 쓰일 경우, 그 의미에 아무런 차이가 없고, 그중 하나가 더 널리 쓰이면, 그 한 형태만을 표준어로 삼는다. (ㄱ을 표준어로 삼고, ㄴ을 버림)

	ㄱ	ㄴ		ㄱ	ㄴ
①	본새	뽄새	②	여태	입때
③	천장(天障)	천정	④	꼭두각시	꼭둑각시
⑤	짓무르다	짓물다			

38. 〈보기 1〉에 해당하는 예를 〈보기 2〉에서 모두 고른 것은?

———————————————〈 보 기 1 〉———————————————

[표준 발음법 제14항] 겹받침이 모음으로 시작된 조사나 어미, 접미사와 결합되는 경우에는, 뒤엣것만을 뒤 음절 첫소리로 옮겨 발음한다. (이 경우, 'ㅅ'은 된소리로 발음함)

———————————————〈 보 기 2 〉———————————————

㉠ 넋이   ㉡ 떪어   ㉢ 묶어   ㉣ 삶이   ㉢ 읊어   ㉢ 잃어

① ㉠, ㉡, ㉣, ㉢
② ㉡, ㉢, ㉣, ㉢
③ ㉠, ㉡, ㉢, ㉣, ㉢
④ ㉠, ㉡, ㉣, ㉢, ㉢
⑤ ㉠, ㉡, ㉢, ㉣, ㉢, ㉢

39. '옆으로 쥐고 불며 구멍에 입김을 불어넣어 소리를 내는 관악기'를 의미하는 외래어의 표기로 옳은 것은?

① 플룻   ② 플루웃   ③ 플루트

④ 플룻트   ⑤ 플루우트

40. 다음 중 로마자 표기가 적절하지 <u>않은</u> 것은?

① 인왕리 Inwang-li

② 종로구 Jongno-gu

③ 갈말읍 Galmal-eup

④ 양촌면 Yangchon-myeon

⑤ 평창군 Pyeongchang-gun

41. 밑줄 친 용언 중 불규칙 활용을 하지 <u>않는</u> 것은?

① 이 기차는 조금 뒤에 서울역에 <u>이른다</u>.

② 사무실은 지문 인식 장치로 문을 <u>잠근다</u>.

③ 장마철이라더니 이틀 내내 비가 <u>퍼붓는다</u>.

④ 집 뒤에는 산이 있고 앞에는 개울이 <u>흐른다</u>.

⑤ 신문에서 그녀를 세기의 의인이라고 <u>일컫는다</u>.

42. 다음 중 〈보기〉의 밑줄 친 감탄사의 의미로 적절한 것은?

─────── 〈 보 기 〉 ───────

<u>까짓것</u>, 롤러코스터가 무서우면 얼마나 무섭겠어.

① 어처구니없는 일을 보거나 당할 때 탄식조로 내는 소리

② 어떤 것을 어렵지 않게 여기거나 하찮게 여길 때 내는 소리

③ 별것 아니라는 뜻으로, 무엇을 포기하거나 용기를 낼 때 하는 말

④ 말할 나위 없이 그렇다는 뜻으로, 상대편의 말에 강한 긍정을 보일 때 하는 말

⑤ 일이 잘못되었거나 미처 생각하지 못했던 것을 깨닫고 뉘우칠 때 가볍게 나오는 소리

43. ㉠~㉤ 중 가장 자연스럽지 <u>않은</u> 문장은?

㉠자신의 능력으로 당면한 일을 잘 해낼 수 있다는 믿음을 자기효능감이라고 부른다. ㉡어떤 일이 주어졌을 때 날개를 펴고 자신만만하게 구는 사람이 있고, 시작도 하지 않고 코가 빠져 좌절하는 사람이 있다. ㉢심리학에서는 전자의 사람을 자기효능감이 높다고 평가하고, 후자의 사람을 자기효능감이 낮다고 평가한다. ㉣자기효능감은 특정 행동의 결과로 받는 피드백이나 자신감과 깊게 관련된다. 예를 들어, 재미있는 책만 읽는 아이에게 자신의 흥미를 잘 파악하고 있다는 긍정적인 피드백이 주어졌다고 해 보자. ㉤그러면 그 아이는 자신감이 넘쳐 긍정적인 피드백을 받은 행동을 자주 하게 되고, 그 결과 자기효능감이 높아지게 된다.

① ㉠   ② ㉡   ③ ㉢   ④ ㉣   ⑤ ㉤

44. 다음 중 중복 표현이 없는 문장은?

① 기상 이변으로 인한 식량난은 이미 예고된 사실이다.

② 그는 참된 진리를 찾기 위해 속세를 떠났다고 말했다.

③ 고층 빌딩에서는 거리를 지나가는 행인이 아주 작게 보인다.

④ 그녀는 새롭게 발표한 신곡으로 데뷔 이래 최고의 인기를 누리고 있다.

⑤ 올해 우리 회사는 반도체 산업을 선도해 가는 우수 기업으로 선정되었다.

45. 밑줄 친 번역 투의 문장을 잘못 고친 것은?

① 황조롱이는 몸집이 가장 작은 맹금류 중 하나이다. → 가장 작은 맹금류이다

② 미술관이 산 중턱에 위치한 탓에 도착하기도 전에 모두 지쳐버렸다. → 산 중턱에 있는

③ 삼촌은 그가 이번 콩쿠르에서 연주한 곡이 파가니니 협주곡이라고 말해 주었다. → 삼촌이

④ 많은 전문가들이 아동이 미디어에 자주 노출되어서는 안 된다고 말한다. → 많은 전문가가

⑤ 20~30대의 암 발병률을 낮추기 위해 생활 습관 개선이 요구된다. → 생활 습관을 개선할 필요가 있다

쓰기 (46번 ~ 50번)

[46 ~ 50] '청소년 리셋 증후군'을 소재로 글을 쓰려고 한다. 제시된 물음에 답하시오.

46. 〈글쓰기 계획〉의 내용으로 적절하지 않은 것은?

┌─────────────〈 글쓰기 계획 〉─────────────┐

• 주제: 청소년 리셋 증후군의 증상과 예방법을 인식하자.

• 목적: 청소년 리셋 증후군 관련 정보 전달

• 글의 내용
  – 리셋 증후군을 무엇이라고 정의하는지 설명한다. ·· ①
  – 청소년이 리셋 증후군에 취약한 이유를 청소년 특성과 관련지어 분석한다. ············ ②
  – 리셋 증후군 증상을 구체적인 상황과 함께 설명한다. ······························· ③
  – 청소년 리셋 증후군 환자가 일으킨 사건과 그 피해 사례를 소개한다. ·············· ④
  – 청소년 리셋 증후군을 주의해야 하는 유형과 리셋 증후군의 예방법을 제시한다. ···· ⑤

└──────────────────────────────────────┘

47. 〈글쓰기 자료〉에 제시된 자료의 활용 방안으로 적절하지 <u>않은</u> 것은?

─────────〈 글쓰기 자료 〉─────────

(가) 신문 기사

컴퓨터가 제대로 작동하지 않거나 온라인 게임과 같은 가상현실에서 뜻한 대로 일이 풀리지 않을 때 버튼을 눌러 언제든 다시 시작할 수 있는데, 현실에서도 이것이 가능하다고 착각하는 증상을 '리셋 증후군'이라 한다. 이 증후군은 컴퓨터를 '리셋'하듯, 힘든 일에 부딪힐 때 책임감 없이 쉽게 포기하거나 타인과의 관계를 쉽게 맺고 끊는 모습으로 나타난다. 경우에 따라 현실과 가상 세계를 혼동해 극단적인 일을 실제로 저지르는 모습으로도 나타난다.   - ○○ 신문

(나) 인터뷰

"폭넓은 인간관계를 맺거나 활동적인 체험을 할 수 있는 마땅한 기회가 없다 보니, 청소년들이 자극적인 온라인 게임에 쉽게 빠져 들고 이로 인해 리셋 증후군을 보이기도 합니다. 또 이런 청소년들의 대부분은 가족들과 함께 시간을 보내기보다는 게임으로 혼자 시간을 보내는 경우가 많았고, 사용 목적이나 시간을 스스로 정해 적절하게 컴퓨터를 사용하려는 의지도 부족했습니다."   - 청소년 상담 센터 ○○○ 소장

(다) 통계 자료

1. 우리나라 중고생의 99% 이상이 하루 평균 2시간 정도 인터넷을 사용하는 것으로 조사되었다.

2. 청소년 인터넷 이용 유형

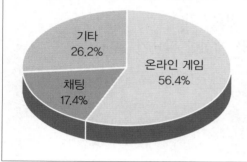

① (가)를 활용하여 리셋 증후군을 정의하고 동반되는 증상을 설명한다.

② (나)를 활용하여 청소년이 평소 다양한 활동과 인간관계를 경험하면 리셋 증후군 발생률이 낮아질 것임을 설명한다.

③ (다)를 활용하여 아직 리셋 증후군의 원인으로 대두되지 않은 온라인 활동이 있고, 그 심각성에 주목해야 함을 주장한다.

④ (가)와 (다)-2를 활용하여 리셋 증후군의 증상은 청소년이 온라인에서 맺는 인간관계에서 기인할 가능성이 있음을 제시한다.

⑤ (나)와 (다)-1을 활용하여 리셋 증후군 방지를 위해 청소년이 인터넷을 분별 있게 사용하도록 교육해야 함을 주장한다.

48. 위의 〈글쓰기 계획〉과 〈글쓰기 자료〉를 바탕으로 〈글쓰기 개요〉를 작성하였다. 〈글쓰기 개요〉의 수정 방안으로 적절하지 <u>않은</u> 것은?

─────〈 글쓰기 개요 〉─────

Ⅰ. 리셋 증후군의 정의와 그 양상
  1. 리셋 증후군의 증상
  2. 리셋 증후군의 개념 ··· ㉠

Ⅱ. 청소년 리셋 증후군에 주목해야 하는 이유
  1. 리셋 증후군에 취약한 청소년기의 특성
  2. 청소년의 무분별한 인터넷 사용 실태
  3. 청소년 인간관계의 특성 ·· ㉡

Ⅲ. 청소년 리셋 증후군의 원인
  1. 일상 속 인간관계와 활동의 다양성 부족
  2. 가상현실 속 인간관계와 활동의 높은 매력도
  3. 리셋 증후군의 유래 ··· ㉢

Ⅳ. 청소년 리셋 증후군 예방법
  1. 청소년이 가족과 활발한 시간을 보낼 수 있도록 유도하기
  2. 청소년이 다양한 인간관계를 경험하도록 하기
  3. 중독에 취약한 청소년에게 관심 갖기 ···························· ㉣

Ⅴ. 청소년 리셋 증후군의 원인을 규명하기 위한 노력 촉구 ··········· ㉤

① ㉠: 상위 항목을 고려하여 Ⅰ-1과 순서를 바꾸어 제시한다.
② ㉡: Ⅱ-1에 포함될 수 있는 내용이므로 삭제한다.
③ ㉢: 논리적 흐름을 고려할 때 Ⅰ의 하위 항목으로 적절하므로 Ⅰ의 아래로 이동한다.
④ ㉣: 구체적인 내용이 아니므로 '중독에 취약한 특성을 보이는 청소년에게 관심 갖기'로 수정한다.
⑤ ㉤: 글의 주제에 부합하도록 '청소년 리셋 증후군 예방을 위한 노력 촉구'로 수정한다.

[49 ~ 50] 위의 내용을 토대로 작성한 글을 읽고 물음에 답하시오.

'리셋 증후군[reset syndrome]'은 컴퓨터에 문제가 생겼을 때 컴퓨터를 재시동하여 문제를 해결하듯, 힘든 일이나 해결하기 어려운 문제가 ⊙생겼을 때에도 현실 그 자체를 초기화하여 문제를 해결할 수 있으리라 착각하는 심리적 현상을 의미하는 말이다. 일본에서 1990년부터 사용된 이 말은, 1997년 일본 초등학생의 살인 사건으로 인해 ⓒ유명해지게 되었다. 더불어 당시 그 학생이 컴퓨터 게임에 중독되어 있었다는 사실에 주목해 리셋 증후군을 대표적인 인터넷 중독 현상으로 파악한다.

리셋 증후군은 인터넷을 과하게 사용하는 사람들에게 모두 나타날 수 있으나, 성인보다 현실과 가상 세계를 혼동할 위험이 높은 미성년자는 더욱 주의해야 한다. 특히나 우리나라 청소년은 인간관계가 좁고, 일상에서 다양한 활동을 하지 못하는데다 가족과 시간을 충분히 보낼 여건이 되지도 않아 온라인 활동으로 이를 보상하려는 경향이 강하다. 통계 자료에 따르면 우리나라 중고생의 99% 이상이 하루에 2시간 정도 인터넷을 사용하고, 그중 56.4%가 온라인 게임을, 17.4%가 채팅을 하며 시간을 ⓒ보낸다라고 응답했다.

문제는 채팅이나 온라인 게임 등 가상 세계에서 맺은 인간관계는 현실의 인간관계와 달리 그 사이에서 갈등이 발생했을 때 갈등 해소를 위해 적극적으로 노력하지 않아도 ②된다. 예를 들어, 게임을 하다 게임을 같이 하던 가상 세계의 친구와 싸우게 되었다면 청소년은 게임을 끄거나 그 친구와의 친구 관계를 끝냄으로써 간편하게 갈등을 해소할 수 있다. 이런 일이 반복되고 익숙해지다 보면 결국 현실 속 문제 상황이나 갈등 상황에서 책임감 있게 문제를 해결하려고 하거나, 인간관계를 유지하려고 하는 노력을 쉽게 포기하게 되는 전형적인 리셋 증후군 현상이 나타나게 된다.

그렇다면 온라인 활동을 하고, 가상 세계에서 오랜 시간을 보내는 청소년들이 리셋 증후군을 겪지 않을 방법은 없을까? 앞에서 청소년이 온라인 활동에 몰두하는 계기가 현실의 인간관계가 넓지 못하고, 다양한 활동을 하지 못하며, 가족과 보내는 시간이 부족하기 때문이라고 했다. ⑩따라서 이를 반대로 생각하기만 하면 된다. 컴퓨터를 하기보다 가족과 함께 즐거운 활동을 하도록 유도한다든가, 하루에 컴퓨터를 사용할 수 있는 시간을 제한한다든가, 현실에서 다양한 인간관계를 경험하고 오락이나 휴식 목적으로 인터넷 대신 다른 활동을 할 수 있도록 유도한다든가 하는 방법으로 말이다. 또한 게임을 비롯한 여러 요소에 중독되어 있거나, 그런 전적이 있거나, 자존심이 낮은 사람이 리셋 증후군에 취약하다는 연구 결과가 있으므로 이런 유형에 속하는 청소년에게는 특히 주의가 필요하다. 리셋 증후군이 사회적 문제 현상으로 떠오른 지금, 이를 예방하기 위해 우리는 사소한 노력부터 시작해야 할 것이다.

49. ⊙ ~ ⑩을 수정하기 위한 방안으로 적절하지 <u>않은</u> 것은?

① ⊙: 서술어에 필요한 부사어가 생략되어 있으므로 '현실에'와 같은 부사어를 추가한다.
② ⓒ: 이중 피동 표현이 쓰였으므로 '유명해졌다'와 같이 수정한다.
③ ⓒ: 조사의 쓰임이 적절하지 않으므로 '보낸다고'로 고쳐 쓴다.
④ ②: 주어와 서술어가 호응하지 않으므로 '된다는 것이다'로 고쳐 쓴다.
⑤ ⑩: 앞뒤 내용을 고려하여 문장 부사어를 '그러므로'로 수정한다.

50. 윗글을 보완할 수 있는 방안으로 가장 적절한 것은?

① 통계 자료의 수치를 구체적으로 제시하여 글의 신뢰성을 강화한다.
② 성인 리셋 증후군과 관련된 사례를 추가하여 글의 완결성을 강화한다.
③ 전문가가 집필한 리셋 증후군 관련 글을 인용하여 글의 통일성을 강화한다.
④ 리셋 증후군을 의학적으로 어떻게 정의하는지를 추가하여 글의 공정성을 강화한다.
⑤ 청소년 리셋 증후군 예방법이 효과를 발휘한 사례를 추가하여 글의 타당성을 강화한다.

[51 ~ 55] '공생 관계'를 일상생활에 적용하려고 한다. 다음을 읽고 물음에 답하시오.

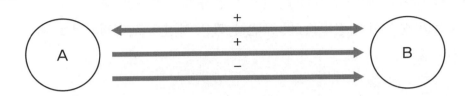

생물학에서 공생이란 일반적으로 종류가 다른 생물이 같은 곳에서 살며 서로에게 이익을 주며 함께 사는 일을 의미하지만, 공생의 종류 중에는 한 개체가 일방적으로 피해를 보는 경우도 있다. 공생은 영향을 주고받아 형성하는 이해(利害)관계를 기준으로 상리 공생, 편리 공생, 편해 공생으로 나눌 수 있다. 먼저, ㉠상리 공생은 천적에게서 서로를 보호하는 말미잘과 흰동가리의 관계처럼 개체 A와 개체 B가 서로 이익을 얻는 공생 관계이다. 다음으로, ㉡편리 공생은 고래의 몸에 붙어 서식하기 편한 환경으로 이동하는 따개비처럼 개체 B만 개체 A에게서 이익을 얻고 개체 A는 개체 B에게서 이익이나 손해 무엇도 받지 않는 공생 관계이다. 마지막으로, ㉢편해 공생은 편리 공생과 반대로 개체 B만 개체 A에게서 피해 또는 손해를 입고 개체 A는 개체 B에게서 이익이나 손해를 입지 않는 공생 관계이다. 진딧물이 초식 동물에게 먹히거나, 먹이를 빼앗기는 피해를 입는 것과 달리 초식 동물은 진딧물에게서 어떤 이익이나 해도 입지 못하는 상황 등이 여기에 속한다.

51. 윗글에서 설명한 ㉠의 개념을 적용한 사례로 적절하지 <u>않은</u> 것은?

① 부부가 집안일을 서로 잘할 수 있는 일로 나누어 맡아서 하였다.
② 각각 개와 고양이를 무서워하는 남매가 개나 고양이가 보이면 서로 알려주기로 하였다.
③ 형은 전자책 구독 서비스를, 동생은 영화 구독 서비스를 결제하고 계정을 서로 공유하였다.
④ 동생은 닭다리를 먹지 않고 언니는 닭 날개를 먹지 않아 치킨 한 마리로 두 사람이 배부르게 먹었다.
⑤ 자녀가 사놓고 쓰지 않는 학용품이 많아 부모는 사무 용품을 구매하지 않고 자녀의 것을 쓰기로 하였다.

52. 윗글의 ㉡에 해당하지 <u>않는</u> 사례는?

① 복도에서 뛰는 아이들 틈에 있던 탓에 다 같이 벌을 받게 되었다.
② 친한 친구가 급식 당번을 할 때마다 맛있는 반찬을 많이 받을 수 있었다.
③ 선생님께 관심을 많이 받는 친구 덕에 덩달아 관심을 받아 기분이 좋았다.
④ 옆자리 교사가 책상에 꽃 화분을 여러 개 두어 매일 예쁜 꽃을 구경할 수 있었다.
⑤ 짝이 자주 결석하는 탓에 짝의 자리까지 독차지하여 자리를 넓게 쓰는 날이 많았다.

53. 〈보기〉는 ㉡의 예이다. 이때, 〈보기〉를 활용하여 설명할 수 있는 표현으로 가장 적절한 것은?

─〈 보 기 〉─

숨이고기는 해삼의 몸속에 들어가 사는 습성 덕분에 포식자에게 공격받지 않고 살아 남을 수 있다.

① 숨이고기는 생존을 위해 해삼의 '줄을 탔다'.
② 숨이고기는 포식자 앞에서 '꼬리를 빼며' 살아 남는다.
③ 숨이고기에게 피해를 입는 해삼이 '어로불변(魚魯不辨)'하다.
④ 숨이고기는 해삼을 집으로 삼고 '두문불출(杜門不出)'하고 있다.
⑤ 숨이고기의 습성은 '황소 제 이불 뜯어 먹기'처럼 포식자에게 영향을 준다.

54. 윗글의 ⓒ과 관련지어 설명할 수 있는 상황으로 가장 적절한 것은?

① 여럿이서 함께 성과를 낸 일이 한 사람의 공으로 돌아갈 때

② 룸메이트가 집을 어지르기만 하고 치우지 않아 스트레스를 받을 때

③ 창가에 놓아둔 화분을 쏟은 탓에 업무 시간에 혼자 뒤처리를 하였을 때

④ 같은 동네에 사는 팀원끼리 대여한 차를 번갈아 운전하며 편하게 출퇴근할 때

⑤ 회사에서 오해를 받는 동료의 상황이 다른 사람이 우연히 찍은 사진으로 해결되었을 때

55. 〈조건〉을 활용하여 주장할 수 있는 내용으로 가장 적절한 것은?

〈 조 건 〉

• 주제를 '원활한 인간관계의 형성'으로 할 것
• 윗글에 드러난 '상리 공생', '편리 공생', '편해 공생'의 공통적인 특성을 반영할 것

① 좋은 친구란 서로에게 득이 되는 방향으로 안내해 주는 친구이다.

② 다른 사람과 좋은 관계를 맺기 위해서는 상대를 먼저 배려하려는 마음가짐이 필요하다.

③ 사람과 사람 사이의 평탄한 관계는 서로에게 어떤 이익이나 손해도 주지 않는 것에서 비롯된다.

④ 타인과 원만한 관계를 이루기 위해서는 서로 어떤 영향을 주고받을 수 있는지 면밀히 살펴야 한다.

⑤ 사이가 좋지 않은 사람과 관계를 회복하기 위해서는 내가 어떤 피해를 주었는지 생각해 보아야 한다.

[56 ~ 57] 다음 그림을 보고 물음에 답하시오.

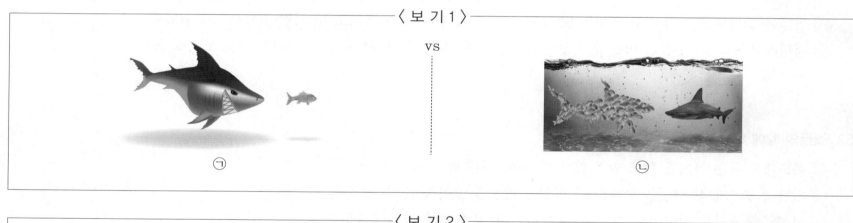

〈 보 기 1 〉

vs

ⓐ   ⓑ

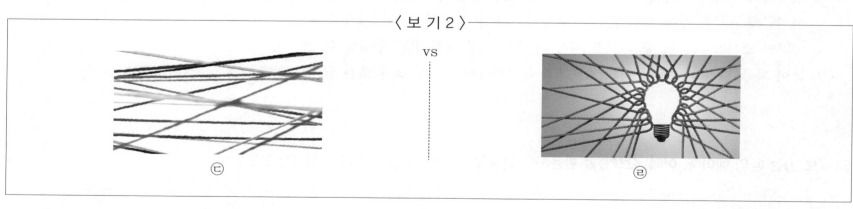

〈 보 기 2 〉

vs

ⓒ   ⓓ

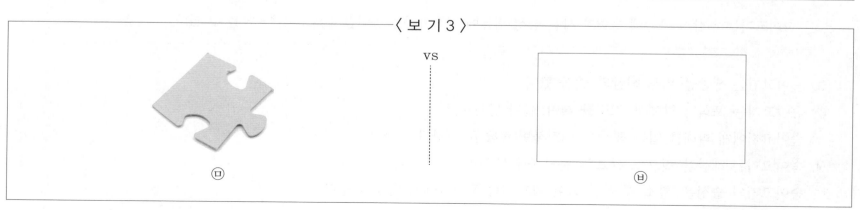

〈 보 기 3 〉

vs

ⓔ   ⓕ

56. ⟨보기 1⟩, ⟨보기 2⟩, ⟨보기 3⟩이 모두 같은 주제를 나타낸다고 할 때, ⟨보기 3⟩의 ㉺에 들어갈 그림으로 가장 적절한 것은?

①

②

③

④

⑤

57. ⟨보기 2⟩의 ㉢과 ㉣을 활용하여 유추할 수 있는 교훈으로 가장 적절한 것은?

① 창의성을 발휘하기 위해서는 자신의 개성을 살려야 한다.
② 공동체에서 소외된 이들에 대한 지원과 관심이 필요하다.
③ 눈에 보이는 결과보다 함께 맞춰 가는 과정이 더 중요하다.
④ 모두가 한마음이 되어 뭉칠 때 시너지를 극대화할 수 있다.
⑤ '틀림'이 아니라 '다름'을 인정할 때 차별 없는 세상을 만들 수 있다.

[58 ~ 60] '차단기'의 종류와 특성을 바탕으로 다양한 상황을 유추하고자 한다. 다음 글을 읽고 물음에 답하시오.

> 차단기는 전류나 전자가 흐르지 못하도록 전선을 끊거나 막는 기구로 쓰임에 따라 누전 차단기와 배선용 차단기로 나눌 수 있다. 누전 차단기는 전기가 전깃줄 밖으로 새어 흐르거나 전깃줄이 감당할 수 있는 것보다 전압이 높을 때 이를 감지하여 자동으로 전기를 차단하도록 되어 있는 장치이며, 배선용 차단기는 회로 내에 생기는 과부하를 차단하는 장치로 차단 기능이 좋고 퓨즈를 교체하는 등의 번거로움이 없어 퓨즈가 달린 스위치 대신 널리 쓰이고 있다. 모든 회로의 전류를 차단할 수 있는 주 차단기(main breaker)에 ㉠누전 차단기를 설치하는 경우 누전의 위험을 차단해 주나 하나의 회로에만 이상이 발생해도 모든 회로의 전류가 차단된다. 반면 ㉡배선용 차단기를 주 차단기로 설치하는 경우 배선용 차단기에는 누전 차단 기능이 없으므로 분기 회로에 누전 차단기를 함께 설치해야 한다. 그러면 누전이 생기는 회로의 전원만 차단되므로 효율적으로 전력을 공급할 수 있다.

58. 윗글의 ㉠을 활용하여 이끌어 낼 수 있는 내용으로 가장 적절하지 <u>않은</u> 것은?

① 군사 훈련 중 낙오자가 생기자 작전이 취소되었다.
② 도마뱀은 포식자에게 꼬리를 잡히자 그 부위를 끊고 도망갔다.
③ 파일을 저장하던 중 바이러스가 생기자 전체 파일에 보안이 걸렸다.
④ 연구비 횡령 사건이 발생하자 전체 연구소의 연구비 사용이 중단되었다.
⑤ 흉부외과에 긴급 수술이 잡히자 모든 외과 전문의가 일을 멈추고 수술실로 향했다.

59. 윗글의 ㉡을 활용하여 이끌어 낼 수 있는 내용으로 가장 적절한 것은?

① 미드필더는 경기 상황에 따라 공격과 수비를 전환할 수 있어야 한다.
② 햇볕을 자주 쬐지 못하는 사람은 식품 섭취를 통해 비타민 D를 흡수할 수 있다.
③ 생물은 생존을 위해 자신이 처한 환경이 변하여도 그에 맞춰 적응하는 습성이 있다.
④ 허리와 관련된 질병을 예방하기 위해서는 평소에 바른 자세를 하는 습관이 중요하다.
⑤ 불을 피우기 위해서는 잘 탈 수 있는 장작, 충분한 산소, 발화점 이상의 열의 공급원이 꼭 필요하다.

60. 윗글을 바탕으로 〈보기〉에 제시된 현상을 비유할 수 있는 한자 성어와 그에 대한 설명으로 가장 적절한 것은?

〈 보 기 〉

과전류 차단 장치 중 하나인 퓨즈는 강한 전류가 전달되면 녹아서 전로를 단절시킴으로써 과부하의 위험을 방지한다. 이때 퓨즈가 한 번 끊어지면 다시 사용하기 어렵기 때문에 새로 교체하여야 한다.

① 한 번 쓰고 버려야 하다니 허허실실(虛虛實實)과 같은 상황이다.
② 퓨즈가 철중쟁쟁(鐵中錚錚)하여 배선용 차단기보다 기능이 떨어지는 것 같다.
③ 회로의 과부하를 차단하기 위해 자신을 녹이는 것이 마치 사생지심(捨生之心)과 같다.
④ 퓨즈와 배선용 차단기는 둘 다 과전류를 차단하는 기능이 있으므로 용호상박(龍虎相搏)의 관계다.
⑤ 퓨즈는 누전을 차단해 주는 기능이 없으니 단독으로 쓰면 고육지책(苦肉之策)과 같이 쓸모가 없다.

읽기 (61번 ~ 90번)

[61 ~ 62] 다음 글을 읽고 물음에 답하시오.

㉠아무 소리도 없이 말도 없이
등 뒤로 털썩
밧줄이 날아와 나는
㉡뛰어가 밧줄을 잡아다 배를 맨다.
아주 천천히 그리고 조용히
배는 멀리서부터 닿는다.

사랑은,
㉢호젓한 부둣가에 우연히,
별 그럴 일도 없으면서 넋 놓고 앉았다가
배가 들어와
던져지는 밧줄을 받는 것
㉣그래서 어찌할 수 없이
밧줄을 매게 되는 것

잔잔한 바닷물 위에
구름과 빛과 시간과 함께
떠 있는 배

㉤배를 매면 구름과 빛과 시간이 함께
매어진다는 것도 처음 알았다
사랑이란 그런 것을 처음 아는 것

빛 가운데 배는 울렁이며
온종일을 떠 있다.

– 장석남, 「배를 매며」

61. 윗글에 대한 설명으로 적절하지 않은 것은?

① 유사한 어구를 반복함으로써 운율을 형성하고 있다.
② 시각적 이미지를 활용하여 대상을 생생하게 묘사하고 있다.
③ 시행을 일반적인 문장 형태와 다르게 배치하여 시적 긴장감을 유발하고 있다.
④ 시가 전개될수록 깊어지는 화자의 감정을 직접적으로 드러내어 이를 부각하고 있다.
⑤ 추상적인 시적 대상을 구체적으로 형상화하여 시적 대상에 대한 이해를 높이고 있다.

62. ⊙~⊚에 대한 설명으로 적절하지 않은 것은?

① ⊙: 화자의 사랑이 갑작스럽게 시작되었음을 의미한다.

② ⊙: 사랑을 잃을까 두려워하는 화자의 심리가 반영된 것이다.

③ ⊙: 공간의 개방성을 통해 만남의 가능성을 간접적으로 드러낸다.

④ ⊙: 사랑이 지닌 피할 수 없는 운명이라는 속성을 강조한다.

⑤ ⊙: 화자에게 사랑은 사랑하는 이와 그것을 둘러싼 모든 것임을 드러낸다.

[63 ~ 65] 다음 글을 읽고 물음에 답하시오.

"너 그날 석교천 방죽에서 새를 독살하고 오던 길이지?"

"그게 뭘 어쨌다는 거야?"

병식의 표정에서 장난기가 사라졌다.

"뻔뻔스런 자식. 언제부터 그 짓 시작했어? 왜 새를 죽여, 죽인 새로 뭘 해?"

병국이 언성을 높였다.

"별 말코 같은 소릴 다 듣는군. 날아다니는 새도 임자 있나? 지구의 새를 형이 몽땅 사 들였어?"

병식이가 주모가 놓고 간 주전자의 막걸리를 두 잔에 쳤다.

"우선 한 잔 꺾지. 형제의 우애를 위해서."

"누가 네게 그 일을 시켜? 그 사람을 대."

병국이가 잔을 밀치며 소리쳤다.

"형이 고발할 테야? 날아다니는 새 잡아 박제한다구? 그건 죄가 되구, 허가 낸 사냥총으로 새 잡는 치들은 죄가 안 된다 말이지?"

병식이 코웃음 쳤다.

"희귀조가 멸종되고 있다는 건 너도 알지? 인간이 새를 창조할 순 없어."

"개떡 같은 이론은 집어치워. 지구상에는 삼십억 넘는 새가 살아. 그중 내가 몇 마리를 죽였다 치자, 형은 그게 그렇게 안타까워?"

"박제하는 놈을 못 대겠어?"

병국이가 의자에서 일어나 아우 멱살을 틀어쥐었다.

주모가 달려와 둘 사이에 끼었다. 개시도 안 한 술집에서 웬 행패냐고 주모가 소리쳤다.

"못 불겠다면? 형이 고발해 봐. 형 손에 아우가 쇠고랑 차지!"

병식이 형 손목을 잡고 비틀어 꺾었다.

"형도 구치소 출입해 봤으니 나만 별 보고 살란 법 있어?"

"말이면 다야!"

병국의 주먹이 아우의 턱을 갈겼다. 병식이의 머리가 뒷벽에 부딪히자 입술에서 피가 터졌다.

"형이 날 쳤어!"

병식이 형의 허리를 조여선 번쩍 안아 들었다. 그는 마른 장작개비 같은 형을 바닥에 내동댕이치곤 의자를 치켜들었다. 형 면상에다 의자를 찍으려다 그 짓은 차마 못 하겠다는 듯 손을 내렸다.

"오늘은 내가 참아. 몰매 맞을 짓을 했담 형한테 맞아 주겠어. 그러나 내가 새를 독살한 것도 아니구, 심심풀이로 족제비 따라 개펄로 나갔는데, 치사하게 동생을 고발해!"

병식은 백 원짜리 동전을 술상에 놓곤 입술의 피를 닦았다. 가방을 챙겨 들더니 출입문을 열어젖혔다.

"병식아, 학관 끝나면 집으로 와!"

모잽이로 쓰러졌던 병국이 일어나며 외쳤다. 병식은 주점을 나서 버린 뒤였다. 〈중 략〉

병국은 중앙 공원 쪽으로 걸음을 옮겼다. 발걸음이 무거웠고 마음도 편치 않았다. 귀가하기도 싫었다. 역시 그가 찾을 곳은 바닷가 개펄밖에 없었다. 황혼 무렵, 바다로 향해 자맥질하는 새 떼를 구경하기로 결정했다. 〈중 략〉

[A]
마침 웅포리행 버스가 와서 승차했다. 뒷자석에 앉자 그는 눈을 감았다. 피곤에 찌들어 잠을 자듯 늘어졌다. 깜깜한 밤이었다. 멀리로 등대 불빛이 보였다. 감은 눈앞에 도요새 무리가 바다와 하늘 사이 무공 천지를 가르며 날고 있었다. 날개를 상하로 쳐 대며 바람에 쫓기듯 남으로 내려갔다. 등대 불빛 쪽으로 날던 새 떼가 어둠에 가린 등대 몸체를 미처 못 피해 등대 벽에 머리를 박고 떨어졌다. 다시 낮이었다. 강 하구와 벼를 벤 논바닥에서 도요새 무리가 쉬고 있었다. 하늘 높이 떠 있던 매 한 마리가 수직으로 낙하했다. 매는 쫓음 걸음을 하는 도요새 한 마리를 포획했다. 사냥꾼이 도요새를 수렵하고, 중금속에 오염된 폐수와 폐수를 터 삼은 물고기가 도요새에게는 오히려 독이었다. 왜 도요새가 당하는 피해만 환상으로 떠올랐는지 몰랐다. 자유로운 삶의 터를 찾는 고통의 길고 긴 도정 중에 나는 그렇게 낙오되는 도요새가 아닐까. 대열에서 낙오되는 그 수요가 몇백 마리, 아니 몇천 마리 중의 하나일지라도 내가 바로 그 하나가 되어 죽어 버린 것이 아닐까. 설령 이렇게 숨 쉬며 살아 있어도 혼이 빠져 버린 가사 상태일는지도 몰라. 스스로를 괴롭히는 자책이 꼬리를 물고 그의 얼을 뽑았다.

"종점이에요. 손님은 안 내리셔요?"

병국이가 눈을 뜨니 버스 안내원이었다. 버스 안은 비어 있었다. 병국은 쫓기듯 버스에서 내렸다. 웅포리였다. 그는 주차장을 벗어나 바다 쪽으로 걷기 시작했다. 해풍이 시원하게 그의 얼굴을 핥았다. 그는 모래톱에 털썩 주저앉았다. 그리고 끝닿은 데 없이 펼쳐진 바다 멀리로 시선을 주었다. 서편으로 기운 햇살을 받아 먼 바다의 물결이 은빛 광택을 띠고 있었다.

– 김원일, 「도요새에 관한 명상」 중에서

63. 윗글을 이해한 내용으로 적절하지 <u>않은</u> 것은?

① 병국은 병식이 학관에서 다른 곳으로 샐까 봐 염려한다.
② 병식은 병국과의 갈등에 직면하기보다는 회피하려고 한다.
③ 병국과 병식은 개시하기 전의 술집에서 이야기를 나누고 있다.
④ 병식은 자신을 타이르는 병국의 말을 못마땅하게 여기고 있다.
⑤ 병식은 누명을 쓰고 감옥살이를 한 병국을 안타까워하고 있다.

64. '병국'에 대한 평가로 가장 적절한 것은?

① 자신의 가치관에 따라 동생도 고발할 수 있는 인물이다.
② 대학 강연을 계기로 희귀조 멸종 문제의 심각성을 인식하게 되었다.
③ 자연의 보호 능력이 충분하지 않다고 여겨 자연을 지키고자 하는 인물이다.
④ 새 사냥을 비판적으로 인식하나 허가된 사냥에 반발할 수는 없다고 생각한다.
⑤ 자유롭게 하늘을 나는 새보다 도태된 새에 자신을 동일시하는 무기력한 인물이다.

65. 〈보기〉의 입장에서 [A]를 이해한 반응으로 적절하지 <u>않은</u> 것은?

〈 보 기 〉

1970년대에 들어와 무리한 산업화의 부작용에 대한 사회적 저항이 확산되었는데, 그것은 주로 성장에서 소외된 계층에 대한 억압과 착취 그리고 정치적 부정에 대한 저항이었다. 산업화가 환경을 어떻게 황폐화시키고 있는가에 대한 관심은 비교적 적었다고 할 수 있다. 그것은 당시의 여러 정황이 환경을 문제 삼을 여유가 없었기 때문이라고 말할 수도 있고, 또 환경의 훼손이 얼마나 심각한 문제인가에 대한 인식이 얕았기 때문이라고 말할 수도 있고, 또 1970년대 중반까지만 해도 환경의 훼손은 일부 특정 지역의 문제였기 때문이라고도 말할 수 있다. 그러나 〈도요새에 관한 명상〉은 신흥 공업 단지가 우리의 삶과 환경을 어떻게 파괴하는가에 주목하면서 환경 문제에 대한 선구적 문제의식을 보여준다.

① 하나: '도요새'는 산업화에 의해 피해를 받는 자연을 상징하겠군.
② 민아: '등대 벽'은 자연을 파괴하는 산업화 사회나 신흥 공업 단지를 상징하겠군.
③ 민준: '매 한 마리'는 자연을 파괴하다 결국 함께 피해를 받는 우리의 삶을 의미하겠군.
④ 현지: '병국'은 산업화로 인해 발생한 환경 문제에 관심을 갖는 선구적 인물로 그려진 것이군.
⑤ 수영: '도요새가 당하는 피해'만 떠오른 이유는 '병국'이 자신도 도요새와 같은 위기를 겪을 것이라 여기기 때문이겠군.

[66 ~ 69] 다음 글을 읽고 물음에 답하시오.

㉠윤리학의 주요한 연구 분야는 (1) 기술적 도덕, (2) 도덕 철학(윤리 이론), (3) 응용 윤리이다. 첫째, 기술적 도덕descriptive morality은 사람들과 문화의 실제 신념, 관습, 원리, 관행을 가리킨다. 사회학자들은 특히 전 세계의 사회 집단들의 구체적인 도덕적 관행에 특별한 주의를 기울인다. 그리고 그들은 도덕적 관행들을 그 나라 사람들이 무엇을 먹고 어떻게 옷을 입는지에 관한 사실들과 같은 ㉡문화적 "사실"로 본다. 둘째, 도덕 철학moral philosophy-또는 윤리 이론ethical theory-은 도덕적 개념들을 이해하고 도덕 원리와 도덕 이론을 정당화하기 위한 체계적 노력을 의미한다. 그것은 "옳은," "그른," "허용 가능한"과 같은 핵심적인 윤리적 개념들을 분석한다. 도덕 철학은 신, 인간의 이성, 또는 행복하고자 하는 욕구와 같은 도덕적 책무의 가능한 원천을 탐구한다. 도덕 철학은 개인과 집단이 행동 지침으로 삼을 수 있는 옳은 행동에 관한 원리를 정립하고자 한다. 셋째, 응용 윤리applied ethics는 낙태, 혼전의 성, 사형, 안락사, 시민 불복종과 같은 논란의 여지가 있는 도덕적 문제들을 다룬다.

넓은 의미의 윤리학 연구는 이 세 가지 하위 분야 모두를 포괄하며, 그것들을 중요한 방식으로 연결시킨다. 예를 들어, 도덕 철학은 응용 윤리학과 매우 밀접하게 상호 관련되어 있다. 응용되지 않는 이론은 공허하고 무익하며, 이론적 관점을 결여한 행동은 맹목적이다. 예를 들어, 낙태에 관한 논의가 윤리 이론에 의해 검토될 때에는 그렇지 않을 때에 비해서 논쟁의 질에 큰 차이가 있을 것이다. 아마도 그 논쟁은 더 많은 지성의 빛에 의해 인도될 것이며, 흥분에 의해 좌우될 가능성은 더 낮아질 것이다. 오늘날 전 세계에 걸쳐서 다문화주의가 도래하고 세계관의 차이가 커지면서, 분쟁을 해결하고 이익 갈등을 해소하는 데 있어서 폭력이 아니라 이성을 사용할 필요성은 분명해지고 있다. 윤리적 각성은 인간의 생존과 번영을 위한 필요조건이다.

우리가 자유롭고 문명화된 사람들로서 존속하고자 한다면 윤리학을 이전보다 중시하지 않으면 안 된다. 극단주의와 감정주의 하에서는 격렬한 말다툼이 논증을 대신한다. 윤리 이론은 우리가 그와 같은 극히 단순한 극단주의와 감정주의로부터 벗어날 수 있도록 해준다. 윤리 이론은 관련된 개념들을 명료화하고, 논증을 구성하고 평가하며, 우리가 어떻게 살아야 하는지를 지도한다. 중요한 점은 교육받은 사람들이 윤리적 상황에 대해 정확하고 치밀하게 논의할 수 있다는 것이다.

윤리학 연구는 도구적 가치를 가질 뿐만 아니라 그 자체로도 가치 있는 것이다. 중요한 문제에 대해서 지식을 가지는 것은 그 자체로도 만족스러운 것이다. 그리고 도덕 이론의 본질과 범위를 이해하는 것은 그 자체로도 중요하다. 우리는 이성적 존재이기에 선한 삶의 본질과 그것이 함축하는 모든 것을 이해하고자 한다. 윤리학 연구는 때때로 약간의 당혹감을 불러일으킨다. 왜냐하면 너무나 많은 상이한 이론들이 종종 서로 모순되는 것처럼 보이고, 그래서 지침이 되기보다는 혼란을 초래하는 것처럼 보이기 때문이다. 그러나 우리는 특정한 동료 집단의 가치에 완강하게 집착하는 완고함과 소집단 중심주의로 이끌리는 자연적 성향을 가지고 있다. 윤리학의 복잡성을 이해하는 것은 이러한 자연적 성향을 상쇄하는 데 도움이 된다.

66. 〈보기〉는 ㉠을 도식화한 것이다. 윗글을 토대로, 〈보기〉에서 수정되어야 할 내용으로 적절하지 <u>않은</u> 것은?

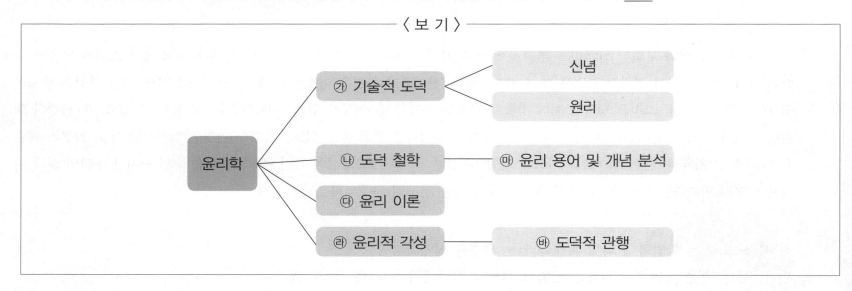

〈 보 기 〉

① ㉑는 ㉾의 하위 항목으로 옮긴다.
② ㉾의 하위 항목에 '관습'을 추가한다.
③ ㉯는 ㉰와 같은 의미로 쓰이므로 삭제한다.
④ ㉳는 '분석 윤리학'으로 고쳐 쓰고 윤리학의 하위 항목으로 옮긴다.
⑤ ㉱는 윤리학을 분류한 층위에 맞지 않으므로 '응용 윤리'로 고쳐 쓴다.

67. 윗글을 읽고 이해한 내용으로 적절한 것은?

① 도덕 철학은 도덕적 행동의 결과를 연구하는 것이다.
② 기술적 도덕은 응용 윤리학의 전제가 되는 연구 분야이다.
③ 윤리학에는 서로 다른 이론들이 있어 이들끼리 상충된다고 생각할 수 있다.
④ 문제를 윤리적으로 해결하기 위해서는 감정과 이성을 적절하게 사용하여야 한다.
⑤ 도덕 이론을 아는 것은 중요하지 않으며 이를 문제에 응용할 때 비로소 그에 대한 가치가 생긴다.

68. ㉡의 예로 가장 적절한 것은?

① 우리나라는 쌀을 주식으로 한다.
② 네덜란드에서는 존엄사가 허용된다.
③ 미국의 일부 주에서는 사형을 집행한다.
④ 도덕의 근본 원리는 행복이 아닌 의무에 있다.
⑤ 행위의 목적을 인간의 이익과 행복 증진에 둔다.

69. 윗글의 내용을 바탕으로 할 때, 〈보기〉에 제시된 교육의 효과로 가장 적절한 것은?

〈 보 기 〉

　교육부는 미디어 속 정보의 신뢰도 판별 및 비판적 수용 등 학생들의 미디어 리터러시 역량을 높이기 위하여 '슬기롭게 누리는 미디어 세상' 콘텐츠를 개발·보급한다. 미디어 리터러시는 미디어가 생산하는 정보와 문화를 비판적으로 이해하고, 자신의 생각을 미디어로 표현·소통하는 능력으로 이 콘텐츠에는 '거짓 정보와 마녀사냥 바로 잡기'와 같은 미디어 콘텐츠 이해 역량, '영화 제작하기'와 같은 미디어 콘텐츠 생산 역량 등 다양한 미디어 리터러시 역량 요소를 반영하였다. 한편 '저작권', '올바른 언어 사용' 등 미디어 윤리는 콘텐츠 전반에 포함하여 구성하였다.

① 신뢰도 높은 콘텐츠를 생산하여 자신이 소속된 집단이 지향하는 가치를 완강히 주장할 수 있다.
② 미디어 문화에 윤리 이론을 적용하여 콘텐츠의 상업적 가치를 판단할 수 있는 능력을 키워 준다.
③ 저작물 불법 배포 등 비윤리적인 행위를 하는 경우 법률에 의해 처벌받을 수 있음을 일깨워 준다.
④ 다수의 행동이 한쪽으로 치우치는 상황에서도 분별력 있게 대상을 평가하고 자신의 의견을 낼 수 있다.
⑤ 정보를 다각도에서 수용하여 자신과 가치관이 다른 사람들과 소통할 때 갈등을 빚지 않도록 도와준다.

[70 ~ 71] 다음 글을 읽고 물음에 답하시오.

　공포, 불안, 분노와 같은 감정통제 문제를 갖고 있는 사람들을 돕기 위해 개발된 심리치료 기법 중 '스트레스 접종훈련Stress Inoculation Training'이라는 것이 있다. 원래는 상담에서 내담자들을 돕기 위해 개발된 방법이지만 요즘에는 콜센터, 백화점, 식당직원이나 스튜어디스 등 감정노동 종사자들의 스트레스를 줄여주기 위해 널리 활용된다. '접종'이란 질병을 예방하기 위해 독성을 약화시킨 병원균을 미리 인체에 주입해 신체가 질병에 대항할 수 있게 하는 것을 말한다.

　이 훈련은 마치 예방접종처럼, 발생 가능성이 있는 스트레스 사태를 사전에 머릿속에 주입해 효과적인 대책을 찾게 함으로써 실제로 스트레스를 받는 일이 일어났을 때 이에 대항할 수 있는 정신력을 길러주기 때문에 스트레스 접종훈련이라고 한다. 이 훈련은 3단계 과정으로 이루어지는데 첫 번째 단계에서는 스트레스에 대한 전반적인 교육이 이루어진다. 두 번째 단계에서는 발생 가능한 스트레스 상황들을 미리 예상해 보고 그에 대한 효과적인 대책을 찾아내 실제 상황에서 어떻게 행동할지 리허설을 한다. 세 번째 단계는 실제 상황에서 적용한다.

　상황이 나빠질 때 충동적으로 반응할 가능성을 예상하고 그런 상황에서 현명하게 대처할 수 있는 방법을 마음속으로 미리 연습해 두면 나쁜 습관에서 벗어날 가능성이 현저하게 높아진다. 금연을 했다가도 스트레스를 받으면 다시 담배를 피우는 나쁜 습관이 있다면 자신에게 그런 습관이 언제, 어떤 식으로 나타나는지 인식하는 것이 나쁜 습관을 고치는 첫 번째 단계가 된다. 이른바 인식단계이다. 두 번째 단계는 발생 가능한 나쁜 상황들을 찾아보고 나쁜 습관을 대신할 수 있는 대비책을 찾아내 마음속으로 리허설을 해보는 것인데 이것을 '정신적 리허설Mental Rehearsal'이라고 한다. 그리고 세 번째 단계는 실제로 그런 나쁜 상황이 일어났을 때 리허설을 했던 방식대로 실천하는 것이다.

　실제로 마음속으로 리허설을 하는 것만으로도 나쁜 습관이 사라질 가능성이 현저하게 높아진다. 피츠버그 대학과 카네기 멜론 대학이 공동으로 조사한 연구결과에 의하면 원하는 행동을 마음속으로 미리 준비하고 리허설하면 우리를 행동하게 하는 대뇌의 전두엽 피질이 활성화된다. 정신적 리허설을 통해 그 행위에 실제로 관여하는 뇌세포가 활성화되면 나쁜 상황이 발생했을 때

⟨　　　　　　　　　⊙　　　　　　　　　⟩

　실패하는 사람들은 실패할 수밖에 없는 길고 긴 핑계들을 찾아낸다. 자신들에게 닥칠 돌발사태들을 예상해 보지도 않고 대책도 없이 살면서 말이다. 성공하는 사람들은 도전정신 하나로 무모하게 위험을 감수하지 않고 무조건 위험을 회피하지도 않는다. 그들은 모든 사람들이 불가능하다는 일 속에서도 가능성의 신호를 찾아내고 모두가 낙관적일 때조차도 재앙을 예고하는 미세징후들을 탐지해 대비책을 마련해 둔다.

70. 윗글을 읽고 이해한 내용으로 적절하지 않은 것은?

① 스트레스 접종훈련의 과정은 3단계로 설명할 수 있다.

② 성공의 요인은 본능적으로 어려운 상황을 회피할 수 있는 능력에 있다.

③ 피츠버그 대학과 카네기 멜론 대학의 연구 결과를 통해 전두엽이 인간의 행동과 연관되었음을 알 수 있다.

④ 스트레스 접종훈련은 본래 상담에서 사용되는 요법이었으나 최근에는 감정노동 종사자들에게도 널리 쓰이고 있다.

⑤ 스트레스 접종훈련의 원리는 병원균을 일부러 몸에 넣어서 그 질병에 대비할 수 있게 하는 예방접종의 원리와 같다.

71. ㉠에 들어갈 말로 가장 적절한 것은?

① 스트레스를 받으면 나타나는 나쁜 습관이 무엇인지 인식하게 된다.

② 고도의 정신 작용이 이루어지는 전두엽에서 스트레스를 받지 않도록 도움을 준다.

③ 과도한 스트레스를 받으므로 이에 대응하기 위해 스트레스 상황을 대비할 방안을 찾아야 한다.

④ 미리 연습한 대로 반응할 가능성이 커지고 상대적으로 기존의 나쁜 습관이 활성화될 가능성은 줄어든다.

⑤ 머릿속에 주입되어 있던 이전의 스트레스 사태에 대한 기억이 현재의 상황을 있는 그대로 수용할 수 있도록 도와준다.

[72 ~ 73] 다음 글을 읽고 물음에 답하시오.

범주화(categorization)는 인간의 근본적인 인식 작용이다. 범주화는 사람들의 전형적인 행위 유형과 행위적 변화에 관한 정보를 제공하면서 사람과 세계에 관한 일반적 지식을 제공한다. 빌링(Billing, 1987)은 우리가 범주화한다는 점을 부정하지 않지만 또한 우리가 특유화(particularization)한다는 점도 부정하지 않는다. 범주화는 자극(stimulus)이 일반적 범주로 분류되는 과정인 반면 특유화는 자극이 한 범주의 구성원들로부터 차별화되는 과정이다. 즉 사람들의 행위 중 독특한 점들이 기술된다. 범주화와 특유화는 서로 밀접하게 관련되어 있으며 범주화는 특유화를 전제로 한다.

범주화는 생각할 토대를 제공하지 않는다. 범주의 자동적 적용은 그것이 분별없는 과정이라는 점에서 생각의 부정을 의미한다. 낯선 이들과 커뮤니케이션할 때 우리는 범주화와 특유화 모두를 이용한다. 그러나 범주화가 더 많이 이용된다. 범주화 과정을 이용할 때 우리는 낯선 이들을 개인으로 인정하지 않고 우리의 고정관념(머릿속에 있는 그들에 관한 그림)과 그들이 속한 집단에 대한 태도를 토대로 그들과 커뮤니케이션한다.

㉠고정관념은 종종 부정확하거나 어떤 낯선 이들에게는 적용되지 않기 때문에 그들에 대한 우리의 예측은 때때로 빗나간다. 이것이 오해를 불러오고 비효율적인 커뮤니케이션을 낳는다. 커뮤니케이션을 효과적으로 하려면 우리는 좀 더 세심해야 하고 낯선 이가 표출하는 메시지를 특유화해야 한다. 즉 우리는 낯선 이에 관해 예측하기 전 그의 독특한 속성, 태도와 행위를 면밀히 살펴야 한다.

낯선 이들과 상호작용할 때 불확실성-한 문화권에서 위험(risks)과 모호성에 부여된 가치를 일컫는다-이 있을 수 있다. 낯선 이의 태도, 느낌, 신념, 가치관과 행위에 관한 불확실성이다. 우리는 낯선 이가 여러 대안적 행위 유형 중 어느 것을 택할지를 예측할 수 있어야 한다. 낯선 이들의 행위에 관한 불확실성을 줄이기 위해 노력하지 않으면 우리는 불확실성을 줄이기 위해 낯선 이들의 범주화에 의존하게 된다. 앞에서도 언급했듯이 이것은 흔히 오해를 불러온다.

낯선 이에 관한 불확실성을 줄이기 위해서 몇 가지 전략을 사용할 수 있다. 수동적, 능동적 그리고 상호작용적 전략이 그것이다(Berger, 1979). 수동적 전략을 이용할 때는 남의 눈에 띄지 않는 관찰자 역할을 한다. 능동적 전략을 택하면 낯선 이에 관한 정보를 수집해야 한다. 그 예로 그 사람을 아는 다른 이에게 질문을 해 그에 관한 정보를 수집할 수 있다. 상호작용 전략의 경우에는 자신의 신분을 밝힌 후 상대방과 상호작용할 때 구두 질문으로 그에 관한 질문을 수집한다.

낯선 이들과 커뮤니케이션할 때 우리는 불확실성뿐만 아니라 불안을 경험한다. 여기서 불안은 앞으로 일어날지도 모를 일에 대해서 긴장감을 느끼거나 걱정하는 상태를 일컫는다. 이러한 불안은 주로 부정적 기대감에서 비롯된다. 낯선 이와 커뮤니케이션할 때 그의 행위에 관해 생각하게 되면 상호작용에 관한 불안을 줄일 수 있다. 낯선 이에 관한 정보를 가능한 한 많이 수집하고 그에 관한 정확한 정보를 얻기 위해 노력하면 우리의 불안과 부정적 기대감은 줄어들 것이다. 집단 사이의 접촉이 많고, 자민족 중심주의에서 벗어나며, 우리의 고정관념이 긍정적일 때, 집단 간 불안은 적어질 것이다.

72. 윗글의 내용 전개 방식에 대한 설명으로 적절하지 않은 것은?

① 어떤 문제에 대한 해결 방안을 세분화하여 제시하고 있다.

② 두 대상의 비교를 통해 대상의 특성에 대한 이해를 돕고 있다.

③ 대상의 의미를 제시하고 대상의 속성을 구체적으로 설명하고 있다.

④ 학자들의 대립되는 견해를 나열하고 이에 대한 절충안을 제시하고 있다.

⑤ 중심 소재와 밀접한 연관이 있는 개념을 설명하면서 중심 내용을 부각하고 있다.

73. ㉠의 이유로 가장 적절한 것은?

① 낯선 상대가 새로운 유형의 사람이기 때문에

② 낯선 상대의 태도와 특성을 관찰자 입장에서 바라보았기 때문에

③ 낯선 상대와 대화할 때 상대를 파악하기보다 범주화된 정보에 의존하기 때문에

④ 낯선 상대와 대화할 때 불안감과 소심성으로 인해 상대방에게 오해를 불러일으키기 때문에

⑤ 낯선 상대와 대화할 때 자신의 특성과 다른 부분을 더욱 빠르게 인식하여 이질감을 느끼기 때문에

[74 ~ 76] 다음 글을 읽고 물음에 답하시오.

옛 서화(書畵)에서는 이치에 맞지 않는 이상한 그림들을 많이 볼 수 있다. 예를 들어 책상 앞쪽 모서리보다 뒤쪽 모서리를 더 크게 그린다든지, 뒤로 갈수록 건물의 각도가 넓어지는 등 역원근법적인 방법으로 그렸다. 서양화의 이론에 익숙한 현대인들에게는 너무나 이상한 그림이다. 이외에도 한 화면에 두세 개의 시점이 존재한다든지, 마치 영화에서 카메라가 사방을 훑고 지나가듯 파노라마식으로 그려진 경우도 있다. 파노라마식 그림은 화면이 긴 병풍 그림이나 5~10미터씩이나 되는 두루마리 그림에서 많이 나타난다. 그리고 한 번도 하늘에서 땅 위를 내려다본 경험이 없음에도 불구하고 조감도 형식으로 내려다본 모습을 자연스럽게 그린다든지, 보이지 않을 만큼 먼 곳에 있는 사람이나 물체를 마치 망원경으로 당겨서 본 것처럼 주변의 물체에 비해 자세하게 확대해서 그리는 일도 있다.

서양화에 길들여진 눈으로 봐서 가장 이상하게 느껴지는 점은 명암이나 음영의 표현을 하지 않았다는 것이다. 특히 물체의 입체감을 나타내는 데에 효과적인 명암이 초상화나 동물 그림에서도 보이지 않는다. 또 서양의 인상주의 이후 회화에서 아주 중요한 표현 요소로 떠오른 그림자의 표현이, 동양의 옛 그림에서는 보이지 않는다. 서양의 풍경화에서는 필수이다시피 한 빛의 표현과 건물의 명암과 나무들의 그림자가, 동양의 산수화에서는 표현된 적이 거의 없다. 의식적으로 표현하지 않았다기보다 그러한 개념 자체가 없었던 것이다.

이러한 특징은 표현 기법에서뿐 아니라 소재의 선택에서도 나타난다. 예를 들어 원앙은 추운 지방에서 사는 새로서 연꽃이 한창 필 무렵에는 북쪽으로 날아가 버리나, 동양의 옛 그림 속에서는 연꽃과 함께 등장하는 경우가 많다. 이처럼 이치에 맞지 않는 소재의 배합은 많은 그림에서 보인다.

그렇다면 동양의 옛 그림에는 왜 이렇게 이상하게 느껴지는 표현이 많이 나타나는가? 그것은 ㉠동양의 그림과 ㉡서양의 그림의 바탕에 깔려 있는 사고가 서로 달랐기 때문이다. 서양의 그림이 형체, 명암, 빛깔 등 보이는 바를 화면에 그대로 묘사하는 형식이라면, 동양의 그림은 화가가 생각한 것이나 아는 것, 즉 관념을 그리는 형식이기 때문이다. 산수화를 그리는 경우 현장에 가서 직접 보고 그 모습을 담는 것이 아니라 기억하고 있는 내용을 그린다. 그러니 풍경화처럼 경치를 그리지 않고, 수많은 이야기가 담긴 자연의 오묘한 조화나 이상향을 그리게 된다. 간혹 직접 현장에 가서 경치를 보고 그린다 하더라도, 사생(寫生)이 아니라 경치에서 느껴지는 기운이나 운치를 그린다.

어떻게 보면 동양의 옛 그림이 이치에 맞지 않는다는 생각 그 자체가 잘못된 것이다. 그렇게 생각한 것은 우리가 그동안 서양의 그림에 익숙하다 보니 동양의 그림을 서양화를 보는 눈으로 감상하기 때문이다. 서양의 과학적 표현만이 우수한 회화라고 볼 수는 없는 일이다. 서양 그림도 현대 회화에서는 대상을 재현한 그림보다는 뜻을 가진 그림이 오히려 더 성행한다. 동양의 그림은 이야기를 표현한 그림이다. 본 대로 그리는 것이 아니라 아는 대로 그렸다. 그래서 묘사적이 아니라 개념적이다. 동양의 그림은 동양적 시각으로 보아야 한다.

74. 윗글의 표제와 부제로 모두 적절한 것은?

① 표제: 동양화의 특징

　부제: 산수화와 풍경화를 중심으로

② 표제: 동양화의 통시적 변화

　부제: 구도와 형식을 중심으로

③ 표제: 동양화의 특징과 동양적 사고

　부제: 동양화와 서양화의 표현법 차이를 중심으로

④ 표제: 동양화와 서양화의 감상법 연구

　부제: 화면의 시점을 중심으로

⑤ 표제: 동양화와 서양화의 감상법 비교

　부제: 표현법과 소재를 중심으로

75. 윗글을 읽고 이해한 내용으로 적절하지 <u>않은</u> 것은?

① 동양의 동물 그림에는 명암 표현이 거의 없다.

② 산수화에는 그림을 그리는 사람의 관념이 담겨 있다.

③ 동양의 그림은 한 화면에 여러 개의 시점이 나타나기도 한다.

④ 동양화를 그린 이들은 내려다본 풍경을 그리고 싶을 때면 높은 곳으로 향했다.

⑤ 사람들이 동양화가 이치에 맞지 않다고 생각하는 이유는 서양화의 기준에서 동양화를 판단하기 때문이다.

76. ㉠과 ㉡에 대한 반응으로 적절하지 <u>않은</u> 것은?

① ㉡은 보이는 그대로 표현하려고 했으니 명암 표현이 매우 중요했겠군.

② ㉠에는 사방을 전망하는 느낌을 주는 그림도 있지만 이는 실제 경치와 다를 수도 있겠군.

③ ㉡도 현대에 이르러서는 있는 그대로를 묘사하는 형식보다 의미를 전달하는 형식이 유행하고 있군.

④ ㉠에 함께 그려진 원앙과 연꽃을 통해 현실성이 낮은 소재의 조합이 동양화에서 사용된 것을 알 수 있군.

⑤ ㉠ 중 산수화에는 명암 표현이 없었던 것을 보아 역원근법을 부각시키기 위해 명암을 배제한 것임을 알 수 있군.

[77 ~ 80] 다음 글을 읽고 물음에 답하시오.

　과학의 가치중립을 인정한다면 과학자에 대한 사회적 책임을 묻기 힘들다. 가치중립이란 가치판단을 중지하는 것, 가치판단에서 자유로움을 뜻한다. 가령, "지구가 태양의 둘레를 돈다"는 과학적 사실에 대해 우리는 어떤 가치판단을 내릴 수 있을까? 그리고 가치판단을 내릴 수 없다면 그 사실을 발견한 과학자에게 사회적 책임을 묻기는 힘들다. 오히려, 섣부르게 가치판단을 해서 과학적 진실을 외면하게 될 수도 있다. 갈릴레오 갈릴레이의 종교재판은 이를 단적으로 보여준다. 자연과학은 자연을 대상으로 삼기 때문에 가치의 개입에서 자유로울 수 있고, 따라서 사회과학보다 객관적이고 보편적이다. 과학자는 오직 자연의 숨겨진 사실을 밝히는 일에 몰두할 뿐인데, 사회적 책임을 묻는다는 것은 지나친 처사이며 자칫 과학활동 자체를 저해할 수 있다.

　사정이 이렇다면, 원자구조와 원자핵에 대한 과학연구에도 과학의 가치중립성을 적용할 수 있다. 마찬가지 논리로, 원자핵의 숨겨진 힘을 찾아내기 위한 연구에 대해서도 우리는 가치 면에서 옳다거나 그르다는 평가를 내려서는 안 된다. 그 모든 것들은 자연의 영역에 속하는 것으로 과학자들의 임무는 숨겨진 자연의 비밀을 캐내는 것이기 때문이다.

물론, 과학적 원리(사실)를 기술적으로 응용하여 만들어낸 기술품(品)이 사회적으로 커다란 영향을 미치는 경우가 있음은 사실이다. 가령, '핵분열 연쇄반응'이라는 과학적 원리가 핵무기 개발이라는 기술적 응용을 통해 원자폭탄이라는 기술품으로 완성되었을 때, 원자폭탄은 현대사회에 엄청난 영향을 미쳤다. 〈중 략〉일본의 두 도시를 파괴하고, 어마어마한 인명피해를 입혔으며, 세계를 냉전의 소용돌이로 몰아넣었다. 이런 조건에서 ㉠우리는 원자폭탄에 대한 부정적 가치판단을 내릴 수 있다. 인류가 현재 핵확산금지조약(NPT)을 중심으로 핵무기 확산을 막기 위해 노력하는 것은 이런 가치에 기초하고 있다고 할 수 있다. 그렇다고 해도, 원자폭탄이라는 기술적 응용에 의한 기술품과 달리 핵분열 연쇄반응이라는 과학원리 자체에 대한 가치판단이 가능한지는 의문이다. 무엇보다도 핵분열 연쇄반응은 자연의 숨겨진 이치를 밝혀낸 것에 불과하지 않은가.

더군다나 ㉡같은 과학원리라도 어떻게 이용하느냐에 따라 그 결과는 크게 달라질 수 있다. 핵분열 연쇄반응의 경우, 이 원리의 기술적 응용은 핵무기 개발뿐만 아니라 '원자력의 평화적 이용'(Atoms for Peace)에 따른 원자력발전도 있다. 전자가 인류에게 전쟁과 파괴를 가져다주었다면, 후자는 평화와 번영을 안겨주었다고 할 수 있다. 원자력발전에 대한 부정적 평가가 없는 것은 아니지만 현재 인류는 원자력발전에 전기생산의 많은 양을 의존하고 있다. 기술적 응용은 사회적 개입에 의해 그 방향이 크게 바뀌는 반면, 과학원리는 자연에 숨겨진 사실을 발견해 내는 것에 불과하다. 이런 점에 비춰볼 때, 과학은 가치중립적이고, 따라서 과학자에게 사회적 책임을 묻는 것은 잘못이다.

77. 윗글의 논지 전개 방식으로 가장 적절한 것은?

① 논지가 최초로 거론된 사회적 배경을 서술하고 있다.

② 논지를 검증하기 위한 방법을 시간순으로 제시하고 있다.

③ 논지에 대한 여러 견해를 분석하고 새로운 견해를 도출하고 있다.

④ 논지를 간략하게 제시하며 이를 주장한 학자를 함께 소개하고 있다.

⑤ 구체적 사례를 통해 논지를 설명하며 이에 대한 필자의 의견을 개진하고 있다.

78. 필자의 관점에서 ㉠의 상황을 비판한 내용으로 가장 적절한 것은?

① 과학자는 자신이 발견한 원리가 사회에 어떤 영향을 끼칠지를 고려하여야 한다.

② 과학원리를 활용하여 기술품을 만든 기술자에게 사회적 책임을 요구하는 것은 불합리하다.

③ 우연히 발견한 과학원리더라도 이를 세계적으로 공개하려면 국제기구 간의 상의가 필요하다.

④ 자연 과학에 대한 가치판단은 상황에 따라 달라질 수 있으므로 과학자의 책임을 가중시키면 안 된다.

⑤ 발명품에 대한 가치판단은 다를 수 있으나 이를 근거로 그 바탕이 되는 과학원리까지 판단하여서는 안 된다.

79. ㉡과 유사한 사례로 적절하지 않은 것은?

① 암모니아는 비료의 원료로 사용되지만 폭약의 재료로 사용되기도 한다.

② 프로포폴은 수술이나 검사에서 마취제로 사용되지만 약물 중독자에게는 환각제로 사용된다.

③ 망원경으로 천체를 관측하여 천문학에 도움을 줄 수 있으나 이웃집을 엿보며 사생활을 침해할 수 있다.

④ 석유는 자동차의 연료로 사용되어 인간의 생활에 도움을 주나 이때 배출되는 배기가스는 공해의 원인이 된다.

⑤ 드론은 사고 현장에 필요한 약물이나 장비를 전달해 주기도 하지만 폭탄을 장착한 드론은 테러를 일으키기도 한다.

80. 〈보기〉로 윗글을 보완하였을 때 이해할 수 있는 내용으로 가장 적절한 것은?

〈 보 기 〉

　　한편 과학활동은 사회로부터 영향을 받을 수 있지만, 그 결과물인 과학지식은 사회와 관련이 없다는 주장도 있다. 곧 자연과학은 오직 자연만을 대상으로 하고 있는 까닭에 과학지식의 진위 여부는 사회와는 무관하게 자연을 통해서 확인할 수 있다는 것이다. 이들은 일부 불순한 의도나 사회적 이해관계에 따라 과학적 진실이 왜곡될 수도 있지만, 합리적 평가과정을 통해 얼마든지 바로잡을 수 있다고 설명한다. 가령, 코페르니쿠스의 태양중심체계(지동설)는 기독교의 교리(사회)에 어긋난다고 탄압을 받았지만 행성의 운동(자연)을 잘 반영하고 있었기 때문에 결국에는 옳은 것으로 판명이 났다. 반대로, 르네 블론로의 N-선은 X-선에 이어 많은 과학자들의 이목을 집중시켰지만 미국의 과학자 로버트 우드의 간단한 검증을 통해 거짓임이 드러났다.

① 과학지식의 합리성 검증 절차
② 종교와 자연과학의 상호 보완적 관계
③ 과학지식의 가치판단이 필요 없는 이유
④ 과학활동에 대한 과학자의 책임 윤리 의식
⑤ 금전적 이익에 따라 발명품에 과학자의 의도가 개입된 사례

[81 ~ 82] 다음 글을 읽고 물음에 답하시오.

일상생활에서 발생할 수 있는 화상과 그 대비법

[1] 화상의 원인별 분류

　1. 열탕화상: 뜨거운 물, 식용유, 수증기 등 주로 2도 화상이 많으며, 어린이가 많이 입게 되는 화상입니다.

　2. 화염화상: 프로판(부탄가스), LPG 가스의 폭발은 대개 상처가 깊고, 호흡기 손상을 동반할 수 있습니다.

　3. 전기화상: 전류가 몸에 감전되면서 발생하는 화상, 일반가정에서 사용하는 낮은 전압에서도 화상을 입을 수 있으며, 종종 심각한 후유증이 발생합니다.

　4. 화학화상: 산, 알칼리(양잿물 등)나 일반 유기 용매제를 접촉할 경우, 심각한 장애를 입을 수 있습니다.

　5. 접촉화상: 뜨거운 철판, 다리미, 전기장판 대부분의 경우, 3도 화상으로 진행하게 됩니다.

[2] 화상분류별 예방 팁(영유아 중심)

　1. 열탕화상

　• 물이 빠르게 뜨거워지는 개수대나 흐르는 물에서 아이를 씻기지 마세요. 욕조에 물을 받아 사용하세요.

　• 뜨거운 음식, 음료 등은 아이들이 닿지 않는 곳에 보관하세요.

　• 유모차의 컵홀더에는 차가운 음료만 보관하세요.

　• 아이를 안은 채로 뜨거운 음식을 먹지 마세요. 아이가 갑자기 움직이면 위험해요.

　• 손잡이가 있는 도구를 가열할 때엔 손잡이를 안쪽 방향으로 돌려놓으세요. 아이들이 손을 뻗어 만질 수 있어요.

2. 화염화상
- 오븐, 레인지, 양초, 성냥이나 라이터 근처에 아이들이 오지 못하도록 주의를 주세요.
- 실내 난방 기구를 사용할 때엔 근처에 가구, 담요, 기타 잘 타는 성질의 물건을 두지 마세요.
- 캠핑장에서 불을 사용할 때에는 아이들이 불로부터 2미터 안으로 접근 못하도록 접근금지 구역을 만드세요.
- 아파트 각 층, 집 내부, 특히 주방에 화재경보기, 일산화탄소 경보기를 설치하세요.
- 화재대피계획을 세울 때엔 위급상황 시 집에서 탈출할 수 있는 최소 2가지 방법을 아이들에게 가르쳐 주세요.

3. 전기화상
- 아이들이 전선이나 콘센트를 만지거나 물지 않도록 충분히 가르치세요.
- 물이 있는 장소에서 전자기기는 사용하지 마세요.
- 사용하지 않는 콘센트에는 플러그 안전덮개를 꽂아두세요.
- 전자기기를 사용하기 전에는 전선이 낡고 상한 곳이 없는지 확인해 주세요.

4. 화학화상
- 락스, 빙초산과 같은 화학약품은 아이들 손이 닿지 않는 곳에 두세요.
- 아이가 화학약품을 만졌을 경우에는 재빨리 흐르는 물에 충분히 씻어내고, 화학약품을 마셨을 경우 토해내게 하세요.
- 화학약품을 음료수병에 담아두지 마세요.

5. 접촉화상
- 다리미, 미용용 전기인두 같은 기기는 사용 중, 혹은 사용 후 열기가 남아있을 경우 아이들이 닿지 않는 곳에서 사용, 보관하고, 전선을 잡아 당겨 물체가 떨어져 화상을 입지 않도록 주의해 주세요.
- 전열 기구는 전원이 꺼진 후에도 오랫동안 뜨거우니 주의해 주세요.
- 난로, 오븐, 그릴, 전자레인지 등과 같은 뜨거운 도구들 주변에는 아이들이 접근하지 못하도록 하세요.
- 전기밥솥은 반드시 아이의 손이 닿지 않는 곳에 두고 사용하세요. 전기밥솥에서 발생하는 소리와 증기는 아이들의 관심을 끌 수 있어요.
- 야외 활동(공원, 해변, 놀이터)을 할 때에는 항상 신발을 신겨주세요.

[3] 화상 응급 처치법
1. 불이 났을 경우, 무리하게 불을 끄려고 시도하지 마세요. 즉시 화재현장에서 벗어나시고 침착하게 대처하세요.
2. 옷에 불이 붙은 경우, 몸을 바닥에 굴러서 불을 끄세요.
3. 불에 탄 옷은 벗으세요. 만약 옷이 살에 붙었다면 즉시 병원을 방문하여 제거하세요.
4. 화상을 입은 부위는 흐르는 수돗물로 10~15분 열을 식혀주세요.
5. 통증을 유발할 수 있으므로, 얼음물로 화상부위를 식히지 않도록 합니다.
6. 깨끗하고 건조한 옷이나 수건으로 화상부위를 감싸주세요.
7. 물집이 생긴 경우 무리해서 터뜨리지 말고 그대로 둔 채 전문가와 상의하세요.
8. 손가락이나 관절 부위에는 크기가 작더라도 아물면서 살이 오그라드는 경우가 많으므로 반드시 전문가와 상의하세요.
9. 소주, 된장, 간장, 감자, 오이, 치약, 참기름, 숯가루, 황토 등 민간 응급 처치법은 절대 사용하지 마세요. 감염의 우려가 있습니다.

81. 윗글에 대한 설명으로 적절하지 않은 것은?
① 화상의 원인에 따른 화상의 종류를 안내하고 있다.
② 화상의 종류, 예방법, 응급 처치법을 안내하고 있다.
③ 화상의 유형에 따라 숙지해야 할 내용을 안내하고 있다.
④ 화상 응급 처치법을 지켜야 할 순서에 따라 안내하고 있다.
⑤ 가정 안팎에서 지켜야 할 화상 안전 수칙을 안내하고 있다.

82. 영유아 자녀를 둔 부모를 대상으로 화상 예방 교육을 하려고 한다. 〈보기〉의 ㉠~㉣을 통해 설명할 수 있는 화상을 모두 나열한 것은?

〈 보 기 〉

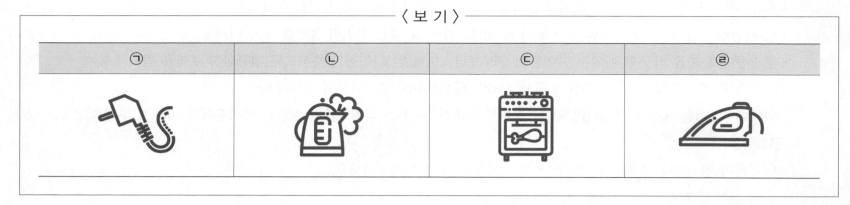

㉠	㉡	㉢	㉣

① 전기화상, 접촉화상
② 화염화상, 전기화상, 접촉화상
③ 화학화상, 전기화상, 접촉화상
④ 전기화상, 열탕화상, 화염화상, 접촉화상
⑤ 열탕화상, 화염화상, 전기화상, 화학화상, 접촉화상

[83 ~ 84] 다음 글을 읽고 물음에 답하시오.

수신자 ○○시 교육감

제 목 2022 ○○시50+보람일자리사업 50+다문화학습지원단 활동처 모집 협조요청

1. 귀 청의 무궁한 발전을 기원합니다.
2. ○○시50플러스재단에서는 중장년층의 사회참여 확대 및 사회공헌활동을 위해 「○○시 50+보람일자리 사업」을 수행하고 있습니다.
3. 위 사업의 세부 사업인 「50+다문화학습지원단」의 활동처를 다음과 같이 모집하오니, 참여를 희망하는 관내 초등학교에 안내를 요청드립니다.

　가. 사업개요

　　1) 사 업 명: 2022 ○○시50+보람일자리 사업 「50+다문화학습지원단」
　　2) 사업기간: 2022년 2월~12월(활동기간 2022년 5월~12월 15일)
　　3) 사업내용: 다문화가정 초등학생(1학년~3학년) 학습지도 및 정서지원
　　4) 활 동 비: ○○시50플러스재단에서 지급

　나. 신청방법

　　1) 신청대상: ○○시 소재 초등학교
　　2) 제출기한: 2022.3.15.(화) 18시까지
　　3) 제출방법: 기한 내 신청서를 작성하여 이메일 회신

　다. 문의처: ○○시50플러스재단 보람사업단 홍◇◇ PM(010-1234-5678)

[붙임] 1. 50+다문화학습지원단 사업안내서 1부.
　　　 2. 50+다문화학습지원단 활동처 참여 신청서 작성 도움말 1부.
　　　 3. 50+다문화학습지원단 활동처 참여 신청서 1부.　끝.

[붙임2] 50+다문화학습지원단 활동처 참여 신청서 작성 도움말

50+다문화학습지원단 활동처 참여 신청서

교육 그룹	학생 수	☐ 1명 ☐ 2명 ☐ 3명 • 다문화 초등학생 3명당 지원단 2명이 배정되어 학습지도를 진행하는 사업입니다. • 가급적 그룹을 3명으로 묶어주세요. • 1명, 2명이 있는 그룹이 당연 배제되는 것은 아니지만 3명 그룹에 지원단이 우선 배정됩니다.	그룹 학년	☐ 1학년 ☐ 2학년 ☐ 3학년 • 해당 학생의 학년을 체크해 주세요. • 학력 수준이 비슷하고 같은 교재로 학습지도가 가능한 경우 학년이 달라도 같은 그룹으로 묶을 수 있습니다.
	희망 요일	☐ 월 ☐ 화 ☐ 수 ☐ 목 ☐ 금 • 지원단이 방문했으면 하는 요일을 3일 이상으로 다중체크 해주세요. • 본 사업의 기본 방침은 주 3회, 회당 2시간 이상 지도입니다.	필요 과목	☐ 국어 ☐ 수학 • 지원단이 지도해야 할 과목을 체크해주세요(다중체크 가능). • 지원단은 정교사 및 한국어교원 자격증을 취득한 경험이 있는 분들이므로 국어, 수학 모두 학습지도가 가능합니다.
	특이사항	그룹 초등학생에 대한 특이사항이 있는 경우 작성해 주세요. 예) 3명 중 1명은 주 2일만 참여 가능 / 1명이 주의력이 약간 부족함		

기타 정보	방과 후 교실 장소 제공	☐ 가능 ☐ 불가능
		학습지도는 방과 후 교실에서 진행됩니다. 교실 제공이 불가능할 경우 사업 참여가 어렵습니다.
	학교 기자재 사용	☐ 가능 ☐ 불가능
		• 지원단이 학습지도 준비를 위하여 간단한 복사, 인쇄가 가능한지 여부입니다. • 기자재 사용 여부는 참고용 질문입니다.
	지원단 휴게 공간 제공	☐ 유 ☐ 무
		휴게 공간 제공유무는 참고용 질문입니다.
	기타 요구 사항	○○시50플러스재단에 요구하는 사항을 작성해 주세요. 예) 작년 참여자 우선 배정 등

확인 사항	상기 참여희망 학생은 현재 타 다문화 관련 지원사업에 참여사실이 없음을 확인함
	☐ 확인 ☐ 미확인 (미확인 시 사업참여 불가)
	• 다문화가정 초등학생의 중복수혜를 방지하기 위하여 확인하는 사항입니다. • 신청학생 중 ○○시 2022년 다문화가족 자녀 및 외국인 주민자녀 방문학습, 다문화가족지원센터 방문교육, ○○시 취약계층 아동학습 바우처 사업에 참여하거나 예정인 학생은 본 사업에 참여가 어렵습니다.

교육그룹이 3그룹 이상 될 경우 셀을 추가하여 작성해 주시기 바랍니다.

83. 윗글에 대한 설명으로 적절하지 않은 것은?

① 수신자가 속한 기관을 존중하려는 발신자의 의도가 드러나는 글이다.

② 추진하는 사업의 취지를 밝히며 사업에 참여해 줄 것을 독려하는 글이다.

③ 사업에 대한 간략한 정보를 제시하고 자세한 정보는 붙임으로 다루고 있다.

④ 사업에 대한 추가적인 문의를 할 수 있는 방법을 안내하며 글을 마무리하고 있다.

⑤ 발신자는 사업 내용을 수신자 관할의 신청 대상에게 전달해 달라고 요청하고 있다.

84. 붙임으로 제시된 참여 신청서 작성 도움말의 내용을 이해한 것으로 적절한 것은?

① 다문화가정 학생과 다문화학습지원단의 연계는 기본적으로 3:2의 비율로 구성된다.

② 다문화학습지원단이 되기 위해서는 국어, 수학 정교사 자격증을 반드시 보유해야 한다.

③ 다문화학습지원단 활동은 주말을 포함해 주당 최소 3회 이루어지는 것을 원칙으로 한다.

④ 각 그룹은 학년과 학력 수준을 모두 고려하되 학년을 우선적으로 고려하여 편성될 예정이다.

⑤ 방과 후 시간에 제공 가능한 교실이 있는지는 50+다문화학습지원 선정 여부를 결정하지 않는다.

[85 ~ 86] 다음 글을 읽고 물음에 답하시오.

옛날 선인들의 예법에, 사람이 예순 살이 되면 마을에서 지팡이를 짚고 다니고, 군대에 나가지 않으며, 또 학문을 하려고 덤비지 말아야 한다고 했다. 나는 일찍이 《예기》를 읽었으나 이와 같은 예법에는 동의하지 않고, 계속해서 잘못을 저지르곤 했는데, 지금에 와서야 그동안 내가 한 행동이 잘못되었음을 크게 깨달았다. 앞으로는 조용한 가운데 휴식을 찾아야 할까 보다. 결국 ㉠빠진 이가 나에게 경고해 준 바가 참으로 적지 않다 하겠다.

옛날 성리학의 대가인 주자(朱子)도 눈이 어두워진 것이 계기가 되어, 본심을 잃지 않고 타고난 착한 성품을 기르는 데 전심하게 되었으며, 그렇게 되자 더 일찍 눈이 어두워지지 않은 것을 한탄했다고 한다. 그렇다면 나의 이가 빠진 것도 또한 너무 늦었다고 해야 하지 않을까. ㉡얼굴이 일그러졌으니 조용히 들어앉아 있어야 하고, 말소리가 새니 침묵을 지키는 것이 좋고, 고기를 씹기 어려우니 부드러운 음식을 먹어야 하고, 글 읽는 소리가 낭랑하지 못하니 그냥 마음속으로나 읽어야 할 것 같다.

– 김창흡, 「낙치설(落齒說)」

85. 윗글의 내용을 고려할 때, ㉠에 대한 글쓴이의 생각으로 적절한 것은?

① 인식 전환의 계기

② 되찾고 싶은 존재

③ 오만했던 과거의 삶

④ 후회와 한탄의 대상

⑤ 삶을 사유해 본 결과

86. 윗글의 내용으로 볼 때, ㉡을 이해한 것으로 적절하지 않은 것은?

① 선인의 일화를 통해 얻은 깨달음을 자신의 삶에 적용해 보고 있군.

② 이가 빠져 생긴 부정적인 상황을 긍정적인 상황으로 전환해 인식하고 있군.

③ 과거의 일을 반성하며 앞으로의 삶을 이전과 다르게 살겠다고 다짐하고 있군.

④ 자신의 나이에 맞게 학문을 멀리하고 휴식을 취하며 일상을 보내려고 하는군.

⑤ 자신이 처한 상황을 극복하기 위해 삶의 방식을 새롭게 갖추려는 의지를 드러내고 있군.

🏛️ 국토교통부	보 도 자 료	＊ 대한민국 대전환 한국판뉴딜

지역 곳곳의 도로가 똑똑해집니다.
– 8일 지자체 지능형교통체계(ITS) 구축 지원 사업 설명회 개최
– 올해부터 기존 ITS 종합구축사업에 더해 개별 솔루션 사업 신설

▫ 국토교통부는 전국 지자체를 대상으로 올해 지능형교통체계(ITS)* 공모 사업 선정 방향과 선정 대상, 지원규모 및 절차 등을 안내하고 지역의 현장 의견을 수렴하기 위한 설명회를 3월 8일(화)에 개최한다고 밝혔다.

   * ITS(Intelligent Transport Systems): 첨단교통기술로 교통정보를 효율적으로 관리하고 과학화·자동화된 운영으로 교통 효율성·안전성을 향상시키는 교통체계

▫ 그간 국토교통부는 지자체의 교통관리와 소통을 향상시키고, 체감형 첨단교통서비스 보급을 위해서 2009년부터 지자체 지능형교통체계(ITS) 구축 사업을 지원해 왔으며,

   ○ 올해는 총 56개 지자체에서 추진하는 교통정보 수집 및 제공, CCTV 등을 활용한 돌발상황관제시스템, 스마트 교차로 및 횡단보도, 긴급차량 우선신호시스템 등 다양한 지능형교통체계 구축 사업에 총 1,330억 원을 지원한다.

   ○ 참고로, 현재 총 54개 지자체에서 교통정보센터를 통해 지역 주민에게 실시간 교통 상황, 돌발정보 등 첨단교통서비스를 제공하고 있으나 특·광역시와 수도권에 편중되어 있어, ㉠지방 중소 도시까지 지능형교통체계(ITS) 구축 확산이 필요한 상황이다.

      * ITS 교통정보센터 구축비율: 특·광역시 100%, 경기도 75%, 지방권 16%

▫ 이에 따라, 올해부터 지자체 지능형교통체계(ITS) 구축 지원 공모 사업(2023년 시행사업)을 개편했으며, 주요 내용은 다음과 같다.

   ○ **(지원 대상·공모 일정)** 지능형교통체계(ITS) 기본계획을 기수립했거나 올해 수립예정인 특·광역시, 도·시·군을 대상으로 2022년 7월부터 공모 제안서를 접수받고 서면 및 발표 평가(필요시 현장평가 시행)를 거쳐 9월에 선정할 계획이다.

      * 국고보조비율: 서울특별시 30%, 광역시 40%, 도·시·군 60%

   ○ **(사업 유형)** 올해부터는 사업을 2가지 유형(ITS 종합구축, 개별 솔루션)으로 구분하여 지원 사업, 사업 기간과 지원 금액을 차별화할 계획으로, 지자체는 지역의 ITS 인프라·서비스 수요와 예산편성 여건 등을 고려하여 필요한 사업을 신청할 수 있다.

   ○ **(평가 지표)** 평가항목에 지역균형발전 가점 항목을 신설*하여 사업 추진 여건이 열악한 지자체에 대한 지원을 강화할 계획이며,

      – 신설된 개별 ITS 솔루션 사업의 경우 민간의 혁신적인 아이디어 활용을 유도하기 위해 지자체와 산학연이 공동으로 계획을 수립할 경우 가점(최대 3점)을 부여할 계획이다.

      * 국가균형위에서 발표하는 균형발전지표가 전국 시군 평균에 미달하는 지자체는 지역 발전도에 따라 가점 차등 반영(최대 5점)

▫ 국토교통부 김○○ 디지털도로팀장은 "△△시에 2026년 ITS 세계총회(World Congress)를 유치·추진하는 것을 계기로 기초 지자체의 지능형교통체계에 대한 관심이 커지고 있는 것으로 알고 있다"며 ㉡"올해부터 지자체의 여건과 특성을 고려할 수 있도록 공모 사업을 개편한 만큼, 국민체감 효과가 큰 특화 서비스를 적극적으로 발굴하여 참여해 주기를 당부" 한다면서

   ○ "국토교통부는 국민들이 지역 곳곳에서 안전하고 편리한 지능형교통체계(ITS) 서비스를 누릴 수 있도록 지속적으로 지원을 강화할 계획"이라고 밝혔다.

87. 윗글의 내용에 부합하는 것은?

① 개별 ITS 솔루션 유형 지원 시 지자체가 받을 수 있는 최대 가산점은 5점이다.

② ITS 구축을 위한 국고 지원은 특별시와 광역시를 제외한 도·시·군에 한정된다.

③ ITS 구축 지원 사업은 2009년부터 전국 56개 지자체를 대상으로 시행되어 왔다.

④ ITS 구축 지원 사업의 공모 제안서는 기본계획을 미리 수립한 권역을 대상으로 접수한다.

⑤ 2023년부터 ITS 구축 지원 사업을 개별 솔루션과 종합 솔루션의 두 가지 유형으로 신청할 수 있다.

88. ㉠의 이유를 추론한 내용으로 가장 적절한 것은?

① 수도권에 비해 지방 중소 도시의 ITS 구축률이 낮기 때문이다.

② 수도권 외 권역에 거주하는 주민들이 ITS 구축 사업 유치를 요청했기 때문이다.

③ 수도권보다 지방 중소 도시에서 도로 관련 문제가 빈번하게 일어나기 때문이다.

④ 지방 소도시보다 수도권의 ITS 구축 사업을 다양한 유형으로 지원하기 때문이다.

⑤ 지방 소도시에서는 ITS로 수집한 정보가 실시간으로 공유되지 않기 때문이다.

89. ㉡에 대한 설명으로 적절하지 <u>않은</u> 것은?

① 사업이 나아가야 할 방향을 제안하기 위한 말이다.

② 사업에 공모할 지자체의 관계자를 예상 청자로 설정하여 말하고 있다.

③ 기관에서 시행 예정인 행사의 성공적 개최에 대한 기대를 나타낸 말이다.

④ 기관에서 시행하는 사업 진행 방향이 바뀐 이유를 제시하기 위한 말이다.

⑤ 발언자가 속한 기관에서 시행하는 사업에 참여할 것을 독려하며 말하고 있다.

90. 〈보기〉의 자료를 이해한 내용으로 적절한 것은?

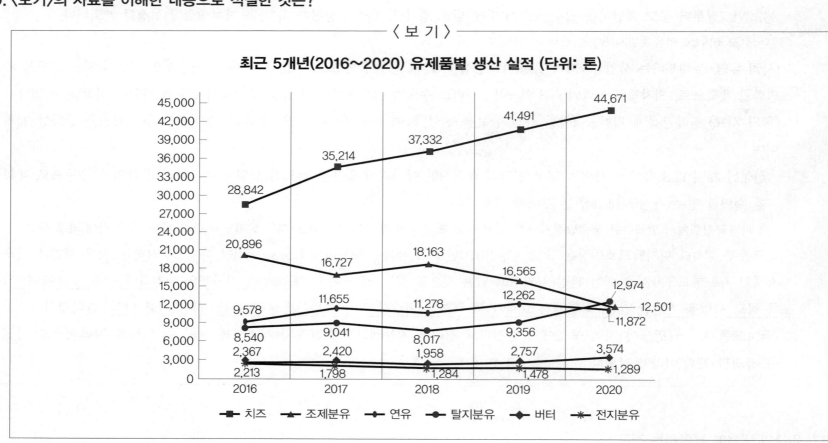

〈 보 기 〉

최근 5개년(2016~2020) 유제품별 생산 실적 (단위: 톤)

① 버터 생산량은 2018~2019년보다 2019~2020년에 더 증가하였다.

② 2016~2017년에 분유 종류의 생산량은 모두 감소하는 양상을 보인다.

③ 2017~2018년에 생산량이 증가한 유제품은 치즈, 조제분유, 전지분유이다.

④ 최근 5년간 생산 실적이 가장 우수한 것은 치즈이고, 가장 저조한 것은 버터이다.

⑤ 2016년과 2020년을 비교했을 때, 생산량 차이가 가장 많이 나는 것은 조제분유이다.

91. 밑줄 친 부분이 사동사가 아닌 것은?

① 그는 나에게 잠든 딸을 <u>업혔다</u>.

② 아버지는 사람을 불러 밭을 <u>갈렸다</u>.

③ 동생은 번번이 형에게 용돈을 <u>뜯긴다</u>.

④ 할머니는 항상 갖가지 젓갈을 <u>삭히신다</u>.

⑤ 공간이 협소하여 침대를 방 모서리에 딱 <u>붙였다</u>.

92. 〈보기〉의 ㉠~㉤ 중 같은 의미로 쓰인 접두사끼리 올바르게 묶인 것은?

─〈 보 기 〉─

• 안개가 마을 전체를 ㉠<u>뒤덮고</u> 있었다.

• 거센 비바람이 유리창을 ㉡<u>뒤흔들었다</u>.

• 불을 올리자 찌개가 ㉢<u>뒤끓기</u> 시작했다.

• 그는 경기의 흐름을 완전히 ㉣<u>뒤바꾸었다</u>.

• 점술가는 내가 고른 카드 한 장을 ㉤<u>뒤엎었다</u>.

① ㉠ / ㉡㉢㉣㉤

② ㉠㉡ / ㉢㉣㉤

③ ㉠㉡㉢ / ㉣㉤

④ ㉠㉢㉣ / ㉡㉤

⑤ ㉠㉣㉤ / ㉡㉢

93. 〈보기〉의 대화를 참고할 때, ㉠~㉢에 들어갈 말로 적절한 것은?

─〈 보 기 〉─

신형: 중세 국어에서는 현대 국어와 달리 종성으로 팔종성을 사용한 표기 체계가 나타났다고 해. 예를 들어 ㉠과 같이 자음으로 시작하는 형식 형태소 앞에 자음으로 끝나는 명사가 오는 경우, 명사의 종성을 팔종성 중 하나로 표기하였어.

지혜: 그렇구나. 그럼 어간 뒤에 형식 형태소가 오는 경우에도 같은 조건이 적용되는 건가?

신형: ㉡과 같이 어간 뒤에 자음으로 시작하는 형식 형태소가 오는 경우 ㉠과 동일한 조건이 적용되지만, 모음으로 시작하는 형식 형태소가 오는 경우 ㉢과 같이 앞 글자의 종성을 뒤 음절의 첫소리로 연철하여 표기하였어.

명사 + 형식 형태소	돗ㅈ+도 → _____㉠_____ (돗자리도)
어간 + 형식 형태소	깊-+-고 → _____㉡_____ (깊고)
	먹-+-으니 → _____㉢_____ (먹으니)

	㉠	㉡	㉢			㉠	㉡	㉢
①	돗도	깁고	머그니		②	돗도	깁고	머그니
③	돗도	깁고	먹으니		④	돗도	깊고	먹으니
⑤	돗도	깊고	머그니					

94. 〈보기〉는 남한의 외래어와 그 의미이다. 같은 의미로 쓰이는 북한 외래어의 표기로 적절한 것은?

〈 보 기 〉

탱크(tank): 무한궤도를 갖추고, 두꺼운 철판으로 장갑(裝甲)하고, 포와 기관총 등으로 무장한 차량

① 땅크 ② 땐크 ③ 땡크 ④ 탄크 ⑤ 타안크

95. 〈보기〉는 문학 작품을 비평한 내용이다. ㉠~㉢에 해당하는 비평 방법을 바르게 연결한 것은?

〈 보 기 〉

- ㉠: 연마다 동음이 반복되어 운율을 형성하고 있다.
- ㉡: 주인공이 처한 상황을 통해 개화기의 시대상을 드러내고 있다.
- ㉢: 작품을 통해 생명의 소중함을 느끼고 삶의 교훈을 얻을 수 있다.

	㉠	㉡	㉢
①	내재적 비평	반영론적 관점	효용론적 관점
②	표현론적 관점	반영론적 관점	효용론적 관점
③	내재적 비평	반영론적 관점	표현론적 관점
④	표현론적 관점	효용론적 관점	내재적 비평
⑤	내재적 비평	효용론적 관점	표현론적 관점

96. 문맥을 고려했을 때, 〈보기〉에 쓰인 ㉠~㉤의 의미로 적절하지 않은 것은?

〈 보 기 〉

"어러이! 말이! 맘 마 마……."

이렇게 노래를 하며 소를 ㉠부리면 여느 때 같으면 어깨가 으쓱으쓱한다. 웬일인지 밭 반도 갈지 않아서 온몸의 맥이 풀리고 대고 짜증만 난다. 공연히 소만 ㉡들입다 두들기며 ─

"안야! 안야! 이 망할 자식의 소(장인님의 소니까) 대리를 꺾어 줄라."

그러나 내 속은 정말 안야 때문이 아니라 점심을 이고 온 점순이의 키를 보고 울화가 났던 것이다.

점순이는 뭐 그리 썩 이쁜 계집애는 못 된다. 그렇다구 또 개떡이냐 하면 그런 것도 아니고, 꼭 내 아내가 돼야 할 만치 그저 ㉢툽툽하게 생긴 얼굴이다. 나보다 십 년이 아래니까 올해 열여섯인데 몸은 남보다 두 살이나 덜 자랐다. 남은 잘도 훤칠히들 크건만 이건 위아래가 몽툭한 것이 내 눈에는 헐없이 감참외 같다. 참외 중에는 감참외가 젤 맛 좋고 이쁘니까 말이다. 둥글고 커단 눈은 서글서글하니 좋고 좀 지쳐 찢어졌지만 입은 밥술이나 혹혹이 먹음직하니 좋다. 아따 밥만 많이 먹게 되면 팔자는 고만 아니냐. 헌데 한 가지 ㉣파가 있다면 가끔가다 몸이(장인님은 이걸 ㉤채신이 없이 들까분다고 하지만) 너무 빨리빨리 논다.

─ 김유정, 「봄봄」 중에서

① ㉠: 마소나 다른 사람을 시켜 일을 하게 하다.
② ㉡: 언제나 변함없이 한 모양으로 줄곧
③ ㉢: 생김새가 멋이 없고 투박하다.
④ ㉣: 사람의 결점
⑤ ㉤: 세상을 살아가는 데 가져야 할 몸가짐이나 행동

97. 〈보기〉에서 설명하고 있는 문학 작품은?

─〈 보 기 〉─

　　윤흥길이 지은 중편 소설로 6·25 전쟁의 상처와 이데올로기의 대립 양상 및 극복 과정을 한 가족 내의 갈등과 화해를 통해 나타낸 작품이다. 또한 무속 신앙의 세계관이 등장인물 간 갈등을 해소하는 데 중요한 역할을 하는 것이 특징적이다.

① 「장마」　　　　　　　② 「토지」　　　　　　　③ 「사평역」

④ 「해산 바가지」　　　⑤ 「삼포 가는 길」

98. 〈보기〉의 작품을 쓴 작가는?

─〈 보 기 〉─

　　넓은 벌 동쪽 끝으로 / 옛이야기 지줄대는 실개천이 휘돌아 나가고,

　　얼룩백이 황소가 / 해설피 금빛 게으른 울음을 우는 곳,

　　– 그곳이 차마 꿈엔들 잊힐 리야　　　　　　　　　　　　　　　　　　　　　　　　　　　　–「향수」

　　고향에 고향에 돌아와도 / 그리던 고향은 아니러뇨.

　　산꿩이 알을 품고 / 뻐꾸기 제철에 울건만,

　　마음은 제 고향 지니지 않고 / 머언 항구(港口)로 떠도는 구름.　　　　　　　　　　　–「고향」

① 김광섭　　　　　　　② 이상화　　　　　　　③ 이육사

④ 정지용　　　　　　　⑤ 조지훈

제2석, [　　　㉠　　　](여우)

여우가 연설단에 올라서서 기생이 시조를 부르려고 목을 가다듬는 것 처럼 기침 한 번을 캑하더니 간사한 목소리로 연설을 시작한다.

"〈중 략〉 호랑이가 여우를 뒤를 따라가니, 과연 모든 짐승이 보고 벌벌 떨며 두려워하거늘, 호랑이가 여우의 말을 정말로 알고 잡아먹지 못한지라. 이는 저들이 여우를 보고 두려워한 것이 아니라 여우 뒤에 호랑이를 보고 두려워 한 것이니, 여우가 호랑이의 위엄을 빌어서 모든 짐승으로 하여금 두렵게 함인데, 사람들은 이것을 빙자하여 우리 여우더러 간사하니 교활하니 하되, 남이 나를 죽이려 하면 어떻게 하든지 죽지 않도록 주선하는 것은 당연한 일이라. 〈중 략〉

지금 세상 사람들은 당당한 하나님의 위엄을 빌어야 할 터인데, 외국의 세력을 빌어 의뢰하여 몸을 보전하고 벼슬을 얻어 하려 하며, 타국 사람을 부동하여 제 나라를 망하고 제 동포를 압박하니, 그것이 우리 여우보다 나은 일이오. 결단코 우리 여우만 못한 물건들이라 하옵네다."

                                                     – 안국선, 「금수회의록」 중에서

99. 윗글의 내용을 바탕으로 할 때, '제2석'의 제목인 ㉠에 들어갈 말로 적절한 것은?

① 구밀복검(口蜜腹劍)　　　② 무장공자(無腸公子)　　　③ 호가호위(狐假虎威)

④ 반포의 효(反哺之孝)　　　⑤ 가정맹어호(苛政猛於虎)

100. 윗글과 〈보기〉를 통해 알 수 있는 「금수회의록」의 특징으로 적절하지 않은 것은?

───〈 보 기 〉───

「금수회의록」은 1908년 안국선이 지은 신소설이다. 신소설은 갑오개혁 이후부터 현대 소설이 창작되기 전까지 이루어진 소설로, 봉건 질서의 타파, 개화, 계몽, 자주 독립 사상 고취 등을 주제로 다루었다.

① 동물을 의인화한 우화 형식의 풍자 소설이다.
② 계급 사회의 문제점을 강조하며 신분제 타파를 주장하고 있다.
③ 개화기에 의사 표현 방식으로 사용된 연설을 소설의 형식으로 사용하였다.
④ 정치에 무지한 사람을 가르치고 깨우치기 위한 목적으로 쓰인 정치 소설이다.
⑤ 국가의 문제를 자주적으로 해결하지 못하는 당대 지배층의 모습을 비판하고 있다.

성 명	
수 험 번 호	
감 독 관 확 인	

KBS 한국어능력시험
실전모의고사

제2회

시   분 ~ 시   분 (총 100문항/120분)

시작과 종료 시각을 정한 후, 실전처럼 모의고사를 풀어보세요.

□ 시험 응시 유의사항

- 문제지와 OMR 답안지에 성명, 수험 번호를 정확히 기입하여 주시기 바랍니다.

- 시험은 쉬는 시간 없이 진행되며, 듣기·말하기 시험은 25분간 진행됩니다. 본 실전모의고사 4쪽의 QR코드를 스캔하여 듣기 MP3 파일을 바로 다운로드 받을 수 있습니다.

- 함께 제공되는 OMR 답안지를 이용하여 실전처럼 모의고사를 풀어본 후, 해설집의 '모바일 자동 채점+성적 분석 서비스' QR코드를 스캔하여 응시 인원에 따른 본인의 석차와 취약 영역을 확인해 보시기 바랍니다.

한국어능력시험 문항 (100문항)

영역	문항 번호
듣기 · 말하기	1 ~ 15
어휘	16 ~ 30
어법	31 ~ 45
쓰기	46 ~ 50
창안	51 ~ 60
읽기	61 ~ 90
국어 문화	91 ~ 100

1. 그림에 대한 설명과 일치하지 <u>않는</u> 것은?

① 담장 옆의 꽃으로 계절을 짐작할 수 있다.
② 단령을 입은 남자는 음식을 맛보려고 한다.
③ 그림에는 색채의 대조와 조화가 함께 나타난다.
④ 주모는 가마솥에서 끓인 고깃국을 퍼 담고 있다.
⑤ 그림 가장 바깥쪽의 남자의 신분은 옷에서 드러난다.

2. 이 이야기의 마지막에 이어질 내용으로 가장 적절한 것은?

① 이 이야기를 통해 우리는 세상에 약점이 없는 사람은 없다는 것을 알 수 있습니다.
② 이 이야기를 통해 우리는 다른 사람과 비교하는 삶은 바람직하지 않다는 것을 알 수 있습니다.
③ 이 이야기를 통해 우리는 타인에게 부끄럽지 않은 떳떳한 삶을 살아야 한다는 것을 알 수 있습니다.
④ 이 이야기를 통해 우리는 자신의 잘못을 타인에게 전가하는 일은 바람직하지 않다는 것을 알 수 있습니다.
⑤ 이 이야기를 통해 우리는 과거에 연연하지 않고 현재의 삶에 만족할 줄 알아야 한다는 것을 알 수 있습니다.

3. 강연의 내용과 일치하지 <u>않는</u> 것은?

① 당뇨병은 심혈관 질환으로 인해 사망할 확률을 증가시킨다.
② 당뇨병을 진단하는 공복 혈당의 최저 수치는 200mg/dL이다.
③ 인슐린은 탄수화물 대사를 조절하는 역할을 하는 호르몬이다.
④ 탄수화물과 지방 함량이 높은 음식은 당뇨병을 유발할 수 있다.
⑤ 당뇨병 환자 중 30대 환자보다 60대 환자가 약을 자주 처방받는다.

4. 이 방송을 듣고 이해한 내용으로 적절하지 <u>않은</u> 것은?

① 라흐마니노프의 교향곡 1번은 초연에서 성공을 거두지 못했다.
② 라흐마니노프 피아노 협주곡 제2번은 악장 세 개로 구성되어 있다.
③ 라흐마니노프는 피아노 협주곡 제2번을 니콜라이 달에게 헌정하였다.
④ 라흐마니노프는 피아노 협주곡 제2번의 2악장을 가장 마지막에 작곡하였다.
⑤ 라흐마니노프 피아노 협주곡 제2번의 2악장은 삶의 희망과 절망을 주제로 한다.

5. 이 시의 제목으로 가장 적절한 것은?

① 눈물   ② 바람   ③ 가을밤

④ 겨울밤   ⑤ 긴긴밤

6. 김 교수가 설명한 내용과 일치하지 않는 것은?

① 2007년에서 2009년 사이에 국내 체류 외국인은 약 20만 명 증가했다.

② 도시에 거주하는 외국인이 도시가 아닌 지역에 거주하는 외국인보다 많다.

③ 외국인 밀집 지역에는 국적과 인종이 동일한 외국인이 모여 사는 경향이 있다.

④ 저물가, 편리한 대중교통, 일터와의 접근성 때문에 외국인 밀집 지역이 만들어진다.

⑤ 다문화 정책은 외국인의 삶의 질 개선, 외국인과 지역 사회와의 원활한 소통을 지향하고 있다.

7. 진행자의 말하기 전략으로 적절하지 않은 것은?

① 김 교수의 말에 호응하며 인터뷰를 이끌어 나가고 있다.

② 김 교수의 전문 분야를 언급하며 인터뷰를 시작하고 있다.

③ 인터뷰 내용을 요약한 후 다음 화제로 안내해 주고 있다.

④ 김 교수에 대한 정보를 토대로 궁금한 점을 질문하고 있다.

⑤ 청취자의 궁금증을 대변하며 구체적 사례를 요구하고 있다.

8. 대화를 듣고 이해한 내용으로 가장 적절한 것은?

① 남학생은 레몬이 있는 마트를 광고지에서 확인했다.

② 남학생이 만들 음식에는 초콜릿과 레몬이 모두 들어간다.

③ 대화를 하는 장소에서 남학생의 집보다 여학생의 집이 멀다.

④ 내일 조리 실습에서 남학생은 마들렌을, 여학생은 스콘을 만든다.

⑤ 여학생은 레몬을 계산하고 마트를 나서던 길에 남학생을 만났다.

9. 여학생을 설득한 남학생의 말하기 방식으로 가장 적절한 것은?

① 레몬을 사는 가격의 일부를 부담하겠다고 설득하였다.

② 레몬은 편의점이 아닌 마트에서밖에 구할 수 없음을 강조하였다.

③ 레몬 한 개에서 각자 필요한 부분만 나누어 가지자고 설득하였다.

④ 조리 실습 준비물 중 가장 중요한 것이 레몬임을 여러 번 설명하였다.

⑤ 본인의 집이 멀다는 점을 근거로 들어 레몬을 양보해 달라고 요구하였다.

10. 강연의 내용과 일치하지 않는 것은?

① 3D 기술을 활용한 상업용 영화는 1920년대 초부터 존재했다.

② 3D 영상을 만들기 위해 두 대의 카메라로 영상을 촬영하기도 한다.

③ 대상의 실제 모습과 눈으로 인식한 대상의 모습 간의 차이를 시차라고 부른다.

④ 3D 영상은 영상을 보는 사람이 평면인 화면을 입체로 인식하게 하는 기술이다.

⑤ 필터 방식의 안경은 한 화면에 양쪽 눈을 위한 영상이 동시에 출력될 때 사용한다.

11. 강연에 대한 설명으로 가장 적절한 것은?

① 권위 있는 학술지의 내용을 인용함으로써 강연의 신뢰성을 높이고 있다.
② 상식적인 내용과 다른 내용을 제시함으로써 청중의 호기심을 유발하고 있다.
③ 강연의 도입부에서 화제를 제시함으로써 청중이 강연 내용을 예측하게 하고 있다.
④ 대상의 작동 원리를 구체적인 수치를 들어 설명함으로써 청중의 이해를 돕고 있다.
⑤ 두 대상의 원리를 차이점을 중심으로 설명한 뒤 특정 대상의 우수성을 부각하고 있다.

12. 두 사람의 갈등이 촉발된 근본적인 원인으로 가장 적절한 것은?

① 해외 원조의 필요성에 대한 남자와 여자의 가치관 차이 때문이다.
② 여자가 경제적 논리보다 윤리적 측면을 강조하고 있기 때문이다.
③ 남자와 여자가 적절하게 생각하는 해외 원조 규모가 다르기 때문이다.
④ 남자는 여자와 달리 우리나라의 국제적 위상을 중요시하지 않기 때문이다.
⑤ 잘사는 나라 위주로 이루어지는 기부에 대한 여자의 회의적 태도 때문이다.

13. 두 사람의 대화를 듣고 있던 제3자가 남자를 설득하기 위해 택할 수 있는 전략으로 적절하지 <u>않은</u> 것은?

① 공적 개발 원조를 확대하게 된 정부의 근거 자료를 제시한다.
② 개발도상국에 공적 개발 원조가 끼치는 긍정적인 영향을 여러 측면에서 설명한다.
③ 공적 개발 원조를 확대한 이후 경제 상황이 악화되지 않은 다른 나라의 사례를 설명한다.
④ 경제 수준이 세계 10위권 외인 국가에서도 해외 원조를 하고 있다는 통계 자료를 제시한다.
⑤ 경제 수준이 우리나라와 비슷한 국가보다 우리나라의 공적 개발 원조 수준이 현저히 낮음을 설명한다.

14. 다음 그림에 적합한 별자리 이름을 올바르게 연결한 것은?

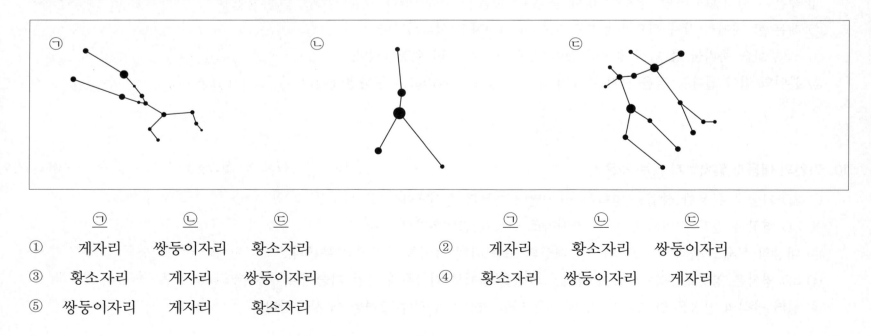

	㉠	㉡	㉢			㉠	㉡	㉢
①	게자리	쌍둥이자리	황소자리		②	게자리	황소자리	쌍둥이자리
③	황소자리	게자리	쌍둥이자리		④	황소자리	쌍둥이자리	게자리
⑤	쌍둥이자리	게자리	황소자리					

15. 이 발표의 내용 구성 전략으로 가장 적절한 것은?

① 각 별자리의 알파 별을 중심으로 별자리를 설명하고 있다.

② 황도 12궁에 속하는 순서에 따라 별자리를 설명하고 있다.

③ 별자리에 이름이 붙은 유래를 관련된 이야기와 함께 설명하고 있다.

④ 별자리가 한 인물의 죽음과 연관이 되는 이유를 자세히 설명하고 있다.

⑤ 별자리 각각의 모양과 별자리 근처에 있는 성단을 순서대로 설명하고 있다.

어휘 (16번 ~ 30번)

16. "사람이나 물건 등이 보기에 매우 실하다"를 의미하는 말로, 〈보기〉의 ㉠에 들어가기에 적절한 말은?

〈 보 기 〉

점순네 수탉(은 대강이가 크고 똑 오소리같이 [㉠] 생긴 놈)이 덩저리 작은 우리 수탉을 함부로 해내는 것이다.

– 김유정, 「동백꽃」 중에서

① 살지게   ② 푸지게   ③ 묵직하게   ④ 실팍하게   ⑤ 부리부리하게

17. 한자어의 사전적 뜻풀이로 옳지 않은 것은?

① 조망(眺望): 먼 곳을 바라봄. 또는 그런 경치

② 조장(助長): 남을 부추겨 어떤 일이나 행동에 나서도록 함

③ 조언(助言): 말로 거들거나 깨우쳐 주어서 도움. 또는 그 말

④ 조수(助手): 어떤 책임자 밑에서 지도를 받으면서 그 일을 도와주는 사람

⑤ 조정(調停): 분쟁을 중간에서 화해하게 하거나 서로 타협점을 찾아 합의하도록 함

18. 밑줄 친 고유어의 뜻풀이가 옳지 않은 것은?

① 근대 사회 이후로 돈은 매우 <u>종요롭게</u> 여겨진다.

   → 종요롭다: 없어서는 안 될 정도로 매우 긴요하다.

② 인적이 드문 <u>으늑한</u> 마을에 오두막 몇 채가 모여 있다.

   → 으늑하다: 물가나 산길이 휘어서 굽어 들어간 곳이 매우 깊다.

③ 젊은이들 사이에서 <u>알싸한</u> 맛이 나는 음식이 유행이다.

   → 알싸하다: 매운맛이나 독한 냄새 등으로 코 속이나 혀끝이 알알하다.

④ <u>걱센</u> 몸의 그는 남들보다 두 배 정도 되는 벽돌을 날랐다.

   → 걱세다: 몸이 굳고 억세다.

⑤ 오랜만에 만난 삼촌은 내 생각보다 훨씬 <u>늙수그레하셨다.</u>

   → 늙수그레하다: 꽤 늙어 보이다.

19. 밑줄 친 한자어의 쓰임이 적절하지 <u>않은</u> 것은?

① 회사 근처 오피스텔을 2년간 <u>임차(賃借)</u>하기로 했다.

② 기업가는 <u>수뢰(受略)</u> 행위를 하지 않도록 경계해야 한다.

③ 반역을 저지른 무리는 <u>두둔(斗頓)</u> 세력을 믿고 기세등등했다.

④ 최 선생님께서는 가장 영특한 제자에게 자신의 기술을 모두 <u>사사(師事)</u>하셨다.

⑤ 그 영화의 관람 등급은 영상물 <u>심의(審議)</u> 결과 15세 이상 관람가로 정해졌다.

20. "올바르지 않거나 옳지 못함"이라는 의미의 한자어 '부정(不正)'이 사용된 예로 가장 적절한 것은?

① 다른 사람들이 내 의견에 <u>부정</u>을 할까 봐 조마조마했다.

② 주변에서 들려오는 이혼 사유의 대부분은 각자의 <u>부정</u>이었다.

③ 그녀는 방방곡곡 돌아다니며 일을 하는 터라 거주지가 <u>부정</u>하였다.

④ 이번 재판에서 그가 <u>부정</u>하게 축적한 재산을 압수하기로 결정되었다.

⑤ 사람들에게 하나둘 <u>부정</u>이 생기자 마을에는 흉흉한 소문이 돌기 시작했다.

21. ⟨보기⟩의 ㉠~㉢에 해당하는 한자로 올바르게 묶인 것은?

⟨ 보 기 ⟩

• 이 책은 최신 연구 결과를 반영하여 ㉠<u>정정</u>한 최신판이다.

• 할아버지께서 ㉡<u>정정</u>하신 이유는 매일 한 시간씩 운동하시기 때문이다.

• 이 경기는 ㉢<u>정정</u>하게 치러지지 않았기 때문에 모든 순위는 의미가 없다.

	㉠	㉡	㉢
①	正正	訂正	亭亭
②	訂正	亭亭	正正
③	亭亭	正正	訂正
④	正正	亭亭	訂正
⑤	訂正	正正	亭亭

22. ⟨보기 1⟩의 단어들이 이루는 의미 관계를 고려할 때, ⟨보기 2⟩의 ㉠과 ㉡에 들어갈 수 있는 말을 바르게 짝 지은 것은?

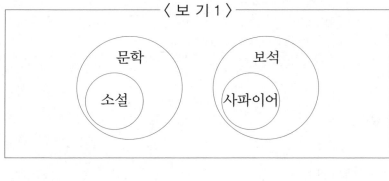

⟨ 보 기 1 ⟩

문학 / 소설

보석 / 사파이어

⟨ 보 기 2 ⟩

물고기 / ㉠

㉡ / 하지(夏至)

	㉠	㉡		㉠	㉡
①	도롱뇽	명절(名節)	②	돌고래	절기(節氣)
③	돌고래	명절(名節)	④	고등어	절기(節氣)
⑤	고등어	축제(祝祭)			

23. 〈보기〉의 ㉠을 바꾸어 사용하기에 가장 적절한 것은?

〈 보 기 〉

늦잠을 잔 그녀는 손에 잡히는 옷을 대충 ㉠걸치고 나갔다.

① 감고   ② 걸고   ③ 얹고   ④ 돌리고   ⑤ 씌우고

24. 고유어 '밝히다'와 대응하는 한자어로 적절하지 <u>않은</u> 것은?

① 공장 인근 하천에 폐수를 무단 방류해 온 책임을 <u>밝히다</u>. → 추궁(追窮)하다.
② 당사자가 언론에 돌고 있는 소문과 사실은 다르다고 <u>밝히다</u>. → 해명(解明)하다.
③ 여러 차례의 실험을 통해 새로 발견된 물질의 성질을 <u>밝히다</u>. → 구명(究明)하다.
④ 고전 소설에 드러난 내용을 토대로 당대의 경제 상황을 <u>밝히다</u>. → 고증(考證)하다.
⑤ 학장 출마에 대해 오래 고민하시던 교수님께서 그 의사를 <u>밝히다</u>. → 규명(糾明)하다.

25. 다음 중 "회사는 지하철역과 거리가 <u>떠</u> 입지가 좋지 않다"에서 '뜨다'의 의미와 거리가 가장 <u>먼</u> 것은?

① 그녀는 입이 <u>떠</u> 비밀을 결코 말하지 않았다.
② 그는 3년 전에 도시를 <u>떠</u> 귀농 생활을 시작했다.
③ 약속 시각까지 시간이 <u>떠</u> 카페에 들어가서 기다렸다.
④ 친구는 몸의 움직임이 <u>떠</u> 운동을 배우기 어렵다고 말했다.
⑤ 발걸음이 <u>떠</u> 남들과 같은 길을 가는 데 30분이 더 걸린다.

26. 다음은 '하늘'과 관련된 속담이 쓰인 표현이다. 속담의 의미를 고려했을 때 그 표현이 적절하지 <u>않은</u> 것은?

① 너희 집에 가려면 언덕을 몇 개나 더 올라가야 하는 거니? 완전 <u>하늘 아래 첫 동네</u>야.
② 한 명을 뽑는 전형에 천 명이 지원했다고 하던데, 그 전형에 합격하는 건 <u>하늘의 별 따기</u>겠다.
③ <u>바늘구멍으로 하늘 보기</u>라고 하니까 불가능할 것 같으면 일찍 포기하는 게 더 좋을지도 몰라.
④ 떨어진 성적을 들키지 않기 위해 성적표를 숨기는 것은 <u>손바닥으로 하늘 가리기</u>나 다름없어. 잘 생각해 봐.
⑤ 어릴 때는 <u>땅 넓은 줄을 모르고 하늘 높은 줄만 안다</u>는 소리를 듣더니, 요새는 늘씬한 체형이라고 칭찬한다지?

27. 다음 한자 성어 중 '효도를 다하지 못한 채 어버이를 여읜 자식의 슬픔을 이르는 말'은?

① 만시지탄(晩時之歎)   ② 망양지탄(亡羊之歎)   ③ 맥수지탄(麥秀之歎)
④ 비육지탄(髀肉之歎)   ⑤ 풍수지탄(風樹之歎)

28. 다음 관용 표현의 의미가 적절하지 <u>않은</u> 것은?

① 늘 <u>주판을 놓아</u> 불리한 상황을 피하는 그가 얄밉다.
 → 주판을 놓다: 어떤 일에 대하여 이해득실을 계산하다.

② 새로운 거래처가 몇 개 더 생겼다며? 나도 거기랑 <u>다리를 놔</u> 줘.
 → 다리를 놓다: 자신에게 이익이 될 만한 사람과 관계를 맺다.

③ 남편이 먼저 아이들에게 <u>침을 놓는</u> 바람에 내가 말할 틈이 없었다.
 → 침을 놓다: 강하게 알리거나 요구를 나타내면서 꼼짝 못 하게 하다.

④ 발령을 받고 한 해도 지나지 않았는데 <u>교편을 놓겠</u>다니, 다시 생각해 봐라.
 → 교편을 놓다: 학교의 교사 생활을 그만두다.

⑤ 이보세요, <u>생사람 잡지</u> 말고 다시 한 번 목격자에게 나를 본 게 맞느냐고 물어 보세요.
 → 생사람 잡다: 아무 잘못이나 관계가 없는 사람을 헐뜯거나 죄인으로 몰다.

29. 순화 대상어와 순화어의 대응이 적절하지 <u>않은</u> 것은?

① 노변(路邊) : 갓길
② 제척(除斥) : 제외
③ 시말서(始末書) : 경위서
④ 체차(遞次)로 : 차례차례로
⑤ 부의(附議)하다 : 토의에 부치다

30. 밑줄 친 표현을 다듬은 말로 적절하지 <u>않은</u> 것은?

① 이 <u>갤러리(→ 화랑)</u>에 그림이 걸린 작가는 성공한다는 소문이 있다.
② 바닷가에 있는 호텔은 <u>오션 뷰(→ 바다 전망)</u> 객실부터 빠르게 매진된다.
③ <u>마블링(→ 결지방)</u>이 별로 없는 고기만 모아 파는 할인 행사가 진행 중이다.
④ 환경 보호 정책으로 카페의 <u>머스트 해브(→ 필수품)</u>는 매장용 유리컵이 되었다.
⑤ 매표소 직원은 놀이공원을 즐길 수 있는 여러 가지 <u>팁(→ 정보)</u>을 알려 주었다.

어법 (31번 ~ 45번)

31. 다음 중 단어 표기가 <u>잘못된</u> 것은?

① 강수량   ② 구름양   ③ 먹이량
④ 생산량   ⑤ 에너지양

32. 밑줄 친 부분의 표기가 옳지 않은 것은?

① <u>토요일이든 일요일이든</u> 네가 시간이 될 때 만나자.

② 허리 높이까지 <u>쌓였던</u> 눈을 치우는 데 이틀이면 충분하다.

③ 가고 싶은 곳이 <u>영국이든 프랑스든</u> 상관없으니 어서 결정해라.

④ 거기서 보이는 경치가 얼마나 <u>좋던지</u> 집에 돌아오기 싫었다니까.

⑤ 할머니께서는 유학을 간 동생이 잘 지내고 <u>있드냐고</u> 물어보셨다.

33. 〈보기〉의 ㉠에 들어갈 어휘로 올바른 것은?

─────── 〈 보 기 〉───────

그는 몇 년 전에는 억만장자로 유명했지만 순식간에 [㉠] 신세로 전락했다.

① 빈터터리　　　② 빈터털이　　　③ 빈털터리　　　④ 빈털털리　　　⑤ 빈털털이

34. 밑줄 친 부분의 띄어쓰기가 올바르지 않은 것은?

① 영화 한 편을 <u>번역하는∨데</u> 일 년이 걸렸다.

② 사람들이 많이 <u>모인만큼</u> 안전에 주의해야 한다.

③ 달리기 출발점은 제가 서 있는 <u>곳에서부터입니다.</u>

④ 네가 <u>원하는∨대로</u> 그리면 좋은 그림이 될 것이다.

⑤ <u>함박눈이라기보다는</u> 진눈깨비에 가까운 것이 내린다.

35. 〈보기〉의 설명을 참고할 때, 빈칸에 들어가기에 적절한 문장 부호만으로 짝 지어진 것은?

─────── 〈 보 기 〉───────

두 개 이상의 어구가 밀접한 관련이 있음을 나타내고자 할 때는 [   ](을)를 쓴다.

① 줄표, 붙임표, 빗금　　　② 줄표, 쉼표, 물결표　　　③ 붙임표, 물결표, 쌍점

④ 붙임표, 쉼표, 가운뎃점　　　⑤ 줄표, 마침표, 가운뎃점

36. 〈보기〉의 ㉠~㉤에 대한 설명으로 적절하지 않은 것은?

─────── 〈 보 기 〉───────

• 내 친구는 ㉠<u>거진</u> 체육 시간에 참여하지 않는다.

• 삼촌은 자기 차가 ㉡<u>쌈박하다며</u> 종일 자랑을 해댔다.

• 뒤척이다 ㉢<u>자리끼를</u> 쏟는 바람에 잠이 다 달아났다.

• 새벽에 동쪽 하늘을 바라보면 ㉣<u>새벽별을</u> 쉽게 볼 수 있다.

• 기대와 달리 영화가 지루했던 탓에 동생은 계속 ㉤<u>툴툴거렸다.</u>

① ㉠: '어느 한도에 매우 가까운 정도로'라는 의미의 방언이다.

② ㉡: '물건이나 어떤 대상이 시원스럽도록 마음에 들다'라는 의미의 방언이다.

③ ㉢: '밤에 자다가 마시기 위하여 잠자리의 머리맡에 준비하여 두는 물'이라는 의미의 표준어이다.

④ ㉣: '금성'을 일상적으로 이르는 말의 비표준어이다.

⑤ ㉤: '마음에 차지 않아서 잇따라 몹시 투덜거리다'라는 의미의 표준어이다.

37. 〈보기〉의 빈칸에 들어가기 적절한 음운 현상은?

〈 보 기 〉

[표준어 사정 원칙 제9항] ⬚⬚⬚⬚⬚⬚ 현상에 의한 발음은 원칙적으로 표준 발음으로 인정하지 않되, 다만 다음 단어들은 그러한 동화가 적용된 형태를 표준어로 삼는다.(ㄱ을 표준어로 삼고, ㄴ을 버림)

ㄱ	ㄴ	ㄱ	ㄴ
−내기	−나기	냄비	남비
동댕이−치다	동당이−치다	−	

① 모음조화
② 비음동화
③ 양순음화
④ 연구개음화
⑤ 전설모음화

38. 다음 중 표준 발음이 <u>아닌</u> 것은?

① 나뭇잎[나문닙]
② 늦여름[느녀름]
③ 뱃머리[밴머리]
④ 월요일[월료일]
⑤ 솜이불[솜:니불]

39. 다음 중 외래어 표기가 올바른 것은?

① 렌스(lens)
② 보울(bowl)
③ 레파토리(repertory)
④ 악세사리(accessory)
⑤ 콘플레이크(cornflakes)

40. 다음 중 로마자 표기가 옳지 <u>않은</u> 것은?

① 보신각 Bosingak
② 오죽헌 Ojukheon
③ 광한루 Gwanghallu
④ 광희문 Gwanghimun
⑤ 경복궁 Gyeongbokgung

41. 다음 중 높임 표현에 대한 설명이 적절하지 <u>않은</u> 것은?

① 선배님은 다리가 기셔서 빨리 걸으시나 봅니다.
→ 주체의 신체 일부분을 선어말 어미를 통해 높임으로써 주체를 간접적으로 높이고 있다.
② 선생님, 어제까지 해야 할 숙제를 다 하지 못했어요.
→ 자신보다 지위가 높은 청자를 높이기 위해 해요체의 상대 높임 종결 어미를 사용하고 있다.
③ 친구들과 은사님께 드릴 선물을 사러 백화점에 왔다.
→ 객체 높임 특수 어휘를 사용함으로써 문장의 부사어를 높이고 있다.
④ 할아버지께서 장미는 어디서 사야 하느냐고 여쭈셨다.
→ 서술어에 주체 높임 특수 어휘를 사용함으로써 문장의 주어를 높이고 있다.
⑤ 옆방에서 손님이 주무시니까 떠들지 말고 조용히 있어라.
→ 자신보다 지위가 낮은 청자를 아주 낮추는 해라체의 상대 높임 종결 어미를 사용하고 있다.

42. 글의 흐름을 고려할 때, ㉠~㉢ 중 자연스럽지 않은 문장은?

㉠비브리오패혈증은 비브리오패혈증균에 감염되어 발생하는 질병으로, 해수 온도가 18도 이상으로 올라가는 5~6월에 환자가 발생하기 시작하여 8~9월에 환자가 집중되는 경향을 보인다. ㉡비브리오패혈증의 증상으로는 급성 발열, 오한, 복통, 구토 등이 있으며 일단 증상이 발현되고 나면 24시간 이내에 피부에 병변이 발생한다. 만성 간 질환자, 당뇨병 등의 기저 질환이 있는 사람이나 장기를 이식받은 환자는 비브리오패혈증의 고위험군에 속하는데, ㉢이들은 기저 질환이 없고 면역력이 떨어지지 않은 사람들에 비해 비브리오패혈증으로 인한 치사율이 높으므로 각별히 주의해야 한다. ㉣비브리오패혈증을 예방하기 위해서 어패류를 다룰 때는 장갑을 착용하고, 어패류를 요리한 조리 도구는 반드시 소독해야 한다. ㉤그래서 피부에 상처가 있을 때는 바닷물에 접촉하지 말아야 한다. 마지막으로, 어패류는 85도 이상으로 가열하여 충분히 익혀 먹어야 한다.

① ㉠   ② ㉡   ③ ㉢   ④ ㉣   ⑤ ㉤

43. ㉠~㉢ 중 자연스럽지 않은 문장은?

㉠종교 전쟁은 서로 다른 종교나 종파 간의 대립과 충돌로 일어나는 전쟁으로, 특히 1096년부터 13세기 후반까지 이어진 십자군전쟁이 대표적이다. ㉡십자군전쟁은 기독교를 믿는 서유럽 국가와 이슬람교를 믿는 서아시아 국가가 두 종교의 성지인 예루살렘을 두고 갈등한 데서 촉발되었다. ㉢중세 사람들은 순례 행위를 종교의 발생지, 성인의 무덤이나 거주지와 같은 성지를 방문하는 것을 넘어 여기곤 했다. ㉣그런데 서아시아 국가에서 기독교인의 성지 순례를 방해하고 그들을 학대하자 서유럽 국가에서 예루살렘을 탈환하고자 전쟁을 일으키게 된 것이다. ㉤그 유명한 카노사의 굴욕까지 겪으며 이 전쟁은 결국 서유럽의 실패로 끝이 났으나, 그리스·로마 시대의 도시가 서로 활발히 교류하는 계기가 되어 무역 활성화라는 긍정적인 결말을 낳았다.

① ㉠   ② ㉡   ③ ㉢   ④ ㉣   ⑤ ㉤

44. 다음 중 중의적으로 해석되지 않는 문장은?

① 그림을 그리고 있는 그녀가 인사했다.
② 나는 어제 식당에서 김치찌개를 먹지 않았다.
③ 상자의 귤을 다 먹지 말라는 말, 듣기는 했니?
④ 현지는 버스와 지하철을 두 시간 동안 탔다고 했다.
⑤ 나보다 박물관을 더 좋아하는 수현이가 저기에 있구나.

45. 밑줄 친 번역 투의 문장을 잘못 고친 것은?

① 환경 문제를 위한 정책이 활발히 발표되고 있다. → 해결할
② 일본에 거주하는 친척에게서 반가운 소식이 도착했다. → 친척으로부터
③ 건강 관리를 위한 운동은 아무리 강조해도 지나치지 않다. → 강조할 만하다
④ 올해부터 교육청에서는 한 달에 한 권의 책 읽기를 독려하고 있다. → 책 한 권
⑤ 기온이 25도 이상으로 유지되는 밤은 열대야라고 불린다. → 밤을 열대야라고 부른다

[46 ~ 50] '지역 방언 보호'에 대한 글을 작성하려고 한다. 제시된 물음에 답하시오.

46. 〈글쓰기 계획〉의 내용으로 적절하지 <u>않은</u> 것은?

───────〈 글쓰기 계획 〉───────

- **주제**: 지역 방언이 소멸되는 현상의 심각성을 인식하고 지역 방언을 적극적으로 보호하자.
- **목적**: 지역 방언 소멸 현황 제시 및 지역 방언 보호에 대한 관심 촉구
- **글의 내용**
  - 지역 방언이 당면한 위기를 제시한다. ··· ①
  - 지역 방언과 표준어가 쓰이는 맥락의 차이를 비교하여 제시한다. ······················ ②
  - 지역 방언 소멸의 원인을 분석한 내용을 제시한다. ······································· ③
  - 지역 방언을 보호해야 하는 이유를 제시한다. ··· ④
  - 지역 방언을 보호할 수 있는 방안을 제시한다. ··· ⑤

47. 〈글쓰기 자료〉에 제시된 자료의 활용 방안으로 가장 적절한 것은?

───────〈 글쓰기 자료 〉───────

ㄱ 최근 들어 방언 사용 지역의 표준어 사용 빈도가 늘고 있다.

ㄴ 지역 방언의 소멸 현상은 사람들이 인식하는 정도보다 심각하다.

ㄷ 지역 방언은 표준어로 표현할 수 없는 고유의 특성을 가진 문화유산이다.

ㄹ 2010년 제주 방언은 유네스코가 지정한 4단계 소멸 위기 언어(소멸 직전 단계)로 등록되었다.

ㅁ 표준어 사용자가 지역 방언을 긍정적으로 인식하는 비율보다 부정적으로 인식하는 비율이 증가하는 추세이다.

① ㄱ과 ㄹ을 관련지어 방언 사용 지역의 인구 대비 방언 사용자의 비율이 방언 생존에 직접적인 영향을 미침을 주장하는 글을 쓴다.

② ㄱ과 ㅁ을 연관 지어 방언 사용 지역에서 방언에 대한 부정적 인식이 생기면서 표준어 사용 빈도가 높아지고 있다는 내용의 글을 쓴다.

③ ㄴ과 ㄹ을 활용하여 우리나라의 방언은 심각한 소멸 위기 단계에 들어섰음을 알리는 글을 쓴다.

④ ㄷ과 ㄹ을 연관 지어 표준어로는 소멸된 특정 지역의 방언을 대체할 수 없다는 것을 주장하는 글을 쓴다.

⑤ ㄷ과 ㅁ을 활용하여 방언 특유의 어감을 개선하면 방언에 대한 부정적인 이미지를 긍정적인 이미지로 바꿀 수 있다는 내용의 글을 쓴다.

48. 위의 〈글쓰기 계획〉과 〈글쓰기 자료〉를 바탕으로 〈글쓰기 개요〉를 작성하였다. 〈글쓰기 개요〉의 수정 방안으로 적절하지 <u>않은</u> 것은?

─────── 〈 글쓰기 개요 〉───────

Ⅰ. 방언 소멸 현황
   1. 우리나라 방언 소멸의 현황 ·· ㉠
   2. 전 세계의 방언 소멸의 현황

Ⅱ. 방언 소멸의 원인
   1. 표준어 사용 빈도 증가 ··· ㉡
   2. 지역 방언에 대한 부정적 인식 증가
   3. 지역 방언 사용 인구의 감소 ··· ㉢

Ⅲ. 방언을 보호해야 하는 이유
   1. 표준어로의 대체 가능성이 낮음
   2. 지역 방언은 해당 지역의 정서를 표현함
   3. 지역 방언은 우리말의 어휘를 풍부하게 함

Ⅳ. 방언을 보호할 수 있는 방안
   1. 지역 방언의 가치 강조 및 홍보
   2. 지역 방언 보호 캠페인 ··· ㉣
   3. 지역 방언에 대한 관심 가지기
   4. 일상생활에서 지역 방언 사용하기 ·· ㉤

① ㉠은 논리적 흐름을 고려하여 Ⅰ-2와 순서를 바꾼다.
② ㉡은 구체적이지 않으므로 '지역 방언 사용 지역의 표준어 사용 빈도 증가'와 같이 수정한다.
③ ㉢은 상위 항목을 고려할 때, 하위 항목으로 적절하지 않으므로 Ⅲ의 하위 항목으로 이동한다.
④ ㉣은 Ⅳ-1에 포함될 수 있는 내용이므로 삭제한다.
⑤ ㉤은 Ⅳ의 하위 항목으로 부적절한 내용이므로 삭제한다.

[49 ~ 50] 위의 글쓰기 계획, 글쓰기 자료, 글쓰기 개요를 토대로 작성한 글을 읽고 물음에 답하시오.

세계에서 언어가 사라져 가는 현상은 우리나라 지역 방언에서도 벌어지고 있다. 일례로 한 조사에 따르면 우리 지역의 방언 어휘 중 특정 단어들을 우리 지역 초등학생의 80% 이상, 중학생의 60% 이상이 '전혀 사용하지 않는다.'라고 답했다. ㉠특히 지역 방언의 어휘는 젊은 세대 사이에서 빠르게 사라져 가고 있는 실정이다. 또한 2010년에 유네스코에서는 제주 방언을 소멸 직전의 단계인 4단계 소멸 위기 언어로 ㉡등록시켰다.

지역 방언이 사라져 가는 원인은 ㉢복합적이다. 서울로 인구가 집중되면서 지역 방언을 사용하는 인구가 감소하였으며, 대중 매체의 영향으로 표준어가 확산되어 가는 것도 한 원인이다.

일부 학생들은 표준어로도 충분히 대화할 수 있다며 ㉣꼭 필요하냐고 말할 수도 있다. 그럼에도 우리는 왜 지역 방언 보호에 관심을 가져야 하는 것일까? 그것은 지역 방언의 가치 때문이다. 지역 방언은 표준어만으로는 표현하기 어려운 감정과 정서의 표현을 가능하게 한다. 그리고 '다슬기' 외에 '올갱이, 데사리, 민물고동'과 같이 동일한 대상을 지역마다 다르게 표현하는 지역 방언이 있는 것처럼 지역 방언은 우리말의 어휘를 더욱 풍부하게 만드는 바탕이 된다.

지역 방언은 지역의 고유한 문화와 정서를 담고 있다는 점에서 우리의 소중한 언어문화 자산이다. ㉤우리의 언어문화를 전 세계에 알릴 수 있기 때문에 지역 방언의 세계문화유산 지정이 시급하다. 사라져 가는 지역 방언의 보호에 관심을 기울이자.

49. ㉠~㉺을 수정하기 위한 방안으로 적절하지 않은 것은?

① ㉠: 글의 흐름을 고려하여 앞 문장과 순서를 바꾼다.

② ㉡: 부적절한 사동 표현이 쓰였으므로 주동 표현 '등록하였다'로 수정한다.

③ ㉢: 어휘의 쓰임이 적절하지 않으므로 '거시적이다'로 수정한다.

④ ㉣: 서술어의 주어가 생략되어 있으므로 '지역 방언이 꼭 필요하냐고'로 고쳐 쓴다.

⑤ ㉤: 글의 전체적인 내용을 고려할 때 불필요한 내용이므로 삭제한다.

50. 윗글을 보완할 수 있는 방안으로 가장 적절한 것은?

① 방언을 연구한 언어학자의 견해를 추가해 글의 체계성을 높인다.

② 지역 방언의 소멸 원인을 몇 가지 더 추가해 글의 공정성을 높인다.

③ 세대별 지역 방언 사용률에 대한 자료를 추가해 글의 완결성을 높인다.

④ 표준어보다 방언이 다방면에서 사용될 수 있음을 강조해 글의 타당성을 높인다.

⑤ 언어권이 유사한 나라에서 시행한 방언 소멸 방지 대책을 추가해 글의 논리성을 높인다.

창안 (51번 ~ 60번)

[51 ~ 54] '달리기'를 '평등'에 적용하려고 한다. 다음을 읽고 물음에 답하시오.

'평등하다'라는 말은 '기회'와 '조건'이라는 관점에서 설명할 수 있다. ㉠기회의 평등은 태어날 때 정해지는 가정 환경, 성별, 인종 등을 막론하고 누구에게나 어떤 결과에 도달할 수 있는 기회가 주어져야 한다는 측면에서의 평등을 의미한다. 따라서 동일한 기회가 주어졌을 때 개인의 역량 차이로 발생하는 결과의 차이는 마땅한 것으로 받아들여진다. 반면 조건의 평등은 기회가 동등하게 주어진다고 해도 개인이 처한 사회적 환경이 이를 가로막을 수 있다는 점을 고려한다. 즉, 거주 지역, 소득, 사회적 지위로 인해 발생할 수 있는 기회의 포기나 불평등을 방지하기 위해 이런 환경적 차이를 동등하게 만들어 주어야 경쟁 상황에서 모든 사람이 자신의 능력을 십분 발휘하기 위해 노력할 수 있다는 것이다. 이것이 만족되면 조건의 평등 측면에서도 결과의 차이는 개인 역량의 차이라고 간주된다. 이런 기회의 평등과 조건의 평등은 달리기 상황에 빗대어 볼 수 있다.

출발점		도착점
그림 (가)	그림 (나)	그림 (다)
타고난 특성에 관계없이 누구든지 같은 출발점에서 달리기를 할 기회를 얻는 경우	㉡	경쟁 상황에서 도착점에 얼마나 빠르게 도달하는가는 개인의 능력에 의해 결정됨

51. '학교 교육' 측면에서 ㉠을 활용해 주장할 수 있는 내용으로 가장 적절한 것은?

① 모든 학교의 교육 과정은 동일한 수준과 내용으로 이루어져야 한다.

② 취학 연령에 속하는 아이들은 의무 교육을 받을 수 있게 해야 한다.

③ 학생들 간의 능력을 파악하여 수준에 따른 맞춤형 교육을 실시해야 한다.

④ 또래보다 능력이 앞서는 학생들에게는 그에 맞는 추가 교육을 제공해야 한다.

⑤ 도서 벽지나 농어촌 지역의 학생들에게는 국가에서 교육비를 많이 투자해 주어야 한다.

52. ㉡에 들어갈 수 있는 내용으로 가장 적절한 것은?

① 개인의 타고난 특성에 따라 결정되는 달리기 능력 차이를 인정하는 경우

② 사회적 요건의 차이보다는 개인의 타고난 특성에 따라 출발점을 지정해 주는 경우

③ 개인의 타고난 특성이나 사회적 요건보다는 개인의 능력에 따라 출발점을 지정해 주는 경우

④ 개인이 도착점에 도달했을 때 타고난 특성과 사회적 요건으로 인해 발생한 차이를 보상해 주는 경우

⑤ 타고난 특성과 관계없이 달릴 기회를 주면서 사회적 요건의 차이를 고려하여 출발점을 지정해 주는 경우

53. 그림 (가)에서 그림 (다)와 같은 결과가 도출되었을 때, 이를 통해 주장할 수 있는 내용으로 가장 적절한 것은?

① 도착점에 도달하는 순위보다 도착점에 도착하는 방법을 중시해야 한다.

② 개인의 성취는 도착점에 이르기까지 극복해야 할 조건이 얼마나 많은지에 따라 달라진다.

③ 출발점이 동일해야만 개인은 사회적 상황과 관계없이 능력을 발휘하며 도착점에 이를 수 있다.

④ 같은 출발점에서 달리기를 시작했다면 개인은 도착점에서 정해지는 순위를 받아들여야 한다.

⑤ 출발점에서 도착점에 이르는 동안 발휘한 개인의 능력을 개인의 재능과 동일하게 취급해서는 안 된다.

54. 윗글의 내용을 토대로 〈보기〉의 결과를 '조건의 평등' 측면에서 비판한 내용으로 가장 적절한 것은?

〈 보 기 〉

- **조건**: B는 다리에 장애가 없으나, A는 다리에 장애가 있다. A와 B는 같은 출발점에서 달리기를 할 기회를 얻었다.
- **결과**: A는 레일 중간에 있던 벽을 넘지 못해 도착점에 도달하지 못했고, B는 허들을 쉽게 넘어 도착점에 도착했다.

① 레일의 장애물을 고려하여 출발점을 재조정한 후 재경기해야 한다.

② 동일한 출발점에서 한 번 더 달리기를 할 수 있는 기회를 주어야 한다.

③ 서로 레일을 바꿔 뛴 기록과 이전 기록의 평균으로 순위를 결정해야 한다.

④ 동일한 조건으로 장애물이 없는 레일에서 한 번 더 경기를 진행해야 한다.

⑤ 두 사람이 동일한 결과를 얻을 때까지 달리기를 반복할 수 있게 해 주어야 한다.

55. 〈보기〉의 내용을 분석한 것으로 가장 적절한 것은?

─〈 보 기 〉─

나는 어린애같이 그릴 수 있게 되는 데에 50년이 걸렸다.   – 파블로 피카소(1881~1973)

① 어린아이의 그림이 예술의 지향점임을 이야기하고 있다.
② 평생 노력한 자만이 성공할 수 있음을 이야기하고 있다.
③ 자신이 추구하는 목표를 끊임없이 상기해야 함을 이야기하고 있다.
④ 목표한 바를 이루기 위해 노력을 멈추지 말아야 함을 이야기하고 있다.
⑤ 재능을 믿고 자만하기보다는 발전을 위해 노력해야 함을 이야기하고 있다.

[56 ~ 58] '힘과 알짜힘'의 관계를 일상생활에 적용하려고 한다. 다음을 읽고 물음에 답하시오.

물리에서 '힘'이란 정지하고 있는 물체를 움직이게 하고, 또 움직이고 있는 물체의 속도를 변화시키거나 아주 정지시키는 작용을 뜻한다. 또한 하나의 물체에 두 가지 이상의 힘이 동시에 작용할 때, 그와 같은 효과를 나타내는 하나의 힘을 '알짜힘'이라고 부른다. 알짜힘은 두 힘이 작용하는 방향과 크기에 따라 달라진다. ㉠힘 A와 B가 오른쪽으로 작용한다면 알짜힘은 오른쪽으로 작용하며 그 크기는 A+B이다. ㉡힘 A는 왼쪽으로, 힘 B는 오른쪽으로 작용하고 그 크기가 A<B라면 알짜힘은 오른쪽으로 작용하며 그 크기는 B−A이다. 이때, 힘의 크기가 A=B라면 알짜힘은 A−B의 값, 즉 0이 되며 이것을 힘의 평형이라고 부른다.

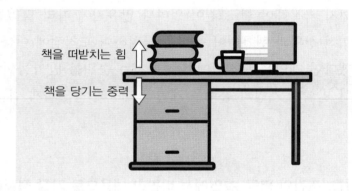

책상 위에 놓인 책은 아무런 힘도 받고 있지 않은 것 같지만 책을 당기는 중력과 책을 떠받치는 힘이 동일하여 힘의 평형 상태로 정지해 있는 것뿐이다. 아이를 키울 때도 이 원리를 생각해 볼 수 있다. ㉢

56. 윗글의 ㉠을 대화의 원리 측면에서 설명할 때, 가장 적절한 것은?

① 대화를 할 때 상대방에게 필요한 만큼의 정보만 전달해야 한다.
② 대화 상황에서 다른 사람을 비난하기보다 칭찬하는 태도를 가져야 한다.
③ 대화에 참여하는 사람들은 화자와 청자의 역할을 번갈아 수행해야 한다.
④ 대화를 할 때 자기에게 이익이 되는 쪽보다는 부담이 되는 쪽으로 말을 해야 한다.
⑤ 대화 상대와 의견이 다를 때에는 생각이 다른 부분보다는 같은 부분을 강조해야 한다.

57. 윗글의 ㉡과 관련지어 설명할 수 있는 상황으로 가장 적절한 것은?

① 긍정적인 말을 좋아하는 직원에게 칭찬으로 동기를 부여해 주는 상황
② 정책 토의 과정에서 찬성 측과 반대 측의 의견이 조율되지 않는 상황
③ 반장 선거에서 두 명의 후보 중 평소 인기가 많은 학생이 당선된 상황
④ 서로 자신이 하고 싶은 말만 하느라 대화의 목적이 달성되지 않는 상황
⑤ 의사 결정이 필요한 회의에서 다수의 의견보다 소수의 의견을 따르는 상황

58. 윗글의 ⓒ에 들어갈 내용을 〈조건〉에 맞게 작성한 것으로 가장 적절한 것은?

― 〈 조 건 〉 ―

- '힘'과 '알짜힘'의 관계를 고려하여 문구를 작성
- 그림 속 '책을 당기는 중력'과 '책을 떠받치는 힘'의 작용 방향을 부모와 아이가 대립하는 상황에 빗대어 문구를 작성

① 아이가 부모의 결정에 반대할 때 부모는 아이의 의견을 존중해 주어야 한다.

② 주관이 뚜렷한 아이는 부모가 자주 호응해 줄수록 올바른 가치관을 확립하게 된다.

③ 양육 방식에 확신이 없을 때 부모는 제3자의 의견을 참고해 양육 방향을 정해야 한다.

④ 부모와 아이가 의견이 다를 때 어느 한쪽이 양보하지 않는다면 팽팽하게 대립하게 된다.

⑤ 아이가 약속한 것과 다른 행동을 할 때 부모는 아이가 약속을 이행할 수 있도록 훈계해야 한다.

59. '카멜레온의 특징'을 통해 '성공한 사람의 특징'에 대해 연상한 내용으로 적절하지 않은 것은?

	카멜레온의 특징	성공한 사람의 특징
①	빛과 온도에 따라 몸 색을 바꿈	변화를 추구함
②	싸움을 할 때 머리의 뿔을 사용함	새로운 시도를 즐김
③	눈이 180도 회전하여 시야가 넓음	상황을 다각도로 살핌
④	먹이와 가까워져야만 긴 혀로 먹이를 낚아챔	신중히 선택함
⑤	발톱과 꼬리로 몸을 지탱해 나뭇가지에 매달림	목표를 향해 협력함

60. 〈보기〉를 읽고 연상할 수 있는 교훈으로 가장 적절한 것은?

― 〈 보 기 〉 ―

　여우가 큰 물탱크에 풍덩 빠져서 나오지를 못하였습니다. 목이 마른 염소가 다가와서 여우를 보고는 물이 먹을 만하냐고 물었지요. 여우는 기회를 놓치지 않았습니다. 있는 말재주를 다 부려 물을 칭송하고 염소더러 내려오라 하였지요. 염소는 너무나 목이 말라 생각도 않고 내려가서 마음껏 마셨습니다. 이어 둘이서는 어떻게 다시 나갈까 궁리를 시작했습니다.

　여우가 말하는 것이었습니다.

　"좋은 생각이 났어. 우리 둘에게 도움이 될 일을 네가 기꺼이 한다면 말이야. 앞발을 벽에다 대고 두 뿔을 똑바로 치켜세우고 있어봐. 그러면 내가 대뜸 올라가서 너를 끌어올릴 테야."

　염소는 기꺼이 그리 하였지요. 여우는 날렵하게 염소의 엉덩이, 어깨, 뿔을 타고 물탱크 변죽에 당도하고 나서 도망치기 시작하는 것이었습니다. 염소는 여우가 약속을 어겼다고 투덜댔지요. 그러나 여우는 되돌아와 말하는 것이었습니다.

　"염소 친구야, 자네는 턱수염은 많지만 머릿속의 골은 비어 있네. 그렇지 않고서야 올라올 생각도 않고 무턱대고 내려가지는 않았을 걸세."

－ 이솝, 「이솝우화」 중에서

① 은혜를 입었다면 은혜를 갚을 줄 알아야 한다.

② 앞일을 모를 때에는 함부로 행동해서는 안 된다.

③ 타인의 능력을 탐하기보다 자신을 돌아볼 줄 알아야 한다.

④ 남을 배신한 자는 언젠가 자신도 배신당할 각오를 해야 한다.

⑤ 어려움 앞에서 좌절하지 않고 탈출구를 찾기 위해 노력해야 한다.

[61 ~ 62] 다음 글을 읽고 물음에 답하시오.

> 어둠 속에서도 불빛 속에서도 변치 않는
> 사랑을 배웠다 너로 해서
>
> 그러나 너의 얼굴은
> 어둠에서 불빛으로 넘어가는
> 그 찰나에 꺼졌다 살아났다
> 너의 얼굴은 그만큼 불안하다
>
> ㉠번개처럼
> 번개처럼
> 금이 간 너의 얼굴은
>
> — 김수영, 「사랑」

61. ㉠의 의미를 파악한 내용으로 가장 적절한 것은?

① 번개는 '너'를 슬픔에 젖게 하는 존재이다.
② '너'는 얼굴에서 불안이 사라지는 날이 없다.
③ 우리의 관계는 번개가 치는 밤처럼 위태롭다.
④ 번개는 모든 것을 파괴하는 절대적 존재이다.
⑤ '너'는 번개처럼 모습을 자주 바꾸는 존재이다.

62. 위 시에 대한 이해로 적절하지 않은 것은?

① 시가 전개될수록 시적 대상의 모습이 구체화되고 있다.
② 대조적인 시어를 사용하여 사랑의 불변성을 강조하고 있다.
③ 도치법을 사용하여 '나'에게 사랑을 가르쳐 준 주체를 강조하고 있다.
④ '너'의 모순적인 면을 통해 '나'가 파악한 사랑의 본질을 표현하고 있다.
⑤ 반복법을 사용하여 소멸하는 대상을 보는 화자의 불안을 극대화하고 있다.

[63 ~ 65] 다음 글을 읽고 물음에 답하시오.

> 안전지대 위에, 사람들은 서서 전차를 기다린다. 그들에게, 행복은 알 수 없다. 그러나 그들은 분명히, 갈 곳만은 가지고 있었다. 전차가 왔다. 사람들은 내리고 또 탔다. 구보는 잠깐 멍하니 그곳에 서 있었다. 그러나 자기와 더불어 그곳에 있던 온갖 사람들이 모두 저 차에 오른다 보았을 때, 그는 저 혼자 그곳에 남아 있는 것에, 외로움과 애달픔을 맛본다.
> 구보는 고독을 느끼고, 사람들 있는 곳으로, 약동하는 무리들이 있는 곳으로, 가고 싶다 생각한다. 그는 눈앞에 경성역을 본다. 그곳에는 마땅히 인생이 있을 게다. 이 낡은 서울의 호흡과 또 감정이 있을 게다. 도회의 소설가는 모름지기 이 도회의 항구(港口)와 친해야 한다. 그러나 물론 그러한 직업의식은 어떻든 좋았다. 다만 구보는 고독을 삼등 대합실 군중 속에 피할 수 있으면 그만이다.

그러나 오히려 고독은 그곳에 있었다. 구보가 한옆에 끼여 앉을 수도 없게시리 사람들은 그곳에 **빽빽**하게 모여 있어도, 그들의 누구에게서도 인간 본래의 온정을 찾을 수는 없었다. 그네들은 거의 옆의 사람에게 한마디 말을 건네는 일도 없이, 오직 자기네들 사무에 바빴고, 그리고 간혹 말을 건네도, 그것은 자기네가 타고 갈 열차의 시각이나 그러한 것에 지나지 않았다. 〈중 략〉

〈A〉 문득 구보는 그의 얼굴에서 부종(浮腫)을 발견하고 그의 앞을 떠났다. 신장염. 그뿐 아니라, 구보는 자기 자신의 만성 위 확장(胃擴張)을 새삼스러이 생각해 내지 않으면 안 되었다. 그러나 구보가 매점 옆에까지 갔었을 때, 그는 그곳에서도 역시 병자를 보지 않으면 안 되었다. 사십여 세의 노동자. 전경부(前頸部)의 광범한 팽륭(澎隆). 돌출한 안구(眼球). 또 손의 경미한 진동. 분명한 바세도우씨병. 그것은 누구에게든 결코 깨끗한 느낌을 주지는 못한다. 그의 좌우에는 좌석이 비어 있어도 사람들은 그곳에 앉으려 들지 않는다. 그뿐만 아니라, 그에게서 두 칸 통 떨어진 곳에 있던 아이 업은 젊은 아낙네가 그의 바스켓 속에서 꺼내다 잘못하여 시멘트 바닥에 떨어뜨린 한 개의 복숭아가 굴러 병자의 발 앞에까지 왔을 때, 여인은 그것을 쫓아와 집기를 단념하기조차 하였다.

㉠구보는 이 조그만 사건에 문득, 흥미를 느끼고, 그리고 그의 '대학 노트'를 펴 들었다. 그러나 그가 문 옆에 기대어 섰는 캡 쓰고 린네르 쓰메에리 양복 입은 사내의, 그 온갖 사람에게 의혹을 갖는 두 눈을 발견하였을 때, 구보는 또다시 우울 속에 그곳을 떠나지 않으면 안 된다.

         — 박태원, 「소설가 구보 씨의 일일」 중에서

63. 윗글에서 드러나는 '구보'의 심리로 적절하지 <u>않은</u> 것은?

① 구보는 사람들이 모두 떠난 뒤 홀로 남게 될까 봐 두려워하고 있다.

② 구보는 정해진 행선지가 행복을 결정하지는 않는다고 생각하고 있다.

③ 구보는 작가로서의 직업의식보다 개인적인 감정을 더 중요하게 여기고 있다.

④ 구보는 외로움을 해소하고자 찾은 대합실에서 도리어 더욱 쓸쓸해지고 있다.

⑤ 구보는 메마른 도시 속에서 사람들이 서로 인정을 베풀 것이라 기대하고 있다.

64. 윗글의 〈A〉 부분을 읽은 독자가 보일 수 있는 반응으로 가장 적절한 것은?

① 구보가 다른 사람들과 달리 타인에게 연민을 느끼고 있음을 보여주고 있군.

② 병자가 만연한 공간을 제시하여 작품의 결말이 어두울 것임을 암시하고 있군.

③ 사람들 사이에서 살아가면서도 인간성을 잃은 도시인의 모습을 부각하고 있군.

④ 다양한 종류의 전염병이 돌고 있었던 당시의 세태를 직접적으로 묘사하고 있군.

⑤ 질병이 드러나는 신체 부위를 나열하여 구보가 많은 질병을 겪었음을 드러내고 있군.

65. ㉠의 효과로 가장 적절한 것은?

① 구보가 하는 일과 일하는 방식을 드러내는 효과가 있다.

② 현대인과 이질적인 구보의 태도를 강조하는 효과가 있다.

③ 현재 사건을 끝내고 다른 사건을 시작하는 효과가 있다.

④ 현실의 문제를 회피하는 구보의 성격을 표현하는 효과가 있다.

⑤ 대상을 평가함으로써 느끼는 구보의 지적 우월감을 드러내는 효과가 있다.

사회심리학에서는 ㉠공격을 다른 사람에게 위해를 주려고 하는 의도적인 행동이라고 정의 내린다. 이 정의에서 중요한 점은, 우선 공격은 의도적인 행동이라는 것이다. 부주의로 다른 사람에게 부딪히는 것은 공격이 아니다. 의도적인 행동이 아니기 때문이다. 마찬가지로 치과의사는 치료를 하면서 환자에게 엄청난 고통을 주지만 그것도 공격이 아니다. 고통을 주는 것은 치료상 어쩔 수 없는 것이라서 고통 자체를 주고자 의도한 것이 아니기 때문이다.

둘째로는, 공격은 위해를 주려고 하는 행동이라는 점이다. 이것은 공격이 성립하는 데 실제로 위해가 일어날 필요는 없다는 말이다. 위해를 주려고 했다는 점이 중요하다. 따라서 권총을 쏘았지만 사람이 맞지 않은 경우도 공격이 된다. 미수도 위해할 의도가 인정된다면 엄연한 공격이다.

사람들이 왜 공격적 행동을 하느냐에 관해서는 여러 가지 설이 있다. 우선, 내적 발산설이 있다. 공격적 행동을 일으키는 심리적인 에너지가 마음속에 존재하고, 공격적인 욕망은 내부로부터 자연스럽게 분출되는 것이라고 가정한다. 이러한 내발적 욕망은 공격 본능 혹은 공격 충동이라고 불린다. 공격 충동의 특징은 다른 사람에게 고통을 안겨주는 데 쾌감을 느끼며, 또한 파괴 그 자체에서 만족감을 느끼는 가학적 욕망이라는 점이다.

둘째로는, ㉡정동 발산설이 있다. 이것은 공격을 불쾌한 감정의 표현이나 발산으로 보는 것이다. 욕구불만 등 불쾌한 경험으로 공격적 동기가 개체 내에 생겨나며, 이러한 불쾌한 감정을 해소하려고 공격적 행동에 나선다는 것이다. 공격 대상이 불쾌한 감정을 일으키게 한 장본인일 필요는 없으며, 자신의 카타르시스를 위해서는 어떠한 것이라도 좋다. 상사에게 욕을 먹은 직원이 자기 자리로 돌아오는 도중에 만만한 휴지통을 찬다든지 성난 사람이 문을 '쾅' 하고 닫는다든지 하는 행동을 가장 잘 설명해 주는 것이 바로 정동 발산설이다.

마지막으로 사회적 기능설이 있다. 인간은 특정한 목적을 달성하려는 수단으로서 공격 행동을 자발적으로 선택하는 경우가 많다. 사람들은 협박에 의해 교섭을 유리하게 이끌어 나가거나, 폭력으로 강제하거나, 혹은 보복을 하여 사회적인 공평성을 회복하려고 한다. 사회적 기능설은 [㉢   ]. 군사행동처럼 철저히 계획되고 냉정하게 실행되는 공격적 행동이 존재하기 때문이다.

자기제시*로서의 협박, 그리고 그러한 협박의 결과로 나타나는 공격적 행동은 사회적 기능설로 설명할 수 있다. 실제로 공격을 하거나, 아니면 공격하겠다는 의사표시를 함으로써 상대방의 자신에 대한 인상을 조작하여 소기의 목적을 거두려 하기 때문이다.

모든 사람이 위협이나 공격을 자기제시의 수단으로 사용하는 것은 아니다. 비위 맞추기, 솔선수범, 자기선전 등의 자기제시를 제대로 활용할 수 없는 사람들이 이 방법을 쓴다. 협박이나 위협은 정상적인 사회생활의 경험이 없거나, 있더라도 극히 적은 사람들, 그리고 인간관계의 훈련이 제대로 안 된 사람들이 쓰는 경향이 있다. 이러한 이유로 사회적·경제적 지위가 낮은 집단의 구성원들이 위협이나 협박을 자주 사용하곤 한다.

* 자기제시: 다른 사람에게 긍정적 또는 부정적인 인상을 주어 자신에게 유리한 결과를 얻어내려는 행위

66. ㉠에 대한 설명으로 적절하지 않은 것은?

① 목적한 행동에 도달하는 과정에서 타인을 협박하기도 한다.
② 실수로 책을 떨어뜨려 다른 사람을 다치게 한 행위는 포함되지 않는다.
③ 동기는 가설에 따라 일차원적인 동기부터 고차원적인 동기까지 다양하다.
④ 초등학생보다는 고등학생의 교우 관계 형성 단계에서 일어날 확률이 높다.
⑤ 성립 여부를 따질 때, 타인에게 실제로 위해를 가했는지는 크게 중요하지 않다.

67. 윗글의 주제로 가장 적절한 것은?

① 사람이 타인에게 공격성을 나타내는 주요 원인은 심리적 요인이다.
② 공격은 상위 계층보다 하위 계층에서 자주 일어나는 사회심리학적 현상이다.
③ 자기제시의 수단 중 양극단에 있는 방식으로 솔선수범과 공격을 들 수 있다.
④ 공격은 공격 충동을 해소하기 위해 여러 유형으로 일어나는 행위로 보아야 한다.
⑤ 공격은 다양한 이유에서 일어나는 의도적인 행위인 동시에 자기 제시의 수단이다.

68. ⓛ의 사례로 가장 적절한 것은?

① 길을 지나가다 얼떨결에 찬 돌에 사람이 맞아 다쳤다.

② 혼나고 싶으냐고 험악한 얼굴을 해 사촌을 방에서 쫓아냈다.

③ 달리기에서 1등을 하기 위해 다른 선수들의 운동화 끈을 헐겁게 만들었다.

④ 동생이 자꾸 얄밉게 구는 바람에 짜증이 나서 동생이 아끼는 장난감을 망가뜨렸다.

⑤ 친구를 놀리다 보니 재미있어서 괴로워하는 친구를 보며 계속 더 짓궂은 농담을 했다.

69. ⓒ에 들어갈 말로 가장 적절한 것은?

① 타인을 공격하려는 의도에 의해 나타나는 행동을 모두 공격으로 간주한다.

② 솔선수범과 같은 자기제시를 할 수 없는 사람들이 공격의 방식을 사용한다고 주장한다.

③ 공격이 때로는 특정한 목적을 달성하고자 하는 사람들이 선택하는 도구가 된다고 본다.

④ 사회적으로 불공평한 상황에 놓인 사람이 타의에 의해 실행한 공격도 공격이라 인정한다.

⑤ 불쾌한 감정이나 욕구 불만 등을 공격적 행동이 일어나는 필수 조건이라고 보지는 않는다.

[70 ~ 72] 다음 글을 읽고 물음에 답하시오.

많은 ⓐ전통적 인식론자는 임의의 명제에 대해 우리가 세 가지 믿음의 태도 중 하나만을 가질 수 있다고 본다. 가령 '내일 눈이 온다.'는 명제를 참이라고 믿거나, 거짓이라고 믿거나, 참이라 믿지도 않고 거짓이라 믿지도 않을 수 있다. 반면 베이즈주의자는 믿음은 정도의 문제라고 본다. 가령 각 인식 주체는 '내일 눈이 온다.'가 참이라는 것에 대하여 가장 강한 믿음의 정도에서 가장 약한 믿음의 정도까지 가질 수 있다. 이처럼 베이즈주의자는 믿음의 정도를 믿음의 태도에 포함함으로써 많은 전통적 인식론자들과 달리 믿음의 태도를 풍부하게 표현한다.

우리는 종종 임의의 명제가 참인지 거짓인지 새롭게 알게 된다. 이것을 베이즈주의자의 표현으로 바꾸면 그 명제가 참인지 거짓인지에 대해 가장 강한 믿음의 정도를 새롭게 갖는다는 것이다. 베이즈주의는 이런 경우에 믿음의 정도가 어떤 방식으로 변해야 하는지에 대해 정교한 설명을 제공한다. 이에 따르면, 인식 주체가 특정 시점에 임의의 명제 A가 참이라는 것만을 또는 거짓이라는 것만을 새롭게 알게 됐을 때, 다른 임의의 명제 B에 대한 인식 주체의 기존 믿음의 정도의 변화는 조건화 원리의 적용을 받는다. 이는 믿음의 정도의 변화에 관한 원리로서, 만약 인식 주체가 A가 참이라는 것만을 새롭게 알게 된다면, B가 참이라는 것에 대한 그 인식 주체의 믿음의 정도는 애초의 믿음의 정도에서 A가 참이라는 조건하에 B가 참이라는 것에 대한 믿음의 정도로 되어야 함을 의미한다. 예를 들어 갑이 '내일 비가 온다.'가 참이라는 것을 약하게 믿고 있고, '오늘 비가 온다.'가 참이라는 조건하에서는 '내일 비가 온다.'가 참이라는 것을 강하게 믿는다고 해 보자. 조건화 원리에 따르면, 갑이 실제로 '오늘 비가 온다.'가 참이라는 것만을 새롭게 알게 될 때, '내일 비가 온다.'가 참이라는 것을 그 이전보다 더 강하게 믿는 것이 합리적이다. 조건화 원리는 새롭게 알게 된 명제가 동시에 둘 이상인 경우에도 마찬가지로 적용된다. 다만 이 원리는 믿음의 정도에 관한 것이지 행위에 관한 것은 아니다.

명제들 중에는 위의 예에서처럼 참인지 거짓인지 새롭게 알게 된 명제와 관련된 것도 있지만 그렇지 않은 것도 있다. 조건화 원리에 따르면, 어떤 명제가 참인지 거짓인지 새롭게 알게 되더라도 그 명제와 관련 없는 명제에 대한 믿음의 정도는 변하지 않아야 한다. 예를 들어 위에서처럼 갑이 '오늘 비가 온다.'가 참이라는 것만을 새롭게 알게 되더라도 그것과 관련 없는 명제 '다른 은하에는 외계인이 존재한다.'에 대한 그의 믿음의 정도는 변하지 않아야 한다. 이처럼 베이즈주의자는 특별한 이유가 없는 한 우리의 믿음의 정도는 유지되어야 한다고 본다.

베이즈주의자는 이렇게 상식적으로 당연하게 여겨지는 생각을 정당화하기 위해 기존의 믿음의 정도를 유지함으로써 얻을 수 있는 실용적 효율성에 호소할 수 있다. 특별한 이유 없이 학교를 옮기는 행위는 어떠한 방식으로든 우리의 에너지를 불필요하게 소모한다. 베이즈주의자는 특별한 이유 없이 기존의 믿음의 정도를 바꾸는 것도 이와 유사하게 에너지를 불필요하게 소모한다고 볼 수 있다. 이 관점에서는 실용적 효율성을 추구한다면, 특별한 이유가 없는 한 기존의 믿음의 정도를 유지하는 것이 합리적이다.

70. 윗글에 대한 설명으로 가장 적절한 것은?

① 이론의 하위 요소를 분석함으로써 해당 이론을 체계적으로 설명하고 있다.

② 두 이론을 비교하여 차이점을 부각한 후 우위에 있는 이론을 밝히고 있다.

③ 두 이론이 통념을 증명해 낸 방식을 설명하여 각 이론의 의의를 강조하고 있다.

④ 기존 이론의 한계를 제시하여 새로운 이론이 대두되게 된 배경을 설명하고 있다.

⑤ 특정 이론의 기본 입장을 제시하고 이를 구체적인 예시에 적용하여 설명하고 있다.

71. ㉠의 관점과 거리가 먼 것은?

① 인식 주체 A가 '이 동물은 사납다'라는 명제를 참이라고 인식한다면 그렇게 믿을 것이다.

② 인식 주체 A가 '이 동물은 사납다'라는 명제를 참도 거짓도 아니라고 생각하는 것은 가능한 일이다.

③ 인식 주체 A가 '이 동물은 온순하다'라는 명제가 참 또는 거짓이라는 사실을 모호하게 표현할 수는 없다.

④ 인식 주체 A가 '이 동물은 사납다'와 '이 새는 온순하다'라는 명제를 모두 거짓이라고 믿는 것은 가능하다.

⑤ 인식 주체 A가 '이 동물은 온순하다'라는 명제를 참이라고 표현한다면 이를 진실이라고 강하게 믿는 것이다.

72. 〈보기〉에서 베이즈주의자의 견해로 적합한 것을 모두 고른 것은?

─────〈 보 기 〉─────

ㄱ. 어떤 명제에 대한 믿음의 정도는 믿음의 태도보다 더 포괄적인 개념이다.

ㄴ. 참이었던 명제를 거짓이라고 인식하게 되면 인식 주체의 행동도 그에 따라 변하게 된다.

ㄷ. 타당한 근거가 없다면 굳이 명제에 대한 믿음의 정도를 바꾸기 위해 노력하지 않아도 된다.

ㄹ. 특정 명제의 참과 거짓 여부가 바뀔 때, 다른 명제의 믿음의 정도가 달라지는 조건은 관련성이다.

① ㄱ, ㄴ   ② ㄱ, ㄷ   ③ ㄱ, ㄹ   ④ ㄴ, ㄹ   ⑤ ㄷ, ㄹ

[73 ~ 74] 다음 글을 읽고 물음에 답하시오.

18세기 산업혁명으로 시작된 생산 혁명은 19세기 백화점이 일으킨 유통 혁명을 통해 소비 혁명으로 이어졌다. 대량 소비 시대가 되자 사람들의 소비 형태도 바뀌었다. 무엇을 소유했는지 여부에 따라 사람을 판단하면서 사람들은 주위를 의식하며 자기를 나타내기 위한 상품을 고르게 되었다. 소비를 결정하는 요인이 '필요'가 아니라 '자기 과시'로 옮겨간 것이다.

이와 같은 현상에 주목한 베블런은 자신의 책 『유한계급 이론』을 통해 개별 소비자의 소비 형태는 독립적으로 이루어지지 않고 다른 소비자의 영향을 받는다고 주장했다. 그는 '나는 보통 사람들과 신분이 다르다'는 점을 과시하는 부유층이나 이를 모방하려는 계층이 과시적 소비를 한다고 말했다. 과시적 소비가 일어나면 저렴한 상품 대신 고가의 상품에 대한 수요가 증가해 가격이 오르는데도 수요가 줄어들지 않고 오히려 증가하는 현상이 일어난다. 이렇게 과시적 소비로 인해 가격이 올라도 수요가 늘어나는 현상을 '베블런 효과'라고 한다. 그리고 이러한 과시적 소비의 대상이 되는 상품을 '베블런 재(財)'라고 한다.

라이벤스타인은 이와 같은 현상을 보다 깊이 있게 다루어 '밴드왜건 효과'와 '스놉 효과'를 발표하였다. 과시적 소비는 일부 상류층과 신흥 부유층을 중심으로 일어나는 것이 보통이지만 주위 사람들이 이를 흉내 내면서 사회 전체로 퍼져나가는 현상을 밴드왜건 효과라고 이름 붙인 것이다. 밴드왜건은 행진할 때 대열의 선두에서 행렬을 이끄는 악대차를 의미하는데 악단이 지나가면 사람들이 영문도 모르고 무작정 뒤따르면서 군중들이 더욱더 불어나는 것에 비유한 것으로 밴드왜건 효과는 '모방 효과'라고도 부른다.

그런데 모방 효과가 널리 퍼져 더 이상 과시적 소비가 차별 효용*을 상실하게 될 때 일부 사람들은 평범한 사람들이 접근할 수 있는 상품 대신 더욱 진귀한 물건을 찾는다. 이로 인해 기존 상품의 수요가 줄어들게 되는데 이를 '스놉 효과'라고 한다. 즉 모방 효과와는 반대로 특정 제품에 대한 소비가 증가하게 되면 그 제품의 수요가 줄어들고 새로운 상품의 수요로 옮겨 가는 현상이다. 보통 가격이 비싸서 쉽게 구매하기 어려운 고가의 명품 등이 이에 해당되는데, 명품이라 알려진 제품이 대대적인 판촉 행사를 한 후 단골 고객이 줄어드는 현상으로 설명할 수 있다. 이는 '남보다 돋보여야 한다'는 속물근성에 기반을 두고 있어 '속물 효과'라고도 부른다.

이와 같이 베블런은 재화의 가격이 하락하면 소비량이 증가한다는 기존의 경제 이론과는 다른 관점에서 현실의 소비 형태를 설명했고, 라이벤스타인은 현대인들이 주위 사람들의 소비 형태에 따라 자신의 소비 형태를 결정하는 두 가지 모습을 이론으로 나타내었다. 그들의 연구는 소비 형태로 계층을 판단하는 현대 자본주의 사회의 모습을 설명할 수 있다는 점에서 의의가 있다.

* 차별 효용: 어떤 물건에 대해, 남과 다르게 보인다고 판단하는 개인의 주관적인 만족감.

73. 윗글의 중심 내용으로 가장 적절한 것은?

① 과시 소비와 모방 소비의 차이
② 산업 혁명과 과시 소비의 관계
③ 과시 소비를 분석하는 여러 관점
④ 현대인이 과시 소비를 하는 이유
⑤ 과시 소비를 유인하는 자본주의의 특성

74. 윗글을 바탕으로 〈보기〉의 상황을 이해한 내용으로 적절하지 않은 것은?

─── 〈 보 기 〉 ───

수현은 비타민제를 구매하기로 하고 세 개의 제품을 구매 후보에 올려두었다. 세 개의 제품은 3년 연속 판매량 1위를 기록했다는 사실을 홍보 문구로 내세운 A 제품, 유럽산 유기농 원료를 사용했다고 홍보하는 B 제품, 유명 대학 병원 의사가 홍보 모델인 C 제품이다. A 제품은 2만 원, B 제품은 10만 원, C 제품은 8만 원이다. 또한 가격이 1만 원 올랐음에도 판매량이 증가했던 C 제품은 최근 판매량이 감소하는 추세이며, B 제품은 분기별로 제품 생산량을 일정 수량 이하로 제한하겠다고 발표한 후 상품을 구매하려는 사람이 늘고 있다. 여러 조건을 두고 고민하다 수현은 B 제품을 구매하였다.

① 수현이 B 제품 대신 A 제품을 구매하였다면 이는 밴드왜건 효과로 설명할 수 있다.
② 일반적인 경제 논리를 따른다면 A 제품, C 제품, B 제품 순으로 판매량이 많아야 한다.
③ 가격이 인상된 후에도 C 제품의 판매량이 늘었다면 이는 베블런 효과로 설명할 수 있다.
④ 수현이 B 제품과 C 제품 중 고민하다 B 제품을 구매하였다면 이는 스놉 효과로 설명할 수 있다.
⑤ 최근 C 제품의 판매량은 C 제품 구매로 과시 소비에 대한 만족을 느낄 수 없게 되어 줄었을 것이다.

애니메이션의 역사, 특히 상업 애니메이션에 있어서 〈세 마리의 아기돼지(Three Little Pigs)〉는 뜻 깊은 작품이다. 〈세 마리의 아기돼지〉 이전에는 디자인의 전형성을 통해 캐릭터의 성격을 드러내온 데 비해, 〈세 마리의 아기돼지〉는 같은 아기돼지 캐릭터의 각기 다른 성격을 드러내기 위해 내러티브를 활용하기 시작한 것이다. 주인공은 귀엽게 생기고 악한은 무섭게 생겼다는, 상식적 선의 캐릭터 설정으로는 무려 세 마리나 되는 아기돼지의 캐릭터를 창조하기 힘들었기 때문이다.

[A]
　　월트 디즈니는 아기돼지의 행동을 통해 개성을 부여했다. 이전 작품들은 단순한 선과 악의 이분법으로 인해, 덩치가 크고 험악하게 생긴 악한이 작고 귀여운 영웅을 괴롭히다 영웅에게 당하고 만다는 간단한 에피소드 중심이었던 데 비해, 〈세 마리의 아기돼지〉에서는 돼지를 잡아먹으려는 이리의 음흉함, 그리고 각기 다른 성격의 돼지들이 이리에게서 탈출하는 이야기가 정교하게 조립되어 있었다. 게다가 단순히 사운드 트랙으로 삽입된 음악이 아니라, 작품의 주제나 이야기를 명확하게 전달하도록 도와주는 주제가의 히트는 이후 디즈니 애니메이션의 전범(典範)을 창출했다. 세 마리의 아기돼지가 부른 노래 '누가 악한 늑대를 두려워할까?(Who's afraid of the Big Bad Wolf?)'는 대공황을 벗어나려는 루즈벨트의 뉴딜 정책과 맞물려 미국인들의 희망찬 분위기를 암시하는 노래로 미국 전역에 울려 퍼졌다. 〈세 마리의 아기돼지〉의 큰 성공은 장편 애니메이션이 시작될 수 있는 터전을 조성했다.

자신감으로 충만한 월트 디즈니는 지금까지의 모든 성공적 시도를 총망라하는 장편 애니메이션을 기획하기 시작했다. 월트 디즈니는 어린 시절 보았던 ㉠〈백설공주〉를 화려한 컬러 애니메이션으로 제작하기로 결정했다. 〈중 략〉

계모의 간악한 위협을 극복하고 난쟁이와 모성애적 사랑을 나누는 '백설공주'는 할리우드 영화의 히로인과는 또 다른 새로운 히로인이었다. 성적 자극보다는 순수한 소녀의 이미지로 모성애를 보유하도록 했다. 가장 전형적, 모범적인 미국의 여인상이었다. 또한 계모의 캐릭터에는 그로테스크(grotesque)한 악의 이미지를 부여해 디즈니 애니메이션의 전형적인 선과 악의 이분법을 완성했다. 디즈니 장편의 매력은 주인공 캐릭터와 그를 괴롭히는 악한 캐릭터의 이분법적 대립에서부터 시작된다. 이런 단순한 대립구조는 관객들의 동화적 상상력을 자극했다. 더불어 〈백설공주〉는 주인공과 함께 작품을 이끌어가는 조연을 가장 중요한 파트너로 등장시켰다. 그럼피, 해피, 슬리피 등 일곱 난쟁이에게 부여된 성격을 바탕으로 캐릭터 디자인, 이름, 목소리, 노래, 행동 등 모든 것이 완벽하게 일체화된 캐릭터의 창출은 〈세 마리의 아기돼지〉에서 보여준 캐릭터의 성공적 구현을 더욱 강화했다.

이밖에 〈백설공주〉는 월트 디즈니의 회사 경영에 있어서도 새로운 시도를 선보이게 했다. 먼저 교육 시스템을 스튜디오 내부에 설립해 안정적인 인력 충원과 애니메이터의 재생산을 꾀했다. 이러한 인력 양성 시스템을 바탕으로 월트 디즈니는 애니메이션에서 완벽한 실사적 움직임(live action)을 실현시켰다.

백설공주의 동작은 마저리 벨커(Marjorie Belcher)라는 젊은 무희를 고용해 그녀의 춤과 걸음걸이 등을 카메라에 담은 후, 이를 한 프레임씩 분석, 제작했다. 이러한 동작은 지금까지 볼 수 없었던 새로운 것이었다. 기존 애니메이션이 찰리 채플린이나 버스터 키턴의 무성 영화처럼 과장된 동작을 활용했던 데 비해, 백설공주는 사람이 춤추듯 정교하게 움직였고, 우아한 연기를 보여주었다. 〈백설공주〉의 배경 처리는 실제와 가장 가깝게 디자인되어 실사 움직임을 더욱 돋보이게 했으며 멀티플레인(Multiplane) 기법을 이용해 입체감과 사실감을 주었고 작품의 깊이를 더했다.

멀티플레인 기법은 〈어리석은 교향악단〉이나 〈세 마리의 아기돼지〉에서 부분적으로 시도되었던 것으로, 배경을 복수로 그리고, 이것을 거리를 두어 세팅해 원근감과 입체감을 주는 것이다.

75. [A] 부분에 대한 평가로 적절하지 않은 것은?

① 장편 애니메이션으로서 〈세 마리의 아기돼지〉가 지닌 의의를 나열하고 있다.

② 〈세 마리의 아기돼지〉에서 아기돼지들의 개성을 구현한 방식을 제시하고 있다.

③ 〈세 마리의 아기돼지〉 이전의 디즈니 작품과 〈세 마리 아기돼지〉의 서사 구조를 비교하고 있다.

④ 〈세 마리의 아기돼지〉에서 음악과 작품의 주제 사이의 연관성을 설명하고 있다.

⑤ 〈세 마리의 아기돼지〉가 사회적으로 어떤 역할을 하였는지를 당시의 사회적 상황과 연관 짓고 있다.

76. ㉠에 대한 설명으로 적절하지 않은 것은?

① 계모와 백설공주 간에 선악의 대립이라는 전형적인 이분법적 논리를 적용하였다.

② 애니메이션 내의 현실적인 원근감과 입체감은 여러 장의 배경이 이루는 거리감을 활용하였다.

③ 〈세 마리의 아기돼지〉에서 기틀을 다진 캐릭터 구현 방식이 더욱 발전하게 된 계기가 되었다.

④ 백설공주의 움직임은 무용수의 움직임을 촬영하여 그 위에 그림을 덧씌우는 형식으로 제작되었다.

⑤ 체계적으로 교육된 애니메이터에 의해 캐릭터의 움직임이 이전 작품보다 더욱 사실적으로 그려졌다.

[77 ~ 80] 다음 글을 읽고 물음에 답하시오.

겨울만 되면 정전기가 기승을 부린다. ㉠자동차에 키를 꽂을 때마다 불꽃이 튀고, 스웨터를 벗으면 '찌지직' 소리와 함께 머리는 폭탄 맞은 것처럼 변한다. 이 정전기는 왜 생기는 걸까? 정전기의 정체를 알면 이를 막을 대책도 세울 수 있을 것이다.

정전기는 그냥 머물러 있는 전기 및 그로 인해 나타나는 전기 현상을 말한다. 즉 흐르지 않고 그냥 머물러 있는 전기라고 해서 정전기라고 부르는 것이다. 우리가 콘센트에 꽂아 쓰는 전기가 흐르는 물이라면, 정전기는 높은 곳에 고여 있는 물이다. 정전기의 전압은 수만 볼트(V)에 달해 번개와 동급이지만, 전류는 거의 없어 치명적이지 않다. 어마어마하게 높은 곳에 고여 있는 물이지만 한두 방울뿐이라 떨어질 때 별 피해가 없다고나 할까.

정전기가 생기는 이유는 '마찰' 때문이다. 물체를 이루는 원자의 주변에는 전자가 돌고 있는데, 원자핵으로부터 멀리 떨어진 전자들은 마찰을 통해 다른 물체로 쉽게 이동하기도 한다. 이때 전자를 잃은 쪽은 (+) 전하를 띠고, 전자를 얻은 쪽은 (−) 전하를 띠게 되어 두 물체 사이에 전위차가 생긴다.

생활하면서 주변의 물체와 접촉하면 마찰이 일어나기 마련인데, 그때마다 우리 몸과 물체가 전자를 주고받으며 몸과 물체에 조금씩 전기가 저장된다. 한도 이상 전기가 쌓였을 때 적절한 유도체가 닿으면 그동안 쌓였던 전기가 순식간에 불꽃을 튀며 이동하면서 정전기가 발생한다.

정전기는 건조할 때 잘 생긴다. 수증기는 전기 친화성이 있어 주변의 전하를 띠는 입자들을 전기적 중성 상태로 만든다. 따라서 습도가 높으면 정전기도 잘 생기지 않는다. 여름보다 겨울에 정전기가 기승을 부리는 이유다.

[A] 이 원리를 사람에게 적용하면 땀을 많이 흘리는 사람보다는 적게 흘리는 사람에게, 지성 피부를 가진 사람보다는 건성 피부를 가진 사람에게 정전기가 많이 생긴다. 정전기는 주로 물체의 표면에 존재하기 때문에 그 사람의 '피부'가 정전기를 결정한다.

정전기는 전자를 쉽게 주고받을 수 있는 마찰에 의해 잘 생긴다. 마찰 전기가 생길 때 전자를 쉽게 잃는 물체가 있고, 전자를 쉽게 얻는 물체가 있다. 예를 들면 플라스틱 종류는 전자를 쉽게 얻고, 모피 종류는 전자를 쉽게 잃는다. 이를 순서대로 나열한 것을 '대전열'이라고 한다. 요즘 중학생들은 대전열을 이렇게 외운다고 한다.

"털이 유명한 나 고플에(털가죽−유리−명주−나무−고무−플라스틱−에보나이트)"

우리 몸은 전자를 잘 잃는 편에 가까우니 나일론, 아크릴, 폴리에스테르 같은 합성 섬유를 입는 사람은 정전기와 친해질 수밖에 없다. 정전기가 잘 발생하는 사람에게 천연 섬유를 입으라는 말에는 다 이유가 있다. 〈중 략〉

이제 정전기의 원리를 알았으니 약간의 주의만 기울이면 정전기로 깜짝 놀랄 일을 줄일 수 있다. 구체적으로 어떻게 하면 좋을까? 우선 적절한 습도를 유지하자. 가습기나 어항 등으로 집 안 습도를 높이고, 보습 로션 등으로 피부를 촉촉하게 유지하면 도움이 된다. 머리를 헤어드라이어로 말리면 습도가 낮아질 뿐 아니라 수건으로 머리를 비비는 과정에서 마찰 전기가 발생하므로 가급적 그냥 말린다.

평소에 전기를 중화시키는 습관을 들이는 것도 좋다. 자동차 문고리를 잡기 전에 손에 입김 한번 '하~' 하고 불어 주자. 입김으로 손에 생긴 습기가 정전기 확률을 낮춰 준다. 정전기가 튈 것 같은 물건이라면 덥석 잡지 말고, 손톱으로 살짝 건드렸다가 잡으면 손톱을 통해 전기가 방전돼 정전기를 예방할 수 있다.

77. 윗글을 이해한 내용으로 적절하지 않은 것은?

① 번개가 치명적인 이유는 전압이 높고 전류의 양이 많기 때문이다.

② 사람의 손과 손톱 중 정전기가 일어날 확률이 낮은 것은 손톱이다.

③ 에보나이트와 명주 중 전자를 잘 뺏기는 것은 명주이다.

④ 정전기의 흐르지 않는 성질 때문에 '정전기'라는 이름이 붙게 되었다.

⑤ 전자뿐 아니라 원자도 다른 물체로 이동하게 되면 정전기의 세기가 강해진다.

78. ㉠의 이유로 가장 적절한 것은?

① 대전열 상에서 키나 머리카락 앞쪽에 자동차와 스웨터가 있기 때문이다.

② 머리카락이나 자동차 키가 이전에 다른 물체와 많이 접촉했기 때문이다.

③ 자동차와 스웨터가 키와 머리카락보다 전기친화성이 뛰어나기 때문이다.

④ 겨울철에는 다른 계절보다 공기 중에 (−) 전하를 띤 입자가 많기 때문이다.

⑤ 자동차와 스웨터의 전자가 키와 머리카락의 전자를 밀어내려고 하기 때문이다.

79. 윗글을 바탕으로 [A]를 이해한 내용으로 적절하지 않은 것은?

① 피부 건조도와 상관없이 피부에서 발생하는 정전기의 전류 양은 극히 적다.

② 정전기가 발생한 후 땀을 적게 흘리는 피부는 (−) 전하 상태를 띨 확률이 높다.

③ 피부에 수건을 문질러 발생한 정전기는 수건과 피부 간의 전위차로 설명할 수 있다.

④ 피부의 상태에 따라 정전기 발생 유무가 달라지는 것은 대전열보다는 습도의 문제이다.

⑤ 피부에 흐르는 땀은 주변의 입자를 전기적 중성 상태로 머무르게 해 정전기를 방지한다.

80. 윗글을 읽고 보일 수 있는 반응으로 가장 적절한 것은?

① 집 안에서 정전기가 자주 일어난다면 가습기보다는 제습기를 자주 가동해야겠군.

② 나무로 된 창문을 열 때마다 정전기가 일어난다면 나무 창틀보다는 유리창을 잡아야겠군.

③ 외투를 입을 때마다 정전기가 일어난다면 순면 외투보다는 합성 섬유로 된 외투를 입어야겠군.

④ 머리를 빗을 때 일어나는 정전기를 방지하려면 머리를 빗는 횟수보다 빗의 소재에 신경 써야겠군.

⑤ 외투 모자에 장식된 털을 만지기 전에 핸드크림을 바르는 것은 정전기 예방에 도움이 되지 않겠군.

81. 〈보기 1〉의 내용을 참고할 때, 〈보기 2〉의 영재가 내야 하는 벌금으로 올바른 것은?

──── 〈 보 기 1 〉 ────

○○시에서 과태료를 부과하고 있는 반려동물 정책 관련 정보를 안내해 드립니다. 건강한 반려동물 문화의 정착을 위해 주민 여러분의 많은 협조 부탁드립니다.

구분	대상	위반 회차	과태료(원)
반려동물 배설물 수거	외출 시 반려동물의 배설물을 수거하지 않은 자	1차	50,000
		2차	70,000
		3차	100,000
반려동물 등록	반려견의 정보(소유자 전화번호, 주소, 동물 실종·되찾음 등)를 등록하지 않거나 정보 변경 신고를 하지 않은 자	1차	200,000
		2차	400,000
		3차	600,000
외출 시 목줄 착용	반려견 동반 외출 시, 반려견에게 목줄(또는 가슴줄)을 착용시키지 않은 자	1차	200,000
		2차	300,000
		3차	500,000

※ 과태료 연체 시 아래와 같이 연체료를 추가 부과함
 – 납부 마감일~7일 경과: 5%
 – 8일 경과~14일 경과: 10%
 – 15일 경과~21일 경과: 15%
 – 22일 경과~28일 경과: 20%

──── 〈 보 기 2 〉 ────

영재는 반려동물 정책 위반으로 2022년 3월 2일까지 과태료를 납부하라는 고지서를 전달받았으나, 이를 뒤늦게 확인하여 2022년 3월 17일에 과태료를 납부하려고 한다. 영재는 3개월 전 반려견을 입양하였으나 아직 자신의 주소와 전화번호를 관련 기관에 등록하지 않았고, 가슴줄을 채우지 않은 반려견을 안고 공원을 산책하였으며 공원에서 반려견의 배설물을 치우지 못하였다. 영재는 작년에도 한 번 배설물을 수거하지 않아 과태료를 낸 적이 있다.

① 450,000원
② 470,000원
③ 493,500원
④ 517,000원
⑤ 540,500원

82. 〈보기〉의 그래프를 분석한 것으로 적절하지 <u>않은</u> 것은?

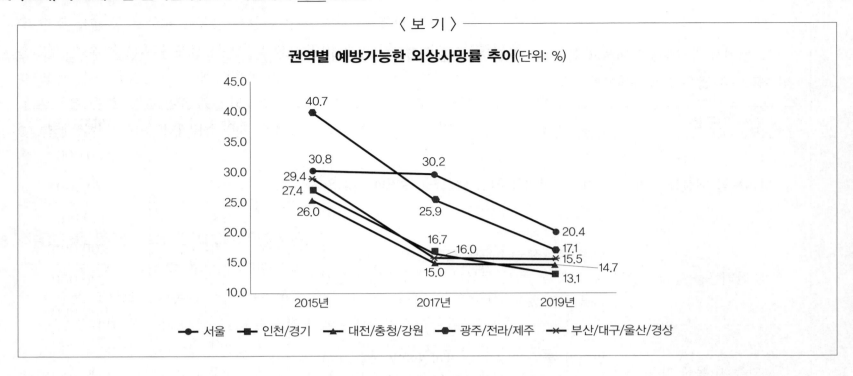

① 2015년~2017년 기간에 외상사망률이 가장 적게 감소한 권역은 서울이다.
② 2015년~2019년 기간에 외상사망률 변동이 가장 적은 권역은 대전/충청/강원이다.
③ 2017년~2019년 기간에 외상사망률이 가장 적게 감소한 권역은 대전/충청/강원이다.
④ 2015년~2019년 기간에 대전/충청/강원 권역의 외상사망률은 부산/대구/울산/경상 권역보다 낮았다.
⑤ 2015년~2017년 기간에 대전/충청/강원 권역의 외상사망률이 인천/경기 권역의 외상사망률보다 많이 감소했다.

[83 ~ 85] 다음 글을 읽고 물음에 답하시오.

아동양육 한시지원(아동 특별돌봄·비대면 학습 지원) 안내

1. 지원 배경

　　이번 「아동양육 한시지원 사업」은 지난번 실시한 「아동돌봄쿠폰」의 경험을 바탕으로 만 18세 미만 아동 중 상대적으로 보호자의 직접적인 돌봄이 필요한 초등학생과 의무교육 대상인 중학생까지 확대되었습니다. 또한 신속·정확한 지급과 각 가정의 상황에 맞추어 편의성 높게 사용할 수 있도록 지급 형태는 현금으로 변경되었으니 해당되는 가정의 많은 신청 바랍니다.

2. 추진 방식

　　보건복지부와 교육부 협업으로 아동 연령, 학교 재학 여부 등을 감안하여 효과적 전달체계 활용(미취학 아동수당 수급 아동 → 지자체, 초·중등학교 등 학령기 아동 → 교육청)

3. 지원 대상

(대상별 공통 사항) 대한민국 국적 아동에 한정하며, 국외에 90일 이상 체류하고 있는 경우 미지급 등 아동수당법에 따른 기준 준용

[미취학 아동]: 아동 특별돌봄 지원(1인당 20만 원)

2014.1~2020.9월 출생아(단, 초등학생은 제외) 중 2020.9월분 아동수당*을 수급 중이거나 수급 예정인 아동
* 주민등록번호가 있는 대한민국 국적의 만 7세 미만(0~83개월) 모든 아동에게 매월 10만원씩 지급되는 수당

○ 지자체에서 기존 아동수당 수급계좌로 별도 신청 절차 없이 직권으로 9월 28일에 아동 1인당 20만 원 일괄 지급된다.

  * 2020.9월 출생아동이 아동수당을 신청하여 2020.9월분 아동수당을 받는 경우 지급대상에 포함

  – 지급대상 보호자(아동수당 신청 시 지정된 보호자)에게는 지급 전, 지급 후 안내 문자를 발송하는 등 개별 안내도 할 예정임

[초등 재학생 아동]: 아동 특별돌봄 지원(1인당 20만 원)

초등학교(국립·공립·사립 초등학교 및 특수학교) 재학 중인 아동(2020.9월 기준)

○ 개별 학교에서 초등학교에 재학 중인 아동에게 스쿨뱅킹 계좌 등으로 아동 1인당 20만 원이 지급된다.

  – 학생·학부모는 별도 신청행위 없이 가정통신문, 문자 등으로 안내받고 반대 의사를 표명하지 않으면 동의한 것으로 간주하여 지급될 예정임

  – 이를 위하여 학교별로 관련 안내가 실시되었고, 스쿨뱅킹 계좌가 없거나, 별도 수령 계좌를 희망하는 경우 등에 대해 사전 조사도 진행하였음

○ 이러한 절차를 거쳐 지급 준비가 완료된 학교부터 9월 29일까지 순차적으로 지급될 계획이다.

[중학교 재학생 아동]: 비대면 학습 지원(1인당 15만 원)

중학교(국립·공립·사립 중학교 및 특수학교) 재학 중인 아동(2020.9월 기준)

○ 개별 학교에서 중학교에 재학 중인 아동에게 스쿨뱅킹 계좌 등으로 아동 1인당 15만 원이 지급된다.

  – 중학교 재학생 역시 학생·학부모의 별도 신청행위 없이 초등학교와 동일한 절차를 진행하여 추석 이후(10월 5일부터) 빠른 시일 내에 지급될 예정임

---

83. 윗글에 제시된 「아동양육 한시지원 사업」을 비판한 내용으로 가장 적절한 것은?

① 아동양육 한시지원의 지급 방식 외에 지원 방법과 기간을 알 수 있는 방법을 안내하고 있지 않다.

② 교환 학생으로 1년 이상 외국에서 학업을 이어가고 있는 아동의 지원금 신청 절차는 안내하고 있지 않다.

③ 만 18세 미만 아동에 속하는 고등학교 재학 아동이 아동양육 한시지원 대상에서 제외된 이유를 안내하고 있지 않다.

④ 상급 학교 학생과 나이는 동일하나 유급하여 하급 학교에 재학 중인 학생의 지원금은 어떻게 정해지는지 안내하고 있지 않다.

⑤ 미취학 아동, 초등 재학생 아동의 특별돌봄 수당과 중학교 재학생 아동의 학습 지원 수당이 차등 지급되는 이유를 안내하고 있지 않다.

---

84. 〈보기〉에서 아동양육 한시지원 수당을 가장 많이 받는 가정은?

─────── 〈 보 기 〉 ───────

㉠ 공립 고등학교 1학년 아들과 사립 중학교 2학년 딸이 있는 가정

㉡ 미국에서 4개월째 어학연수 중인 초등학교 1학년, 6학년 아들이 있는 가정

㉢ 사립 초등학교에 다니는 2학년 딸과 영어 유치원을 다니는 2015년생 딸이 있는 가정

㉣ 홈스쿨링을 하는 70개월 아들과 특수학교에 다니는 중학교 1학년 딸이 있는 가정

㉤ 대안학교를 다니는 초등학교 3학년 딸과 어린이집에 다니는 만 5세 아들이 있는 가정

① ㉠   ② ㉡   ③ ㉢   ④ ㉣   ⑤ ㉤

85. 윗글을 〈보기〉와 비교하여 이해한 내용으로 적절한 것은?

〈 보 기 〉

아동양육 한시지원(학교 밖 아동)

1. **지원 대상**

미인가 대안 교육시설 재학, 홈스쿨링 등으로 초등학교에 다니지 않는 초등 학령기 아동(2008.1~2013.12월 출생아), 중학교에 다니지 않는 중학교 학령기 아동(2005.1~2007.12월 출생아)

2. **지원 내용**

○ 초등·중학교 학령기 아동(2005.1~2013.12월 출생아) 중 국·공·사립 초·중·고등학교 및 특수학교에 재학 중이지 않은 대한민국 국적의 아동은 아동 주민등록 주소지의 교육지원청에 현장신청·접수를 거쳐 지원금이 지급된다.
  – 초등학생 연령(2008.1~2013.12월 출생아) 학교 밖 아동은 초등학교 재학생과 마찬가지로 아동 1인당 20만 원, 중학생 연령(2005.1~2007.12월 출생아) 학교 밖 아동은 중학교 재학생과 같이 아동 1인당 15만 원이 지급될 예정임

○ 학교 밖 아동 관련 신청·접수는 9월 28일부터 10월 16일까지이며 10월 중 지급될 계획이다.

① 아동 특별돌봄·비대면 학습 지원과 달리 학교 밖 아동에 대한 아동양육 한시지원은 외국 국적의 아동에게도 적용된다.
② 아동양육 한시지원은 초등·중학교 재학생 아동의 경우 각 지자체에서, 학교 밖 아동의 경우 교육지원청에서 관리한다.
③ 초등학교에 재학 중인 2012년생 아동의 아동양육 한시지원 수당이 학교 밖 2012년생 아동의 지원금보다 일찍 지급 완료된다.
④ 중학교에 재학 중인 아동의 지원금이 지급 시작된 후에 미인가 대안학교를 다니는 같은 연령대 아동의 지원금 신청이 시작된다.
⑤ 학교 밖 아동의 아동양육 한시지원을 신청할 때는 아동의 주소지와 신청자의 주소지를 관할하는 교육지원청에 직접 찾아가야 한다.

[86 ~ 88] 다음 글을 읽고 물음에 답하시오.

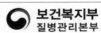 보건복지부 질병관리본부	**2월 초 갑작스런 한파 시작, 한랭 질환 발생 주의!**

▫ 질병관리본부는 오늘 전국 대부분의 아침 기온이 어제에 이어 영하권으로 떨어지고, 일부 지역은 한파주의보·특보가 예상됨에 따라 한랭 질환 예방에 주의를 당부하였다.

* 한랭 질환은 추위가 직접 원인이 되어 인체에 피해를 입힐 수 있는 질환으로 저체온증, 동상, 동창이 대표적이며 대처가 미흡하면 인명 피해로 이어질 수도 있다.

○ 2020년 1월의 평균최저기온은 영하 1.1℃로 평년(1981~2010, −5.4℃)보다 4.3℃ 높은 온화한 겨울 날씨를 보였고, 추위에 익숙하지 않은 상황에서 갑작스런 한파에 노출될 경우 적절하게 대비하지 않으면 한랭 질환이 발생하기 쉽다.

▫ 「한랭 질환 응급실감시체계」로 현재(2019.12.1.~2020.2.3.)까지 신고된 한랭 질환자는 229명(사망 0명)으로 전년 같은 기간에 비해 발생 수는 27% 감소했으나 한랭 질환자 발생 특성은 예년과 유사하게 나타났다.

* 전년 같은 기간(2018.12.1.~2019.2.3.) 한랭 질환자 314명(사망 10명)

▫ 한랭 질환 응급실감시체계 신고 현황*을 자세히 살펴보면, 한랭 질환자 발생 특성은 다음과 같다.

* 질병관리본부 「한랭 질환 응급실감시체계」, 자료기준일: 2019.12.1.~2020.2.3.

○ **[성별]** 남자가 153명(66.8%), 여자가 76명(33.2%)으로 남자가 여자보다 2배 많이 발생하였다.

○ **[연령별]** 65세 이상이 108명(47.2%)으로, 연령군별로는 80대 이상 49명(21.4%), 70대가 43명(18.8%), 60대가 39명(17.0%), 50대가 37명(16.2%) 순이었다.

○ **[발생 시간]** 오전 06~09시 45명(19.7%), 03~06시 30명(13.1%) 순으로 주로 새벽·오전 시간에 많았고, 하루 전반에 걸쳐 지속적으로 발생하는 것으로 나타났다.

○ **[발생 장소]** 실외 길가에서 61명(26.6%)으로 가장 많았고, 실내 집 43명(18.8%), 실외 주거지 주변 38명(16.6%) 순이었다.

○ **[연령×발생 장소]** 연령대별 발생 장소 특성을 살펴보면,

    – 30세 미만은 주로 실외 길가(10명, 26%)

    – 30세 이상 50세 미만은 실외 길가(6명, 26%), 실외 강가·실내 집에서 각각 4명(17%)

    – 50세 이상 70세 미만은 실외 길가(27명, 36%), 실내 집(12명, 16%)

    – 70세 이상은 실외 주거지 주변(25명, 27%), 실내 집(22명, 24%) 순으로 많이 발생하였다.

□ 한랭 질환은 심각한 인명 피해로 이어질 수 있지만 건강 수칙을 잘 지키는 것으로도 예방이 가능하므로, 한파 시 내복·장갑·목도리·모자 등으로 따뜻하게 몸을 보호하는 등 「한파 대비 건강 수칙」을 준수하는 것이 중요하다.

□ 질병관리본부는 "올 겨울(12월, 1월)이 평년보다 기온이 높아 2월 초 갑작스런 한파에 신체 적응력이 떨어질 수 있어 주의를 요하고, 「한파 대비 건강 수칙」을 준수하는 것이 중요하다"라고 밝혔다.

○ 또한, "한랭 질환자가 길가와 주거지 주변 등 실외에서 주로 발생하고 있으나 실내 집에서도 발생하고 있어 난방 장치가 취약한 환경의 경우 더욱 주의가 필요하다"고 강조하였다.

○ 지자체에서는 특히 독거노인, 노숙인, 쪽방 거주자 등 취약 계층 대상 안부 확인과 겨울철 행동 요령 등 안전 교육 및 피해 예방 활동을 강화하여 줄 것을 당부하였다.

───── < 한파 대비 일반 건강 수칙 > ─────

▶ 생활 습관: 가벼운 실내 운동, 적절한 수분 섭취, 고른 영양분을 갖춘 식사를 합니다.

▶ 실내 환경: 실내는 적정 온도를 유지하고 건조해지지 않도록 합니다.

▶ 외출 전: 날씨 정보(체감 온도 등)를 확인하고 추운 날씨에는 가급적 야외 활동을 줄입니다.

▶ 외출 시: 내복이나 얇은 옷을 겹쳐 입고, 장갑·목도리·모자·마스크로 따뜻하게 입습니다.

───── < 한파 관련 특히 주의가 필요한 경우 > ─────

▶ 어르신과 어린이: 일반 성인에 비해 체온을 유지하는 기능이 약하므로 한파 시 실외 활동을 자제하고 평상시와 외출 시에 보온에 신경 쓰세요.

▶ 만성질환자(심뇌혈관질환, 당뇨병, 고혈압 등): 급격한 온도 변화에 혈압이 상승하고 증상이 악화되어 위험할 수 있으므로 추위에 갑자기 노출되지 않게 주의하고 무리한 신체 활동을 피하세요.

▶ 음주: 술을 마시면 신체에 열이 올랐다가 체온이 급격히 떨어지지만 추위를 인지하지 못하여 위험할 수 있으므로 한파에는 과음을 피하고 절주하세요.

▶ 낙상(노인, 영유아, 퇴행성관절염과 같은 만성질환자): 빙판길, 경사지거나 불규칙한 지면, 계단을 피해 가급적 평지나 승강기를 이용하고, 장갑을 착용하여 주머니에서 손을 빼고 활동합니다.

86. 윗글의 내용과 일치하지 않는 것은?

① 한랭 질환은 여성보다 남성에게서 많이 발생하는 경향이 있다.

② 한랭 질환 예방을 위해 확인이 권고되는 날씨 정보에는 체감 온도도 포함된다.

③ 성인에 비해 노인과 어린이는 몸의 온도를 일정하게 유지하는 기능이 떨어진다.

④ 30세 이상과 달리 30세 미만에서는 실내에서 한랭 질환이 거의 발생하지 않는다.

⑤ 2018년 12월 1일부터 2019년 2월 3일 기간의 한랭 질환의 치사율은 3% 미만이다.

87. 윗글을 읽고 제기할 수 있는 질문으로 적절하지 <u>않은</u> 것은?

① 한랭 질환 중 동상과 동창은 어떤 차이점을 보이는 질환인가?

② 한랭 질환이 새벽과 오전 시간대에 걸쳐 많이 보고되는 원인은 무엇인가?

③ 술을 많이 마셨을 때 한랭 질환이 발생할 가능성이 높은 이유는 무엇인가?

④ 두꺼운 옷 한 겹과 얇은 옷 여러 겹 중 보온 효과가 더 뛰어난 것은 무엇인가?

⑤ 한랭 질환을 예방하기 위해 유지해야 할 실내 적정 온도와 습도는 어느 정도인가?

88. 윗글을 읽고 보인 반응으로 적절하지 <u>않은</u> 것은?

① 고혈압 환자는 겨울에 무리해서 바깥 운동을 하지 않는 것이 좋겠군.

② 겨울철, 전날보다 기온이 급감하는 경우 한랭 질환을 경계해야 하겠군.

③ 주민 센터에 근무하는 공무원은 겨울철에 취약 계층을 자주 방문하겠군.

④ 35세 남성에게 저체온증이 발생했다면 강가에서 발생했을 확률이 가장 높겠군.

⑤ 주머니에 손을 넣고 다니는 습관을 고치면 빙판길 낙상 사고 예방에 도움이 되겠군.

[89 ~ 90] 다음 자료를 읽고 물음에 답하시오.

광고유형별 휴대전화 스팸(문자+음성) 수신량 추이

(단위: %)

유형 \ 분기	2020년 1/2 분기	2020년 2/2 분기	2021년 1/2 분기
도박	40.07	18.45	12.76
불법대출	26.58	18.09	18.12
금융	20.33	53.49	54.78
통신가입	8.06	6.61	6.46
성인	1.34	0.57	0.49
불법의약품	0.35	0.37	0.44
기타*	3.27	2.42	6.95
계	100	100	100

* 대리운전, 계좌임대, 유흥업소, 블로그 임대/매매 등
** 위 자료는 스팸 수신량을 스팸 수신율로 치환한 것임

89. 위 통계 자료를 분석한 것으로 적절하지 <u>않은</u> 것은?

① 2020년 1/2 분기부터 2021년 1/2 분기까지 수신율이 가장 낮은 것은 불법의약품 관련 스팸 광고이다.

② 2020년 1/2 분기 대비 2021년 1/2 분기에 두 배 이상 수신율이 증가한 것은 금융, 기타 유형의 스팸 광고이다.

③ 2020년 1/2 분기부터 2021년 1/2 분기까지 불법대출 관련 스팸 광고 수신율은 꾸준히 감소하는 추세를 보인다.

④ 2020년 1/2 분기와 달리 2021년 1/2 분기에는 기타 유형 스팸 광고 수신율이 통신가입 관련 스팸 광고 수신율을 상회했다.

⑤ 2020년 1/2 분기에는 도박 관련 스팸 광고 수신율이 가장 높았으나, 2021년 1/2 분기에는 금융 관련 스팸 광고 수신율이 가장 높았다.

90. 위 통계 자료가 시사하는 문제점을 해결하기 위한 방안으로 가장 적절한 것은?

① 불법대출 스팸 광고와 계좌임대 스팸 광고의 상관관계를 분석해야 한다.

② 금융 관련 스팸 광고로 인한 피해를 방지하기 위한 대책을 시급히 마련해야 한다.

③ 최근 성인 관련 스팸 광고가 늘고 있는 이유를 분석하여 긴급 대책 회의를 열어야 한다.

④ 휴대전화뿐 아니라 이메일이나 집 전화로 수신되는 스팸 광고에 대해서도 조사해야 한다.

⑤ 스팸 광고로 인한 피해를 줄이기 위해 정보 비판 능력이 떨어지는 사람에게 관련 교육을 실시해야 한다.

국어 문화 (91번 ~ 100번)

91. 〈보기〉의 ㉠~㉺ 중 음절 구성 방식이 '자음+모음+자음'인 단어를 모두 고른 것은?

〈 보 기 〉

| ㉠ 깨 | ㉡ 뇌 | ㉢ 밖 | ㉣ 빰 | ㉤ 삯 |
| ㉥ 소 | ㉦ 알 | ㉧ 예 | ㉨ 윙 | ㉩ 춹 |

① ㉢, ㉣, ㉩
② ㉣, ㉦, ㉨
③ ㉠, ㉡, ㉥, ㉧
④ ㉢, ㉣, ㉦, ㉨
⑤ ㉢, ㉣, ㉤, ㉩

92. 다음 중 통사적 합성어가 아닌 것은?

① 방울떡
② 짓밟다
③ 첫사랑
④ 코웃음
⑤ 돌아가다

93. 〈보기〉의 수어가 나타내는 자음이 적절하게 짝 지어진 것은?

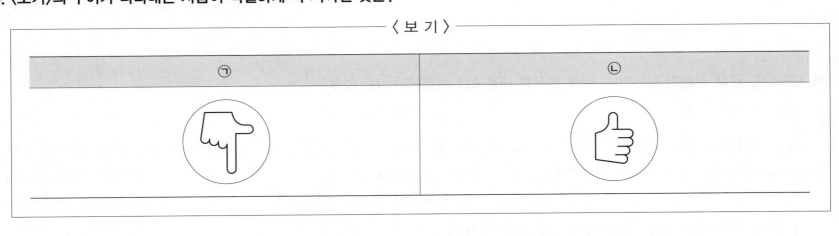

	㉠	㉡		㉠	㉡
①	ㄱ	ㅂ	②	ㄱ	ㅎ
③	ㄴ	ㅇ	④	ㄴ	ㅂ
⑤	ㅋ	ㅎ			

94. 〈보기〉는 같은 의미로 사용되는 남한어와 북한어를 나타낸 것이다. 이때, ㉠과 ㉡에 들어갈 말로 적절한 것은?

〈 보 기 〉

남한어	북한어	남한어	북한어
도시락	곽밥	반딧불이	불벌레
마라톤	마라손	쌍디귿	㉡
㉠	물막이	–	

	㉠	㉡			㉠	㉡
①	방수	된디귿		②	우산	된디귿
③	방수	쌍디읃		④	방파제	된디읃
⑤	우산	쌍디읃				

95. 〈보기〉에서 설명하고 있는 문학 용어는?

〈 보 기 〉

　　인물, 배경 등이 동일한 하나의 이야기를 통해 표면적 주제와 이면적 주제를 모두 드러내는 수사법으로, 표면적 주제와 이면적 주제와의 유사성을 활용해 주제를 나타낸다. 은유법과 유사한 표현 기교라고 할 수 있는데 은유법이 하나의 단어나 하나의 문장과 같은 작은 단위에서 구사되는 표현 기교인 반면, 이 기법은 이야기 전체가 하나의 총체적인 은유법으로 관철되어 있다는 차이점이 있다.

① 메타포　　　　　　　② 모티브　　　　　　　③ 미장센
④ 아이러니　　　　　　⑤ 알레고리

96. 〈보기〉는 근대 신문의 일부이다. 이를 분석한 내용으로 적절하지 <u>않은</u> 것은?

〈 보 기 〉

　　우리신문이 한문은 아니쓰고 다만 국문으로만 쓰는거슨 샹하귀쳔이 다보게 홈이라 쏘 국문을 이러케 귀졀을 쎄여 쓴즉 아모라도 이신문 보기가 쉽고 신문속에 잇는말을 자셰이 알어 보게 홈이라　　　　　－『독립신문』 창간사 중에서

① 모음 조화가 잘 지켜지지 않는 모습을 찾을 수 있다.
② 받침 표기가 현대 국어의 받침 표기와 일치하고 있다.
③ 명사형 어미로 '-옴/-움' 외에 '-기'가 함께 쓰이고 있다.
④ 주격 조사 '이'와 '가'가 모두 쓰이는 모습을 찾을 수 있다.
⑤ 현대 국어의 띄어쓰기와 일치하지 않는 부분을 찾을 수 있다.

97. 〈보기〉에서 설명하고 있는 문학 작품은?

─〈 보 기 〉─

　최인훈의 작품으로, 해방 이후부터 한국 전쟁까지를 배경으로 하여 한 인물이 겪는 이데올로기적 갈등을 통해 남북 분단의 문제를 고발하는 관념적 성격이 강한 작품이다.

① 「광장」 　　　　　② 「눈길」 　　　　　③ 「봄봄」
④ 「수난이대」 　　　⑤ 「해방전후」

98. 〈보기〉에서 설명하고 있는 작가는?

─〈 보 기 〉─

　1960년대 한국 문학계를 대표하는 작가로, 개인의 꿈이나 낭만을 펼칠 수 없는 속물적이고 개인주의적인 현대 사회 속에서 고립되어 가는 사람들의 모습을 감각적인 문체로 그려낸 것이 특징이다. 대표작으로는 「서울, 1964년 겨울」, 「무진기행」, 「염소는 힘이 세다」 등이 있다.

① 김승옥 　　　　　② 김유정 　　　　　③ 염상섭
④ 전영택 　　　　　⑤ 최서해

99. 〈보기〉의 ㉠~㉤에 대한 설명으로 적절하지 않은 것은?

─〈 보 기 〉─

• 박물관에서 ㉠다디미로 옷을 두드려 보는 체험을 했다.
• 부모는 물건을 사고 받은 ㉡우수리를 아이에게 주었다.
• ㉢만날 자기 자랑만 해 대는 그에게 친구가 있을 리 없다.
• 미세 먼지가 많은 계절에는 ㉣다래끼가 쉽게 생긴다고 한다.
• 뱀이 ㉤똬리를 틀고 있는 이유는 체온을 유지하기 위해서이다.

① ㉠: '다듬이질을 할 때 쓰는 방망이'라는 의미의 방언이다.
② ㉡: '제 값어치 외에 거저로 조금 더 얹어 주는 일. 또는 그런 물건'이라는 의미의 표준어이다.
③ ㉢: '매일같이 계속하여서'라는 의미의 표준어이다.
④ ㉣: '속눈썹의 뿌리에 균이 들어가 눈시울이 발갛게 붓고 곪아서 생기는 작은 부스럼'이라는 의미의 표준어이다.
⑤ ㉤: '둥글게 빙빙 틀어 놓은 것. 또는 그런 모양'이라는 의미의 표준어이다.

100. 〈보기〉에 해당하는 작품으로 적절한 것은?

─〈 보 기 〉─

　판소리의 사설이 기록물로 자리 잡으면서 형성된 소설로 해학적·풍자적 성격을 띠며 판소리의 구어적 특성이 반영되어 생동감 있는 표현이 나타난다. 주로 평민 계층에 의해 향유되었으며 서민적 정서가 작품에 반영되어 있다.

① 「장끼전」 　　　　② 「주옹설」 　　　　③ 「난중일기」
④ 「죽부인전」 　　　⑤ 「예덕선생전」

해커스
KBS
한국어능력시험
봉투모의고사

약점 보완 해설집

해커스자격증

KBS 한국어능력시험 최신 출제 경향

듣기·말하기 (1번~15번)	듣기 단독 5문제와 듣기·말하기 혼합 10문제가 출제된다. 사실적 듣기에서는 그림 해설이나 강연을 듣고 그 세부 내용을 파악하는 문제, 대화를 듣고 등장인물의 생각이나 갈등이 일어난 상황을 파악하는 문제가 매회 출제된다. 추론적 듣기에서는 이야기에 이어질 내용을 추론하는 문제, 대화의 갈등을 해결할 방안을 추론하는 문제, 발표의 말하기 전략을 묻는 문제가 자주 출제된다.
어휘 (16번~30번)	매회 고유어, 한자어 문제가 전체 어휘 문제의 약 40%를 차지할 정도로 비중 있게 출제되며, 어휘의 의미 관계, 한자 성어, 속담, 관용구, 순화어 문제도 매회 출제된다. 어휘 영역은 방대한 범위에서 출제되고 있다. 특히 순화어 문제는 일본어 순화어의 적절성을 묻는 문제의 비중이 줄어들고, 한자어 순화어와 외래어 순화어의 적절성을 묻는 문제의 비중이 느는 경향을 보인다.
어법 (31번~45번)	매회 10문제 가량 출제되는 어문 규정(한글 맞춤법, 표준어 규정, 외래어 표기법, 국어의 로마자 표기법) 문제와 3문제 이상 출제되는 올바른 문장 표현 문제가 어법 문제의 약 90%를 차지할 정도로 매우 비중이 높다. 현대 문법(말소리, 단어, 문장 등)은 어법 영역보다 국어 문화 영역에서 비중 있게 다루어지는 추세이다.
쓰기 (46번~50번)	'글쓰기 계획 - 자료의 활용 방안 - 개요 수정 및 상세화 방안 - 고쳐쓰기'의 글쓰기 과정에 따라 하나의 주제와 관련된 5문제가 세트로 출제되며, 고쳐쓰기 문제가 2문제 출제된다.
창안 (51번~60번)	인문, 과학, 사회 분야를 제재로 한 짧은 글에서 일반적인 상황에 적합한 주장 및 논지를 유추해 내는 문제가 매회 5문제가량 꾸준히 출제되어 창안 영역에서 출제 비중이 가장 높다. 최근에는 주장 및 논지를 창안하는 문제가 한자 성어나 속담 등 어휘 영역과 연관 지어 구성되기도 하는 추세이다. 또한 내용 연상 문제, 시각 자료나 조건을 바탕으로 내용을 생성하는 문제, 시각 자료를 분석하거나 활용하는 문제도 매회 출제되고 있다.
읽기 (61번~90번)	문예 단원에서는 현대 시와 현대 소설을 읽고 작품의 내용 및 표현·형식상 특징을 파악하는 문제가 주로 출제되며, 최근 현대 소설 문제에서는 제시된 작품에 드러나지 않은 내용이나 인물의 심리를 추론하는 문제가 자주 출제되고 있다. 매회 새로운 작품이 출제되는 경향을 보인다. 학술 단원에서는 인문, 사회, 과학, 예술 분야에 대한 글을 읽고 내용을 파악하는 문제를 기본으로 내용 추론, 빈칸 추론, 다른 상황에 적용하기 등 추론적 읽기 문제가 주로 출제된다. 매회 인문, 사회, 과학, 예술 분야의 지문이 하나 이상 출제되나 인문 분야 지문이 가장 비중 있게 다루어진다. 실용 단원에서는 주로 안내문, 보도 자료, 통계 자료 등의 정보를 파악하는 문제가 출제되며, 안내문의 경우 안내문의 내용을 구체적인 상황에 적용해 보는 문제가 매회 출제된다. 최근에는 공문을 제재로 하여 공문의 내용 및 형식상 특징을 묻는 문제가 출제되는 편이다.
국어 문화 (91번~100번)	국어 생활 단원은 과거에 자주 출제되었던 방송 언어, 표준 언어 예절 대신 만요(漫謠), 점자, 수어 등 과거에 출제된 적 없는 제재가 문제로 등장하는 등 최근 출제 경향이 크게 바뀌고 있다. 국어학 단원은 어법 영역에서 출제 비중이 줄어든 현대 문법 이론을 중심으로 중세 국어와 남북한의 언어 문제가 매회 출제되고 있다. 국문학 단원은 과거와 비슷하게 작가의 이름, 작품명을 묻는 문제가 매회 출제되며 작품 비평 방법, 시나리오 용어 등 문학 이론을 묻는 문제도 매번 출제되고 있다. 최근에는 작품 속 어휘의 문맥적 의미를 묻는 문제가 출제되었다.

실전모의고사 제1회

◎◎ 정답 한눈에 보기

1	2	3	4	5	6	7	8	9	10
③	③	①	②	④	②	④	③	①	④
11	12	13	14	15	16	17	18	19	20
④	⑤	③	⑤	②	③	③	⑤	⑤	④
21	22	23	24	25	26	27	28	29	30
⑤	⑤	④	⑤	②	①	③	④	①	②
31	32	33	34	35	36	37	38	39	40
②	④	⑤	⑤	②	③	④	⑤	②	⑤
41	42	43	44	45	46	47	48	49	50
②	③	④	③	④	④	⑤	④	①	③
51	52	53	54	55	56	57	58	59	60
⑤	④	④	⑤	⑤	③	④	⑤	②	⑤
61	62	63	64	65	66	67	68	69	70
④	②	①	③	④	③	④	③	③	⑤
71	72	73	74	75	76	77	78	79	80
⑤	①	⑤	②	③	④	⑤	③	⑤	②
81	82	83	84	85	86	87	88	89	90
⑤	④	⑤	②	⑤	⑤	⑤	⑤	③	①
91	92	93	94	95	96	97	98	99	100
④	③	②	③	⑤	②	③	①	④	③

🔍 취약 영역 분석표

모바일 자동 채점 + 성적 분석 서비스를 이용해
나의 위치와 취약 영역을 파악해 보세요.

영역	듣기·말하기 (1번~15번)	어휘 (16번~30번)	어법 (31번~45번)	쓰기 (46번~50번)	창안 (51번~60번)	읽기 (61번~90번)	국어 문화 (91번~100번)	TOTAL
맞힌 답의 개수	/ 15	/ 15	/ 15	/ 5	/ 10	/ 30	/ 10	/ 100

해설

1   그림 – 그림 해설 파악   정답 ③

그림에 대한 설명에서 인물의 모습이 대조되어 엄숙한 분위기를 자아낸다는 내용은 확인할 수 있으나 작품에 사용된 색감에 대한 언급은 없으므로 그림에 대한 설명으로 확인할 수 없는 내용은 ③이다.
[관련 지문 인용] 삼 형제의 모습이 가족의 비통한 표정과 대조되어 엄숙한 분위기를 자아냅니다.

[오답분석] ① 작품이 '루이 16세를 처형했던 혁명가'에게서 긍정적인 평가를 받았음을 확인할 수 있다.

[관련 지문 인용] 이 작품은 루이 16세를 처형했던 혁명가들에게도 찬사를 받았습니다.

② 작품에는 고대 문화를 본받고자 한 당시의 풍토가 반영되어 있으며, 고대 로마 건축물의 발견과 그리스 문화의 재발견으로 고대 문화에 대한 관심이 많아지면서 이러한 풍토가 형성되었음을 확인할 수 있다.

[관련 지문 인용]
- 폼페이 유적지 등에서 고대 로마 건축물이 발견되고, 동방 여행을 통해 그리스 문화가 재발견되었어요. 이에 따라 고대에 대한 관심이 높아지고, 고대를 모방하는 풍토가 조성되었지요.
- 이 풍토를 잘 보여 주는 작품으로 다비드의 <호라티우스 형제의 맹세>를 꼽을 수 있습니다.

④ 당시 화풍이 신고전주의 미술임을 알 수 있으며 화풍의 특징은 고대 로마 시대 조각과 건축의 특징을 그림에 반영하는 것이었음을 확인할 수 있다.

[관련 지문 인용] 작품 속 인물들에게서 로마 시대의 조각 작품에서 보이는 균형감이 느껴지지 않나요? 배경에는 로마 시대의 기둥을 단순하게 배치해 고대를 동경한 신고전주의 미술의 특징을 분명히 보여 줍니다.

⑤ '삼 형제가 전쟁터에 나가기 전 아버지 앞에서 승리를 맹세하는 모습을 나타낸 작품이에요'를 통해 확인할 수 있다.

[듣기대본]
　　18세기 중반이 되자 폼페이 유적지 등에서 고대 로마 건축물이 발견되고, 동방 여행을 통해 그리스 문화가 재발견되었어요. 이에 따라 고대에 대한 관심이 높아지고, 고대를 모방하는 풍토가 조성되었지요.
　　이 풍토를 잘 보여 주는 작품으로 다비드의 <호라티우스 형제의 맹세>를 꼽을 수 있습니다. 호라티우스가(家)의 삼 형제가 전쟁터에 나가기 전 아버지 앞에서 승리를 맹세하는 모습을 나타낸 작품이에요. 죽음을 각

오하고 전쟁터에 나갈 것을 맹세하는 삼 형제의 모습이 가족의 비통한 표정과 대조되어 엄숙한 분위기를 자아냅니다. 작품 속 인물들에게서 로마 시대의 조각 작품에서 보이는 균형감이 느껴지지 않나요? 배경에는 로마 시대의 기둥을 단순하게 배치해 고대를 동경한 신고전주의 미술의 특징을 분명히 보여 줍니다.
　　루이 16세는 <호라티우스 형제의 맹세>를 통해 죽음을 무릅쓰고 나라에 충성하는 국민의 모습을 이상화하고자 했어요. 더불어 프랑스 왕실을 호라티우스가에 빗대어 도덕적인 모습으로 선전했지요.
　　아이러니하게도 이 작품은 루이 16세를 처형했던 혁명가들에게도 찬사를 받았습니다. 호라티우스 형제의 단호한 맹세가 사회 개혁을 위한 정치적 결단으로 보였나 봐요.

2   이야기 – 이어질 내용 추론   정답 ③

제시된 이야기는 '나'가 고치에 구멍을 내어 고치에서 나오는 과정을 도와준 나비는 지쳐 쓰러진 반면 스스로의 힘으로 고치에서 나온 다른 나비들은 힘차게 날갯짓을 하였다는 것이다. 즉, 스스로 고치에서 나온 나비는 그 과정을 통해 단련이 되어 고치에서 나온 후 힘차게 날 수 있다는 내용이므로 더 높은 단계로 올라서기 위해서는 자신을 단련하는 과정이 필요하다는 내용을 추론할 수 있다. 따라서 마지막에 이어질 교훈으로 가장 적절한 것은 ③이다.

[듣기대본]
　　나는 누에를 키운 적이 있어요. 어느 날 나는 누에고치에서 누에나비들이 날아오르는 것을 보고는, 그 장면을 유심히 살펴보았죠. 고치에 생긴 작은 구멍에서 누에나비가 긴 시간을 몸부림치며 용케 빠져나오는 것을 보던 나는, 세상에 첫발을 내딛는 그 가엾은 나비를 도와주고 싶어졌어요. 그래서 누에고치 하나에 큰 구멍을 내 주었답니다. 좁은 구멍에서 나오는 다른 누에나비들이 날개가 찢기는 듯한 고통을 겪는 동안, 고치에 구멍을 내 준 나비는 쉽게 고치에서 나와 아무런 상처도 없이 아름다운 날개를 퍼덕였지요. 나는 이 나비의 날갯짓을 보며 참 잘한 일이라고 생각했어요. 그런데 작은 구멍을 비집고 나온 나비들은 힘차게 날갯짓을 하며 공중으로 날아올랐지만, 큰 구멍으로 쉽게 나온 나비는 책상 위를 몇 번 맴돌더니 얼마 후 지쳐 쓰러졌습니다.

3 강연 - 세부 내용 파악   정답 ①

'접속 수역은~연안국이 필요한 규제를 할 수 있는 바다의 구역이지요'를 통해 접속 수역에서 연안국이 권한을 행사할 수 있음을 알 수 있으므로 강연의 내용과 일치하지 않는 것은 ①이다.

 ② '배타적 경제 수역은~연안국이 어업, 석유와 천연가스의 채굴 등을 할 수 있는 경제적 주권을 행사할 권리가 있어요'를 통해 연안국에게 배타적 경제 수역의 어업, 해양 자원 채굴 등에 대한 권리가 있음을 알 수 있다.
③ '접속 수역은 해안선에서 24해리(약 44km)까지의 바다를~법적 승인이 없이 몰래 다니는 배(밀항선)나 세관을 거치지 않고 몰래 물건을 사들여 오거나 내다 파는 데에 쓰는 배(밀수선)의 침입을 막기 위해 연안국이 필요한 규제를 할 수 있는 바다의 구역이지요'를 통해 해안선에서 24해리까지의 바다 영역에서 연안국이 불법적 행위를 규제할 수 있음을 알 수 있다.
④ '영해에는 연안국의 주권이 미치므로~다만 평화를 해치지 않는 한 외국 선박이 자유롭게 항해할 수 있답니다'를 통해 영해는 연안국의 주권이 행사되는 영역이지만 그 나라의 평화를 해치지 않는 한 외국 선박의 통행이 가능함을 알 수 있다.
⑤ "배타적 경제 수역'이라는 말에는 '자기 나라의 연안으로부터 200해리까지의 모든 자원에 대해 경제적 혜택을 독점한다'는 의미가 담겨 있지요'를 통해 배타적 경제 수역은 해안에서 200해리까지의 영역을 가리키며, 해당 영역에서 나오는 자원의 경제적 혜택을 연안국이 독점함을 알 수 있다.

> 듣기
> 대본
>
> 바다는 이 세상의 모든 물을 담았다가 하늘로 올려보내는 거대한 물탱크지요. 세상의 바다는 모두 연결되어 있기 때문에 사실상 하나예요. 그렇다면 이 거대한 물탱크의 주인은 누구일까요?
>
> 국제 해양법이라는 것에 따르면 바다는 영해, 접속 수역, 배타적 경제 수역, 공해로 나누어져요. 영해는 해안선에서 12해리(약 22km)까지의 바다를 말합니다. 영해에는 연안국의 주권이 미치므로 다른 나라의 어선이 마음대로 고기잡이를 할 수 없어요. 다만 평화를 해치지 않는 한 외국 선박이 자유롭게 항해할 수 있답니다.
>
> 접속 수역은 해안선에서 24해리(약 44km)까지의 바다를 말해요. 해당 국가와 기관의 법적 승인이 없이 몰래 다니는 배(밀항선)나 세관을 거치지 않고 몰래 물건을 사들여 오거나 내다 파는 데에 쓰는 배(밀수선)의 침입을 막기 위해 연안국이 필요한 규제를 할 수 있는 바다의 구역이지요.

배타적 경제 수역은 해안에서 200해리(약 370km)까지의 바다를 말합니다. 이 해역에서는 연안국이 어업, 석유와 천연가스의 채굴 등을 할 수 있는 경제적 주권을 행사할 권리가 있어요. '배타적 경제 수역'이라는 말에는 '자기 나라의 연안으로부터 200해리까지의 모든 자원에 대해 경제적 혜택을 독점한다'는 의미가 담겨 있지요.

자, 이제는 여러분도 바다의 주인이 누구인지 짐작할 수 있을 거예요. 그런데 바다에는 주인이 있는 곳도 있지만 공해처럼 주인이 없는 곳도 있답니다. 공해는 배타적 경제 수역 바깥에 있는 바다를 의미합니다.

4 라디오 - 세부 내용 파악   정답 ②

정책 담당자가 '이 프로그램에 참여한 청소년들은 상대국을 방문해', '취약 계층 청소년이 더 많이 참여할 수 있도록 이들에 대한 물적, 인적 지원을 확대할 계획입니다'라고 한 것을 통해 프로그램에 참여한 학생들이 상대국에 직접 간다는 것과 취약 계층 청소년의 참여를 위한 인적·물적 지원을 확대할 예정인 것을 알 수 있으나 상대국을 방문할 때 모든 경비를 지원해 주는지는 알 수 없으므로 적절하지 않다. 따라서 답은 ②이다.

 ① 정책 담당자가 '사실, 청소년 국제 교류를 실질적으로 담당할 전문가가 부족한 것이 현실입니다.~그에 따른 적절한 지원을 해 줄 전문 인력이 부족하다 보니'라고 한 것을 통해 청소년 국제 교류 활동의 실무를 지원할 전문가가 부족한 상황임을 알 수 있다.
③ 정책 담당자가 '청소년들이 세계 시민으로서 국제 사회에 대한 책임 의식과 참여 의식을 기를 수 있도록 다양한 교류 활동을 하는 것이지요'라고 한 것을 통해 청소년 국제 교류의 목적에 국제 사회에 대한 청소년의 참여 의식 함양이 있음을 알 수 있다.
④ 정책 담당자가 '고등학생들의~상대국을 방문해 학술 교류뿐 아니라~현지 학교생활도 경험하면서'라고 한 것을 통해 프로그램에 참여한 고등학생들은 교류를 맺은 나라의 학교에서 교육받을 수 있음을 알 수 있다.
⑤ 정책 담당자가 '취약 계층 청소년이 더 많이 참여할 수 있도록~홍보도 강화할 계획입니다'라고 한 것을 통해 취약 계층 청소년들이 국제 교류 활동에 많이 참여할 수 있도록 프로그램에 대한 홍보를 강화할 예정임을 알 수 있다.

듣기 대본

진행자: 청취자 여러분, 안녕하십니까? 요즘 청소년 국
제 교류에 대한 논의가 활발한데요, 정책 담당자 분
과 함께 말씀 나눠 보겠습니다. 먼저 정책에 대해 간
략하게 소개해 주시겠어요?

담당자: 네. 청소년 국제 교류란 청소년들이 외국과 인
적, 문화적 교류 활동을 하는 것인데요. 정책의 목적
은 이러한 활동을 통해 글로벌 사회를 이끌어 갈 청
소년의 공동체 의식을 함양하는 데 있습니다.

진행자: 네. 그런데 공동체 의식을 함양하기 위해 국제
교류를 한다는 것이 좀 의아합니다. 구체적으로 설
명해 주시겠습니까?

담당자: 여기서 공동체란 우리나라를 포함한 전 세계
를 의미합니다. 글로벌 시대에 청소년들이 세계 시민
으로서 국제 사회에 대한 책임 의식과 참여 의식을
기를 수 있도록 다양한 교류 활동을 하는 것이지요.

진행자: 아, 그렇군요. 그러면 교류 활동으로 어떤 것
들이 있나요?

담당자: 고등학생들의 국제 학술 교류 행사를 예로 들
수 있습니다. 이 프로그램에 참여한 청소년들은 상
대국을 방문해 학술 교류뿐 아니라 홈스테이도 하고
현지 학교생활도 경험하면서 그들의 문화를 이해하
고 세계 시민으로 성장해 가는 것이지요.

진행자: 네, 잘 알겠습니다. 그런데 이렇게 좋은 기회가
취약 계층 청소년들에게는 잘 주어지지 않는 것 같
습니다. 이에 대해 어떻게 생각하시는지요?

담당자: 네. 저희도 그 점을 보완해야 한다고 생각합니
다. 그래서 취약 계층 청소년이 더 많이 참여할 수 있
도록 이들에 대한 물적, 인적 지원을 확대할 계획입
니다. 또한 정보가 없어서 참여하지 못하는 경우도
많으므로 홍보도 강화할 계획입니다.

진행자: 저도 그 부분에 공감합니다. 혹시 정책을 펴 나
가는 데 어려움은 없으신가요?

담당자: 사실, 청소년 국제 교류를 실질적으로 담당할
전문가가 부족한 것이 현실입니다. 청소년 국제 교
류 활동은 대상, 장소 등, 상황이 다양한데 그에 따
른 적절한 지원을 해 줄 전문 인력이 부족하다 보
니 교류 활동의 성과를 높이는 데 한계를 느낄 때
도 있습니다.

진행자: 네, 그렇군요. 이런 문제가 해결되어서 청소년
국제 교류 활동이 더욱 활성화되면 좋겠습니다. 오
늘 나와 주셔서 감사합니다.

5 시 – 제재 추론

정답 ④

1연에서 화자가 '그것'을 '별 닦는 나무'라고 한 것과 2연의 '가을
이 되면 별가루에 묻어 순금빛 나무'를 통해 '그것'은 가을이 오면
순금빛으로 노랗게 물드는 대상임을 알 수 있으므로 시의 '그것'
을 은행나무로 추론할 수 있다. 참고로, 이 시는 은행나무가 노랗
게 물드는 이유를 은행나무가 열심히 별을 닦아 노란 가루가 묻
었기 때문이라고 표현하고 있다.

듣기 대본

> '그것'을
> 별 닦는 나무라고 부르면 안 되나
> 비와 바람과 햇빛을 쥐고
> 열심히 별을 닦던 나무
>
> 가을이 되면 별가루에 묻어 순금빛 나무
>
> 나도 별 닦는 나무가 되고 싶은데
> 당신이라는 별을
>
> 열심히 닦다가 당신에게 순금 물이 들어
> 아름답게 지고 싶은데
>
> 이런 나를
> 별 닦는 나무라고 불러 주면 안 되나
> 당신이라는 별에
> 아름답게 지고 싶은 나를
>
> — 공광규, 「별 닦는 나무」

6 방송 인터뷰 – 세부 내용 파악

정답 ②

과장이 '의약품이 필요한 사회 복지 시설이나 국내외 의료 봉사
단체에 무상으로 연결시켜 주는'이라고 한 것을 통해 국외의 의
료 봉사 단체도 의약품을 지원받을 수 있는 대상임을 알 수 있
으므로 적절하다. 따라서 답은 ②이다.

오답 분석
① 과장이 '기부하고 싶은 사업체나 받고 싶은 시설 및 단
체는 저희 홈페이지에 접속하셔서 회원으로 가입하시
면 쉽게 참여하실 수 있습니다'라고 한 것을 통해 홈페
이지에서 회원 가입을 한 후 사업에 참여할 수 있음을
알 수 있으므로 적절하지 않다.
③ 과장이 '전문 의약품을 의사의 처방 없이 제공하는 데
도 문제가 있을 수 있습니다'라고 한 것을 통해 약사
가 아닌 의사의 처방 없이 전문 의약품을 제공하는 것
이 사업의 문제가 됨을 알 수 있으므로 적절하지 않다.

④ 과장이 '의료보험이 적용되지 않는 영양제나 아토피 치료제 같은 의약품을 무상으로 지원받을 수 있습니다'라고 한 것을 통해 의료보험이 적용되지 않는 일부 의약품은 원가의 반값이 아닌 무상으로 지원받을 수 있음을 알 수 있으므로 적절하지 않다.

⑤ 과장이 '약국이나 제약 회사가 판매하고 남은 의약품을 저희 정보망에 기탁하면, 의약품이 필요한~단체에 무상으로 연결시켜 주는 사이버상의 네트워크입니다'라고 한 것을 통해 자치 단체가 의약품을 받아 직접 제공해 주는 것이 아니라 약국이나 제약 회사로부터 재고 의약품의 정보만 전달받아 의약품이 필요한 곳과 의약품 기탁처를 연결해 주는 것임을 알 수 있으므로 적절하지 않다.

진행자: 여러분, 안녕하세요? 몇 년 전부터 한 지방자치단체가 의료 취약 계층을 위해 의약품 공급 정보망 사업으로 일정 성과를 올리고 있는데요, 오늘은 그 관계자 한 분을 모시고 말씀을 들어 보기로 하겠습니다. 과장님 안녕하세요?

과장: 네, 안녕하세요.

진행자: 과장님, 의약품 공급 정보망이라는 말이 다소 생소한데 이게 무슨 말인가요?

과장: 네, 저희 자치단체에서 2004년부터 실시하고 있는 건데요, 약국이나 제약 회사가 판매하고 남은 의약품을 저희 정보망에 기탁하면, 의약품이 필요한 사회 복지 시설이나 국내외 의료 봉사 단체에 무상으로 연결시켜 주는 사이버상의 네트워크입니다.

진행자: 그렇군요. 그동안 이 사업에 성과가 있었다면, 그 이유는 의약품을 기탁하는 곳이나 받는 곳 모두 이점이 있었기 때문일 것 같습니다. 구체적으로 어떤 이점들이 있나요?

과장: 네. 약국이나 제약 회사에서는 처방전 변경 등으로 판매되지 않은 의약품들을 기탁하기 때문에 부담스럽지 않죠. 또 유통 기한이 6개월 이상 남은 의약품들만을 기탁하면서 자신들의 이미지를 높일 수 있고, 동시에 기부금 관련 세금 혜택도 받을 수 있습니다. 그리고 한정된 예산으로 운영되는 복지 시설이나 봉사 단체에서는 의료보험이 적용되지 않는 영양제나 아토피 치료제 같은 의약품을 무상으로 지원받을 수 있습니다. 올 초를 기준으로 40여 곳에서 기탁하고 있고, 지금까지 약 25억 원 어치의 의약품이 전달되었습니다.

진행자: 네. 그렇군요. 음, 그런데 2004년부터 시작했다면 아직은 널리 확산되었다고는 볼 수 없을 것 같은데, 혹시 이 사업에 걸림돌이라도 있나요?

과장: 아, 네. 좀 있습니다. 재고 의약품을 무상으로 공급하다 보면 판매량 감소 등의 이유로 다시 재고가 쌓이는 문제가 생길 수도 있고, 또 전문 의약품을 의사의 처방 없이 제공하는 데도 문제가 있을 수 있습니다.

진행자: 그러니까 앞으로 이런 문제를 해결하기 위한 제도 정비나 의료 전문 인력이 좀 더 필요하다는 말씀이신 것 같군요. 끝으로 이 사업에 참여하려면 어떻게 해야 할까요?

과장: 아, 그건 쉬워요. 기부하고 싶은 사업체나 받고 싶은 시설 및 단체는 저희 홈페이지에 접속하셔서 회원으로 가입하시면 쉽게 참여하실 수 있습니다.

진행자: 네. 간편해서 좋군요. 모쪼록 이 의약품 공급 정보망 사업이 확대되어 국내외 의료 취약 계층에 많은 도움이 되기를 바랍니다. 감사합니다.

7 방송 인터뷰 – 말하기 전략   정답 ④

진행자는 인터뷰에서 주제에 벗어난 말을 제지하기 위해 화제를 전환하고 있지 않으므로 적절하지 않다. 따라서 답은 ④이다.

 ① 진행자가 '의약품을 기탁하는 곳이나 받는 곳 모두 이점이 있었기 때문일 것 같습니다. 구체적으로 어떤 이점들이 있나요?'라고 한 것을 통해 사업에 연관된 대상에게 생기는 이점의 예를 들어 주기를 요구하고 있음을 알 수 있으므로 적절하다.

② 진행자가 '이 의약품 공급 정보망 사업이 확대되어 국내외 의료 취약 계층에 많은 도움이 되기를 바랍니다'라고 한 것을 통해 의약품 공급 정보망 사업의 번창을 기대하며 인터뷰를 마무리하고 있음을 알 수 있으므로 적절하다.

③ 과장이 설명하는 의약품 공급 정보망 사업의 문제점을 들은 진행자가 '그러니까 앞으로 이런 문제를 해결하기 위한 제도 정비나 의료 전문 인력이 좀 더 필요하다는 말씀이신 것 같군요'라고 한 것을 통해 진행자는 과장이 설명한 문제의 해결책을 말하고 있음을 알 수 있으므로 적절하다.

⑤ 진행자가 '사업에 성과가 있었다면, 그 이유는~이점이 있었기 때문일 것 같습니다'라고 한 것을 통해 특정 결과에 대한 이유를 추측하며 인터뷰를 진행하고 있음을 알 수 있으므로 적절하다.

8 대화 - 등장인물의 생각 파악 정답 ③

남편이 '아이들과 대화 시간이 줄어들어 학교 폭력의 이상 징후를 바로 확인하지 못하는 경우도 있다더라'라고 한 것을 통해 가족 간의 대화가 줄어들어 학교 폭력의 낌새를 알아차리지 못할까 봐 염려하고 있음을 알 수 있으나 가족 간의 대화가 원활하지 않아 자신의 아이가 문제를 일으켰다는 남편의 생각은 알 수 없으므로 적절하지 않다. 따라서 답은 ③이다.

오답 분석

① 아내가 '아이를 너무 다그치는 건 좋지 않아'라고 한 것을 통해 아내는 아이를 몰아붙이는 양육 방식이 옳지 않다고 생각하고 있음을 알 수 있으므로 적절하다.

② 아내가 '내 딸은 내가 제일 잘 아는데, 절대 그럴 아이 아니야'라고 한 것을 통해 아내는 자신의 아이가 잘못된 행동을 하지 않으리라는 것을 확신하고 있음을 알 수 있으므로 적절하다.

④ 남편이 '그렇지만 원만한 대인 관계를 위해서 자신의 상태를 파악하고 정서를 조절하는 방법을 배워야 해'라고 한 것을 통해 남편은 주변 사람들과 좋은 관계를 유지하기 위해서 자신의 감정을 조절할 수 있어야 한다고 생각하고 있음을 알 수 있으므로 적절하다.

⑤ 남편이 '친구 사이에 갈등이 자주 일어나는 것도 학교 폭력의 징후라고 하더라고', '아무튼 이 일을 그렇게 가벼이 넘기면 안 될 것 같아'라고 한 것을 통해 남편은 친구 간의 갈등이 학교 폭력의 징후이므로 이 상황을 가볍게 여기면 안 된다고 생각하고 있음을 알 수 있으므로 적절하다.

듣기 대본

남편: 네, 선생님. 알겠습니다. 어휴, 큰일이네.

아내: 무슨 일 있어? 아영이 선생님이랑 통화한 거 아니야?

남편: 아영이가 반 친구랑 싸움을 했대. 그런데 아영이가 일방적으로 큰 소리를 낸 모양이야. 이번 주 시간 될 때 면담하자고 하셔서 금요일에 가겠다고 했어.

아내: 난 또 뭐라고. 그 나이대 아이들 다 싸우면서 크는 거지.

남편: 그게 무슨 소리야. 요즘 세상에 그런 말이 어딨어? 만약에 아영이가 일방적으로 다른 아이를 괴롭힌 거면 학폭위가 열릴 수도 있단 말이야.

아내: 학폭위? 그게 뭐야?

남편: 학교폭력대책심의위원회. 요즘 얼마나 예민한 문제인데. 언젠가 라디오 방송에서 들었는데 친구 사이에 갈등이 자주 일어나는 것도 학교 폭력의 징후라고 하더라고. 맞벌이 가정이 늘어나면서 아이들과 대화 시간이 줄어들어 학교 폭력의 이상 징후를 바로 확인하지 못하는 경우도 있다더라.

아내: 내 딸은 내가 제일 잘 아는데, 절대 그럴 아이 아니야. 최근에 성적 때문에 스트레스 받는 것 같던데, 스트레스 받으면 친구랑 싸울 수도 있지 뭐.

남편: 스트레스를 받을 수는 있지. 그렇지만 원만한 대인 관계를 위해서 자신의 상태를 파악하고 정서를 조절하는 방법을 배워야 해. 아무튼 이 일을 그렇게 가벼이 넘기면 안 될 것 같아. 이번 주 금요일 오후 3시에 담임 선생님과 면담하기로 했으니, 회사에 미리 말하고 나와요.

아내: 나 이번 주 결산 때문에 바쁜데. 그냥 당신만 다녀와. 아영이 훈육은 당신이 해도 충분하잖아. 나까지 가면 아영이가 얼마나 민망하겠어. 아이를 너무 다그치는 건 좋지 않아.

남편: 그게 무슨 소리야? 아영이 일인데 우리 둘 다 가서 어떻게 된 일인지 자초지종을 알아야지. 그리고 학교 폭력은 예방이 더 중요하다고. 우리 딸 일인데 계속 그렇게 무심하게 굴 거야?

아내: 아유, 알았어요. 무슨 학교 폭력이야. 애들이 싸운 거 가지고, 어휴.

남편: 어허, 학교 폭력은 절대로 가벼운 일이 아니라니까. 당신은 이 일을 왜 그렇게 가벼이 여기는 거야?

아내: 아니, 아영이가 일방적으로 그런 게 아닐 수도 있잖아. 그리고 우리 아이가 학교 폭력 가해자라는 게 말이 돼?

남편: 나는 혹시나 하는 마음에 그러는 거지. 무슨 일이든 예방이 가장 중요하니까.

9 대화 - 갈등의 원인 파악 정답 ①

남편이 '친구 사이에 갈등이 자주 일어나는 것도 학교 폭력의 징후라고 하더라고', '학교 폭력은 예방이 더 중요하다고'라고 한 것을 통해 남편은 아이의 다툼을 학교 폭력의 징후로 여기며 걱정하고, 학교 폭력을 심각하게 받아들이고 있음을 알 수 있다. 반면 아내가 '난 또 뭐라고. 그 나이대 아이들 다 싸우면서 크는 거지', '학폭위? 그게 뭐야?', '무슨 학교 폭력이야. 애들이 싸운 거 가지고'라고 한 것을 통해 아내는 아이의 다툼을 대수롭지 않게 여기며 학교 폭력과의 연관성을 부정하고 있음을 알 수 있다. 따라서 남편과 아내는 학교 폭력에 대한 인식 차이로 갈등을 빚고 있음을 알 수 있으므로 답은 ①이다.

오답 분석

② 대화에서 자녀의 성별과 그에 따른 부모의 역할에 대한 내용은 제시되지 않았으므로 적절하지 않다.

③ 남편은 맞벌이 가정일수록 부모와 아이가 대화를 나누는 시간이 적어 학교 폭력의 징후를 눈치채지 못하는 경우가 있다고 말하고 있으나 자녀와의 대화 시간으로 인한 갈등은 드러나지 않으므로 갈등의 원인으로 적절하지 않다.
[관련 지문 인용] 맞벌이 가정이 늘어나면서 아이들과 대화 시간이 줄어들어 학교 폭력의 이상 징후를 바로 확인하지 못하는 경우도 있다더라.

④ 아내는 직장의 업무가 바쁜 것을 내세워 남편에게 혼자 상담을 다녀오라고 하고 있고, 이에 남편은 함께 가는 것이 당연하다고 반응하고 있으나 일과 양육에 대한 우선순위 문제는 갈등의 근본적인 원인이 아니므로 적절하지 않다.
[관련 지문 인용]
• 나 이번 주 결산 때문에 바쁜데. 그냥 당신만 다녀와.
• 아영이 일인데 우리 둘 다 가서 어떻게 된 일인지 자초지종을 알아야지.

⑤ 남편은 자신의 아이가 일부러 다른 아이를 괴롭혔다면 학교폭력대책심의위원회(학폭위)가 열릴 수 있음을 말하고 있으나 이에 대한 조치와 관련된 언급과 그로 인한 갈등은 드러나지 않으므로 갈등의 원인으로 적절하지 않다.
[관련 지문 인용] 만약에 아영이가 일방적으로 다른 아이를 괴롭힌 거면 학폭위가 열릴 수도 있단 말이야.

10   강연 – 세부 내용 파악   정답 ④

현악기, 관악기, 타악기로 구성되는 오케스트라는 심포니 오케스트라이며 체임버 오케스트라가 어떤 악기군으로 구성되는지는 강연의 내용으로 알 수 없다. 따라서 답은 ④이다.
[관련 지문 인용] 10명에서 50명 정도로 구성되는 소규모 오케스트라인 '체임버 오케스트라'~'심포니 오케스트라'는~악기로 구성되며 이 악기들을 크게 현악기, 관악기, 타악기의 세 가지 악기군으로 나눌 수 있습니다.

① '플루트, 피콜로 등의 목관 악기는 금속으로 만들어진 것도 많지만 예전에는 주로 나무로 만들었기 때문에 목관 악기로 분류합니다'를 통해 알 수 있으므로 적절하다.

② '목관 악기에는 피콜로, 플루트, 오보에, 클라리넷, 바순 등이 속하며 금관 악기에는 호른, 트럼펫, 트롬본, 튜바 등이 속합니다'를 통해 알 수 있으므로 적절하다.

③ 오케스트라가 관혁악단을 가리키는 말이면서 그들이 연주하는 합주를 의미함을 알 수 있으므로 적절하다.
[관련 지문 인용] 오케스트라는 관악기, 타악기, 현악기 등의 여러 악기로 연주하는 관현악단을 뜻하면서 여러 악기로 연주되는 합주를 의미하기도 합니다.

⑤ 오케스트라가 고대 그리스에서 사용된 극장의 무대 앞 공간을 가리키는 말인 '오르케스트라'에서 유래된 말임을 알 수 있으므로 적절하다.
[관련 지문 인용] '오케스트라(orchestra)'는 고대 그리스의 '오르케스트라'에서 유래되었는데요. '오르케스트라'는 극장의 무대 앞 공간을 의미하였으며

> **듣기 대본**
>
> 오늘은 오케스트라에 대해 알아보도록 해요. 오케스트라는 관악기, 타악기, 현악기 등의 여러 악기로 연주하는 관현악단을 뜻하면서 여러 악기로 연주되는 합주를 의미하기도 합니다. '오케스트라(orchestra)'는 고대 그리스의 '오르케스트라'에서 유래되었는데요. '오르케스트라'는 극장의 무대 앞 공간을 의미하였으며 이 공간은 무용수가 합창하거나 춤을 추는 용도로 사용되었다고 합니다. 이후 이 공간은 악사들이 앉아 악기를 연주하는 공간을 가리키게 되었고 이들의 집합과 연주의 형태를 '오케스트라'라고 칭하게 된 것이지요.
>
> 오케스트라는 규모에 따라 10명에서 50명 정도로 구성되는 소규모 오케스트라인 '체임버 오케스트라'와 규모가 큰 곡인 교향곡을 연주하는 '심포니 오케스트라' 등으로 나눌 수 있는데, 오늘은 '심포니 오케스트라'에 대해서 설명해 드리겠습니다. '심포니 오케스트라'는 대편성 관현악곡을 연주하는 오케스트라로 약 100여 개 정도의 악기로 구성되며 이 악기들을 크게 현악기, 관악기, 타악기의 세 가지 악기군으로 나눌 수 있습니다.
>
> '심포니 오케스트라'를 구성하는 세 가지 악기군에 대해 알아볼까요? 현악기는 현을 켜거나 타서 소리를 내는 악기로 바이올린, 비올라, 첼로, 더블베이스, 하프 등이 이에 속합니다. 관악기는 입으로 불어서 관 안의 공기를 진동시켜 소리를 내는 악기로 나무로 만든 목관 악기와 금속으로 만든 금관 악기로 구분됩니다. 목관 악기에는 피콜로, 플루트, 오보에, 클라리넷, 바순 등이 속하며 금관 악기에는 호른, 트럼펫, 트롬본, 튜바 등이 속합니다. 플루트, 피콜로 등의 목관 악기는 금속으로 만들어진 것도 많지만 예전에는 주로 나무로 만들었기 때문에 목관 악기로 분류합니다. 마지막으로 타악기는 두드려서 소리를 내는 악기로 팀파니, 북, 심벌즈 등이 이에 속합니다.

11   강연 – 설명 방식   정답 ④

오케스트라를 구성하는 악기군을 현악기, 관악기, 타악기로 구분하고 있으며 이에 대한 정의를 각각 제시하고 있으므로 적절한 것은 ④이다.

- 크게 현악기, 관악기, 타악기의 세 가지 악기군으로 나눌 수 있습니다.
- 현악기는 현을 켜거나 타서 소리를 내는 악기로~관악기는 입으로 불어서 관 안의 공기를 진동시켜 소리를 내는 악기로 나무로 만든 목관 악기와 금속으로 만든 금관 악기로 구분됩니다.~타악기는 두드려서 소리를 내는 악기로 팀파니, 북, 심벌즈 등이 이에 속합니다.

[오답분석] ① 오케스트라의 의미가 고대 그리스와 비교하여 달라졌음을 알 수 있으나 이는 강연의 중심 내용이 아니며, 고대 그리스와 현재 외에 오케스트라가 어떤 의미를 지녔는지 제시하고 있지 않으므로 적절하지 않다.
[관련 지문 인용] '오케스트라(orchestra)'는 고대 그리스의 '오르케스트라'에서~극장의 무대 앞 공간을 의미하였으며~이후 이 공간은 악사들이 앉아 악기를 연주하는 공간을 가리키게 되었고 이들의 집합과 연주의 형태를 '오케스트라'라고 칭하게 된 것이지요.
② 오케스트라의 정의를 설명하고 있으나 잘못된 정보를 고치는 설명 방식은 사용되지 않았으므로 적절하지 않다.
[관련 지문 인용] 오케스트라는 관악기, 타악기, 현악기 등의 여러 악기로 연주하는 관현악단을 뜻하면서 여러 악기로 연주되는 합주를 의미하기도 합니다.
③ ⑤ 오케스트라를 규모에 따라 '체임버 오케스트라'와 '심포니 오케스트라'로 분류함과 '심포니 오케스트라'에서 교향곡을 연주함을 알 수 있으나, '체임버 오케스트라'에서 연주하는 곡의 형식은 알 수 없으며 오케스트라 분류 기준으로 역사적 배경을 근거 삼고 있지 않으므로 적절하지 않다.
[관련 지문 인용] 오케스트라는 규모에 따라 10명에서 50명 정도로 구성되는 소규모 오케스트라인 '체임버 오케스트라'와 규모가 큰 곡인 교향곡을 연주하는 '심포니 오케스트라' 등으로 나눌 수 있는데

12 대화 – 세부 내용 파악 정답 ⑤

김 과장의 3번째 발언의 '이번 주 부서 일정표 확인할 때도 강 사원 연차 계획은 없던데'를 통해 김 과장이 부서 일정표를 확인할 당시 강 사원의 휴무일이 기재되어 있지 않았음을 알 수 있다. 따라서 답은 ⑤이다.

[오답분석] ① 강 사원의 3번째 발언을 통해 강 사원이 연차 계획을 구두로 보고하였음을 알 수 있으나, 대화에서 보고 방법을 지적하는 내용은 없으므로 적절하지 않다.
[관련 지문 인용] 2주 전에 분명히 미리 말씀드렸습니다.

② ④ 대화를 통해 확인할 수 없는 내용이므로 적절하지 않다.
③ 강 사원의 4번째 발언을 통해 강 사원은 김 과장에게 2주 전에 구두로 휴무일에 대해 보고를 하였고 오늘 김 과장에게 결재를 올리고 있음을 알 수 있으므로 적절하지 않다.
[관련 지문 인용] 제가 2주 전에 분명히 구두로 말씀드렸고~오늘 과장님께 결재받은 후

[듣기대본]

> **강 사원:** 김 과장님. 이번 주 금요일 연차 사용 건으로 결재 부탁드립니다.
>
> **김 과장:** 이번 주 금요일? 그날 주요 거래처랑 미팅할 예정이라서 안 될 것 같은데.
>
> **강 사원:** 네? 어…… 부서 일정에 공유된 사항이 없던데요. 과장님, 죄송하지만 미팅 날짜를 미루거나 조금 당겨도 될까요?
>
> **김 과장:** 뭐라고? 회사 일을 그렇게 멋대로 바꿔도 되는 건가? 연차를 쓸 거면 회사 업무에 차질이 없도록 해야지.
>
> **강 사원:** 제가 회사 일정을 미리 확인하였고, 이번 주 금요일에 연차를 사용한다고 2주 전에 분명히 미리 말씀드렸습니다.
>
> **김 과장:** 언제? 나는 기억이 없는데. 이번 주 부서 일정표 확인할 때도 강 사원 연차 계획은 없던데?
>
> **강 사원:** (화가 난 듯이) 과장님, 제가 2주 전에 분명히 구두로 말씀드렸고 과장님께서도 그날은 중요한 일정이 없으니 연차 사용해도 된다고 말씀해 주셨습니다. 그리고 오늘 과장님께 결재받은 후 부서 일정표에 연차일 공유하려 했습니다.
>
> **김 과장:** 회사 사정에 따라 중요한 일이 갑자기 생길 수도 있지 않나. 금요일에는 주요 거래처에 새로 부임하신 부장님을 만날 계획이니 연차는 다른 날 사용하도록 해.
>
> **강 사원:** 그날 어머님의 건강검진이 예약되어 있어 제가 보호자로 동행해야 합니다. 만약 그날 회사에 이렇게 중요한 일정이 있는 걸 미리 알았다면 병원 예약 날짜를 변경했을 겁니다. 구두로 보고드린 날 과장님께서 연차 사용을 허락해 주셔서 병원 예약을 진행했었던 거고요.
>
> **김 과장:** (화를 내며) 나 원, 답답해서. 회사 일이 일정대로만 진행되지 않아. 우리 회사와 유기적으로 관련된 여러 관계자들에 의해 변동될 수 있는 거라고. 이 정도 말했으면 무슨 뜻인지 알아들었을 거라고 생각하겠네.

13 대화 - 갈등의 원인 파악
정답 ③

김 과장은 1, 2번째 발언에서 강 사원의 사정을 고려하지 않고 미팅 일정을 통보하며 업무 일정에 맞추기만을 요구하고 있다. 따라서 두 사람에게 갈등이 생긴 근본적 원인으로 적절한 것은 ③이다.

[관련 지문 인용]
• 이번 주 금요일? 그날 주요 거래처랑 미팅할 예정이라서 안 될 것 같은데.
• 뭐라고? 회사 일을 그렇게 멋대로 바꿔도 되는 건가? 연차를 쓸 거면 회사 업무에 차질이 없도록 해야지.

[오답 분석]
① 강 사원이 업무에 집중하고 있지 않아 김 과장이 화가 났다는 내용은 확인할 수 없으므로 적절하지 않다.
② 강 사원의 2번째 발언을 통해 강 사원이 미팅 일정을 미루거나 앞당기기를 원함을 알 수 있으나 강 사원의 5번째 발언을 통해 강 사원이 거래처와의 만남을 중요한 업무로 생각하고 있음을 알 수 있으므로 적절하지 않다.

[관련 지문 인용]
• 죄송하지만 미팅 날짜를 미루거나 조금 당겨도 될까요?
• 만약 그날 회사에 이렇게 중요한 일정이 있는 걸 미리 알았다면 병원 예약 날짜를 변경했을 겁니다.
④ 강 사원은 자신이 연차를 사용해야 한다는 입장을 굽히지 않고 있으나 강 사원이 '죄송하지만 미팅 날짜를 미루거나 조금 당겨도 될까요'라고 한 것을 통해 거래처와의 미팅 일정을 조정할 수 있겠냐고 김 과장에게 양해를 구하고 있음을 알 수 있으므로 적절하지 않다.
⑤ 강 사원의 5번째 발언과 김 과장의 5번째 발언을 통해 강 사원이 자신의 사정을 말하였음에도 김 과장이 이를 무시하고 있음을 알 수 있으나 이는 이미 갈등이 진행된 상황에서 오고 간 말이므로 주된 갈등의 원인으로 적절하지 않다.

[관련 지문 인용]
• 그날 어머님의 건강검진이 예약되어 있어 제가 보호자로 동행해야 합니다.
• 나 원, 답답해서. 회사 일이 일정대로만 진행되지 않아. ~ 이 정도 말했으면 무슨 뜻인지 알아들었을 거라고 생각하겠네.

14 발표 - 세부 내용 파악
정답 ⑤

• ㉠: '눈 아래부터 귀 위까지 이어진 선이 눈꼬리와 겹쳐 미소를 만드는데'와 '정확히는 하회탈 중 양반탈입니다'라고 한 것을 통해 선이 겹쳐 미소가 만들어진 ㉠이 양반탈임을 알 수 있다.

• ㉡: '단순한 곡선과 직선으로 표현된 커다란 눈이 작은 코와 대비되어 더 두드러져 보입니다'라고 한 것을 통해 곡선과 직선으로만 간단하게 묘사된 ㉡이 카메룬의 탈임을 알 수 있다.

• ㉢: '용이 새겨진 복잡한 모양의 관에~관우 탈은 머리에 쓴 관까지 표현돼 있습니다'라고 한 것을 통해 머리에 관을 쓴 탈인 ㉢이 관우 탈임을 알 수 있다.

여러분, '탈'이라고 하면 무엇이 떠오르세요? 저는 며칠 전에 『세계 여러 나라의 탈』이라는 책을 읽었는데요, 인상적인 탈이 있어서 여러분께 소개하고자 발표 주제로 선정했습니다. 발표를 준비하던 중 마침 국어 시간에 '봉산 탈춤'을 배워서 발표를 준비하는 데 도움이 되었습니다.

여러분, 이 탈의 이름을 아세요? 안동에서 볼 수 있는 탈이에요. 하회탈이라고 말씀하신 분들이 많군요. 흔히들 그렇게 알고 계시는데 정확히는 하회탈 중 양반탈입니다. '봉산 탈춤'의 양반탈과 달리 눈 아래부터 귀 위까지 이어진 선이 눈꼬리와 겹쳐 미소를 만드는데, 단순한 얼굴형에 특별한 장식이나 화려한 색채 없이 눈썹, 눈, 코, 입을 선으로 표현한 것이 인상적입니다. "양반은 냉수 마시고도 이 쑤신다."라는 말에 담긴 허풍과 여유가 동시에 느껴지지 않나요?

이 탈은 중국의 장수 관우 탈인데요, 무엇이 가장 먼저 보이세요? 저는 용이 새겨진 복잡한 모양의 관에 시선이 갔습니다. 양반탈이 이마 부분까지만 표현돼 있는 것과 달리 관우 탈은 머리에 쓴 관까지 표현돼 있습니다. 그리고 보시는 것처럼 얼굴이 강렬한 붉은 색이어서 무시무시하면서도 화려한 느낌을 줍니다. 얼굴과 머리 부분을 모두 이용해 관우의 박력과 위엄을 드러내고 있는 것이 인상적입니다.

마지막은 아프리카 카메룬의 탈입니다. 일반적으로 아프리카의 탈은 과장과 생략이 특징입니다. 보시는 것처럼 이 탈도 추상적으로 보일 만큼 과감한 생략이 인상적인데요, 단순한 곡선과 직선으로 표현된 커다란 눈이 작은 코와 대비되어 더 두드러져 보입니다.

지금까지 소개한 탈들을 이렇게 정리해 보았습니다. 선을 활용하여 단순하게 표현된 왼쪽 탈들, 화려한 장식에 다소 복잡한 오른쪽 탈이 보이시죠? 이 차이가 탈의 용도 때문은 아닌지 궁금하여 기회가 되면 '탈의 용도에 따른 모양'이란 주제로 탐구해 보려 합니다. 여러분도 한번 조사해 보시면 어떨까요? 이만 발표를 마치겠습니다. 감사합니다.

15 발표 – 말하기 전략   정답 ②

양반탈, 관우 탈, 카메룬의 탈이 어떤 형태로 표현되었는지 각각
설명하고 있으므로 적절한 것은 ②이다.
[관련 지문 인용]
- 눈 아래부터 귀 위까지 이어진 선이 눈꼬리와 겹쳐 미소를 만드
  는데, 단순한 얼굴형에 특별한 장식이나 화려한 색채 없이 눈
  썹, 눈, 코, 입을 선으로 표현한
- 용이 새겨진 복잡한 모양의 관에 시선이 갔습니다. ~관우 탈은
  머리에 쓴 관까지 표현돼 있습니다. 그리고 보시는 것처럼 얼굴
  이 강렬한 붉은 색이어서
- 단순한 곡선과 직선으로 표현된 커다란 눈이 작은 코와 대
  비되어

 ① 발표를 끝내면서 '탈의 용도에 따른 모양'을 주제로 탐
　　　구할 것을 기약하고 있으나 이번 발표에서 탈의 쓰임새
　　　에 대한 내용은 구성되지 않았으므로 적절하지 않다.
　　　[관련 지문 인용] 기회가 되면 '탈의 용도에 따른 모양'
　　　이란 주제로 탐구해 보려 합니다.
　　③ 하회탈의 양반이가 '봉산 탈춤'의 양반탈과 다른 부분
　　　이 있음은 알 수 있으나 '봉산 탈춤'에 등장하는 탈과
　　　그의 역할에 대한 내용은 구성되지 않았으므로 적절
　　　하지 않다.
　　　[관련 지문 인용]
　　　- 국어 시간에 '봉산 탈춤'을 배워서 발표를 준비하는
　　　　데 도움이 되었습니다.
　　　- 정확히는 하회탈 중 양반탈입니다. '봉산 탈춤'의 양
　　　　반탈과 달리
　　④ 양반탈, 관우 탈, 카메룬의 탈이 제작된 시기에 대한 내
　　　용은 구성되지 않았으므로 적절하지 않다.
　　⑤ 관우 탈을 설명할 때 양반탈과 비교하여 설명하고 있
　　　으나 카메룬 탈은 양반탈과의 비교 없이 설명하고 있
　　　다. 따라서 발표에서 탈의 차이점은 제시되었으나 발
　　　표 전체가 이를 중심으로 구성된 것은 아니므로 적절
　　　하지 않다.
　　　[관련 지문 인용] 양반탈이 이마 부분까지만 표현돼 있
　　　는 것과 달리 관우 탈은 머리에 쓴 관까지 표현돼 있
　　　습니다.

어휘 (16번 ~ 30번)

16 고유어의 사전적 의미   정답 ③

'잠시도 늦추지 않다'를 의미하는 고유어는 '득달같다'이다.

 ① '막놓다'는 '노름에서, 몇 판에 걸쳐서 잃은 돈의 액수를
　　　합쳐서 한 번에 걸고 다시 내기를 하다'를 의미하는 고
　　　유어이다.
　　② '다그치다'는 '일이나 행동 등을 빨리 끝내려고 몰아치
　　　다'를 의미하는 고유어이다.
　　④ '모지락스럽다'는 '보기에 억세고 모질다'를 의미하는 고
　　　유어이다.
　　⑤ '사부작거리다'는 '별로 힘들이지 않고 계속 가볍게 행
　　　동하다'를 의미하는 고유어이다.

17 한자어의 사전적 의미   정답 ③

한자어 '경계(警戒)'의 사전적 뜻풀이는 '뜻밖의 사고가 생기지 않
도록 조심하여 단속함', '옳지 않은 일이나 잘못된 일들을 하지 않
도록 타일러서 주의하게 함'이므로 뜻풀이가 적절하지 않은 것은
③이다. 참고로, '사물이 어떠한 기준에 의하여 분간되는 한계'를
의미하는 한자어는 '경계(境界)'이다.

18 고유어의 문맥적 의미   정답 ⑤

⑤는 문맥상 장난감이 질서 없이 여기저기 흩어져 있는 모습이
어수선하다는 의미이므로 고유어 '엉기정기'의 쓰임은 적절하나
'엉기정기'는 '질서 없이 여기저기 벌여 놓은 모양'을 의미하므로
적절하지 않은 것은 ⑤이다. 참고로, '작고 또렷한 것들이 고르지
않게 많이 벌여 있는 모양'을 의미하는 고유어는 '올망졸망'이다.

 ① 문맥상 토론 시간에 내내 끝까지 침묵하던 그가 갑자기
　　　말을 하기 시작했다는 의미이므로 '내내 끝까지'를 의미
　　　하는 고유어 '사뭇'의 쓰임과 뜻풀이가 적절하다.
　　② 문맥상 마감 시간이 다가오자 부장이 나에게 일의 마
　　　무리를 재촉하였다는 의미이므로 '일을 처리하여 마무
　　　리함'을 의미하는 고유어 '갈무리'의 쓰임과 뜻풀이가
　　　적절하다.
　　③ 문맥상 그녀가 모처럼 애써서 그와의 만남을 주선하였
　　　지만 그가 약속 장소에 나타나지 않았다는 의미이므로
　　　'모처럼 애써서'를 의미하는 고유어 '일껏'의 쓰임과 뜻
　　　풀이가 적절하다.
　　④ 문맥상 술래를 피해 도망 다니던 아이가 눈에 띄지 않
　　　게 감쪽같이 숨어 버렸다는 의미이므로 '눈에 띄지 않
　　　게 감쪽같이'를 의미하는 고유어 '가뭇없이'의 쓰임과
　　　뜻풀이가 적절하다.

19 한자어의 문맥적 의미

'융성(隆盛)'은 '기운차게 일어나거나 대단히 번성함'을 의미한다. ⑤는 문맥상 무슨 영문인지 그들은 우리에게 진수성찬까지 차려 주며 극진한 대접을 해 주었다는 의미이므로 '대우하는 태도가 정중하고 극진함'을 의미하는 '융숭(隆崇)'을 쓰는 것이 적절하다.

 ① 문맥상 그의 글은 조리가 없으면서 어렵고 까다로워 읽을 엄두가 나지 않는다는 의미이므로 '글이나 말이 매끄럽지 못하면서 어렵고 까다로움'을 의미하는 한자어 '난삽(難澁)'의 쓰임이 적절하다.
② 문맥상 형은 몹시 어리석고 변변찮아 하는 일마다 그르친다는 의미이므로 '사람이 변변하지 못하고 졸렬함'을 의미하는 한자어 '용렬(庸劣)'의 쓰임이 적절하다.
③ 문맥상 그녀가 자신의 범죄 행각을 거짓 없이 사실대로 모두 털어놓았다는 의미이므로 '거짓 없이 사실대로 다 말함'을 의미하는 한자어 '실토(實吐)'의 쓰임이 적절하다.
④ 문맥상 연구소가 정부에게 의뢰 받은 임상 시험을 진행하기 위해 피험자를 모집하고 있다는 의미이므로 '다른 사람의 의뢰나 부탁을 받음. 또는 그런 일'을 의미하는 한자어 '수탁(受託)'의 쓰임이 적절하다.

20 한자어의 문맥적 의미
정답 ④

④는 문맥상 학회는 논문에서 잘못된 글자를 발견하여 이를 수정한 사실을 공지하였다는 의미로 '논문에서 오타를 발견하여 해당 부분을 개정한'의 '개정하다'는 '글자나 글의 틀린 곳을 고쳐 바로잡다'를 뜻하는 '개정하다(改訂하다)'이다. 따라서 답은 ④이다.

 ① ② ③ ⑤ '영업일을 개정하였다', '일정을 개정하였다', '선발 방법을 개정할', '중개료의 요율을 0.2% 인하하여 개정할'의 '개정하다'는 모두 '이미 정하였던 것을 고쳐 다시 정하다'를 뜻하므로 <보기>의 '개정하다(改定하다)'의 의미로 사용되었다.

21 한자어의 병기
정답 ⑤

<보기>의 ⊙~ⓒ에 해당하는 한자를 순서대로 표기하면 '受理 - 數理 - 修理'이므로 답은 ⑤이다.
- ⊙ 수리(受理: 받을 수, 다스릴 리): 서류를 받아서 처리함
- ⓒ 수리(數理: 셀 수, 다스릴 리): 1. 수학의 이론이나 이치 2. 수학과 자연 과학을 아울러 이르는 말
- ⓒ 수리(修理: 닦을 수, 다스릴 리): 고장 나거나 허름한 데를 손보아 고침

22 반의 관계
정답 ⑤

ⓜ의 '가볍다'는 '노력이나 부담 등이 적다'를 의미하며, 이에 반대되는 뜻을 가지는 '무겁다'는 없으므로 ⓜ의 '가볍다'는 '무겁다'와 반의 관계가 아니다.

 ① ⊙의 '가볍다'는 '무게가 일반적이거나 기준이 되는 대상의 것보다 적다'를 의미하며, 이와 뜻이 반대되는 '무겁다'는 '무게가 나가는 정도가 크다'를 의미하므로 ⊙의 '가볍다'는 '무겁다 ❶-「1」'과 반의 관계이다.
② ⓒ의 '가볍다'는 '비중이나 가치, 책임 등이 낮거나 적다'를 의미하며, 이와 뜻이 반대되는 '무겁다'는 '비중이나 책임 등이 크거나 중대하다'를 의미하므로 ⓒ의 '가볍다'는 '무겁다 ❶-「2」와 반의 관계이다.
③ ⓒ의 '가볍다'는 '죄과나 실수 등이 그다지 심하지 않다'를 의미하며, 이와 뜻이 반대되는 '무겁다'는 '죄과 등이 심하거나 크다'를 의미하므로 ⓒ의 '가볍다'는 '무겁다 ❶-「3」'과 반의 관계이다.
④ ⓔ의 '가볍다'는 '몸이나 손발 등의 움직임이 날쌔고 재다'를 의미하며, 이와 뜻이 반대되는 '무겁다'는 '움직임이 느리고 둔하다'를 의미하므로 ⓔ의 '가볍다'는 '무겁다 ❶-「5」'과 반의 관계이다.

23 표기상 틀리기 쉬운 어휘
정답 ④

넙칫과와 붕넙칫과의 넙치가자미, 동백가자미, 참가자미, 목탁가자미, 줄가자미 등을 통틀어 이르는 말은 '가자미'이다. '가재미'는 '가자미'의 잘못된 표기이므로 답은 ④이다.

 ① '계의 구성원이 모여 결산을 하기로 정한 날'을 뜻하는 단어는 '곗날'로, 적절하게 사용되었다. 참고로, 순우리말과 한자어로 된 합성어에서 앞말이 모음으로 끝나며 뒷말의 첫소리 'ㄴ, ㅁ' 앞에서 'ㄴ' 소리가 덧날 때 사이시옷을 받쳐 적는다.
② '주로 봄날 햇빛이 강하게 쬘 때 공기가 공중에서 아른아른 움직이는 현상'을 뜻하는 단어는 '아지랑이'로, 적절하게 사용되었다. 참고로, '아지랭이'는 '아지랑이'의 잘못된 표기이다.
③ '부종(浮腫)으로 인하여 부은 상태'를 뜻하는 단어는 '부기'로, 적절하게 사용되었다.
⑤ 오늘로부터 사흘 전의 날을 이르며 '그저께의 전날'을 뜻하는 단어는 '그끄저께'로, 적절하게 사용되었다.

24 고유어와 한자어의 대응 　　　　정답 ⑤

여과(濾過)한[없앤]: '해로운 물질을 여과(濾過)한 후'에서 한자어 '여과(濾過)하다'는 '거름종이나 여과기를 써서 액체 속에 들어 있는 침전물이나 입자를 걸러 내다'를 뜻하므로 '어떤 일이나 현상, 증상 등을 사라지게 하다'를 뜻하는 고유어 '없애다'와 한자어 '여과(濾過)하다'의 대응은 적절하지 않다. 참고로, 적절한 대응 관계를 이루기 위해서는 '찌꺼기나 건더기가 있는 액체를 체나 거름종이 등에 밭쳐서 액체만 받아 내다'를 뜻하는 고유어 '거르다'를 쓰는 것이 적절하다.

> **오답분석**
> ① **유지(維持)해[지켜]**: '질서를 유지(維持)해 달라고'에서 한자어 '유지(維持)하다'는 '어떤 상태나 상황을 그대로 보존하거나 변함없이 계속하여 지탱하다'를 뜻하므로 '어떠한 상태나 태도 등을 그대로 계속 유지하다'를 뜻하는 고유어 '지키다'와 한자어 '유지(維持)하다'의 대응은 적절하다.
> ② **탑재(搭載)하여[실어]**: '화물차에 탑재(搭載)하여'에서 한자어 '탑재(搭載)하다'는 '배, 비행기, 차 등에 물건을 싣다'를 뜻하므로 '물체나 사람을 옮기기 위하여 탈것, 수레, 비행기, 짐승의 등 등에 올리다'를 뜻하는 고유어 '싣다'와 한자어 '탑재(搭載)하다'의 대응은 적절하다.
> ③ **우매(愚昧)함[어리석음]**: '그의 우매(愚昧)함을 탓하였다'에서 한자어 '우매(愚昧)하다'는 '어리석고 사리에 어둡다'를 뜻하므로 '슬기롭지 못하고 둔하다'를 뜻하는 고유어 '어리석다'와 한자어 '우매(愚昧)하다'의 대응은 적절하다.
> ④ **결성(結成)할[만들]**: '동아리를 결성(結成)할'에서 한자어 '결성(結成)하다'는 '조직이나 단체 등을 짜서 만들다'를 뜻하므로 '기관이나 단체 등을 결성하다'를 뜻하는 고유어 '만들다'와 한자어 '결성(結成)하다'의 대응은 적절하다.

25 다의어와 동음이의어 　　　　정답 ②

<보기>의 '치다'는 '셈을 맞추다'를 의미하며 이와 같은 의미로 사용된 것은 ②이다.
- 그가 7년 전에 투자했던 금액을 요즘 시세로 <u>치면</u> 그때의 몇 곱절이 된다.
- 노조는 초과 근무 시간의 수당을 만 원 이상으로 <u>쳐</u> 주기를 요구하였다.

> **오답분석**
> ① 그녀가 제주에 도착한 첫날부터 비바람이 거세게 <u>치기</u> 시작했다: 이때 '치다'는 '바람이 세차게 불거나 비, 눈 등이 세차게 뿌리다'를 뜻한다.
> ③ 아버지께서는 시골에서 닭이나 오리를 <u>치며</u> 살고 싶다고 종종 말씀하셨다: 이때, '치다'는 '가축이나 가금 등을 기르다'를 뜻한다.

④ 과거에는 부모님이 돌아가시면 자식이 3년 동안 무덤 근처에 여막을 <u>쳐서</u> 생활하였다: 이때 '치다'는 '막이나 그물, 발 등을 펴서 벌이거나 늘어뜨리다'를 뜻한다.
⑤ 병원비까지 <u>쳤을</u> 때 1인 가구의 한 달 생활비가 평균 얼마 정도인지에 대해 설문 조사를 실시하였다: 이때 '치다'는 '계산에 넣다'를 뜻한다.

26 속담 　　　　정답 ①

'언 손 불기'는 부질없는 짓을 비유적으로 이르는 말이며 ①은 문맥상 어떤 일을 먼저 해야 할지 모르는 상황을 의미하므로 속담의 쓰임이 적절하지 않다. 참고로, 두 가지 일이 똑같이 있는데 무엇부터 먼저 해야 할지 모를 경우를 이르는 말은 속담 '두 손의 떡'이다.

> **오답분석**
> ② 속담 '눈 감고 따라간다'는 아무 생각 없이 맹목적으로 뒤따르는 것을 비유적으로 이르는 말이므로 적절하게 사용되었다.
> ③ 속담 '다 된 죽에 코 풀기'는 거의 다 된 일을 망쳐 버리는 주책없는 행동을 비유적으로 이르는 말이므로 적절하게 사용되었다.
> ④ 속담 '입에 쓴 약이 병에는 좋다'는 자기에 대한 충고나 비판이 당장은 듣기에 좋지 않지만 그것을 달게 받아들이면 자기 수양에 이로움을 이르는 말이므로 적절하게 사용되었다.
> ⑤ 속담 '도둑질을 해도 손발[눈]이 맞아야 한다'는 무슨 일이든지 두 편에서 서로 뜻이 맞아야 이루어질 수 있다는 말이므로 적절하게 사용되었다.

27 한자 성어 　　　　정답 ③

'제 역량을 생각하지 않고, 강한 상대나 되지 않을 일에 덤벼드는 무모한 행동거지를 비유적으로 이르는 말'을 뜻하는 한자 성어는 '당랑거철(螳螂拒轍)'이므로 답은 ③이다.

> **오답분석**
> ① **기고만장(氣高萬丈)**: 1. 펄펄 뛸 만큼 대단히 성이 남 2. 일이 뜻대로 잘될 때, 우쭐하여 뽐내는 기세가 대단함
> ② **낭중지추(囊中之錐)**: 주머니 속의 송곳이라는 뜻으로, 재능이 뛰어난 사람은 숨어 있어도 저절로 사람들에게 알려짐을 이르는 말
> ④ **천라지망(天羅地網)**: 하늘에 새 그물, 땅에 고기 그물이라는 뜻으로, 아무리 하여도 벗어나기 어려운 경계망이나 피할 수 없는 재액을 이르는 말
> ⑤ **풍전등화(風前燈火)**: 1. 바람 앞의 등불이라는 뜻으로, 사물이 매우 위태로운 처지에 놓여 있음을 비유적으로 이르는 말 2. 사물이 덧없음을 비유적으로 이르는 말

28 관용구

정답 ④

'맵시 있는 태도가 보이다'를 뜻하는 관용구는 '태깔(이) 나다'이며, 관용구 '볼꼴 좋다'는 '(놀림조로) 꼴이 보기에 흉하다'를 뜻하므로 관용구의 의미가 적절하지 않은 것은 ④이다.

29 순화어

정답 ①

한자어 '별첨(別添)'은 '서류 등을 따로 덧붙임'이라는 의미로, '따로 붙임'으로 순화할 수 있으므로 적절하지 않다. 참고로, '덧붙임'은 '이미 있는 것에 덧붙이거나 보탬'을 의미하는 '가첨(加添)'의 순화어이다.

② '빈사 상태(瀕死狀態)'는 '다 죽은 상태'로 순화할 수 있다.
③ '거개(擧皆)'는 '대체로 모두'라는 의미로, '거의', '대개'로 순화할 수 있다.
④ '관장(管掌)하다'는 '일을 맡아서 주관하다'라는 의미로, '맡다', '담당하다' 등으로 순화할 수 있다.
⑤ '주말(朱抹)하다'는 '붉은 먹을 묻힌 붓으로 글자 등을 지우다'라는 의미로, '붉은 줄로 지우다', '붉은 선으로 지우다'로 순화할 수 있다.

30 순화어

정답 ②

'베테랑(vétéran)'의 순화어는 '숙련자', '노련자'이므로 적절하지 않다. 참고로, '영향력자'는 '인플루언서(influencer)'의 순화어이다.

어법 (31번 ~ 45번)

31 한글 맞춤법 규정

정답 ②

한글 맞춤법 제21항 '다만 (1)'에 따라 용언 '넓다'의 어간인 '넓-'에 '그 정도가 꽤 뚜렷함'의 뜻을 더하는 접미사 '-다랗다'가 결합되는 경우 '넓-'의 겹받침 'ㄼ'의 끝소리인 'ㅂ'이 드러나지 않으므로 소리대로 '널따랗다'로 적는다. 따라서 단어의 표기가 옳지 않은 것은 ②이다. 참고로, '널따랗다'를 이미 굳어진 형태의 '널따랗-'과 '-다'의 결합으로 보는 견해도 있다.

① '굵직하다'는 용언 '굵다'의 어간인 '굵-'에 자음으로 시작하는 접미사가 결합한 것으로 '굵다'에서 '굵직하다'가 될 때, '굵-'의 겹받침 'ㄺ'에서 뒤에 있는 받침인 'ㄱ'이 발음되므로 원형을 밝혀 '굵직하다[국찌카다]'로 적는다. 참고로, 겹받침에서 앞의 소리가 발음이 되면 원형을 밝혀 적지 않고, 뒤의 소리가 발음이 되면 원형을 밝혀 적는다.

③ '넓적하다'는 용언 '넓다'의 어간인 '넓-'에 자음으로 시작하는 접미사가 결합한 것으로 '넓다'에서 '넓적하다'가 될 때, '넓-'의 겹받침 'ㄼ'에서 뒤에 있는 받침인 'ㅂ'이 발음되므로 원형을 밝혀 '넓적하다[넙쩌카다]'로 적는다.
④ '읊조리다'는 용언 '읊다'의 어간인 '읊-'에 자음으로 시작하는 접미사가 결합한 것으로 '읊다'에서 '읊조리다'가 될 때, '읊-'의 겹받침 'ㄿ'에서 뒤에 있는 받침인 'ㅍ[ㅂ]'이 발음되므로 원형을 밝혀 '읊조리다[읍쪼리다]'로 적는다.
⑤ '갉작거리다'는 용언 '갉다'의 어간인 '갉-'에 자음으로 시작하는 접미사가 결합한 것으로 '갉다'에서 '갉작거리다'가 될 때, '갉-'의 겹받침 'ㄺ'에서 뒤에 있는 받침인 'ㄱ'이 발음되므로 원형을 밝혀 '갉작거리다[각짝꺼리다]'로 적는다.

32 한글 맞춤법 규정

정답 ④

한글 맞춤법 제5항에 따라 한 단어 내 'ㄱ, ㅂ' 받침 뒤에서 나는 된소리는 같은 음절이나 비슷한 음절이 겹쳐 나는 경우가 아니면 된소리로 적지 않는다. '싹둑'은 'ㄱ' 받침 뒤에 '둑'이 있지만 앞 음절과 뒤 음절의 종성 'ㄱ'만 같아 음절이 같거나 비슷하게 겹치는 경우로 보기 어려우므로 한글 맞춤법 제5항에 따라 '싹둑'으로 적는다.

오답 분석
① '부썩'은 앞 음절 'ㅜ'와 뒤 음절 'ㅓ' 사이에서 된소리가 나는 경우로, 한 단어의 두 모음 사이에서 뚜렷한 까닭 없이 된소리가 나는 경우 한글 맞춤법 제5항에 따라 된소리로 적으므로 '부썩'으로 적는다.
② '담뿍'은 앞 음절 종성 'ㅁ' 뒤에서 된소리가 나는 경우로, 한 단어 내 'ㄴ, ㄹ, ㅁ, ㅇ' 받침 뒤에서 뚜렷한 까닭 없이 된소리가 나는 경우 한글 맞춤법 제5항에 따라 된소리로 적으므로 '담뿍'으로 적는다.
③ '깍두기'의 첫 음절 '깍'에 'ㄱ' 받침이 있지만 각 음절이 같거나 비슷하게 겹치지 않으므로 '깍두기'로 적는다. 참고로, 한글 맞춤법 제5항에 따라 'ㄱ, ㅂ' 받침 뒤에서 나는 된소리는 같은 음절이나 비슷한 음절이 겹쳐 나는 경우가 아니면 이를 된소리로 적지 않는다.
⑤ '법석'의 앞 음절 '법'에 'ㅂ' 받침이 있지만 앞 음절과 뒤 음절이 같거나 비슷하게 겹치지 않으므로 '법석'으로 적는다. 참고로, 한글 맞춤법 제5항에 따라 'ㄱ, ㅂ' 받침 뒤에서 나는 된소리는 같은 음절이나 비슷한 음절이 겹쳐 나는 경우가 아니면 이를 된소리로 적지 않는다.

33 한글 맞춤법 규정　　　　　　　정답 ⑤

'전세방[전세빵]'은 '전세(傳貰)+방(房)'의 한자어가 결합된 합성어이기 때문에 사이시옷이 들어가지 않으므로 '전세방'으로 적어야 한다. 참고로, 사이시옷은 순우리말로 된 합성어, 순우리말과 한자어로 된 합성어, 두 음절로 된 일부 한자어에서 나타나는 현상이다.

 ① '햇볕[해뼏/핻뼏]'은 '해+볕'의 순우리말이 결합된 합성어로 앞말이 모음 'ㅐ'로 끝나면서 뒷말의 첫소리 'ㅂ'에서 된소리가 나므로 한글 맞춤법 제30항에 따라 사이시옷을 받쳐 '햇볕'으로 적는다.

② '아랫니[아랜니]'는 '아래+니'의 순우리말이 결합된 합성어로 앞말이 모음 'ㅐ'로 끝나면서 뒷말의 첫소리 'ㄴ' 앞에서 'ㄴ' 소리가 덧나므로 한글 맞춤법 제30항에 따라 사이시옷을 받쳐 '아랫니'로 적는다. 참고로, 한글 맞춤법 제27항 [붙임 3]에 따라 '이[齒, 虱]'는 합성어나 이에 준하는 말에서 '니' 또는 '리'로 소리 날 때에 '니'로 적으므로 '아랫니'로 적는다.

③ '예삿일[예:산닐]'은 '예사(例事)+일'의 한자어와 순우리말이 결합된 합성어로 앞말이 모음 'ㅏ'로 끝나면서 뒷말의 첫소리 모음 'ㅣ' 앞에서 'ㄴㄴ' 소리가 덧나므로 한글 맞춤법 제30항에 따라 사이시옷을 받쳐 '예삿일'로 적는다.

④ '선짓국[선지꾹/선짇꾹]'은 '선지+국'의 순우리말이 결합된 합성어로 앞말이 모음 'ㅣ'로 끝나면서 뒷말의 첫소리 'ㄱ'에서 된소리가 나므로 한글 맞춤법 제30항에 따라 사이시옷을 받쳐 '선짓국'으로 적는다.

34 띄어쓰기　　　　　　　정답 ⑤

시작해버렸다(×) → 시작해∨버렸다(○): '시작해∨버렸다'의 본용언은 '어떤 일이나 행동의 처음 단계를 이루거나 그렇게 하게 하다'를 뜻하는 '시작하다'로 명사 '시작'과 접사 '-하다'가 결합된 파생어이다. 본용언이 파생어인 경우 한글 맞춤법 제47항에 따라 본용언과 보조 용언의 결합 형태가 길어질 수 있으므로 본용언과 보조 용언을 붙여 쓰지 않는다. 따라서 띄어쓰기가 옳지 않은 것은 ⑤이다. 참고로, 본용언이 합성어나 파생어라도 그 활용형이 2음절인 경우에는 붙여 쓴 말이 너무 긴 것은 아니므로 본용언과 보조 용언을 붙여 쓸 수도 있다.

 ① **집어넣어∨두었다(○)**: 본용언인 '집어넣어'는 '집다'와 '넣다'가 결합한 합성어이며 '두었다'는 앞말이 뜻하는 행동을 끝내고 그 결과를 유지함을 나타내는 말로, 보조 용언이다. 본용언이 합성 용언인 경우 그 뒤에 오는 보조 용언은 띄어 써야 한다.

② **먹어보았다(○)**: '보았다'는 동사 뒤에서 '-어 보다' 구성으로 쓰이며 어떤 행동을 시험 삼아 함을 나타내는 말로, 보조 용언이다. 보조 용언도 하나의 단어이므로 앞말과 띄어 쓰는 것이 원칙이지만 연결 어미 '-아/-어'가 결합된 본용언과 보조 용언으로 구성되는 경우 붙여 쓰는 것이 허용된다. 따라서 '먹어보았다'는 본용언 '먹다'의 어간에 연결 어미 '-어'와 보조 용언 '보았다'가 결합한 것이므로 붙여 씀이 허용된다.

③ **우는척한다(○)**: '척한다'는 앞말이 뜻하는 행동이나 상태를 거짓으로 그럴듯하게 꾸밈을 나타내는 말로, 보조 용언이다. 보조 용언도 하나의 단어이므로 앞말과 띄어 쓰는 것이 원칙이지만 본용언이 관형사형이고 보조 용언이 '의존 명사+-하다'의 구성인 경우 붙여 쓰는 것이 허용된다. 따라서 '우는척한다'에서 '우는'은 본용언 '울다'의 어간에 관형어 구실을 하게 하는 어미 '-는'이 결합한 것이고, 보조 용언인 '척하다'는 의존 명사 '척'과 '-하다'가 결합한 것이므로 붙여 씀이 허용된다.

④ **살∨만한(○)**: '만한'은 어떤 대상이 앞말이 뜻하는 행동을 할 타당한 이유를 가질 정도로 가치가 있음을 나타내는 말로 보조 용언이다. 보조 용언은 하나의 단어이므로 앞말과 띄어 쓰는 것이 원칙이나 본용언이 관형사형이고 보조 용언이 '의존 명사+-하다'의 구성인 경우 붙여 쓰는 것이 허용된다. 참고로, '살 만한'의 본용언은 '사다'의 어간과 앞말이 관형어 구실을 하게 하는 어미 '-ㄹ'이 결합한 형태이고 보조 용언은 의존 명사 '만'과 '-하다'가 결합한 형태이므로 '살만한'과 같이 붙여 쓰는 것이 허용된다.

35 문장 부호　　　　　　　정답 ②

주석이나 보충적인 내용을 덧붙이는 경우 소괄호(( )) 안에 다시 소괄호(( ))를 써야 하는데, 이때 바깥쪽의 괄호를 대괄호([ ])로 쓸 수 있으므로 ②는 적절하지 않은 설명이다.

 ① 어떤 음절이나 어구가 생략이 가능한 요소임을 나타내는 경우에는 소괄호(( ))를 쓸 수 있으므로 적절한 설명이다.

③ 물음표(?)는 관련 어구 뒤의 소괄호(( )) 안에 쓰여 의심스러움, 빈정거림 등의 감정 상태를 드러낼 수 있으므로 적절한 설명이다.

④ 의문문 형식이지만 대답을 요구하는 것이 아니라 놀람, 항의, 반가움, 꾸중 등의 강한 감정 상태를 표현하는 문장에는 물음표(?) 대신 느낌표(!)를 쓸 수 있으므로 적절한 설명이다.

⑤ 소제목, 그림이나 노래와 같은 예술 작품의 제목, 상호, 법률, 규정 등을 나타낼 때에는 홑낫표(「」)와 홑화살괄호(〈 〉)를 쓰는 것이 원칙이며 작은따옴표(' ')를 쓰는 것도 허용되므로 적절한 설명이다.

36 표준어 사정 원칙
정답 ③

'되려'는 '예상이나 기대 또는 일반적인 생각과는 반대되거나 다르게'를 뜻하는 표준어 '도리어'의 방언이므로 적절한 설명이다. 참고로, '도리어'의 준말은 '되레'이다.

 ① '인제'는 '이제에 이르러'를 뜻하는 표준어이므로 적절하지 않은 설명이다.
② '알큰하다'는 '입 안이 조금 알알할 정도로 맵다'를 뜻하는 표준어이므로 적절하지 않은 설명이다.
④ '영판'은 비표준어이므로 적절하지 않은 설명이다. 참고로, '영판'을 '보통 정도보다 훨씬 더 넘어선 상태로'를 뜻하는 '아주'의 의미로 쓰는 경우가 있으나 의미가 똑같은 형태가 몇 가지 있을 경우, 그중 어느 하나가 압도적으로 널리 쓰이면, 그 단어만을 표준어로 삼는다는 표준어 규정 제25항에 따라 '아주'만 표준어로 삼는다.
⑤ '고샅'은 '시골 마을의 좁은 골목길. 또는 골목 사이'를 뜻하는 표준어이므로 적절하지 않은 설명이다. 참고로, '초가지붕을 일 때 쓰는 새끼'를 뜻하는 표준어는 '고삿'이며 이와 같은 뜻으로 사용될 때 '고샅'은 비표준어이다.

37 표준어 사정 원칙
정답 ④

접두사 '수-'와 '암-'은 역사적으로 '숳', '암ㅎ'과 같이 'ㅎ'을 마지막 음으로 가지고 있었으나 현대 국어에서는 이러한 'ㅎ'이 떨어진 형태를 표준어로 규정하고 있으므로 접두사 '수-'와 명사 '고양이'가 결합한 단어는 '수고양이[수고양이]'이다. 따라서 적절하지 않은 것은 ④이다. 참고로, 현대 국어에서 이러한 'ㅎ'의 발음이 남아 있는 단어들은 부가적으로 규정하여 표준어 사정 원칙 제7항의 '다만 1'에 제시하고 있다.

 ①②③⑤ '암캐', '수키와', '수퇘지', '암평아리'는 접두사 '암-'과 '수-'의 끝에 남아 있는 'ㅎ' 소리가 바로 뒤에 오는 '개', '기와', '돼지', '병아리'의 초성과 축약되어 거센소리가 된 것이다. 따라서 ①, ②, ③, ⑤ 모두 표준어 사정 원칙 제7항 '다만 1'의 예시로 적절하다.

38 표준 발음법
정답 ⑤

<보기>에서 ㉠, ㉡, ㉣은 'ㄱ, ㄷ, ㅂ'과 같이 종성으로 발음되는 파열음 뒤에서 된소리되기가 일어났으며 ㉢, ㉤은 비음 'ㄴ, ㅁ'으로 끝나는 용언 어간 뒤에 어미가 결합하여 된소리되기가 일어났으므로 답은 ⑤이다.

• ㉠ 늙다[늑따]: '늙-'의 종성에 있는 겹받침 'ㄺ'은 'ㄹ'이 탈락한 후 대표음 [ㄱ]으로 발음하고 그 뒤에 오는 'ㄷ'은 표준 발음법 제23항에 따라 종성 [ㄱ] 뒤에서 된소리인 [ㄸ]으로 발음하므로 '늙다'는 [늑따]로 발음한다. 따라서 '늙다[늑따]'에서 일어난 된소리되기는 파열음 'ㄱ'에 의한 것이다.

• ㉡ 앉다[안따]: '앉-'의 종성에 있는 겹받침 'ㄵ'은 'ㄴ'으로 발음하므로 표준 발음법 제24항의 'ㄴ' 뒤의 경음화에서 제시되지만 이론적으로 봤을 때 'ㄵ'에 자음군 단순화가 일어나기 전에 'ㅈ'이 대표음인 'ㄷ'으로 바뀌고 표준 발음법 제23항에 따라 종성 [ㄷ]에 의해 된소리되기 현상이 일어난 것이다. 따라서 '앉다[안따]'에서 일어난 된소리되기는 파열음 'ㄷ'에 의한 것이다.

• ㉢ 닮다[담:따]: 표준 발음법 제24항에 따라 어간의 받침 'ㅁ(ㄻ)' 뒤에 결합되는 어미의 첫소리 'ㄷ'은 된소리로 발음하므로 '닮다'의 어간 '닮-' 뒤에서 종결 어미 '-다'의 초성 'ㄷ'을 된소리 [ㄸ]으로 발음한다. 따라서 '닮다[담:따]'에서 일어난 된소리되기는 용언 어간의 끝소리 비음 'ㅁ'에 의한 것이다.

• ㉣ 값지다[갑찌다]: '값'의 종성에 있는 겹받침 'ㅄ'은 'ㅅ'이 탈락한 후 대표음 [ㅂ]으로 발음하고 그 뒤에 오는 'ㅈ'은 표준 발음법 제23항에 따라 종성 [ㅂ] 뒤에서 된소리인 [ㅉ]으로 발음하므로 '값지다'는 [갑찌다]로 발음한다. 따라서 '값지다[갑찌다]'에서 일어난 된소리되기는 파열음 'ㅂ'에 의한 것이다.

• ㉤ 껴안다[껴안따]: '껴안다'는 표준 발음법 제24항에 따라 어간 '껴안-'의 받침 'ㄴ' 뒤에 결합되는 어미의 첫소리 'ㄷ'을 된소리 [ㄸ]으로 발음한다. 따라서 '껴안다[껴안따]'에서 일어나는 된소리되기는 용언 어간의 끝소리 비음 'ㄴ'에 의한 것이다.

39 외래어 표기법
정답 ②

옐로우(×) → 옐로(○): 'yellow[jelou]'에서 중모음 [ou]는 '오'로 적으므로 올바른 외래어 표기는 '옐로'이다. 따라서 답은 ②이다.

 ① 플래시(flash): 'flash[flæʃ]'에서 어말의 [ʃ]는 '시'로 적으므로 '플래시'는 올바른 외래어 표기이다.
③ 비스킷(biscuit): 'biscuit[bɪskɪt]'에서 [i]는 모음 '이', 짧은 모음 다음의 어말 무성 파열음 [t]는 받침 'ㅅ'으로 적으므로 '비스킷'은 올바른 외래어 표기이다.
④ 색소폰(saxophone): 'saxophone[sæksəfəʊn]'에서 [æ]는 '애'로 적으므로 '색소폰'은 올바른 외래어 표기이다.

⑤ 심포지엄(symposium): 'symposium[sɪmˈpəʊziəm]'
에서 [z]는 모음 앞에서 'ㅈ', [i]는 모음 '이'로 적으며 [ə]
는 모음 '어', [m]은 어말에서 'ㅁ'으로 적으므로 '심포지
엄'은 올바른 외래어 표기이다.

40 로마자 표기법   정답 ⑤

깻잎전[깬닙쩐] kkaetnipjeon(×) → kkaennipjeon(○): 국어의
로마자 표기는 국어의 표준 발음법에 따라 적는 것을 원칙으로
하므로 '깻잎전[깬닙쩐]'은 'kkaennipjeon'으로 적어야 한다. 참
고로, 'ㄴ'이 덧나는 경우 변화의 결과를 표기에 그대로 반영하므
로 '깻잎[깬닙]'은 'kkaennip'로 적으며 로마 표기 시 된소리되
기는 반영하지 않으므로 'kkaennipjeon'으로 적는다.

① 꽃빵[꼳빵] kkotppang(○): [꼳빵]의 받침 'ㄷ'은 자음
앞에서 't'로 적으며 자음 'ㅃ'은 'pp'로 적는다.
② 탕수육[탕수육] tangsuyuk(○): [탕수육]의 모음 'ㅠ'는
'yu'로, 어말의 자음 'ㄱ'은 'k'로 적는다.
③ 떡볶이[떡뽀끼] tteokbokki(○): [떡뽀끼]의 [뽀]는 된
소리되기의 결과로 표기에 반영하지 않고 'bo'로 적으
며 [끼]는 앞 글자의 자음(받침)이 연음된 것이므로 표
기에 반영하여 'kki'로 적는다.
④ 삼계탕[삼계탕/삼게탕] samgyetang(○): [삼계탕]의
모음 'ㅖ'는 'ye'로 적는다.

41 음운의 변동   정답 ②

㉠과 ㉢에서 각각 'ㄹ', 'ㅂ'이 탈락하였으므로 음운 변동에 대한
설명으로 적절하지 않은 것은 ②이다.
· ㉠ 긁는: 겹받침 'ㄺ'에 자음군 단순화가 일어나 자음 'ㄹ'이 탈
락하여 [극는]이 된 후 'ㄱ'이 뒤에 오는 비음 'ㄴ'에 동화되어
[긍는]으로 발음한다.
· ㉢ 넓게: '넓'의 겹받침 'ㄼ' 중 'ㅂ'에 의해 뒤에 오는 어미 '-게'
의 첫소리 'ㄱ'에 된소리되기가 일어나 [넓께]가 된 후 '넓'의 겹
받침 'ㄼ'에 자음군 단순화가 일어나 'ㅂ'이 탈락하여 [널께]로
발음한다.

① ㉠과 ㉢에서 모두 비음 'ㄴ' 앞에 있는 자음이 비음의 조
음 방식에 동화되는 비음화가 일어났으므로 적절하다.
③ ㉡의 '깎는'은 '깎는 → [깍는] → [깡는]'의 음운 변동 과
정을 거쳐 [깡는]으로 발음하므로 적절하다.
④ ㉣의 '닳는'은 '닳는 → [달는] → [달른]'의 음운 변동 과
정을 거쳐 [달른]으로 발음하므로 적절하다.
⑤ ㉤에서 자음 'ㅎ'과 'ㄱ'이 축약되어 'ㅋ'으로 발음되는 자
음 축약이 일어났으므로 적절하다.

· ㉡ 깎는: '깎'의 받침 'ㄲ'은 음절의 끝소리 규칙에 의해
'ㄱ'으로 교체되어 [깍는]이 된 후 'ㄱ'이 뒤에 오는 비
음 'ㄴ'에 의해 동화되어 [깡는]으로 발음한다. 따라서
'깎는 → [깍는] → [깡는]'의 과정으로 음운 변동이 일어
난다.
· ㉣ 닳는: 겹받침 'ㅀ'에 자음군 단순화가 일어나 자음
'ㅎ'이 탈락하여 [달는]이 된 후 'ㄴ'은 'ㄹ'의 뒤에서 유
음화가 일어나 [ㄹ]로 발음하므로 [달른]으로 발음한다.
따라서 '닳는 → [달는] → [달른]'의 과정으로 음운 변동
이 일어난다.
· ㉤ 끊기어: 'ㅎ'이 'ㄱ'과 인접할 경우 두 자음이 결합하
여 거센소리인 'ㅋ'으로 축약되는 현상이 나타난다. 이에
따라 '끊기어'는 '끊'의 겹받침 'ㄶ'의 'ㅎ'과 '기'의 첫소리
'ㄱ'이 'ㅋ'으로 자음 축약되고 '키'와 '어'의 모음이 'ㅕ'로
축약되어 [끈켜]로 발음한다.

42 문장 성분의 호응·생략   정답 ③

'여간'은 주로 부정의 의미를 나타내는 말과 함께 쓰여 '그 상태가
보통으로 보아 넘길 만한 것임을 나타내는 말'을 뜻하는 부사이
다. ③은 문맥상 새로 들어온 직원의 힘이 보통이 넘어 보인다는
의미이므로 '여간 힘이 좋아 보였다'를 '여간 힘이 좋아 보이지 않
았다'와 같이 쓰는 것이 자연스럽다.

① '모름지기'는 '사리를 따져 보건대 마땅히. 또는 반드시'
를 뜻하는 부사로 당위를 나타내는 서술어와 함께 쓰
는 것이 자연스럽다. ①은 앞말이 뜻하는 행동을 하거
나 앞말이 뜻하는 상태가 되는 것이 필요함을 나타내
는 말인 '-어야 하다' 구성의 서술어가 쓰였으므로 자연
스러운 문장이다.
② '도저히'는 부정하는 말과 함께 쓰여 '아무리 하여도'를
뜻하는 부사로 '~할 수 없었다'와 같이 부정하는 말과
함께 쓰였으므로 자연스러운 문장이다.
④ '딱히'는 '정확하게 꼭 집어서'를 뜻하는 부사로 문맥상
아이가 사탕과 초콜릿 중 하나를 정확하게 꼭 집어 고
르기 어려워한다는 의미이므로 자연스러운 문장이다.
⑤ 어미 '-다'에 인용을 나타내는 격 조사 '고'가 결합한 간
접 인용절이 쓰인 문장으로 '그녀는 ~다고 말했다'와
같이 주어와 서술어의 호응이 자연스럽다. 또한 문맥상
그녀는 지금까지 저축한 재산을 모두 그녀의 모교에 기
부하겠다고 말했다는 의미이므로 '말하는 바로 이때에
이르기까지 내내'를 뜻하는 부사 '지금껏'의 쓰임도 자
연스러운 문장이다.

43 문장 성분의 호응·생략
정답 ④

서술어 '맡게 하다'는 문장의 주체가 자기 스스로 행하지 않고 남에게 그 행동이나 동작을 하게 함을 나타내는 사동 형태로 주체가 서술어의 동작을 하게 하는 대상인 부사어와 함께 서술해야 한다. 따라서 주어 '정조는', 목적어 '설계를', 서술어 '맡게 하였으며'와 호응할 수 있는 부사어를 추가하여 '정조는 수원화성의 설계를 ~에게 맡게 하였으며'와 같이 수정해야 한다. 따라서 어법상 가장 자연스럽지 않은 문장은 ④이다.

 오답 분석
① 서술어 '옮기다'는 '…을 …으로 옮기다'의 형태로 쓰여 목적어와 부사어를 필수로 요구하는 서술어이다. 따라서 ①은 '정조는~능침을 양주 배봉산에서~화산으로 옮기고~읍치를 수원 팔달산 아래로 옮기면서'와 같이 쓰였으므로 주어 '정조는'과 목적어 '능침을', '읍치를'과 부사어 '화산으로', '아래로'와 서술어 '옮기고', '옮기면서'의 호응이 자연스럽다.

② 서술어 '아니다'는 '…이 아니다'의 형태로 쓰여 '아니다' 앞에 조사 '이', '가'를 취하는 보어를 필수로 요구하는 서술어이다. 따라서 ②는 '근본은~것이 아니다'와 같이 쓰였으므로 주어 '근본은', 보어 '것이', 서술어 '아니다'의 호응이 자연스럽다.

③ 서술어 '실현하고자 하였다'는 '실현하다'와 '하다'가 '-고자 하다'의 본용언, 보조 용언으로 구성된 형태로 목적어를 필수적으로 요구하는 서술어이다. 따라서 ③은 '정조는~당파 정치 근절과 강력한 왕도 정치를 실현하고자 하였다'와 같이 쓰였으므로 주어 '정조는', 목적어 '당파 정치 근절과 강력한 왕도 정치를', 서술어 '실현하고자 하였다'의 호응이 자연스럽다.

⑤ 서술어 '인정받다'는 '…을 인정받다'의 형태로 쓰여 목적어를 필수적으로 요구하는 서술어이고, 서술어 '지정되다'는 '…으로 지정되다'의 형태로 쓰여 부사어를 필수적으로 요구하는 서술어이다. 따라서 ⑤는 '수원화성은~가치를 인정받아~세계문화유산으로 지정되었다'와 같이 쓰였으므로 주어 '수원화성은', 목적어 '가치를', 서술어 '인정받아'의 호응과 주어 '수원화성은', 부사어 '세계문화유산으로', 서술어 '지정되었다'의 호응이 자연스럽다.

※ 출처: 수원시청, https://www.suwon.go.kr

44 중의적 표현
정답 ③

문맥상 아이가 하얀 모자를 쓰는 행위를 끝낸 뒤 거울로 다가갔다는 의미로 중의성이 없는 문장이다.

오답 분석
① '아니었다'가 부정하는 문장 성분에 따라 '나에게 100만 원을 준 사람은 그가 아니었다', '그가 나에게 준 금액은 100만 원이 아니었다', '그가 100만 원을 준 사람은 내가 아니었다' 등의 뜻으로 해석될 수 있으므로 중의성이 있는 문장이다.

② 관형격 조사 '의'의 의미에 따라 '할머니의 사진'이 '할머니가 소유한 사진', '할머니가 찍은 사진', '할머니를 찍은 사진'의 뜻으로 해석될 수 있으므로 중의성이 있는 문장이다.

④ '구제'가 어떤 의미로 쓰였는지에 따라 삼촌과 숙모가 함께 시작한 사업이 달라진다. '구제(救濟)'는 '자연적인 재해나 사회적인 피해를 당하여 어려운 처지에 있는 사람을 도와줌'을 뜻하며 '구제(驅除)'는 '해충 등을 몰아내어 없앰'을 뜻하므로 어휘적 중의성이 있는 문장이다.

⑤ 연결 어미 '-으며'와 결합된 동사의 주어가 누구인지에 따라 '동생을 바라보고 있는 어머니가 걱정스러운 표정을 지었다', '어머니가 걱정스러운 표정을 짓고 있는 동생을 바라보았다'의 뜻으로 해석될 수 있으므로 중의성이 있는 문장이다.

45 번역 투 표현
정답 ④

'~에서/~로부터 자유롭다'는 영어 '(be) free from ~'의 번역 투 표현이므로 '책임을 면하기 어렵다'와 같이 고쳐 쓰는 것이 적절하다.

오답 분석
① '~에 다름 아닙니다'는 일본어식 표현이므로 '백지와 다름이 없습니다'로 고쳐 쓰는 것이 적절하다.

② '~에 의해'는 영어 'by ~'의 번역 투 표현이므로 '화재로'로 고쳐 쓰는 것이 적절하다.

③ '~을 통해'는 영어 'through ~'의 번역 투 표현이므로 '도시 계획을 실현하여'로 고쳐 쓰는 것이 적절하다.

⑤ '후속 조사의 결과가 말하고 있다'는 무생물을 주어로 한 문장으로 영어 원문의 구조를 그대로 번역한 표현이므로 '후속 조사의 결과로 알 수 있다'로 고쳐 쓰는 것이 적절하다.

46 글쓰기 계획 정답 ④

글쓰기 계획의 주제 및 목적을 통해 이 글은 로봇 사용을 긍정적 측면에서 보며 로봇 시장 활성화를 위해 로봇세 도입을 반대하는 내용임을 알 수 있다. 로봇에 대한 윤리적 문제와 그에 대한 책임을 비판하는 내용은 로봇 사용을 부정적인 측면에서 바라보는 것이므로 글의 주제와 관련 없으며 글의 목적에도 반대되는 내용이다. 따라서 답은 ④이다.

47 자료의 활용 방안 정답 ⑤

ⓒ은 이중 과세의 정의와 이중 과세를 막기 위해 고안된 제도에 대한 내용이며, ⓒ은 로봇 산업은 고부가 가치 산업이므로 로봇세 부과와 같이 로봇 산업에 제약을 두는 것은 국가적 이익의 손실이 될 수 있다는 내용이다. 이를 통해 국가적 이익을 위해 로봇 산업에 이중 과세를 하면 안 된다는 내용을 이끌어 낼 수 있으나 국가적 이익을 위해 이중 과세 되지 않는 한도 내에서 로봇세를 부과할 수 있는 기준을 마련해야 한다는 내용을 이끌어 내기는 어려우므로 글쓰기 자료의 활용 방안으로 적절하지 않다. 따라서 답은 ⑤이다.

오답분석 ① ⓐ은 로봇의 발전으로 인해 일자리가 사라지거나 위협받을 수 있다고 생각하는 사람들이 많다는 설문 조사 결과이므로 이를 활용하여 로봇에게 일자리를 빼앗긴 사람들을 지원할 예산 충당 목적으로 '로봇세'를 부과해야 한다는 의견을 제시할 수 있으므로 적절한 자료 활용 방안이다.

② ⓑ은 이중 과세의 정의와 이중 과세를 막기 위해 고안된 제도에 대한 내용이므로 이를 활용하여 로봇으로 이익을 내는 대상에게 소득세와 로봇세를 함께 부과하는 것은 이중 과세의 문제가 될 수 있다는 내용을 제시할 수 있으므로 적절한 자료 활용 방안이다.

③ ⓓ은 새로운 유형의 경제적 실체에 과세 의무를 지우기 위해서는 새로운 경제적 실체에 대한 개념 규명이 필요하며, 새로운 경제적 실체와 그와 유사한 경제적 실체의 과세상 형평성 등을 고려해야 한다는 내용이므로 이를 활용하여 자동화 기기에는 과세하지 않으면서 로봇에는 과세한다면 형평성에 어긋난다는 문제점을 제시할 수 있으므로 적절한 자료 활용 방안이다.

④ ⓔ은 로봇의 발전이 가져올 일자리에 관한 염려를 다룬 설문 조사 결과이며, ⓕ은 이전의 산업 혁명에서도 산업 전반의 일자리가 증가했듯 4차 산업 혁명 시기에도 기술이 발전함에 따라 새로운 일자리가 창출될 것이라는 내용이므로 이를 활용하여 로봇 산업 활성화가 야기할 일자리에 대한 우려를 일축하고, 오히려 로봇의 발전과 같은 산업 혁명으로 새로운 일자리가 창출될 것이라는 긍정적 전망을 제시할 수 있으므로 적절한 자료 활용 방안이다.

※ 출처: 국회예산정책처, https://www.nabo.go.kr

48 개요 수정 및 상세화 방안 정답 ④

ⓔ은 로봇 기술의 개발이 다른 나라보다 뒤처지는 경우 국가적으로 손해가 생긴다는 내용이며, 'Ⅲ-2'는 로봇세로 인해 낼 세금이 많아지는 경우 외국보다 로봇 기술의 개발이 뒤처질 수 있다는 내용이다. 따라서 ⓔ은 'Ⅲ-2'의 원인이 아닌 결과를 나타내는 내용이므로 둘의 순서를 교체하는 것은 적절하지 않다.

오답분석 ① ⓐ은 'Ⅰ'의 하위 항목임에도 상위 항목의 제목을 그대로 사용하여 포괄적으로 제시되었다. 또한 'Ⅰ-1'에서 로봇세 도입의 배경으로 로봇 발달을 부정적으로 보는 시각을 제시하였으므로 이와 관련하여 로봇세 도입이 이러한 문제를 해결해 줄 수 있을 거라는 내용을 그 목적으로 제시할 수 있다. 따라서 '로봇으로 인한 피해 보상을 위한 예산 마련의 목적'과 같은 구체적인 내용으로 수정하는 것이 적절하다.

② ⓑ은 상위 항목 '로봇세 부과와 관련된 문제점'을 고려하여 기존에 부과되고 있던 세금에 로봇세가 부과되며 생길 문제를 드러내기 위해 '로봇세 부과로 인한 이중 과세의 문제'로 수정하는 것이 적절하다.

③ ⓒ은 하위 항목의 내용을 모두 포함하고 있지 못하다. ⓒ의 하위 항목 중 '1'은 로봇 기술 발전의 긍정적 효과로, '2'와 '3'은 로봇세 도입으로 인한 부정적인 영향에 대한 내용으로 구성되었으므로 이를 포괄할 수 있는 제목으로 수정하는 것이 적절하다.

⑤ ⓕ은 글의 목적인 '로봇세 도입의 문제점 및 로봇 사용의 필요성 제시'와는 관련 없는 내용이므로 삭제하는 것이 적절하다.

49 고쳐쓰기 정답 ①

㉠이 포함된 문장에서 서술어 '구축하기'에 호응되는 목적어는 '일자리를 잃은 사람들이나'와 '사회 안전망을'이다. '사회 안전망을'과 '구축하기'의 호응은 자연스러우나 '사람들이나'와 '구축하기'의 호응은 어색하므로 '일자리를 잃은 사람들이나'와 호응할 수 있는 서술어 '지원하다'를 추가하여 '일자리를 잃은 사람들을 지원하거나 사회 안전망을 구축하기 위해'로 수정하는 것이 적절하다.
- **구축하다**: 체제, 체계 등의 기초를 닦아 세우다.
- **지원하다**: 지지하여 돕다.

 ② ㉡ 이전 문장은 로봇세 부과의 목적에 대한 내용으로 로봇세를 부과해야 하는 이유를 설명한 것이고, ㉡이 포함된 문장은 로봇세 도입을 반대하는 내용이다. 따라서 인과 관계를 나타낼 때 사용하는 접속 부사 '따라서'가 아닌 상반되는 내용을 나타낼 때 사용하는 접속 부사 '하지만'을 사용하는 것이 적절하므로 ㉡은 수정할 필요가 없다.
  - **하지만**: 서로 일치하지 않거나 상반되는 사실을 나타내는 두 문장을 이어 줄 때 쓰는 접속 부사
  - **따라서**: 앞에서 말한 일이 뒤에서 말할 일의 원인, 이유, 근거가 됨을 나타내는 접속 부사

③ ㉢은 로봇을 사용한 이에게 세금을 추가로 부과하는 것이 이중 과세이므로 불공평하다는 내용이며 ㉢ 앞 문장은 로봇을 사용한 이는 이미 법인세 또는 소득세를 납부하고 있다는 내용이다. 문맥상 ㉢의 근거로 앞 문장이 제시된 것은 자연스러우므로 ㉢은 삭제될 필요가 없다.

④ ㉣이 포함된 문장은 문맥상 '특허권이 ~을 인정하다'가 아닌 '~에 특허권이 있다고 여겨지다'라는 피동의 의미이므로 '피동'의 뜻을 더하고 동사를 만드는 접미사 '-되다'가 결합된 형태인 '인정되는'으로 사용되는 것이 적절하다.

⑤ ㉤은 로봇세를 도입하는 경우 세금에 대한 부담으로 로봇에 대한 수요가 감소한다는 내용이다. 세금에 대한 부담이 로봇 수요를 감소시키는 원인이 된다는 점을 고려할 때, ㉤에 '세금에 대한 부담이 늘어나'와 같이 까닭이나 근거 등을 나타내는 연결 어미인 '-아'를 쓰는 것은 적절하므로 ㉤은 수정할 필요가 없다.

50 빈칸 추론 정답 ③

(가)가 포함된 문장과 (가)의 앞뒤 내용을 토대로 자국에서 로봇을 구하기 어려운 상황에서 로봇이 필요한 개인 또는 기업이 (가)와 같은 행위를 취함으로써 막대한 비용이 외부로 유출되어 국가적 손해를 야기한다는 내용을 유추해 볼 수 있다. 따라서 (가)에는 자국에서 로봇을 구매할 수 없는 개인 또는 기업이 로봇을 외국에서 사들이는 행위를 한다는 내용이 들어가야 함을 알 수 있으므로 적절한 것은 ③이다.

오답 분석 ① 윗글은 로봇세 도입을 반대하는 내용이지만 로봇세 도입을 막기 위한 법적 자문과 관련된 내용은 다루고 있지 않으며, 로봇 수입 문제의 원인과 결과를 다루는 (가)의 앞뒤 내용과도 호응하지 않으므로 적절하지 않다.

② 글의 5문단 1번째 줄을 통해 로봇 덕분에 사람들이 위험한 일에서 벗어나고 있음을 알 수 있으나 위험 기계가 있는 사업장에 로봇을 많이 보유해야 한다는 내용은 로봇 수입 문제의 원인과 결과를 다루는 (가)의 앞뒤 내용과 호응하지 않으므로 적절하지 않다.

[관련 지문 인용] 우리는 로봇 덕분에 어렵고 위험한 일이나 반복적인 일로부터 벗어나고 있다.

④ 외국의 로봇 기술을 사들인다는 내용과 (가)의 뒤 문장에서 많은 비용이 외부로 유출된다고 한 내용은 호응하나 (가)의 앞 내용은 '로봇세'에 대한 내용으로 '법인세', '소득세'와는 관련이 없으며 외국의 로봇 기술을 사는 경우 법인세, 소득세의 부과를 피할 수 있는지는 윗글의 내용으로 확인할 수 없으므로 적절하지 않다.

⑤ (가)의 앞 내용은 자국에서 로봇 기술 개발이 어려워질 때 로봇을 구매해야 하는 개인이나 기업이 겪을 어려움에 대한 것이다. 따라서 로봇 기술 개발을 위해 기술자를 물색한다는 내용은 로봇 구매자가 아닌 로봇 기술 개발을 하는 기업과 연관된 것이므로 적절하지 않다.

창안 (51번 ~ 60번)

51 내용 연상 정답 ⑤

복합식 가습기는 초음파식 가습기와 가열식 가습기의 단점을 보완하고 장점만 고루 수용하여 좋은 시너지를 이끌어 낸 사례이다. 따라서 이를 투자 상품에 비유할 때, 투자 이후 수익이 좋아질 가능성은 있으나 원금을 크게 잃을 수 있다는 내용은 이끌어 내기 어려우므로 적절하지 않다. 참고로, 적절한 내용이 되려면 함께 투자했을 때 서로 보완되어 좋은 효과를 낼 수 있는 결합 상품 등이 되어야 한다.

① <보기>의 '초음파식 가습기는~다른 가습기에 비해 전력 소비가 적다. 구매 비용이 적은데 비해 가습량이 좋으며'를 통해 초음파식 가습기가 구매·유지 비용에 비해 효과가 좋음을 알 수 있다. 이를 투자 상품에 비유하면 투자금에 비해 이익이 큰 상품으로 이끌어 낼 수 있다.

② <보기>의 '구매 비용이 적은데~그러나 살균되지 않아 세균 번식이 발생할 수 있어 자주 청소를 해 주어야 하며'를 통해 초음파식 가습기는 비용은 저렴하나 관리를 하지 않으면 구매 초기의 상태를 유지하기 어려운 기구임을 알 수 있다. 이를 투자 상품에 비유하면 가격이 저렴하여 접근하기 쉬우나 투자 초기 상태를 유지하기 어려운 상품으로 이끌어 낼 수 있다.

③ <보기>의 '가열식 가습기는~화상의 위험이 있다'를 통해 가열식 가습기는 주의하지 않으면 사용하다 화상을 입을 수 있음을 알 수 있다. 이를 투자 상품에 비유하면 자칫하다 큰 위험이 생길 수 있는 상품으로 이끌어 낼 수 있다.

④ <보기>의 '초음파식보다 위생적이지만 전력 소모가 많아 경제적 부담이 생길 수 있다'를 통해 가열식 가습기를 사용하는 경우 경제적 부담이 큼을 알 수 있다. 이를 투자 상품에 비유하면 다른 상품보다 상대적으로 투입해야 하는 금액이 높은 상품으로 이끌어 낼 수 있다.

52 내용 유추   정답 ④

㉠에서 가열식 가습기는 물을 끓여 사용하기 때문에 위생적이지만 이로 인해 화상을 입을 수 있음을 알 수 있다. 이를 통해 한 대상의 장점으로 작용하는 요소가 단점으로도 작용할 수 있다는 내용을 이끌어 낼 수 있다. ④는 식물의 성장을 도와주기 위해 사용되는 거름이 악취를 유발할 수 있으니 주의해야 한다는 내용으로 긍정적인 영향을 주는 거름이 부정적인 영향도 줄 수 있다는 것이다. 따라서 ④는 ㉠을 활용하여 유추할 수 있는 주장으로 적절하다.

오답
분석
① ② ③ ⑤ ㉠을 통해 유추하기 어려운 주장이므로 적절하지 않다.

53 내용 유추   정답 ④

㉡에서 복합식 가습기는 초음파식 가습기와 가열식 가습기의 장점인 빠른 가습 방식과 살균성을 반영하고, 둘의 단점인 비위생성과 고온으로 인한 화상 위험을 보완한 제품임을 알 수 있다. 복합식 가습기는 기존 제품의 장점만을 골라 반영한 것이므로 이를 통해 여러 사례가 지닌 장점들을 모아 서로 잘 어울리게 받아들일 수 있어야 한다는 논지를 유추할 수 있다. 따라서 답은 ④이다.

오답
분석
① ② ③ ⑤ ㉡을 통해 유추하기 어려운 논지이므로 적절하지 않다.

54 조건에 따른 내용 생성   정답 ⑤

<보기>의 '초음파식 가습기는~빠른 시간 내에 가습이 이루어진다. 그러나 살균되지 않아 세균 번식이 발생할 수 있어 자주 청소를 해 주어야 하며'를 통해 초음파식 가습기는 짧은 시간에 가습 효과를 내지만 관리하지 않으면 세균이 번식되어 해로운 영향을 줌을 알 수 있다. 이를 '환경 보호'에 비유하면 일회용품은 빠르게 쓰고 버릴 수 있어 우리의 시간을 아껴 주지만, 일회용품 사용을 규제하지 않고 방치한다면 쓰레기가 쌓이고 환경이 오염되어 우리가 피해를 볼 수 있다는 내용을 이끌어 낼 수 있다. 따라서 답은 ⑤이다.

오답
분석
① 물을 아껴 써야 지구를 지킬 수 있다는 내용으로 '환경 보호'라는 주제를 드러내고 있으나 초음파식 가습기의 특성에서 아껴 쓰면 어떤 대상을 보전하는 데 도움을 준다는 내용을 이끌어 내기 어려우므로 적절하지 않다.

② 종이컵은 편하게 사용되지만 분해되는 데 오랜 시간이 걸려 환경을 오염시킨다는 내용으로 '환경 보호'라는 주제를 드러내고 있으나 초음파식 가습기의 특성에서 편하게 사용할 수 있지만 이를 처리하는 데 오랜 시간이 소요된다는 내용을 이끌어 내기 어려우므로 적절하지 않다.

③ 제멋대로 얽혀 있는 전선에 신경을 쓰지 않으면 화재의 위험이 크다는 내용과 청소하지 않고 방치하면 세균이 번식되어 해로운 영향을 줄 수 있다는 초음파식 가습기의 특성을 연관 지을 수 있으나, ③은 '환경 보호'보다 '화재 예방'이라는 주제를 드러내고 있으므로 적절하지 않다.

④ 모두가 뜻을 모아 탄소 중립을 위한 생활을 실제로 행해야 한다는 내용으로 '환경 보호'라는 주제를 드러내고 있으나 초음파식 가습기의 특성에서 전체가 하나로 마음을 합하여 목적을 위해 움직여야 한다는 내용을 이끌어 내기 어려우므로 적절하지 않다.

55 내용 유추   정답 ⑤

㉠은 골프에서 좋은 점수를 내기 위해서 골프공을 어느 거리만큼 보내느냐에 따라 골프채를 바꾸어 써야 한다는 내용이다. 이를 협상에 비유한다면 골프를 협상으로, 골프공이 가야 할 거리를 상대방으로, 골프채를 본인의 태도로 빗댈 수 있다. 따라서 협상에서 좋은 결과를 내기 위해서는 상대방의 성향을 파악하고 이에 따라 본인의 태도를 다르게 할 수 있어야 한다는 내용을 유추할 수 있으므로 적절하다.

56 내용 유추 정답 ③

ⓒ은 공을 멀리 보내는 것을 기준으로 우드와 퍼터를 평가할 때
우드가 더 뛰어나다고 생각할 수 있지만 퍼터 역시 골프에서 공을
홀에 넣는 중요한 역할을 한다는 내용이다. 즉, 어떤 것을 기준으
로 하느냐에 따라 우드와 퍼터의 중요도는 다르게 평가될 수 있
으나 둘 다 공을 쳐 다른 곳으로 보냄으로써 좋은 점수를 내는 데
기여한다는 것이다. 따라서 이를 활용하여 어떤 영역에 주안점을
두고 평가하느냐에 따라 팀원의 능력은 다르게 평가될 수 있으
므로 한 가지 관점에서만 팀원을 평가하면 안 된다는 내용을 주
장할 수 있다. 따라서 답은 ③이다.

57 내용 유추 정답 ④

ⓒ은 퍼터로 공을 치는 자세가 잘못되면 좋은 타수를 얻을 수 없
다는 내용으로, 이를 통해 퍼팅과 타수는 밀접한 관계에 있음을
알 수 있다. 따라서 ⓒ과 관련 있는 한자 성어는 두 대상이 밀접하
게 연관되어 하나의 대상에 문제가 생기면 다른 대상에게 그 영
향이 미친다는 의미를 드러낼 수 있어야 하므로 가장 적절한 것
은 ④ '순망치한(脣亡齒寒)'이다.

• 순망치한(脣亡齒寒): '입술이 없으면 이가 시리다'라는 뜻으로,
서로 이해관계가 밀접한 사이에 어느 한쪽이 망하면 다른 한쪽
도 그 영향을 받아 온전하기 어려움을 이르는 말

58 시각 자료 분석 정답 ⑤

(나)는 살얼음판 위에 위태롭게 서 있는 모습을 나타낸 그림으로
아슬아슬하고 위험한 상황을 보여 주고 있다. 이를 통해 분석할
수 있는 내용은 위험한 상황에서 겁내지 않고 용감하게 행동해야
한다는 것이 아니라 위험한 상황에서 무턱대고 행동하지 말고 조
심해야 한다는 내용이므로 적절하지 않은 것은 ⑤이다.

※ 출처: 한국방송광고진흥공사, https://www.kobaco.co.kr

59 시각 자료에 따른 내용 생성 정답 ②

(가)는 나무가 지나온 시간을 고스란히 보여 주는 나이테처럼 책
도 지나온 시대의 지식을 담고 있음을 표현한 그림이다. 이를 통
해 책이 여러 시간 속의 다양한 지식을 담고 있음을 알 수 있으므
로 독서는 독서를 하는 사람이 존재하는 시대가 언제인가에 구애
받지 않고, 이를 초월하여 다양한 부문의 지식을 깊이 연구할 수
있다는 내용을 유추할 수 있다. 따라서 답은 ②이다.

60 시각 자료 활용 정답 ⑤

(나)는 살얼음판 위에 위험하게 서 있는 상황을 나타내고 있으며
<보기>는 산림 인접지에서 소각 행위를 하는 경우 큰 산불이 일
어날 수 있음을 제시하고 있다. 이를 통해 큰 위험으로 이어질 수
있는 행위를 경계하지 않고 행함을 비판하는 내용을 이끌어 낼
수 있으므로 답은 ⑤이다.

④ <보기>에서 책임을 미루는 행위는 확인할 수 없으며 (나)의 주제가 드러난 비판의 내용도 아니므로 적절하지 않다.

※ 출처: 춘천시청, https://cityhall.chuncheon.go.kr

읽기 (61번 ~ 90번)

61 현대 시 – 표현상의 특징과 효과   정답 ④

1연과 3연의 '아버지의 침상(寢床) 없는 최후', '다시 뜨시잖는 두 눈', '손발은 식어 갈 뿐', '심장의 영원한 정지(停止)' 등을 통해 '아버지'가 돌아가셨음을 알 수 있다. 또한 1연과 4연의 반복되는 구절에서 '아버지'의 죽음이 '풀벌레 소리'와 함께 묘사된 것을 통해 '아버지'의 죽음으로 인한 시적 화자의 슬픈 심정이 '풀벌레 소리'에 반영되어 있음을 알 수 있다. 따라서 '풀벌레 소리'는 일반적인 청각적 요소가 아닌 '아버지'를 잃은 화자의 울음을 대신하여 주는 대상이므로 적절한 설명은 ④이다. 참고로, 이 시에서 '풀벌레 소리'는 두 가지 효과를 가지는데 '아버지'의 죽음으로 인한 화자의 슬픔 감정을 대변해 주는 대상이자 비극적인 시적 분위기에 대조되어 비극성을 강조하는 역할을 한다.

[관련 지문 인용]
• 아버지의 침상(寢床) 없는 최후 최후의 밤은 / 풀벌레 소리 가득 차 있었다.
• 다시 뜨시잖는 두 눈에
• 얼음장에 누우신 듯 손발은 식어 갈 뿐 / 입술은 심장의 영원한 정지(停止)를 가리켰다.

오답분석 ① 1연 4~5행과 4연 3~4행에서 동일한 행이 반복되는 수미 상관의 구조를 통해 '아버지의 죽음'이라는 주제를 부각시키며 정서적 여운을 남기고 있음을 알 수 있으나 이를 통해 경건한 분위기를 조성하고 있지 않으므로 적절하지 않다. 참고로, 수미 상관은 시에서 첫 연의 구절을 마지막 연에 반복하여 배치하는 형식으로 운율 형성, 구조의 안정화, 주제 강조 등의 효과를 갖는다.
[관련 지문 인용] 아버지의 침상(寢床) 없는 최후 최후의 밤은 / 풀벌레 소리 가득 차 있었다.
② 1연 5행, 4연 4행의 '풀벌레 소리'는 상황의 비극성을 높이며 이 시의 주제인 '아버지의 비극적인 죽음'을 상징적으로 드러내고 있으나 이는 청각적 심상이며 이 시에서 공감각적 심상은 확인할 수 없으므로 적절하지 않다.

③ 3연~4연에서 '아버지'의 죽음과 그 이후 상황이 시간의 순서에 따라 표현되고 있으나 화자의 심정 변화는 구체적으로 드러나 있지 않으므로 적절하지 않다. 참고로, 3연~4연에는 '아버지'의 죽음을 확인한 의원이 돌아가고 이웃집 어르신이 '아버지'의 눈을 감겨 드리자 가족이 눈물 흘리며 슬퍼하는 모습이 시간의 순서에 따라 나타나고 있다.
[관련 지문 인용]
• 때늦은 의원이 아모 말없이 돌아간 뒤 / 이웃 늙은이의 손으로 / 눈빛 미명은 고요히 / 낯을 덮었다.
• 우리는 머리맡에 엎디어 / 있는 대로의 울음을 다아 울었고
⑤ 이 시에서 가정법의 문장과 '효'를 다하지 못해 자신을 성찰하는 내용은 확인할 수 없으므로 적절하지 않다.

62 현대 시 – 작품의 이해와 감상   정답 ②

ⓒ 한마디 남겨 두는 말도 없었고: '아버지'가 한마디의 유언도 없이 돌아가신 것을 보아 '아버지'의 죽음이 갑작스러운 것임을 추측할 수 있으나 이 시에서 '아버지'가 돌아가실 때 어떤 마음이었는지 확인할 수 없으므로 ⓒ을 통해 가족에게 짐이 되고 싶어 하지 않는 '아버지'의 모습은 확인할 수 없다.

오답분석 ① ⊙ 아버지의 침상(寢床) 없는 최후 최후의 밤은: 1연의 '우리 집도 아니고 / 일갓집도 아닌 집 / 고향은 더욱 아닌 곳에서 / 아버지의 침상(寢床) 없는 최후 최후의 밤은'을 통해 '아버지'가 타향에서 침상도 없이 죽음을 맞이하였음을 알 수 있다. 따라서 ⊙을 통해 '아버지'의 곤궁한 현실을 추론할 수 있으므로 적절하다.
③ ⓒ 아무을만(灣)의 파선도 / 설룽한 니코리스크의 밤: '아무을만(灣)', '니코리스크' 등의 구체적인 러시아 지명을 통해 '아버지'가 타국을 떠돌아다니던 유랑민이었음을 알 수 있으므로 적절하다. 참고로, 이 시의 배경은 1930년대 일제 강점기로 고향이 아닌 이국땅에서 죽음을 맞이한 '아버지'의 실상을 그려냄으로써 당대 유랑민들의 고단한 삶을 대변해 주고 있다.
④ ㉢ 피지 못한 꿈의 꽃봉오리가 갈앉고: 3연 1~2행 '다시 뜨시잖는 두 눈에 / 피지 못한 꿈의 꽃봉오리가 갈앉고'는 '아버지'의 꿈이 피지 못하고 가라앉았다는 의미이므로 이를 통해 '아버지'가 생전에 가지고 있던 꿈이 결국 이루어지지 못하였음을 알 수 있으므로 적절하다.

⑤ ⓔ 이웃 늙은이의 손으로/눈빛 미명은 고요히/낯을 덮었다: 3연의 '손발은 식어 갈 뿐', '입술은 심장의 영원한 정지(停止)를 가리켰다' 등에서 '아버지'의 죽음과 그 이후의 상황을 사실적으로 묘사한 것을 통해 시적 화자가 '아버지'의 죽음에 대한 슬픔을 절제하며 이를 담담하게 그려 내고 있음을 알 수 있으므로 적절하다. 참고로, 이 시는 '아버지'의 죽음에 대한 슬픈 감정을 절제하여 전달함으로써 청자에게 안타까운 마음을 불러일으키며 슬픔의 감정을 심화시키는 효과를 가진다.

63 현대 소설 – 작품의 이해와 감상 정답 ①

5문단, 6문단 1~3번째 줄에서 꼬두메에 도착한 어머니가 우리 집으로 가자고 보채는 모습을 통해 어머니는 변해 버린 고향의 모습을 알아보지 못하고 있음을 알 수 있다. 따라서 어머니가 달라진 고향의 모습을 보고 슬픔에 잠겨 있다는 ①의 설명은 적절하지 않다. 참고로, '그'와 어머니의 고향인 꼬두메는 개발로 인해 아파트가 들어서면서 도시로 탈바꿈하였다.
[관련 지문 인용]
• "찬우야이. 어서 우리 집으로 가자니께 왜 여겨서 이러고 있냐이."
• 어머니는 어린아이처럼 보채기 시작했다~여기가 꼬두메예요, 어머니. 똑똑히 보시라구요.~설혹 그런다 한들 알아들을 리도 없을 터였다.

오답
분석 ② 1문단 6번째 줄을 통해 '그'가 꼬두메로 떠나는 날 아침에 우편으로 사표를 제출하였음을 알 수 있다.
[관련 지문 인용] 이날 아침 그는 기어이 사표를 써서 집 앞 우체통에 넣었던 것이다.
③ 1문단 3~4번째 줄을 통해 '그'의 아내는 '그'가 어머니와 함께 꼬두메를 찾아 떠나는 것을 못마땅하게 생각하고 있음을 알 수 있다.
[관련 지문 인용] 아내의 말마따나 제정신이 아닌 짓인지도 모를 일이었다.
④ 1문단 8~9번째 줄, 2문단의 1~2번째 줄을 통해 '그'가 이번에 직장을 잃은 것이 두 번째인 것과 이전의 직장이 신문사였다는 사실을 알 수 있으며 신문사를 나온 후 오 년 동안 아내와 '그'가 생활고로 힘들었음을 알 수 있다.
[관련 지문 인용]
• 이번으로 두 번째였다. 신문사를 나온 후, 오 년 동안의 그 공백 기간에 겪었던 처참함을
• 아내는 다시 예전처럼 방 한 칸이 달린 구멍가게 자리를 구하기 위해 발바닥이 부르트도록 변두리를 돌아다닐 수도 없으리라.

⑤ 6문단 3~6번째 줄을 통해 아버지의 무덤이 있던 공동묘지 자리에 아파트가 들어섰음을 알 수 있으며, 사라진 아버지의 무덤을 본 '그'가 십 년이 넘도록 아버지의 무덤을 찾지 않았던 사실에 죄책감을 느끼며 슬퍼하고 있음을 알 수 있다.
[관련 지문 인용] 그는 눈앞으로 허공을 비스듬히 가로지르고 있는 아파트 건물을 우울하게 올려다보았다. 거기는 바로 예전에 공동묘지가 있던 자리였다. 십 년이 넘도록 한 번도 찾아보지 못한 채 내버려 두었던 아버지의 무덤. ~그는 문득 무엇인가 목구멍을 치밀어 오르는 뜨거운 덩어리를 삼켰다. 뒤늦은 후회와 죄책감이 가슴을 후벼 파고 있었다.

64 현대 소설 – 내용 추론 정답 ③

4문단 2~3번째 줄과 6문단 3~6번째 줄을 통해 달라진 고향의 모습과 사라진 아버지의 무덤을 본 '그'가 허탈함을 느끼며 슬퍼하고 있음을 알 수 있다. 이러한 상황에서 치매에 걸린 어머니마저 잃어버린 '그'의 참담한 현실을 눈이 가득 쌓여 은빛으로 빛나는 배경을 통해 더욱 부각시키고 있으므로 적절한 것은 ③이다.
[관련 지문 인용]
• 애당초 십여 년이 지난 지금까지 그 가난한 꼬두메 마을이 고스란히 남아 있을 리가 만무했다.
• 거기는 바로 예전에 공동묘지가 있던 자리였다. ~아버지의 무덤. 그 무덤이 어쩌면 저 거대한 아파트 밑의 땅속 어딘가에 묻혀 있을지도 모른다는 생각이 들었다. 그는 문득 무엇인가 목구멍을 치밀어 오르는 뜨거운 덩어리를 삼켰다. 뒤늦은 후회와 죄책감이 가슴을 후벼 파고 있었다.

오답
분석 ① 7문단 3~4번째 줄을 통해 눈이 많이 오는 상황에서 '그'가 어머니를 잃어버렸음을 알 수 있으나 ㉠을 통해 잃어버린 어머니를 찾을 수 없다는 사실을 추측할 수 없으므로 적절하지 않다.
[관련 지문 인용] 저편으로 고갯길을 오르는 사람들의 모습이 띄엄띄엄 눈에 띄기는 했지만, 그 가운데에 어머니가 끼여 있는지는 확실치가 않았다. 아아, 이 눈 속에서 어머니는 혼자 어디로 가신 것일까.
② 7문단 끝에서 1~3번째 줄을 통해 어머니가 꼬두메에서 가족과 함께 살았던 날을 그리워하고 있음을 알 수 있으나 ㉠이 가족과 함께 행복했던 추억을 의미하는 것은 아니므로 적절하지 않다.
[관련 지문 인용] 거기엔 어머니가 한시도 잊지 못했던 그리운 사람들과 정겨운 이름들이 예전 그대로 살아 있을 것이었다. 한쪽 눈을 못 보는 아버지와 착한 형, 그리고 어쩌면 어린 시절의 그의 앳된 얼굴도 그 가난한 식구들 곁에서 함께 곤히 잠들어 있을지도 모른다.

④ 2문단 3~4번째 줄을 통해 실업자가 된 '그'의 무기력함을 알 수 있으며 9문단과 10문단 1번째 줄을 통해 잃어버린 어머니를 찾겠다는 '그'의 의지를 알 수 있으나 ㉠을 통해 현실을 극복하려는 '그'의 의지는 추측할 수 없으므로 적절하지 않다.

[관련 지문 인용]
- 그는 이젠 도저히 또 다른 직장을 찾아 나설 용기도 아니, 그래야 할 것이라는 생각조차도 사라져 버리고만 듯한 느낌이었다.
- '찾아야 해. 어머니를 찾아야만 해.'
- 그는 마침내 흐드러지게 쏟아져 내리는 함박눈을 맞으며, 비틀거리는 걸음으로 잣고개를 기어오르기 시작했다.

⑤ 6문단 5~6번째 줄을 통해 사라진 아버지의 무덤을 본 '그'가 내적으로 고통스러워 하고 있음을 알 수 있으나 ㉠을 통해 '그'의 내적 고통이 해소되었음을 추측할 수 없으므로 적절하지 않다.

[관련 지문 인용] 그는 문득 무엇인가 목구멍을 치밀어 오르는 뜨거운 덩어리를 삼켰다. 뒤늦은 후회와 죄책감이 가슴을 후벼 파고 있었다.

65 현대 소설 - 서술상의 특징과 효과   정답 ④

작품 전반에서 등장인물의 행동과 심리를 설명하며 등장인물을 '그', '어머니', '아내'로 지칭하는 것을 통해 윗글이 전지적 작가 시점을 취하고 있음을 알 수 있으며, 작품 전반의 흐름과 6문단 1~2번째 줄에서 '그'의 마음속 생각이 제시되는 내적 독백을 통해 서술자가 등장인물인 '그'의 시각에서 사건을 전개하고 있음을 알 수 있다. 따라서 작품 외부의 서술자가 작품 속 인물인 '그'의 입장에서 사건을 전달하고 있으므로 윗글의 서술 방식에 대한 설명으로 적절한 것은 ④이다. 참고로, 전지적 작가 시점이란 작가가 등장인물과 사건 내·외적 세계를 모두 다 안다는 의미로 서술의 시점을 자유롭게 이동할 수 있으며 등장인물의 행동과 그의 심리까지 모두 해석하여 서술하는 방식이다.

[관련 지문 인용] 여기가 꼬두메예요, 어머니. 똑똑히 보시라구요. 어머니가 그렇게 가자고 조르시던 곳이 바로 여기라니까요.

① 3문단의 2~4번째 줄에 꼬두메의 현재의 모습을 과거의 모습과 함께 묘사한 부분은 있으나 과거와 현재 시점의 교차는 나타나지 않으며 이로 인한 긴장감 또한 드러나지 않으므로 적절하지 않다.

[관련 지문 인용] 논둑길을 따라 반 시간은 족히 걸어야 했던 산비탈 동네가 번드르한 고급 주택가로 변해 있었고,~공동묘지 자리엔 아파트가 여러 채 들어서 있었다.

② 8문단 1~3번째 줄을 통해 고향인 꼬두메에 대한 등장인물의 입장 차이를 알 수 있으나 이에 대한 갈등과 화해를 중심으로 사건이 전개되고 있지 않으므로 적절하지 않다. 참고로, 어머니가 기억하는 꼬두메는 가족과 함께한 그리운 공간인 반면 '그'가 기억하는 꼬두메는 가난하고 힘들었던 공간이다.

[관련 지문 인용] 꼬두메는 이미 이 세상에는 존재하지 않는다.~그는 그것을 알고 있었다.~그 분명한 사실을 다만 어머니 혼자서만 아직도 모르고 있을 뿐이었다.

③ 윗글에서 지방의 풍속을 느낄 수 있는 어휘는 사용되지 않았으며 그로 인한 고향의 정취가 담긴 분위기 또한 나타나지 않으므로 적절하지 않다.

⑤ 3문단 3~4번째 줄에서 개발로 인해 달라진 꼬두메의 모습이 묘사되는 것을 통해 독자가 꼬두메의 모습을 머릿속으로 그려 볼 수 있으나 6문단 1~2번째 줄에서 '그'의 마음속 생각이 제시되는 내적 독백이 나타나므로 적절하지 않다.

[관련 지문 인용]
- 산비탈 동네가 번드르한 고급 주택가로 변해 있었고,~맞은편 언덕의 공동묘지 자리엔 아파트가 여러 채 들어서 있었다. 그리고 그 사이로~아스팔트가 훤히 뚫려 있는 것이었다.
- 여기가 꼬두메예요, 어머니. 똑똑히 보시라구요. 어머니가 그렇게 가자고 조르시던 곳이 바로 여기라니까요.

66 인문 - 정보 확인   정답 ③

(다)의 2~4번째 줄을 통해 역사학이 과학화된 이후 감동과 교훈을 전달하는 대중적 기능이 사라져 역사에 대한 대중들의 관심이 낮아졌음을 알 수 있으므로 ③은 적절하지 않다.

[관련 지문 인용] 감동을 통해 교훈을 전달하는 일은 역사학이 본디부터 지니고 있던 중요한 대중적 기능의 하나인데 역사학이 과학화된 이후 역사학은 대중들과는 멀어져 단지 학자들만을 위한 향연으로 바뀌었다고 말할 수 있다.

① (가)의 2~4번째 줄을 통해 18세기의 역사서는 교훈을 전달하는 글이었으며 이 시기 역사가들에게는 타인을 설득하는 글을 쓸 수 있는 능력이 요구되었음을 알 수 있으므로 적절하다.

[관련 지문 인용] 역사 서술은~교훈을 전하는 글이었으며, 역사가들에게 요구되는 것은 엄밀한 사실 확인이 아니라 타인을 설득할 수 있는 힘이었다.

② (라)의 3~4번째 줄을 통해 오늘날 역사학에서는 단순히 문학적 감동을 주거나 객관적 사실만 나열해서는 안 되며 '사실에 대한 진실을 어떻게 기술하느냐'를 핵심으로 다루고 있음을 알 수 있으므로 적절하다.

[관련 지문 인용] 역사학이란~'사실'에 대한 '진실'을 어떻게 기술하느냐가 이 논의의 핵심이라고 할 수 있다.

④ (나)의 1~2번째 줄을 통해 19세기 독일의 역사가들은 역사학에서 중요한 것을 사실 전달로 보며 역사학이 '정신과학' 혹은 '문화과학'의 일부가 되어야 한다고 생각했음을 알 수 있으므로 적절하다.

[관련 지문 인용] 19세기 독일의 역사가들은~역사학은 '정신과학' 혹은 '문화과학'의 일부가 되어야 한다고 생각했다.

⑤ (나)의 3~5번째 줄에서 데카르트는 '명백하고 확실한' 사실을 진리의 기준으로 여기고 있으며, 이를 근거로 기억에 의존하고 자신들의 과거를 과장하는 역사의 문학성을 지적하고 있음을 알 수 있으므로 적절하다.

[관련 지문 인용] 과학의 시대를 대표하는 데카르트는 '명백하고 확실한' 지식을 진리의 기준으로 여겼다. 데카르트는 역사 서술은 과거의 기억에 의존하며, 역사가가 자신의 민족이나 조상의 과거를 과장하는 경향을 지적하면서 역사학의 신빙성이 부족하다고 생각했다.

---

67 인문 – 문단의 중심 내용 파악 정답 ④

(라)는 오늘날의 역사학이 가져야 할 관점 및 역사 서술 방식에 대한 논의점 그리고 실제로 역사학이 가지는 강한 주관성에 대해 제시하고 있으므로 (라)의 중심 내용을 '오늘날 역사학이 추구해야 할 관점 및 역사학에 미치는 역사가의 주관성'과 같이 정리할 수 있으나 과거와 오늘날의 역사학의 특징을 비교한 내용은 (라)의 중심 내용이 아니므로 ④는 적절하지 않다.

[관련 지문 인용] 오늘날에 역사학은 어떠한 성격을 견지해야 하는가?~역사가의 주관성이 강하게 작용하고 있는 것이다.

 ① (가)는 로마 시대부터 18세기까지는 역사학을 문학의 일부로 여겨 역사가가 역사 서술을 할 때 사람들의 마음을 움직이는 교훈적인 글을 썼어야 했다는 내용을 제시하고 있으므로 ①은 적절하다.

[관련 지문 인용] 로마 시대에는 역사학을 문학의 일부로 간주하였다.~18세기 계몽사상가들에 이르기까지 지속되었다.~역사가들에게 요구되는 것은~타인을 설득할 수 있는 힘이었다.

② (나)는 19세기 역사학에서 과학성이 두드러지면서 문학성을 강조했던 기존의 역사 서술이 비판되었고, 역사학의 근본적 가치를 객관적 사실에 두었음을 제시하고 있으므로 ②는 적절하다.

[관련 지문 인용] 19세기 독일의 역사가들은 엄밀한 사실을 추구하면서~역사 서술은~역사가가 자신의 민족이나 조상의 과거를 과장하는 경향을 지적하면서

③ (다)는 역사학의 문학성을 강조하는 입장에서 역사학의 과학화가 역사학이 본래 지녔던 대중적 기능을 축소하게 하였다고 지적하며 역사학이 문학성을 갖춰야 한다는 내용을 제시하고 있으므로 ③은 적절하다.

[관련 지문 인용] 그러나 역사의 문학성을 강조하는 사람들은 과학성을 지나치게 강조할 경우 역사학 자체가 '지식을 위한 지식'을 추구하는 사소한 학문으로 전락할 우려가 있다는 점을 지적한다.

⑤ (마)는 역사학이 문학성과 과학성을 모두 인정할 때 역사학의 본질을 갖출 수 있음을 제시하고 있으므로 ⑤는 적절하다.

[관련 지문 인용] 역사 기술에 내재되어 있는 문학성과 과학성을 동시에 인정할 때, 역사학은 문학이나 과학과는 다른 고유의 정체성을 가질 수 있을 것이다.

---

68 인문 – 구체적 상황에 적용 정답 ③

윗글의 (다) 2~3번째 줄을 통해 역사학의 대중성은 감동을 통해 교훈을 전달하는 일인 문학적 특성임을 알 수 있으며 (나) 1~2번째 줄을 통해 역사학의 과학성은 사실을 추구하며 사실 그대로를 밝히는 특성임을 알 수 있다. 이를 바탕으로 <보기>의 역사 기록 방법을 이해할 때, <보기>의 1~2번째 줄을 통해 '사마천'이 사실을 기록하고 그 사실을 둘러싼 배경도 해석하여 함께 조명함으로써 역사의 과학성과 문학성을 함께 드러냈음을 알 수 있으므로 ③이 가장 적절하다.

[관련 지문 인용]
• 감동을 통해 교훈을 전달하는 일은 역사학이 본디부터 지니고 있던 중요한 대중적 기능의 하나인데
• 엄밀한 사실을 추구하면서 과거에 일어난 일을 사실 그대로 밝히는 것이 역사가의 가장 중요한 임무라고 생각하였으며

 ① <보기>에서 '사마천'이 역사서에 삶의 의미, 군주의 덕성 등과 관련된 주관적 내용을 추가했다는 것을 통해 그의 역사서가 문학적 특징을 가지고 있음을 알 수 있으나 역사서의 문학적 요소로 역사학의 위상을 높일 수 있는지는 윗글을 통해 알 수 없으므로 적절하지 않다.

② 윗글에서 역사학의 문학성과 과학성을 모두 갖추려는 태도가 필요하다는 것은 알 수 있으나 역사적 사실의 보편성과 특수성에 대한 내용은 윗글과 <보기>를 통해 알 수 없으므로 적절하지 않다.

④ 윗글의 (다) 1~2번째 줄을 통해 '지식을 위한 지식'의 추구는 역사학의 과학화가 지니는 단점임을 알 수 있다. <보기>를 통해 '사마천'이 역사서에 사실과 함께 주관적 요소도 함께 기록하였음을 알 수 있으므로 '사마천'이 '지식을 위한 지식'을 추구하였다는 내용은 적절하지 않다.

[관련 지문 인용] 역사의 문학성을 강조하는 사람들은 과학성을 지나치게 강조할 경우 역사학 자체가 '지식을 위한 지식'을 추구하는 사소한 학문으로 전락할 우려가 있다는 점을 지적한다.

⑤ <보기>의 '인간 본성의 빛과 그늘, 삶의 의미~반복되는 사건의 패턴을 포착해 드러내려고 노력했다'에서 '사마천'이 역사서를 통해 사실 이외에 전달하고자 하는 바가 있었음을, 이것을 읽고 삶의 보편적 의미에 대해 생각하는 사람들이 있음을 알 수 있으나 윗글과 <보기>를 통해 '사마천'의 역사서에 담긴 뜻이 보편적 덕목인지 확인할 수 없으므로 적절하지 않다.

69 인문 – 정보 확인

정답 ③

2문단 4~5번째 줄을 통해 자전거 타기는 '절차적 지식'임을 알 수 있으며 '절차적 지식'은 훈련을 통하여 몸과 마음을 유기적으로 결합함으로써 얻을 수 있음을 알 수 있으므로 자전거 타기와 훈련은 밀접한 관련이 있다. 따라서 답은 ③이다.
[관련 지문 인용] 자전거 타기 같은 절차적 지식을 갖기 위해서는 훈련을 통하여 몸과 마음을 특정한 방식으로 조직화해야 한다. 그러나 특정한 정보를 마음에 떠올릴 필요는 없다.

 ① 5문단 3번째 줄의 '감각 경험의 증거에 의존하지 않는 지식이 선험적 지식이다'를 통해 선험적 지식은 감각 경험에 의존하지 않음을 알 수 있으므로 적절하지 않다.

② 1문단 2~3번째 줄을 통해 알 수 있다.
[관련 지문 인용] '그는 자전거를 탈 줄 안다'와~전자의 '안다'는 능력의 소유를 의미하는 것으로 '절차적 지식'이라고 부르고

④ 2문단 1~2번째 줄과 3문단 3~4번째 줄을 통해 자전거를 타기 위해서 특정한 행위에 대한 수행 능력과 관련이 없는 표상적 지식을 갖출 필요가 없음을 알 수 있으므로 적절하지 않다.
[관련 지문 인용]
• 자전거를 탈 줄 알기 위해서 반드시 자전거에 대해서 많은 정보를 갖고 있어야 하는 것도 아니다.
• 표상적 지식은 절차적 지식과 달리 특정한 일을 수행하는 능력과 직접 연결되어 있지 않다.

⑤ 4문단 1~2번째 줄을 통해 '표상적 지식'이 '경험적 지식'과 '선험적 지식'으로 나뉨을 알 수 있으므로 적절하지 않다.
[관련 지문 인용] 표상적 지식은 다시 여러 가지 기준에 따라 나눌 수 있는데, 그중에서도 '경험적 지식'과 '선험적 지식'으로 나누는 방법이 대표적이다.

70 인문 – 전제 및 근거 추리

정답 ⑤

㉠은 선험적 지식에 대한 내용으로, 5문단에서 물 2리터에 알코올 3리터를 합한 용액이 5리터가 되지 않는 것을 직접 확인하였다 하더라도 '2 + 3 = 5'의 명제는 거짓이 되지 않는다고 한 것을 통해 선험적 지식은 경험에 의존하지 않음을 알 수 있다. 또한 5문단 3~5번째 줄에서 어떤 철학자들은 지식을 산출하는 바탕이 경험 이외에 다른 인식 능력에 있다고 생각한다는 내용을 통해 선험적 지식이 개별 감각 경험에 의해 부정되지 않는 이유를 지식은 감각 경험 이외에 인간이 가진 인식의 틀에서 산출될 수 있기 때문이라는 내용으로 유추할 수 있으므로 답은 ⑤이다.
[관련 지문 인용] 물 2리터에 알코올 3리터를 합한 용액이 5리터가 안 되는 것을 발견했다고 해서 이 명제가 거짓이 되지는 않는다. ~ 그래서 어떤 철학자들은 인간에게 경험 이외에 지식을 산출하는 다른 인식 능력이 있다고 생각하며,

 ① 1문단의 '정보의 소유를 의미하는 것으로 '표상적 지식'이라고 부른다'를 통해 정보의 소유를 의미하는 것은 '표상적 지식'임을 알 수 있다. ㉠은 '표상적 지식'에 속하는 '선험적 지식'과 관련된 것으로 '선험적 지식'이 정보를 소유하는 것이라고 볼 수 있으나 이를 근거로 ㉠을 설명할 수 없으므로 적절하지 않다.

② 오랫동안 인정되어 온 지식이 불변의 법칙이라는 내용은 윗글에서 언급되지 않았으므로 이를 통해 ㉠을 설명할 수 없으므로 ②는 적절하지 않다.

③ 경험에 의존하는 지식은 '경험적 지식'과 관련 있는 내용이며 ㉠은 감각 경험에 의존하지 않는 '선험적 지식'에 대한 내용이므로 ③은 적절하지 않다.

④ 3문단 3~4번째 줄과 4문단 4번째 줄을 통해 특정한 수행 능력과 연결되지 않고 감각 경험을 통해 개별적 대상들로부터 귀납추리를 하여 일반 법칙에 도달하는 과정은 '표상적 지식'에 속하는 '경험적 지식'과 관련이 있음을 알 수 있으므로 ④는 적절하지 않다.
[관련 지문 인용]
• 표상적 지식은 절차적 지식과 달리 특정한 일을 수행하는 능력과 직접 연결되어 있지 않다.
• 우리는 감각 경험을 통해 직접 만나는 개별적인 대상들로부터 귀납추리를 통해 일반 법칙에 도달할 수 있다.

71 인문 - 적용하기   정답 ②

<보기>의 '경험적 관찰을 통해 자연 과학의 참된 지식을 얻으려면 선입견을 타파해야 한다고 주장하였고'를 통해 베이컨은 선입견을 없애고 경험적 관찰을 할 때 자연 과학의 참된 지식을 얻을 수 있다고 주장함을 알 수 있다. 또한 윗글 4문단 2~4번째 줄을 통해 물리적 사물에 대한 표상적 지식이 이루어지는 과정에서 이에 대한 참된 지식을 얻으려면 편견을 없애고 사물에 대한 감각적 경험에 의존해야 함을 알 수 있으므로 ②는 적절하다.
[관련 지문 인용] 물리적 사물들의 특정한 상태, 즉 사과의 둥근 상태가 감각 경험을 통해서 우리에게 입력되고, 인지 과정을 거쳐 하나의 표상적 지식이 이루어진 것이다.

 ① 훈련에 앞서 자신을 객관적으로 파악하는 것이 선행되어야 한다는 내용은 <보기>와 윗글에서 확인할 수 없다. 또한 <보기>는 '경험적 지식'에 대한 관점이며 훈련은 '절차적 지식'에 대한 관점이므로 적절하지 않다. 참고로, 2문단 4~5번째 줄 '자전거 타기 같은 절차적 지식을 갖기 위해서는 훈련을 통하여'를 통해 훈련은 '절차적 지식'을 얻기 위한 방법임을 알 수 있다.

③ 2문단에서 자전거 타기와 같은 절차적 지식은 '자전거가 왼쪽으로 기울면 핸들을 왼쪽으로 틀어라'와 같은 특정한 정보를 생각하지 않아도 자전거를 타는 시행착오로 얻을 수 있다는 내용을 통해 '자전거가 왼쪽으로 기울면 핸들을 왼쪽으로 틀어라'와 같은 정보는 '표상적 지식'임을 유추할 수 있으나 이와 같은 '표상적 지식'이 개인적 경험으로 인한 편견인지는 <보기>와 윗글의 내용만으로는 판단할 수 없으므로 ③은 적절하지 않다.
[관련 지문 인용] '자전거가 왼쪽으로 기울면 핸들을 왼쪽으로 틀어라'와 같은 정보를 이용해서 자전거 타는 법을 배운 사람이라도 자전거를 익숙하게 타게 된 후에는 그러한 정보를 전혀 의식하지 않고서도 자전거를 잘 탈 수 있다. 자전거 타기 같은 절차적 지식을 갖기 위해서는~특정한 정보를 마음에 떠올릴 필요는 없다.

④ <보기>에서 베이컨은 참된 지식을 이끌어 내기 위해서는 선입견을 타파하고 관찰을 통해 발견된 여러 사실에서 공통점을 추출해야 한다고 주장하고 있으나 명제에 사용된 단어의 사전적 정의를 확인하여야 한다는 내용은 <보기>나 윗글에서 확인할 수 없으므로 ④는 적절하지 않다.

⑤ <보기>와 윗글 4문단 4~5번째 줄을 통해 대상을 관찰하여 공통점을 추출하는 '귀납법'으로 '경험적 지식'을 얻을 수 있음을 알 수 있으나 지식에 관련된 수행 능력은 '절차적 지식'과 관련 있는 것이므로 적절하지 않다. 참고로, 3문단 3~4번째 줄을 통해 '표상적 지식'은 수행 능력과 직결되지 않음을 알 수 있으며 4문단 1번째 줄을 통해 '경험적 지식'이 '표상적 지식'에 속함을 알 수 있다.

[관련 지문 인용]
- 표상적 지식은 다시 여러 가지 기준에 따라 나눌 수 있는데, 그중에서도 '경험적 지식'과~우리는 감각 경험을 통해 직접 만나는 개별적인 대상들로부터 귀납 추리를 통해 일반 법칙에 도달할 수 있다. ~일반 법칙에 대한 지식도 경험적 지식이다.
- 이런 점에서 표상적 지식은 절차적 지식과 달리 특정한 일을 수행하는 능력과 직접 연결되어 있지 않다.

72 사회 - 정보 확인   정답 ①

5문단 5~6번째 줄을 통해 기초 자산(주식)의 가격에 영향을 주는 선택을 하는 이가 경영자임을 알 수 있으며, 옵션의 요소인 기초 자산에 직접 영향을 줄 수 있는 경영자도 옵션의 보유자가 될 수 있음을 알 수 있다. 따라서 답은 ①이다.
[관련 지문 인용] 옵션은 보유자로 하여금 더 큰 위험을 선택하도록 부추기는 측면도 있다. 예컨대 주식을 살 권리를 가진 경영자의 경우에는 기초 자산의 가격을 많이 올릴 가능성이 큰 사업을 선택할 유인이 크지만

 ② 2문단 1~2번째 줄의 '탈레스는 올리브유 압착기에 대한 옵션을 개발했다고 전해진다'를 통해 탈레스가 개발한 것은 올리브유 압착기가 아닌 올리브유 압착기에 대한 옵션임을 알 수 있으므로 적절하지 않다.

③ 1문단 2~3번째 줄의 '옵션은 '미래의 일정한 시기(행사 시기)에 미리 정해진 가격(행사 가격)으로 어떤 상품(기초 자산)을 사거나 팔 수 있는 권리'로 정의된다'를 통해 옵션은 미리 정해 놓은 시기에만 그 권리를 행사할 수 있음을 알 수 있다.

④ 3문단 3~4번째 줄의 "옵션 프리미엄'은 이러한 보장을 제공 받기 위해 치르는 비용인 것이다'를 통해 옵션을 사기 위한 대가로 옵션 프리미엄을 지불하고 이후 일정 기간 안에 특정 상품을 일정한 가격으로 매매하는 권리를 보장받는 것임을 알 수 있다. 따라서 옵션 프리미엄은 수익금이 아닌 옵션을 사기 위해 지급한 비용을 의미하므로 적절하지 않다.

⑤ 5문단 1~3번째 줄을 통해 경영자가 회사로부터 현금 대신 주식 옵션을 받을 때, 치르는 옵션 프리미엄은 경영자가 포기한 현금임을 알 수 있다.
[관련 지문 인용] 회사가 경영자에게 주식 옵션을 유인책으로 지급하는 것은 바로 이 때문이다. 이 경우에는 옵션 프리미엄이 없다고 생각하기 쉽지만, 경영자가 옵션을 지급 받는 대신 포기한 현금을 옵션 프리미엄으로 볼 수 있다.

73 사회 – 빈칸 추론
정답 ⑤

㉠의 앞에 '불리한 방향으로 변화해도'는 ㉠의 뒤 내용인 4문단
에 제시된 주식 옵션의 사례로 본다면 2년 후 한 주당 1만 원에
살 수 있는 권리를 1천 원에 샀는데, 2년 후 이 회사의 주식이 한
주에 1만 원이 되지 않는 경우이다. 이때 옵션을 포기하면 손실
은 1천 원에 그치게 된다. 즉, 기초 자산의 가격이 불리한 방향으
로 변화하면 손실은 생기지만 옵션을 행사하지 않고 포기할 수
있으므로 그때의 손해는 옵션 프리미엄에 대한 손실로 그칠 수
있다는 내용을 추론할 수 있다. 따라서 ㉠에 들어갈 내용으로 적
절한 것은 ⑤이다.
[관련 지문 인용] 2년 후에 어떤 회사의 주식을 한 주당 1만 원
에 살 수 있는 권리를 지금 1천 원에 샀다고 하자. ~하지만 1만
원에 못 미칠 경우에는 옵션을 포기하면 되므로 손실은 1천 원
에 그친다.

74 예술 – 정보 확인
정답 ②

3문단 2~3번째 줄을 통해 바로크 시대의 음악가들이 화성을 중
요하게 생각하여 같은 선율로 된 노래를 선호했음을 알 수 있으
나, 일부 화성 반주는 일정한 형태가 반복되는 특징을 가지므로
②는 윗글을 이해한 내용으로 적절하지 않다.
[관련 지문 인용] 음악가들은 화성을 중시해서~화성 반주에 맞
추어 하나의 선율을 노래하는 짜임새를 선호하게 되었다. 화성
반주의 악보 중에는 저음 성부에서 일정한 패턴이 반복되는 경
우가 있다.

① 1문단 2~3번째 줄을 통해 작곡가들은 선율을 반복하는
기법을 통해 악곡 전체를 한번에 파악하고자 했음을 알
수 있다.
[관련 지문 인용] 작곡가들은~반복을 통해 어떤 일이
어떻게 일어났는지를 기억하여 악곡의 전체를 쉽게 파
악할 수 있도록 한 것이다.
③ 3문단 1번째 줄을 통해 바로크 시대에서 모방은 효과적
인 기법이 아니었음을 알 수 있으며 2문단 2번째 줄을
통해 모방 기법은 돌림 노래와 비슷한 방식임을 알 수
있으므로 바로크 시대에서 돌림 노래와 같은 모방은 효
과적인 표현 기법이 아니었음을 알 수 있다.
[관련 지문 인용]
• 바로크 시대로 들어서면 성악 음악을 구현하는 데 모
방은 더 이상 효과적인 기법이 아니었다.
• 모방은 노래의 시작 부분에서 돌림 노래와 비슷한 방
식을 적용함으로써 구현된다.
④ 4문단 1~2번째 줄의 '소나타는~마지막 악장은 첫 악
장에 비해 상대적으로 쉬운 음악으로 구성된다'를 통
해 알 수 있다.
⑤ 2문단의 1~3번째 줄을 통해 알 수 있다.

[관련 지문 인용] 다성 음악 양식에서는~소프라노 성
부의 노래에 뒤이어 알토 성부가 시간차를 두고 같은
선율로 시작하는 반복 기법을 적용하는 것이다.

75 예술 – 전제 및 근거 추리
정답 ③

르네상스 시대에 무반주 성악곡을 즐겨 부른 이유는 윗글에 제
시되지 않아 ㉢에 대한 전제를 알 수 없으며 르네상스 시대 악기
와 악기 연주가에 대한 내용은 윗글에 제시되지 않았으므로 적
절하지 않다.

① ㉠의 바로 뒤 내용을 통해 회화나 조각과 같이 공간을
차지하는 예술과 달리 음악은 시간이 흐르면 사라지는
시간 예술임을 알 수 있다.
[관련 지문 인용] 회화나 조각과 같은 공간 예술과는
달리, 음악에서는 시간이 흐르면서 사라지는 음을
② ㉡에서 악곡의 구성 요소인 선율이 반복됨으로써 하나
의 악곡으로 만들어 준다고 하였으므로 반복의 원리는
구성 요소를 서로 잘 어울리게 해 준다는 내용을 ㉡의
전제로 추론할 수 있다.
④ ㉣과 그 앞의 '고전 시대에는 반복이 악곡의 형식을 결
정하는 요소로 사용된다. 이 시대에 널리 쓰인'을 통해
소나타는 여러 개의 악장으로 구성된 악곡의 형식임을
추론할 수 있다.
⑤ 4문단 2~4번째 줄을 통해 소나타의 마지막 악장이 상
대적으로 쉬운 음악이며 이를 표현하기에 론도 형식이
알맞음을 알 수 있다. 또한 론도 형식은 악장의 주제를
반복하고 그 사이에 주제와 대조되는 주제를 삽입하는
방식이므로 론도 형식이 비교적 쉬운 악곡의 형식임을
추론할 수 있다.
[관련 지문 인용] 마지막 악장은 첫 악장에 비해 상대적
으로 쉬운 음악으로 구성된다. 마지막 악장의 이런 성
격을 표현하는 데에는 론도 형식이 적합하다. 이 형식
은 악장의 주제를 주기적으로 반복하는 사이사이에 이
와 대조되는 새로운 주제들을 삽입하는 방식이다.

76 예술 – 구체적 상황에 적용
정답 ④

<보기> 6~7번째 줄, 3~4번째 줄을 통해 변주는 기본적으로 주
제의 중심 요소를 유지하며, 엄격변주곡은 주제는 크게 변화하
지 않고 반주부나 리듬을 변형하는 형태를 띰을 알 수 있다. 또
한 윗글 3문단 3~4번째 줄에서 장식적 변주는 일정한 패턴으
로 변하는 반주부에 맞춰 선율이 변하는 변주임을 알 수 있으므
로, 주제가 고정된 장식적 변주는 엄격변주곡의 형태가 될 수 있
음을 알 수 있다.

[관련 지문 인용]

- 변주는 주제의 중심 요소를 유지하며 변화를 주면서 이를 반복하는 것에 기초를 둔다.
- 주로 반주부나 리듬을 변화시켜 만든 변주곡을 '엄격변주곡'이라고 하는데, 이는 주제를 확인할 수 있는 범위 내에서만 변화를 주기 때문에 주제의 윤곽은 변하지 않는다.
- 화성 반주의 악보 중에는 저음 성부에서 일정한 패턴이 반복되는 경우가 있다. 이때 고음 성부에서는 선율이 반주에 맞춰 변화되는 이른바 장식적 변주가 나타난다.

오답 분석

① 윗글 4문단 3~4번째 줄의 '악장의 주제를 주기적으로 반복하는 사이사이에 이와 대조되는 새로운 주제들을 삽입하는 방식'을 통해 소나타에 사용되는 론도 형식은 주제를 반복하며 이와 대조되는 주제를 삽입하는 구성임을 알 수 있으나, 변주곡에서 주제가 어떻게 반복되고 변형되는지는 알 수 없다. 따라서 변주곡에서의 론도 형식 사용 여부는 윗글과 <보기>를 통해 알 수 없으므로 ①은 적절하지 않다.

② 윗글 5문단 2번째 줄의 '음악은 시대마다 그 양상은 다르지만, 반복을 기본 원리의 하나로 활용하여 만들어진 것이다'를 통해 작곡가들이 반복의 원리를 활용하였음을 알 수 있으며 <보기>의 '변주는~이(주제의 중심 요소)를 반복하는 것에 기초를 둔다'를 통해 변주곡 역시 반복하는 것을 기본 원리로 삼았음을 알 수 있으므로 ②는 적절하지 않다.

③ 윗글 1문단 2번째 줄의 '반복을 통해 어떤 일이 어떻게 일어났는지를 기억하여'와 <보기>의 '변주곡의 주제는 듣는 이가 한 번 듣고 악곡의 전체를 파악할 수 있는 단순한 형식으로'를 통해 변주곡의 주제가 되는 부분은 악곡에서 반복되는 부분임을 추측할 수 있다. 따라서 윗글의 <비행기> 악보에서 반복되는 부분인 '떴다 떴다 비행기'와 '멀리멀리 날아라' 구간의 선율이 <비행기>의 주제가 됨을 알 수 있으므로 ③은 적절하지 않다.

⑤ 윗글 2문단 '노래의 시작 부분에서 돌림 노래와 비슷한 방식을 적용함으로써 구현된다. 예를 들어 소프라노 성부의 노래에 뒤이어 알토 성부가 시간차를 두고 같은 선율로 시작하는 반복 기법을 적용하는 것이다. ~성부의 독립성을 추구하면서도'를 통해 여러 성부가 부르는 돌림노래는 각 성부가 같은 선율을 따로 부르게 함으로써 성부의 독립성을 추구함을 알 수 있으나, <보기>를 통해 자유변주곡은 주제의 리듬, 화성 등이 바뀌는 형태로 그에 따라 변주에 독립성을 가짐을 알 수 있다. 따라서 돌림 노래와 변주곡이 가진 독립성의 의미는 서로 다르며 돌림 노래를 자유변주곡으로 보기 어려우므로 ⑤는 적절하지 않다.

77 과학 – 정보 확인

 정답 ⑤

3문단 2~3번째 줄을 통해 사람이 듣지 못하는 영역의 음파를 '초음파'라고 함을 알 수 있으며 사람의 가청 주파수 대역의 상한은 대략 2만 Hz이므로 그 이상부터 초음파의 영역임을 알 수 있다. 또한 4문단 2~3번째 줄을 통해 개는 4만 5천 Hz까지, 돌고래는 20만 Hz까지 들을 수 있음을 알 수 있다. 따라서 개와 돌고래의 가청 주파수 상한이 사람보다 높기 때문에 둘 다 초음파를 들을 수 있으므로 ⑤는 적절하지 않다.

[관련 지문 인용]

- 2만 Hz라는 한계는 사람의 지각상의 한계이지~사람의 귀에 들리지 않는 영역의 음파에 대하여 초음파(ultrasound)라는 용어를 사용한다.
- 개는 50Hz에서 45,000Hz까지~돌고래는 20만 Hz까지 들을 수 있다고 한다.

오답 분석

① 4문단 3~5번째 줄을 통해 사람은 개 호각의 소리를 들을 수 없지만 개 호각을 불 때 그 소리를 입술의 진동을 통해 느낄 수 있음을 알 수 있다.

[관련 지문 인용] 개 호각(dog whistle)이라는 것이 있는데 이것에서 발생하는 높은 주파수의 진동은 개에게는 들리지만 사람에게는 들리지 않는다. 사람은 이 호각을 불 때 호각이 진동하는 것을 입술로 느낄 수 있지만 귀로는 아무 소리도 듣지 못한다.

② 3문단 1~2번째 줄의 '청력이 좋은 사람도 2만 Hz 이상의 공기의 진동이 귀에 도달하면 소리로 인식하지 못한다'를 통해 사람이 들을 수 있는 주파수 대역의 상한선은 대략 2만 Hz임을 알 수 있으므로 적절하다.

③ 4문단 6~8번째 줄을 통해 곤충은 골턴 호각의 소리에 반응을 하며 호각의 소리를 통해 곤충이 들을 수 있는 주파수의 상한을 측정할 수 있음을 알 수 있으므로 적절하다.

[관련 지문 인용] 골턴 호각이라는 것을 만들어서~곤충 등 다양한 동물들은 반응을 보였다.~골턴은 동물들의 가청 주파수의 상한을 이 도구를 이용하여 측정할 수 있었다.

④ 2문단 2~5번째 줄을 통해 앰프나 지진파의 낮은 진동이 사람의 몸을 흔들리게 할 수 있다는 것을 알 수 있으므로 적절하다.

[관련 지문 인용] 앰프에서 강력한 저음이 흘러나오는 것을 들을 때 몸이 흔들리는 것을 느끼면~때로는 지진파가 이와 같은 낮은 진동으로 전달되어 몸을 흔들기도 한다.

2문단 1, 6~7번째 줄과 3문단을 통해 귀로 들리는 소리는 일상적 소리의 개념이며, 과학에서는 이를 포함하여 사람이 들을 수 없는 '저주파음'과 '초음파'도 소리로 정의함을 추측할 수 있다. 따라서 과학에서 귀로 들을 수 없는 소리도 '소리'로 취급한다는 것을 근거로 들어 일상에서 사용하는 소리의 개념과 과학에서 사용하는 소리의 개념이 다름을 알 수 있으므로 답은 ③이다.

[관련 지문 인용]

• 소리는 귀로 듣는 것이라는 점에~소리를 청각의 대상이라고 생각하는 것이다.

• 우리는 이 들리지 않는 진동에 대해서 저주파음(infrasound) 이라는 용어를 사용한다. 귀에 들리지 않는 진동도 소리로 간주할 수 있다는 생각에서다.

• 높은 진동수의 영역에서도 귀에 들리지 않는 공기의 진동이 있다. ~사람의 귀에 들리지 않는 영역의 음파에 대하여 초음파(ultrasound)라는 용어를 사용한다.

오답분석

① 사람의 목소리를 일상적인 소리로 인정한다는 내용은 윗글에서 확인할 수 없으며 이를 통해 일상에서 쓰이는 소리의 의미와 과학에서 쓰이는 소리의 의미가 다른 까닭을 추측할 수 없으므로 적절하지 않다.

② 일상생활의 소음으로 인해 사람이 들을 수 있는 주파수가 더 낮아진다는 내용은 윗글에서 확인할 수 없으며 이를 통해 일상에서 쓰이는 소리의 의미와 과학에서 쓰이는 소리의 의미가 다른 까닭을 추측할 수 없으므로 적절하지 않다.

④ ⑤의 바로 뒤에서 일상에서 어느 정도 과학적으로 정의된 '소리'를 받아들였음을 제시하고 있으나 이를 통해 일상에서 쓰이는 소리의 의미와 과학에서 쓰이는 소리의 의미가 다른 까닭을 추측할 수 없으므로 적절하지 않다.

[관련 지문 인용] 과학적 개념이 우리의 일상적인 '소리'의 용법에 침투하여 우리는 어느새 과학적 소리 개념을 상당 부분 일상적인 용법에서도 받아들이고 있다.

⑤ 2문단 1~2번째 줄을 통해 귀를 막으면 귀로 들리던 소리가 약해지는 것을 알 수 있으나 이로 인해 진동을 낮게 느낄 수 있는지는 알 수 없다. 또한 이를 통해 일상에서 쓰이는 소리의 의미와 과학에서 쓰이는 소리의 의미가 다른 까닭을 추측할 수 없으므로 적절하지 않다.

[관련 지문 인용] 소리는 귀로 듣는 것이라는 점에 대해서 누구나 동의할 것이다. 소리를 청각의 대상이라고 생각하는 것이다. 귀를 양손으로 막으면 들리던 소리가 약해진다.

윗글의 1문단은 일상에서와 과학에서의 '소리'의 개념이 다르다는 사실을, 2문단은 사람의 귀로 들을 수 없는 낮은 진동인 '저주파음'에 대한 설명과 그와 관련된 주파수를 제시하고 있다. 또한 3~4문단에서는 사람의 귀로 들을 수 없는 높은 진동인 '초음파'에 대한 설명과 이를 들을 수 있는 동물들의 구체적인 가청 주파수 대역, 동물들의 가청 주파수 상한을 측정할 수 있는 호각에 대한 정보를 제시하고 있다. 따라서 윗글의 목적은 다양한 대상이 들을 수 있는 소리의 범주와 소리의 범주에 대한 정의를 설명하기 위함이므로 답은 ⑤이다.

① 4문단 6~7번째 줄에서 골턴 호각을 발명한 영국의 학자인 골턴에 대해 설명하고 있으나 윗글의 목적은 이를 소개하기 위함이 아니므로 적절하지 않다.

[관련 지문 인용] 골턴이라는 영국의 학자는 19세기 후반에 골턴 호각이라는 것을 만들어서 동물들의 반응을 조사하였다.

② 4문단 5~6번째 줄을 통해 조련사가 개 호각을 불어 개를 훈련시킬 수 있음을 알 수 있으나 이를 비판하는 내용은 확인할 수 없으므로 ②는 윗글의 목적으로 적절하지 않다.

[관련 지문 인용] 조련사는 개 호각을 불면 개가 달려오게 훈련시킬 수 있다.

③ 2~4문단을 통해 사람과 개의 가청 주파수 대역이 각각 '16~2만 Hz', '50~45,000Hz'인 것을 알 수 있으나 박쥐, 돌고래의 가청 주파수 대역은 상한만 제시하고 있다. 따라서 이를 비교하기 위함보다 주파수에 따라 나누어지는 소리의 범주에 대해 자세히 설명하기 위함이므로 ③은 윗글의 목적으로 적절하지 않다.

[관련 지문 인용]

• 가청 주파수 대역의 하한인 16Hz를 넘어서 더 낮은 진동수를 갖게 되면~귀로는 아무 것도 듣지 못한다.

• 2만 Hz 이상의 공기의 진동이 귀에 도달하면 소리로 인식하지 못한다.

• 개는 50Hz에서 45,000Hz까지 들을 수 있고, 박쥐는 12만 Hz까지, 돌고래는 20만 Hz까지 들을 수 있다고 한다.

④ 2문단에서 '저주파음'의 정의와 사람에게 저주파음이 미치는 영향을 설명하고 있으나 윗글은 '저주파음' 이외에 다른 내용도 설명하고 있으므로 ④는 윗글의 목적으로 적절하지 않다.

80 과학 - 빈칸 추론   정답 ②

ⓒ의 뒤 내용에서 골턴은 호각을 통해 동물들이 들을 수 있는 주파수의 상한을 측정하였다고 하였으므로 이를 고려할 때 ⓒ에는 골턴 호각으로 동물들의 가청 주파수의 상한을 측정할 수 있는 근거가 제시되어야 한다. ⓒ의 앞 내용에서 사람은 골턴 호각의 소리를 들을 수 없지만 다른 동물은 이 소리를 들을 수 있다고 하였으므로 ⓒ의 앞뒤 내용으로 미루어 볼 때 사람이 들을 수 없는 호각의 소리를 이용하여 동물들이 들을 수 있는 주파수의 상한을 확인하였음을 알 수 있다. 4문단 2~3번째 줄에서 동물마다 가청 주파수의 상한이 다름을 알 수 있으므로 이를 측정하기 위해서 호각의 소리를 조절할 수 있어야 한다는 내용을 추론할 수 있으며 글에서 소리는 공기의 진동임을 알 수 있다. 따라서 빈칸에는 호각의 진동수를 조절할 수 있어야 한다는 내용이 들어가야 하므로 답은 ②이다.

[관련 지문 인용]
- 이 호각에서 나오는 소리는 사람의 귀에 들리지 않았는데 개나 고양이, 말, 곤충 등 다양한 동물들은 반응을 보였다. ~ 골턴은 동물들의 가청 주파수의 상한을 이 도구를 이용하여 측정할 수 있었다.
- 개는 50Hz에서 45,000Hz까지 들을 수 있고, 박쥐는 12만 Hz까지, 돌고래는 20만 Hz까지 들을 수 있다고 한다.

오답분석
① 4문단 7~8번째 줄의 '이 호각에서 나오는 소리는 ~ 개나 ~ 다양한 동물들은 반응을 보였다'를 통해 개는 이 호각의 소리를 들을 수 있었음을 알 수 있으나 ⓒ에는 호각의 소리로 개뿐만 아니라 다른 동물들의 가청 주파수 상한을 측정할 수 있다는 내용의 전제가 들어가야 하므로 빈칸의 내용으로 적절하지 않다.
③ 3문단을 통해 2만~4만 5천 Hz의 소리는 사람이 듣지 못하는 초음파임을 알 수 있다. 또한 4문단 2~3번째 줄을 통해 4만 5천 Hz는 개의 가청 주파수 상한이며 박쥐, 돌고래는 그 이상의 주파수를 들을 수 있음을 알 수 있다. 따라서 이 주파수 대역으로 동물들의 가청 주파수의 상한을 측정하기에 한계가 있으므로 빈칸의 내용으로 적절하지 않다.

    [관련 지문 인용]
- 청력이 좋은 사람도 2만 Hz 이상의 공기의 진동이 귀에 도달하면 소리로 인식하지 못한다. ~ 이렇게 사람의 귀에 들리지 않는 영역의 음파에 대하여 초음파(ultrasound)라는 용어를 사용한다.
- 개는 50Hz에서 45,000Hz까지 들을 수 있고, 박쥐는 12만 Hz까지, 돌고래는 20만 Hz까지 들을 수 있다고 한다.

④ ⓒ의 앞 내용인 '이 호각에서 나오는 소리는 사람의 귀에 들리지 않았는데'를 통해 호각의 소리는 사람이 들을 수 없었음을 알 수 있다. 사람이 낼 수 있는 음역의 소리로 동물들의 가청 주파수 상한을 측정할 수 있는지는 알 수 없으므로 빈칸의 내용으로 적절하지 않다.
⑤ ⓒ의 뒤 내용을 미루어 볼 때 동물들이 들을 수 있는 주파수의 상한을 측정하려면 낮은 소리가 아닌 높은 소리가 필요하므로 빈칸의 내용으로 적절하지 않다.
[관련 지문 인용] 동물들의 가청 주파수의 상한을 이 도구를 이용하여 측정할 수 있었다.

81 보도 자료 - 정보 확인   정답 ⑤

6문단을 통해 육교의 본선과 램프 구간 모두 출·퇴근 시간을 제외한 주야에 공사가 진행될 예정임을 알 수 있으므로 윗글을 이해한 내용으로 적절한 것은 ⑤이다.
[관련 지문 인용] 다만, 교통 정체 방지를 위해 출·퇴근 시간을 제외한 주·야간에만 공사가 진행될 예정이다.

오답분석
① 2문단을 통해 괴정 육교는 대전의 중심부와 서남부권역을 이어 주는 육교임을 알 수 있으나 동부와 서부의 경계에 있는지는 윗글을 통해 알 수 없으므로 적절하지 않다.
    [관련 지문 인용] 괴정 육교는 대전의 중심부와 서남부권역을 잇는 차도 육교로,
② 4문단을 통해 육교의 교량 방수와 전면 재포장 공사가 추진될 것임을 알 수 있으므로 적절하지 않다.
    [관련 지문 인용] 대전시는 ~ 교량 방수와 전면 재포장 공사를 추진하게 되었다.
③ 5문단을 통해 램프 구간은 전면 통제됨을 알 수 있으므로 적절하지 않다.
    [관련 지문 인용] 램프 구간은 부득이 전면 통제 후 주·야간작업을 병행하여 공사를 진행할 계획이다.
④ 1~2문단을 통해 괴정 육교가 차도 육교임을 알 수 있으며 보행자가 아닌 운전자들에게 우회 도로를 이용해 줄 것을 요청하고 있음을 알 수 있으므로 적절하지 않다.
    [관련 지문 인용]
- 공사 기간에 차량 통행이 일부 제한되므로 운전자들에게 서행 및 우회 도로 이용을 당부했다.
- 괴정 육교는 대전의 ~ 차도 육교로,

※ 출처: 대전광역시청, https://www.daejeon.go.kr

82 보도 자료 - 질문 추론   정답 ①

7문단을 통해 전면 재포장을 실시하면 동절기 포트홀에 의한 사고를 예방할 수 있다는 것을 알 수 있다. 따라서 ①은 윗글을 보완하기 위해 제기할 수 있는 질문으로 적절하지 않다.

[관련 지문 인용] 포장면 전반에 걸친 재포장이 실시되면 동절기 포트홀에 의한 안전사고 예방은 물론

② 4, 7문단을 통해 괴정 육교에 전면 재포장 공사가 실시되는 것을 알 수 있으나 포장 공사 이후 주의 사항은 제시되지 않았다. 따라서 윗글의 정보를 보완하기 위해 재포장 공사 이후 주의 사항이 있는지에 대한 질문을 제기할 수 있으므로 적절하다.
[관련 지문 인용]
• 전면 재포장 공사를 추진하게 되었다.
• 이번 공사에서 포장면 전반에 걸친 재포장이 실시되면

③ 5문단 '각 한 개 차로로 구성된 램프 구간은'을 통해 램프 구간이 한 개의 차로로 구성됨을 알 수 있으나 램프 구간의 정확한 정의 및 위치는 확인할 수 없다. 따라서 윗글의 정보를 보완하기 위해 램프 구간의 정의 및 괴정 육교의 램프 구간 위치에 대한 질문을 제기할 수 있으므로 적절하다.

④ 1문단에서 공사 기간에 차량 통행이 일부 제한되므로 우회 도로를 이용할 것을 당부하고 있으나 우회 가능한 도로나 다른 도로를 이용하는 방법은 제시되지 않았다. 따라서 윗글의 정보를 보완하기 위해 어떤 도로를 이용하여 우회할 수 있는지에 대한 질문을 제기할 수 있으므로 적절하다.
[관련 지문 인용] 공사 기간에 차량 통행이 일부 제한되므로 운전자들에게 서행 및 우회 도로 이용을 당부했다.

⑤ 4문단을 통해 2020년 시행한 정밀 안전 점검 결과에 따라 괴정 육교의 공사를 추진하게 되었음을 알 수 있으나 검사 결과에 대한 정확한 정보나 확인처는 알 수 없다. 따라서 윗글의 정보를 보완하기 위해 2020년 시행한 정밀 안전 점검 결과를 확인할 수 있는 방법에 대한 질문을 제기할 수 있으므로 적절하다.
[관련 지문 인용] 2020년 시행한 정밀 안전 점검 결과에 따라 이번 교량 방수와 전면 재포장 공사를 추진하게 되었다.

83 안내문 – 정보 확인   정답 ⑤

A1의 「협업이음터」는~함께할 '협업 짝꿍'을 폭넓게 찾아 이어주는 '열린 협업 공간'이라 할 수 있습니다'와 A5의 '협업 상대방을 폭넓게 찾을 수 있습니다. ~미처 생각하지 못했던 잠재적 협업 상대방까지 만날 수 있게 되는 겁니다'를 통해 협업이음터는 협업을 원하는 기관이 필요로 하는 여러 협업 대상을 만날 수 있는 개방형 플랫폼임을 알 수 있다. 따라서 협업이음터의 안내 목적으로 적절한 것은 ⑤이다.

① ③ A1의 「협업이음터」는~함께할 '협업 짝꿍'을 폭넓게 찾아 이어주는 '열린 협업 공간'이라 할 수 있습니다'를 통해 협업이음터가 협업을 도모하는 열린 공간임을 알 수 있으나 이것이 정책을 논의하거나 사회적 약자를 구제하기 위함은 아니므로 적절하지 않다.
※ 출처: 행정안전부, https://www.mois.go.kr

84 안내문 – 반응 및 수용   정답 ⑤

A3의 '일방적으로 도움을 구하는 경우보단, 서로에게 이익이 되는 역량과 자원을 주고받는 경우에 '협업 이음 성사'로 이어질 가능성이 커집니다'를 통해 협업 이음이 성사될 가능성을 높이려면 협업 상대방인 협업 참여 기관이 필요로 하거나 이익을 얻을 수 있는 정보를 제공해야 함을 알 수 있다. 따라서 적절한 것은 ⑤이다.

① 협업 이음에 우선적으로 참여할 수 있는 대상은 윗글에서 확인할 수 없으므로 적절하지 않다.

② A4의 '협업사업을 추진하는 기관(협업 수요 기관)이 제공할 수 있는 자원과 필요로 하는 협업 상대방(협업 참여 기관)의 역량(자원)을 등록하면'을 통해 협업 이음 수요를 등록할 때 제공 가능한 자원 및 제공 받고 싶은 자원의 정보를 기재하는 것은 알 수 있으나 기관 정보 및 연락처를 반드시 기재해야 하는지는 윗글을 통해 알 수 없으므로 적절하지 않다.

③ A3의 '함께 협업할 기관을 찾고 싶을 때면 언제든 이용할 수 있습니다'를 통해 협업이음터를 이용할 수 있는 횟수 및 기간이 제한되어 있지 않음을 알 수 있으므로 적절하지 않다.

④ A4-②의 '다양한 기관들이 자율적으로 협업 의사를 밝히는 '협업 이음 참여 답글'을 남깁니다'를 통해 매개 기관에서 기관 사이를 연결해 주는 것이 아니라, 협업 참여 기관이 직접 답글을 작성하여 협업 참여 의사를 표시하고 서로 협의하여 협업을 추진하는 체계임을 알 수 있으므로 적절하지 않다.

85 안내문 – 구체적 상황에 적용   정답 ②

A2를 통해 지방자치단체는 협업이음터를 이용할 수 있으나 개인은 그 대상이 아님을 알 수 있으며, 필요한 자료를 제공받는 것을 협업으로 보기 어려우므로 적절하지 않다.
[관련 지문 인용] 중앙행정기관·지방자치단체~자유롭게 이용할 수 있습니다.

① ④ 하자가 있는 상품을 수리하여 활용할 수 있는 협업 대상과 안전 교육을 함께 진행할 의사가 있는 협업 대상을 찾는 사례로, 이는 A3의 1번째 항목 '협업 상대방에 대한 정보가 부족한 사업'에서 협업 상대방의 특성은 정해졌으나 협업 의사와 역량을 지닌 상대가 누구인지에 대한 정보가 부족한 경우에 속하므로 협업이음터를 이용하고자 하는 사례로 적절하다.

[관련 지문 인용] 협업 상대방에 대한 특성(예: 인접 지자체, 직원교육을 희망하는 민간기관)은 정해졌으나, 구체적으로 어떤 기관이 협업할 의사와 역량을 가졌는지 정보가 부족한 경우

③ 새롭게 시행하는 사업을 함께 진행할 수 있는 기관을 찾는 사례로 이는 A3의 2번째 항목 '신규 사업 시범 시행, 기존 사업 확산 대상 탐색'에서 새로운 사업에 함께 참여할 상대를 찾는 경우에 속하므로 협업이음터를 이용하고자 하는 사례로 적절하다.

[관련 지문 인용] 새롭게 시행하는 사업에 대하여 참여할 의사를 가진 공공·민간기관을 찾고자 하는 경우

⑤ 진행 중인 사업의 규모를 늘리기 위해 협업할 대상을 찾는 사례로 A3의 2번째 항목 '신규 사업 시범 시행, 기존 사업 확산 대상 탐색'에서 기존의 사업을 확산하는 경우에 속하므로 협업이음터를 이용하고자 하는 사례로 적절하다.

[관련 지문 인용] 기존에 진행해오던 사업을 확산하거나(예: 사업 대상 지역 확대),

86 보도 자료 – 정보 확인　　　　　정답 ⑤

8문단의 '농지를 불법으로 임대한 경우, 벌칙(벌금형)을 현행 1천만 원 이하에서 2천만 원 이하로 상향한다'를 통해 벌금이 1천만 원 이하에서 2천만 원 이하로 상향된 것은 농지를 불법으로 임대한 경우임을 알 수 있다. 또한 5문단의 '농업법인 실태조사 주기도 현행 3년에서 1년으로 단축한다'에서 농업법인 실태조사 주기에 대한 정보는 제시하고 있으나 이를 어기는 경우 부담해야 하는 벌금에 대한 내용은 없으므로 적절하지 않다.

① 9문단의 '작성 대상도 당초 1천m² 이상에서 모든 농지로 확대한다'를 통해 농지의 면적과 상관없이 모든 농지가 농지대장에 작성되어야 함을 알 수 있다.

② 3문단을 통해 농지취득자격 심사를 강화하기 위해 농업경영계획서에 농업을 경영해 본 경력 사항을 필수로 기재해야 함을 알 수 있다.

[관련 지문 인용] 농지취득자격 심사 시 제출하는 농업경영계획서상 의무 기재 사항에 직업, 영농 경력 등을 추가하고,

③ 10문단을 통해 농지를 소유한 사람은 신규로 임대차 계약을 체결하거나 기존의 임대차 계약을 변경할 때와 같이 농지 사용 정보가 변경될 경우, 그 내용을 의무적으로 신고해야 함을 알 수 있다.

[관련 지문 인용] 소유자에게 임대차 계약 체결·변경 등 농지 소유와 이용 현황과 관련한 중요 사항이 변경된 경우에는 신고를 의무화한다.

④ 2문단과 11문단을 통해 농지관리 개선방안이 농지 투기로 얻는 부당이득을 근절하고 농지의 본래 기능을 되찾기 위함임을 알 수 있다.

[관련 지문 인용]
- 농지 투기를 억제하기 위해~부당이득을 환수하기 위한 농지 및 농업법인 제도 개선 내용을
- 이번 농지관리 개선방안이 농지 투기를 근절하고 농지가 농업 생산 자원으로서 본래 기능을 되찾는 계기가 될 수 있도록

※ 출처: 부산광역시청, https://www.busan.go.kr

87 보도 자료 – 빈칸 추론　　　　　정답 ⑤

[A]에 제시된 '농지관리 개선방안'의 주요 내용 중, 농지취득 절차와 관련된 사항은 3문단에서, 농지 투기에 대한 사전·사후 관리와 관련된 사항은 4~5문단에서, 농지로 얻는 부당이득 환수에 대한 사항은 8문단에서 제시되고 있다. 또한 ⊙ 뒤에서는 농지 불법 취득, 농지로 얻는 부당이득 환수에 대한 내용을 '이와 함께', '또한'으로 이어 제시하고 있으므로 ⊙에는 이와 관련된 내용이 들어가야 함을 알 수 있다. 따라서 ⊙에 들어갈 내용으로 적절한 것은 ⑤이다.

① [A]에 제시된 농지취득 절차와 관련된 사항은 3문단에 제시되어 있다. 또한 ⊙의 뒤 내용은 농지 관련 불법 행위의 제재와 관련된 내용이므로 ①은 ⊙에 들어갈 내용으로 적절하지 않다.

② 농지에 대한 정보를 관리하는 농지대장의 행정적 절차와 관련된 내용은 [A]에 제시된 농지에 대한 제도 개선과 관련 있으나 이는 9문단의 '농지관리 행정 체계도 개선·확충한다'의 하위 내용에 제시되는 것이 타당하므로 ⊙에 들어갈 내용으로 적절하지 않다.

③ 3문단의 '주말·체험영농 용도의 농지취득 심사 시~체험영농계획서(신설) 제출도 의무화된다'에서 농지를 주말농장 용도로 사용하는 경우에 지켜야 할 의무 사항을 설명하고 있으나, 윗글은 주말농장의 인기와 분양과는 관련이 없으므로 ⊙에 들어갈 내용으로 적절하지 않다.

④ [A]와 8문단에서 농업법인이 농지를 이용한 부동산업으로 부당이득을 취득한 경우 이를 환수하는 제도와 관련된 내용을 제시하고 있다. 이를 통해 농업법인에게 농지를 활용한 부동산업이 허가되지 않음을 알 수 있으므로 ④는 윗글의 내용과 일치하지 않으며 ⊙에 들어갈 내용으로도 적절하지 않다.

[관련 지문 인용] 농업법인이 농지를 이용하여 목적 외 사업인 부동산업 또는 임대업을 영위하는 경우에는 해당 부당이득 환수를 위한 과징금 제도를 도입한다.

88 보도 자료 - 구체적 상황에 적용　　정답 ⑤

<보기>를 통해 '갑'이 취미로 농사를 하기 위해 농지를 구하고자 함을 알 수 있으며 5문단의 '농업진흥지역 내 농지의 주말·체험영농을 목적으로 하는 취득은 제한하며'를 통해 농업진흥지역 내에 있는 농지는 '갑'과 같은 목적으로는 소유할 수 없음을 알 수 있다. 이를 통해 '갑'이 'B 농지'를 취득할 수 없는 이유를 해당 농지가 농업진흥구역 내에 있기 때문이라고 추론할 수 있다. 따라서 답은 ⑤이다.

오답분석
① 3문단의 '농지취득자격 심사 시 제출하는 농업경영계획서상 의무 기재 사항에 직업, 영농 경력 등을 추가하고'를 통해 농업경영계획서에 직업을 기재해야 함을 알 수 있으나 '갑'이 제출한 체험영농계획서에 직업을 기재해야 하는지는 알 수 없으므로 적절하지 않다.
② 4문단을 통해 지역 농업인, 전문가, 시민단체 등이 농지취득자격을 심사하는 농지위원회에 참여함을 알 수 있으나, '갑'은 농지취득자격을 취득하려는 입장이며, 농지를 신규 취득하는 자가 농지위원회에 참여할 수 있는지는 윗글을 통해 알 수 없으므로 적절하지 않다.

[관련 지문 인용] 관외거주자의 농지 신규 취득 등에 대해서는 지역 농업인·전문가·시민단체 등이 참여하는 농지위원회를 설치하여 농지취득자격을 심의한다.
③ <보기>를 통해 '갑'이 직접 농사를 짓기 위해 'B 농지'를 소유하고자 했음을 알 수 있으므로 적절하지 않다.
④ 3문단 '주말·체험영농 용도의 농지취득 심사 시'를 통해 주말농장 등과 같은 농업 체험의 용도로 농지취득이 가능함을 알 수 있으므로 적절하지 않다.

89 자료 - 정보 확인　　정답 ③

마늘의 생산자물가지수는 2015년에 '100', 2016년에 '142'로 해당 기간에는 상승하였으나, 2017년부터 2019년까지 '136', '122' '96'과 같이 하락하고 있으므로 적절하지 않다. 따라서 답은 ③이다.

오답분석
① 2016년에 보리쌀과 쌀의 생산자물가지수는 각각 '93', '88'이고 2017년에 보리쌀과 쌀의 생산자물가지수는 '96', '85'로 2016년과 2017년에 모두 보리쌀이 쌀보다 생산자물가지수가 높으므로 적절하다.
② 2015년에 보리쌀과 마늘의 생산자물가지수는 둘 다 '100'이며 2019년 보리쌀과 마늘의 생산자물가지수는 각각 '77', '96'이다. 따라서 보리쌀과 마늘 모두 2015년보다 2019년에 생산자물가지수가 낮으므로 적절하다.
④ 배추의 생산자물가지수는 2016년부터 2019년까지 다른 품목보다 높으므로 적절하다.
⑤ 그래프에서 기준 연도인 2015년에 비해 2016년에 가장 큰 변화를 보이는 품목은 배추의 생산자물가지수이므로 적절하다.

※ 출처: KOSIS(한국은행, 생산자물가조사, 생산자물가지수(품목별)), 2022.04.12.

90 자료 - 빈칸 추론　　정답 ①

넛지는 계단을 이용하고 싶지 않은 사람들이 계단을 이용할 수 있도록 유도하거나 사람들이 골대에 공을 넣고 싶어 하는 심리를 이용하여 쓰레기를 쓰레기통 안에 정확하게 넣기를 유도하는 것이다. 즉, 넛지는 사람들의 행동을 제한하거나 금지하지 않고 사람들이 자발적으로 자신들의 건강이나 삶의 질을 개선할 수 있는 방향으로 움직일 수 있도록 유도하는 방법임을 추론할 수 있다. 따라서 빈칸에 들어갈 말로 적절한 것은 ①이다.

국어 문화 (91번 ~ 100번)

91 음운의 변동　　정답 ④

'색연필[생년필]'에서는 교체와 첨가가 일어나며, '넓히다[널피다]'에서는 축약이 일어나므로 답은 ④이다.
- **색연필[생년필]**: '색연필'은 명사 '색'과 명사 '연필'이 결합한 합성어로 앞 단어 '색'이 자음으로 끝나고 뒤 단어 '연필'의 첫음절이 모음 'ㅕ'로 시작하므로 'ㄴ' 음을 첨가하여 [색년필]이 된 후, '년'의 초성인 비음 'ㄴ'의 영향으로 '색'의 받침 'ㄱ'이 [ㅇ]으로 발음되는 비음화가 일어나 [생년필]로 발음한다. 따라서 '색연필[생년필]'에서 나타난 음운 변동 현상은 ©첨가('ㄴ' 첨가)와 ⊙교체(비음화)이다.
- **넓히다[널피다]**: '넓히다'는 '넓다'의 어간 '넓-'에 접미사 '-히-'가 결합한 파생어로 이 경우 '넓-'의 받침 'ㄼ' 중 뒤에 있는 'ㅂ'과 접미사 '-히-'의 'ㅎ'이 축약되어 [ㅍ]이 되므로 [널피다]로 발음한다. 따라서 '넓히다[널피다]'에서 나타난 음운 변동 현상은 ②축약(자음 축약)이다. 참고로, 'ㅎ' 앞에 오는 말이 용언의 어간이 아닐 경우, 'ㅎ' 앞의 자음에 음절의 끝소리 규칙 또는 자음군 단순화가 먼저 일어난 뒤 'ㅎ'과 축약된다.

92 문장의 짜임 정답 ③

'아무도 그녀의 말이 거짓임을 알아채지 못하였다'는 명사절을 안은 문장이다. 안긴문장은 '그녀의 말이 거짓이다'로, 안긴문장의 서술어 '거짓이다'에 명사형 어미 '-ㅁ'이 결합한 명사절이 목적격 조사 '을'과 결합하여 '그녀의 말이 거짓임을'의 형태로 안은문장에서 목적어 기능을 하고 있다. 따라서 ③은 목적어 기능을 하는 명사절을 안고 있으므로 <보기>의 조건에 해당한다.

 ① '그가 나를 보았음이 분명하다'는 명사절을 안은 문장이다. 안긴문장은 '그가 나를 보았다'로 문장의 서술어 '보았다'에 명사형 어미 '-음'이 결합한 명사절이 주격 조사 '이'와 결합하여 '그가 나를 보았음이'의 형태로 안은문장에서 주어 기능을 하고 있다. 따라서 ①은 주어 기능을 하는 명사절을 안고 있으므로 <보기>의 조건에 해당하지 않는다.

② '그는 게을러서 번번이 약속 시간보다 늦게 온다'는 종속적으로 이어진 문장이다. 앞 절인 '그는 게으르다'와 뒤 절인 '(그는) 번번이 약속 시간보다 늦게 온다'가 이유나 근거를 나타내는 연결 어미 '-어서'로 연결된 문장이므로 ②는 <보기>의 조건에 해당하지 않는다.

④ '아이의 밝은 미소가 부모의 마음을 훈훈하게 하였다'는 관형절을 안은 문장이다. 안긴문장은 '아이의 미소가 밝다'로 문장의 서술어 '밝다'에 관형사형 어미 '-은'이 결합하여 '(아이의 미소가) 밝은'의 형태로 안은문장에서 뒤에 오는 체언 '미소'를 수식하는 관형어 기능을 하고 있다. 이때, 관형절의 주어인 '아이의 미소가'는 관형절의 수식을 받는 안은문장의 주어와 동일하므로 생략된다. 따라서 ④는 관형어 기능을 하는 관형절을 안고 있으므로 <보기>의 조건에 해당하지 않는다.

⑤ '나는 우리 반이 노래 경연에서 가장 잘했다고 생각한다'는 인용절을 안은 문장이다. 안긴문장은 '우리 반이 노래 경연에서 가장 잘했다'로 문장의 서술어 '잘했다'에 간접 인용 조사 '고'가 결합한 인용절이 '우리 반이 노래 경연에서 가장 잘했다고'의 형태로 안은문장에서 부사어 기능을 하고 있다. 따라서 ⑤는 부사어 기능을 하는 인용절을 안고 있으므로 <보기>의 조건에 해당하지 않는다.

93 점자 표기 정답 ②

<보기 2>에서 '딛'의 초성, 중성, 종성과 '다'의 초성이 각각 한 칸에 표기된 것을 통해 한글 점자가 자음과 모음을 초성, 중성, 종성의 차례대로 늘어놓아 쓰는 풀어쓰기 방식을 사용한 것을 알 수 있으므로 적절하지 않은 설명은 ②이다. 참고로, 한글은 자음과 모음을 가로세로로 묶어서 쓰는 모아쓰기 방식으로 적는다.

 ① <보기 2>에서 '다'의 'ㅏ'가 표기되지 않고 생략된 것을 통해 '다'를 점자 표기할 때 모음 'ㅏ'가 생략되는 것을 알 수 있다. 참고로, 점자를 표기할 때 한 어절 내에 'ㅏ'를 생략한 약자에 받침이 없고 다음 음절이 모음으로 시작되는 경우에는 'ㅏ'를 생략하지 않는다.

③ <보기 2>를 통해 한글 점자의 한 칸은 점 여섯 개로 구성됨을 알 수 있다. 참고로, 한글 점자의 한 칸에는 총 여섯 개(가로 2개*세로 3개)의 점자가 있으며 이를 조합하여 하나의 음소를 만든다.

④ <보기 1>에서 '가은'이 '딛'의 중성인 모음 'ㅣ'의 점자 표기를 설명한 것을 통해 한 칸에 있는 여섯 개의 점자를 번호를 매겨 구분함을 알 수 있다. 참고로, 한 칸에 있는 점 여섯 개의 번호는 아래와 같다.

1	● ●	4
2	● ●	5
3	● ●	6

⑤ <보기 2>의 '딛'과 '다'의 초성과 '딛'의 종성은 모두 'ㄷ'이지만, 초성 'ㄷ'은 2점과 4점으로, 종성 'ㄷ'은 3점과 5점으로 표기하는 것을 통해 같은 자음이라도 초성인지 종성인지에 따라 다르게 표기한다는 것을 알 수 있다.

94 중세 국어 정답 ③

ⓒ 듣ᄌᆞᆸ고(듣-+-ᄌᆞᆸ-+-고): '듣다'의 어간 '듣-'과 문장의 객체를 높이는 선어말 어미 '-ᄌᆞᆸ-', 연결 어미 '-고'가 결합된 형태로 '-ᄌᆞᆸ-'은 문장의 객체인 '부텻(부처의) 功德(공덕)'을 높이고 있다. 따라서 '-ᄌᆞᆸ-'은 객체 높임 선어말 어미이므로 적절하지 않은 것은 ③이다. 참고로, 중세 국어의 객체 높임 선어말 어미는 환경에 따라 다른 형태로 실현되었는데 뒤에 오는 어미의 첫소리가 자음이면서 앞에 오는 어간 말음이 'ㄱ, ㅂ, ㅅ, ㅎ'인 경우 '-ᄉᆞᆸ-', 'ㄷ, ㅈ, ㅊ'인 경우 '-ᄌᆞᆸ-', 'ㄴ, ㅁ, ㄹ' 또는 모음인 경우 '-ᅀᆞᆸ-'으로 나타났다.

① ㉠ 아ᄃᆞ리(아ᄃᆞᆯ + 이): 명사 '아ᄃᆞᆯ(아들)'과 주격 조사 '이'가 결합한 것으로 '아ᄃᆞᆯ'의 종성 'ㄹ'을 주격 조사 '이'의 초성으로 옮겨 '아ᄃᆞ리'로 표기하였으므로, ㉠에는 연철 표기가 적용되었음을 알 수 있다. 참고로, 연철 표기는 중세 국어의 표기법 중 하나로 자음으로 끝나는 명사 또는 용언의 어간 뒤에 모음으로 시작되는 형식 형태소가 오는 경우 앞 음절 종성을 뒤 음절의 초성으로 내려서 표기하는 방법이다.

② ⓒ **부텻(부텨 + ㅅ)**: 명사 '부텨(부처)'에 'ㅅ'이 결합한 '부
텻'이 뒤에 오는 명사 '功德(공덕)'을 수식하는 것을 통
해 'ㅅ'은 관형격 조사임을 알 수 있으며 '부처'는 높임
의 대상이므로 관형격 조사 'ㅅ'이 존경의 대상과 어울
려 쓰인다는 설명은 적절하다. 참고로, 중세 국어의 관
형격 조사는 'ㅅ, 익, 의'로 앞에 오는 체언이 무정물인
경우 'ㅅ'으로, 유정물일 때는 모음 조화에 따라 '익, 의'
로 쓰이나 앞에 오는 체언이 유정물이라도 존칭체언인
경우 'ㅅ'이 쓰인다.

④ ⓓ **말ᄊᆞ미(말ᄊᆞᆷ + 이)**: '말ᄊᆞ미'는 서술어 '달아(달라)'의
주체이므로, 연철되기 전의 형태인 '말ᄊᆞᆷ이'의 '이'는 주
격 조사임을 알 수 있다. 이때, 주격 조사 '이'와 결합한
'말ᄊᆞᆷ'은 끝음절이 자음 'ㅁ'이므로, 받침이 있는 체언
에 주격 조사 '이'가 결합한다는 설명은 적절하다. 참고
로, 중세 국어의 주격 조사는 '이, ㅣ, Ø'로 앞에 오는 체
언의 말음이 자음인 경우 '이'로, 모음 '이'와 반모음 'ㅣ'
이외의 모음 뒤에서는 'ㅣ'로 쓰였다. 주격 조사 앞에 모
음 '이'나 반모음 'ㅣ' 다음에는 'Ø(영형태)'로 주격 조사
가 생략되었으며, 조건에 관계없이 생략되기도 하였다.

⑤ ⓔ **慶興(경흥)에(경흥 + 에)**: '慶興에'는 '사ᄅᆞ샤(사셔서)'
에 호응하는 장소를 나타내는 부사어임을 알 수 있다. 따
라서 '慶興에'의 '에'는 부사격 조사이며, '慶興(경흥)'의
끝 음절 '흥'의 모음 'ㅡ'는 음성 모음이므로 체언의 끝음
절이 음성 모음일 때 부사격 조사로 '에'가 쓰인다는 설
명은 적절하다. 참고로, 중세 국어의 부사격 조사는 '애,
에, 예' 등으로 나타나며 앞에 오는 체언의 끝음절이 양
성 모음(ㆍ, ㅗ, ㅏ)인 경우 '애', 음성 모음(ㅡ, ㅜ, ㅓ)인 경우
'에', 'ㅣ' 계열 모음인 경우 '예'가 쓰였다.

95 문학 이론   정답 ⑤

양귀자의 '원미동 사람들'은 시·공간적 배경이 동일하고 같은 등
장인물이 등장하는 독립된 사건을 다룬 이야기로 구성된 소설이
므로 ㉠에 들어갈 말은 '피카레스크'임을 알 수 있다.

오답분석
① '세태 소설'은 사람들의 일상생활과 사회의 풍속, 인심,
유행 등을 묘사한 소설이다.

② '액자 소설'은 소설에서, 이야기 속에 또 하나의 이야
기가 들어 있는 소설이다. 하나의 이야기 속에 다른 이
야기가 끼워져 있는 구조가 액자 모양 같다고 하여 붙
은 이름이다.

③ '연재소설'은 신문이나 잡지 등에 계속해서 매회 싣는
소설이다. 참고로, 양귀자의 '원미동 사람들'은 한 작가
가 같은 주인공의 단편 소설을 여러 편 써서 하나로 만
든 소설로 '연작 소설'이다.

④ '몽자류 소설'은 주인공이 꿈속에서 새로운 인물로 살
면서 다양한 사건을 경험한 뒤 꿈에서 깨어나 현실로
돌아오면서 깨달음을 얻게 되는 구조로 되어 있는 소
설이다.

96 작품   정답 ②

중국 송나라에서 활약하는 영웅의 이야기를 다룬 국문·영웅·군
담 소설이며, 영웅의 일대기 구조를 취하되 특이한 양상을 보이
고, 당시 대중에게 인기가 많았다는 것을 통해 <보기>의 ㉠에 들
어갈 문학 작품은 「조웅전」임을 알 수 있다. 참고로, 「조웅전」은
조선 후기의 작자 미상 소설이며 이본이 많은 것으로 유명하다.

오답분석
① 「호질」은 조선 후기에 박지원이 지은 한문 단편 소설로,
'호랑이'가 유학자인 '북곽 선생'의 위선적 모습을 질책
하는 우화적 요소를 사용하여 당대 지배층인 양반의
이중성을 비판한 풍자 소설이다.

③ 「최척전」은 조선 후기에 조위한이 지은 한문 소설로, 전
쟁을 배경으로 주인공 '최척'과 '옥영'의 사랑을 그린 군
담 소설이자 염정(艶情) 소설이다.

④ 「춘향전」은 조선 후기의 작자 미상 판소리계 소설로, 주
인공인 '춘향'과 '몽룡'의 신분을 초월한 사랑을 그린 염
정(艶情) 소설이다.

⑤ 「이생규장전」은 조선 전기에 김시습이 지은 한문 소설
로, 전반부에는 이생에서의 남녀 간의 사랑을 다루고,
후반부에는 죽은 여자와 산 남자의 사랑을 다루는 전
기(傳奇) 소설이자 명혼(冥婚) 소설이다.

97 작품   정답 ③

'전광용'의 「꺼삐딴 리」는 일제 강점기부터 6·25 전쟁 후에 이르
는 시대를 배경으로 시간의 흐름에 따라 끊임없이 변절하며 신분
상승을 이룬 기회주의자 '이인국'의 모습을 비판적으로 풍자하는
소설이다. 따라서 정답은 ③이다.

오답분석
① '신경숙'의 「외딴 방」은 주인공 '나'가 공장에서 일을 하
며 학교를 다녔던 과거의 힘든 경험을 통해 성숙한 인
격을 완성해 나가는 과정을 그린 성장 소설이다.

② '박태원'의 「천변 풍경」은 1930년대 청계천 주변을 중
심으로 일어나는 다양한 일상생활의 모습을 삽화식 구
성으로 다룬 소설로, 사람들의 일상생활과 사회의 풍
속, 인심, 유행 등을 묘사하는 세태 소설이다.

④ '최인호'의 「타인의 방」은 1970년대 급격한 산업화로
인한 현대인의 고독, 소외, 불안을 상징적으로 그린 심
리 소설이다.

⑤ '강신재'의 「젊은 느티나무」는 청춘 남녀가 현실을 극복하고 순수한 사랑을 추구하는 모습을 그린 소설로, 주인공인 '숙희'가 '현규'와의 사랑 속에서 성숙한 인격을 완성해 나가는 과정을 그린 성장 소설이다.

98 작가 정답 ①

「사하촌」, 「모래톱 이야기」 등을 창작하였으며, 농촌 현실과 민중의 저항 정신을 다루었다는 점을 통해 <보기>에서 설명하고 있는 작가는 '김정한'임을 알 수 있다.

② '박영희'는 『장미촌』, 『백조』 등의 동인으로 활동하였고 탐미적·낭만주의적 시인으로 출발하여, 한때 카프(KAPF)의 대변자로 활약하다가 1934년에 순수 예술로 전향하였다. 시·소설·평론의 모든 분야에 걸쳐 활동하였으며 작품으로는 시 「유령의 나라」, 소설 「사냥개」, 「전투」 등이 있다.

③ '이광수'는 잡지 『소년』을 중심으로 본격적인 작품 활동을 시작하였다. 남녀 간의 애정 문제와 같은 대중적인 소재와 계몽주의적 세계관을 작품에 함께 다루었으며 주요 작품으로는 「무정」, 「소년의 비애」 등이 있다.

④ '이태준'은 구인회의 일원으로, 소외된 인물의 내면 묘사와 그들에 대한 동정을 표현한 단편 소설을 주로 창작하였다. 주요 작품으로는 「오몽녀」, 「달밤」, 「복덕방」 등이 있다.

⑤ '황순원'은 1931년에 「나의 꿈」을 발표하며 등단하였다. 압축된 간결한 문장을 사용하여 치밀한 구성의 소설 작품을 썼으며 '한'과 같은 한국인의 토속적인 정신과 관련된 문제에 폭넓게 접근하였다. 주요 작품으로는 「학」, 「목넘이 마을의 개」, 「카인의 후예」 등이 있다.

99 방송 언어 정답 ④

'회자되다'는 '칭찬을 받으며 사람의 입에 자주 오르내리게 되다'라는 뜻이므로 좋은 점이나 훌륭한 일을 높이 평가할 때 쓰는 것이 적절하다. 따라서 악독한 범죄를 저지른 범죄 조직을 대상으로 쓰기에는 적절하지 않으므로 방송 언어에 대한 지적으로 적절하지 않은 것은 ④이다.

① 오늘의 기온은 청자가 처음 접하는 정보이므로, 이전에 언급된 적 있는 구정보와 함께 쓰이는 보조사 '은/는'보다 새로운 정보를 전달할 때 쓰이는 주격 조사 '이/가'를 쓰는 것이 적절하다.

② '전철'은 '앞에 지나간 수레바퀴의 자국이라는 뜻으로, 이전 사람의 그릇된 일이나 행동의 자취를 이르는 말'이다. 따라서 모범적인 대상의 모습을 따르자고 말할 때에는 '본을 받을 만한 대상'이라는 뜻의 '본보기'를 쓰는 것이 적절하다.

③ '경기, 경쟁 등에 참가 의사를 밝히다'를 뜻하는 관용구는 '출사표를 내다', '출사표를 던지다'이므로 이와 같이 바꿔 쓰는 것이 적절하다.

⑤ 방송 언어에서 직접 화법은 제한적으로 사용되므로 '한국과 원만한 합의를 이끌어 내지 못하여 유감이라고'와 같이 간접 화법으로 표현하는 것이 적절하다.

100 남북한의 언어 정답 ③

남한에서는 순우리말로 된 합성어 중 앞말이 모음으로 끝나고 뒷말의 첫소리가 된소리로 날 때 사이시옷을 받쳐 적으므로 '나룻배[나루빼/나룻빼]'와 같이 적지만 북한에서는 사이시옷을 적지 않으므로 '나루배'와 같이 적는다. 따라서 ⓒ은 발음에 따른 차이가 아닌 남북한의 사이시옷 표기의 차이를 보여 주는 것이므로 적절하지 않다.

① '되다'의 어간 '되-'에 연결 어미 '-어'가 결합한 것을 남한에서는 '되어'로, 북한에서는 '되여'로 적는 것을 통해 같은 연결 어미를 표기하는 방식에 차이가 있음을 알 수 있다.

② 남한에서는 '그 수량이 하나임을 나타내는 말'인 관형사 '한'과 '낱으로 된 물건을 세는 단위'인 의존 명사 '개'를 띄어 쓰고 있으나 북한에서는 이를 붙여 '한개'로 씀을 알 수 있다.

④ 남한에서는 '밑을 닦거나 코를 푸는 데 허드레로 쓰는 얇은 종이'를 달리 이르는 말을 '화장지'라고 하며 북한에서는 이를 '위생지'라고 함을 통해 동일한 대상을 가리키는 어휘가 다름을 알 수 있다.

⑤ 남한에서는 단어 첫머리에 한자음 '라'가 오는 경우 이를 '나'로 적으므로 '樂園'에서 '즐길 락(樂)'의 음 '락'을 '낙'으로 적어 '낙원'으로 표기하며, 북한에서는 이를 그대로 '라'로 적으므로 '樂園'을 '락원'으로 표기한다. 이를 통해 남한어에는 두음 법칙이 적용되나 북한어에는 두음 법칙이 적용되지 않음을 알 수 있다.

◎◎ 정답 한눈에 보기

1	2	3	4	5	6	7	8	9	10
④	①	②	④	③	③	③	④	③	③
11	12	13	14	15	16	17	18	19	20
③	③	②	③	③	④	②	②	④	④
21	22	23	24	25	26	27	28	29	30
②	④	①	⑤	②	③	⑤	②	①	⑤
31	32	33	34	35	36	37	38	39	40
③	⑤	③	②	④	②	⑤	④	⑤	④
41	42	43	44	45	46	47	48	49	50
④	⑤	③	①	②	②	④	③	③	③
51	52	53	54	55	56	57	58	59	60
②	⑤	④	①	④	⑤	③	④	②	②
61	62	63	64	65	66	67	68	69	70
⑤	⑤	①	③	①	④	⑤	②	⑤	⑤
71	72	73	74	75	76	77	78	79	80
⑤	⑤	③	①	①	④	②	②	②	②
81	82	83	84	85	86	87	88	89	90
⑤	②	②	⑤	③	③	③	④	③	②
91	92	93	94	95	96	97	98	99	100
⑤	②	②	③	⑤	②	①	①	②	①

🔍 취약 영역 분석표

모바일 자동 채점 + 성적 분석 서비스를 이용해
나의 위치와 취약 영역을 파악해 보세요.

영역	듣기·말하기 (1번~15번)	어휘 (16번~30번)	어법 (31번~45번)	쓰기 (46번~50번)	창안 (51번~60번)	읽기 (61번~90번)	국어 문화 (91번~100번)	TOTAL
맞힌 답의 개수	/ 15	/ 15	/ 15	/ 5	/ 10	/ 30	/ 10	/ 100

해설

듣기 · 말하기 (1번 ~ 15번)

1 그림 – 그림 해설 파악   정답 ④

주모가 퍼 담고 있는 것은 고깃국이 아닌 술이므로 그림에 대한 설명과 일치하지 않는 것은 ④이다.

[관련 지문 인용] 주모는 가마솥에서 데운 술을 퍼 담고 있고

오답 분석
① 담장 근처에 핀 꽃으로 그림 속 계절이 봄임을 알 수 있다고 하였으므로 적절하다.

    [관련 지문 인용] 벽돌로 된 담장 근처에 피어 있는 분홍색 꽃을 통해 계절적 배경을 봄으로 예상해 볼 수 있습니다.

② '단령을 입은 남자는 젓가락으로 음식을 집어 먹으려고 하고 있습니다'를 통해 알 수 있다.

③ 그림에서 주모와 단령을 입은 남자의 옷이 이루는 빨 강색과 파랑색의 원색 대비, 심부름꾼과 선비들의 옷과 봄꽃이 이루는 은은한 색채 조화를 찾아볼 수 있다고 하였으므로 적절하다.

    [관련 지문 인용] 주모가 입은 파란색 치마, 주모 오른 쪽의 남자가 입은 붉은색 단령은 강렬한 원색의 대비감 을 보여줍니다. ~ 심부름꾼이 입은 연보라색의 옷과 다 른 선비들이 입은 옅은 푸른색의 도포, 담장 근처에 핀 분홍색 꽃은 은은한 색채의 조화를 이루고 있죠.

⑤ '그림에서 가장 바깥쪽에 있는~그가 어깨에 걸치고 있 는 까치등거리를 통해 그의 신분이 나장(羅將)임을 알 수 있습니다'를 통해 알 수 있다.

    · 나장(羅將): 조선 시대에, 의금부에 속하여 죄인을 문초할 때에 매질하는 일과 귀양 가는 죄인을 압송 하는 일을 맡아보던 하급 관리

듣기 대본
> 오늘은 조선 후기의 화가 혜원 신윤복의 '주사거배' 를 설명해 드리겠습니다. 이 그림은 다른 지역에서 온 상인들이 머물다 가던 술청의 모습을 그린 것으로, 가 운데 주모를 중심으로 이곳을 찾은 손님 여럿, 심부름 꾼 하나가 그려져 있습니다. 그림에서 맨 처음 시선을 사로잡는 것은 그림에 쓰인 다양한 색입니다. 주모가 입은 파란색 치마, 주모 오른쪽의 남자가 입은 붉은색 단령은 강렬한 원색의 대비감을 보여줍니다. 또한 두 사람의 옷과 달리 주모 왼쪽의 심부름꾼이 입은 연보 라색의 옷과 다른 선비들이 입은 옅은 푸른색의 도포, 담장 근처에 핀 분홍색 꽃은 은은한 색채의 조화를 이 루고 있죠. 혜원의 그림은 이처럼 산뜻하고 또렷한 색 감이 특별한 묘미를 자아냅니다. 그럼 이제 그림 속 상 황을 한번 살펴볼까요? 먼저, 벽돌로 된 담장 근처에

피어 있는 분홍색 꽃을 통해 계절적 배경을 봄으로 예 상해 볼 수 있습니다. 기와와 벽돌로 된 집과 집 안의 가 구, 주모 앞의 여러 개의 그릇을 통해 이곳에서는 꽤 고 급스럽고 비싼 술을 팔았을 것이라 짐작할 수 있죠. 주 모는 가마솥에서 데운 술을 퍼 담고 있고, 단령을 입은 남자는 젓가락으로 음식을 집어 먹으려고 하고 있습니 다. 또, 주모 왼쪽의 심부름꾼은 할 일이 주어지기를 기 다리는 듯합니다. 마지막으로, 그림에서 가장 바깥쪽 에 있는 남자의 옷차림이 다른 사람들에 비해 특이한 것, 보이시나요? 그가 어깨에 걸치고 있는 까치등거리 를 통해 그의 신분이 나장(羅將)임을 알 수 있습니다.

※ 출처: 혜원 전신첩_주사거배 by 신윤복, 공유마당, CC BY

2 이야기 – 이어질 내용 추론   정답 ①

이야기 속에서 '사자'는 다른 동물보다 몸집이 크고, 강한 이빨과 발톱이 있으며, 힘이 센 동물임에도 '수탉'을 무서워하며 자괴감 을 느낀다. 이후 '사자'는 덩치 큰 '코끼리'가 '모기'를 무서워하는 것을 보고 자신이 '모기'보다 두려워할 법한 '수탉'을 무서워하는 것이 부끄러워할 만한 일이 아니라고 생각하게 된다. 이를 통해 이야기의 중심 내용을 '사자'나 '코끼리'와 같이 크고 강한 존재에 게도 이러한 약점이 있듯이 모두에게 약점이 있을 수 있다는 내 용으로 추론할 수 있다. 따라서 마지막에 이어질 내용으로 가장 적절한 것은 ①이다.

[관련 지문 인용]
· 턱을 이빨로, 발을 발톱으로 무장시켰고 어떠한 짐승보다 센 힘 을 주었다는 것도 사실이었습니다. 그러나 이러한 강점에도 불 구하고 수탉이 무섭다고 투덜댄 것이지요.

· 나는 몸집도 크고 힘세고 게다가 코끼리보다도 다행한 폭이 다. 수탉은 어쨌거나 모기보다는 더 두려워해야 할 만한 것이 니 말이야.

오답 분석
② '사자'는 '코끼리'가 무서워하는 '모기'와 자신이 무서워 하는 '수탉'을 비교하며 자신이 코끼리의 처지보다는 낫 다고 말하고 있다. 그러나 자신과 타인을 비교하는 삶 의 자세는 이야기의 중심 내용이 아니므로 이야기의 마 지막 내용이 되기에 적절하지 않다.

    [관련 지문 인용] 나는 몸집도 크고 힘세고 게다가 코 끼리보다도 다행한 폭이다. 수탉은 어쨌거나 모기보다 는 더 두려워해야 할 만한 것이니 말이야.

③⑤ 다른 사람에게 부끄럽지 않은 삶의 태도나, 과거에 집착하지 않고 현재의 삶에 만족해야 하는 태도에 대 한 내용을 도출할 수 있는 부분은 제시되지 않았으므 로 적절하지 않다.

④ '사자'는 '수탉'을 무섭게 느끼자 자신을 만든 프로메테
우스를 탓하고 있다. 그러나 '사자'가 '수탉'을 무서워하
는 일이 '사자'가 잘못한 일이라고 보기 어려우며, 자신
의 잘못을 타인의 탓으로 돌리지 말아우며, 한다는 교훈
을 주기 위한 이야기도 아니므로 타인에게 자신의 잘못
을 전가하는 삶의 태도에 대한 내용은 이야기의 마지막
내용이 되기에 적절하지 않다.
[관련 지문 인용] 사자가 늘 프로메테우스를 탓하는 것
이었습니다. ~ 그러나 이러한 강점에도 불구하고 수탉
이 무섭다고 투덜댄 것이지요.

사자가 늘 프로메테우스를 탓하는 것이었습니다. 프
로메테우스가 그를 덩치 크고 외모가 반듯하게 만들
어준 것은 사실이었습니다. 턱을 이빨로, 발을 발톱으
로 무장시켰고 어떠한 짐승보다 센 힘을 주었다는 것
도 사실이었습니다. 그러나 이러한 강점에도 불구하고
수탉이 무섭다고 투덜댄 것이지요. 프로메테우스가 대
답했습니다.

　"넌 내 탓을 할 이유가 없다. 너는 내가 줄 수 있는 모
든 것, 너를 위해 내가 마련할 수 있는 모든 재주를
가지고 있으니 말이다."

　이 말을 듣고 사자는 슬퍼져 자기의 비겁함을 탓하
다가 마침내는 죽고 싶다는 생각을 하기에 이르렀습니
다. 사자가 이런 기분에 싸여 있을 때 코끼리를 만났고
인사를 한 뒤 걸음을 멈추고 얘기를 하였습니다. 사자
는 코끼리가 계속 귀를 움직이는 것을 보았습니다. 사
자가 물었지요.

　"웬일인가? 잠시도 귀를 가만히 두지 못하는가?"

　바로 그때 모기 한 마리가 코끼리 머리를 돌며 날고
있었습니다. 코끼리가 말하는 것이었어요.

　"저 앵앵 소리 내는 조그만 게 보이나? 만약 저놈이
내 귓속으로 들어가면 난 끝장일세."

　사자가 말했습니다.

　"이제 내가 죽어야 할 이유가 없다. 나는 몸집도 크
고 힘세고 게다가 코끼리보다도 다행한 폭이다. 수
탉은 어쨌거나 모기보다는 더 두려워해야 할 만한
것이니 말이야."

3　강연 - 세부 내용 파악　　　　정답 ②

당뇨병을 공복 혈당을 기준으로 진단할 때는 8시간 금식 후의 혈
당이 126mg/dL 이상인지를 고려하므로 강연의 내용과 일치하
지 않는 것은 ②이다.
[관련 지문 인용] 8시간 공복 후 측정한 혈당이 126mg/dL 이상
일 때~당뇨병이 있다고 진단합니다.

① 당뇨병과 고혈압은 심혈관이나 뇌혈관 질환으로 사망
할 가능성을 높인다고 하였으므로 적절하다.
[관련 지문 인용] 당뇨병은 고혈압과 더불어 심·뇌혈관
질환의 발생과 이로 인한 사망 위험을 높이는 주요 원
인이기 때문에 예방에 신경을 써야 합니다.
③ '탄수화물 대사를 조절하는 호르몬 단백질인 인슐린이'
를 통해 알 수 있다.
④ 당뇨병을 예방하기 위해서는 혈당을 빠르게 높이는 고
탄수화물·고지방의 음식을 피하라고 하였다. 이를 통
해 이런 음식은 혈당을 높여 당뇨병을 유발할 수 있음
을 알 수 있으므로 적절하다.
[관련 지문 인용] 혈당을 급격히 증가시키는 고탄수화
물, 고지방 음식을 피하고~당뇨병을 예방할 수 있습
니다.
⑤ 30~40대 당뇨병 환자보다 50대 이상인 당뇨병 환자
가 약을 처방받는 일수가 더 많다고 하였으므로 적절
하다.
[관련 지문 인용] 당뇨병 환자가 병원에서 약을 처방받
는 일수를 뜻하는 '처방일수율'이 50대 이상의 연령층
보다 30~40대의 젊은 연령층에서 현저히 떨어지는 경
향이 있기 때문에

안녕하세요, 오늘은 여러분이 한 번쯤 들어보셨을
당뇨병에 대해 말씀드리려고 합니다. 당뇨병은 이름에
서 알 수 있듯이 소변에 당분이 많이 섞여 나오는 병입
니다. 탄수화물 대사를 조절하는 호르몬 단백질인 인
슐린이 부족하여 생기는 것으로, 당뇨병에 걸리면 소
변량과 소변보는 횟수가 늘어나고, 갈증이 나서 물을
많이 마시게 되며, 전신 권태가 생기지만 식욕이 증가
하는 경향이 있습니다. 당뇨병은 고혈압과 더불어 심·
뇌혈관 질환의 발생과 이로 인한 사망 위험을 높이는
주요 원인이기 때문에 예방에 신경을 써야 합니다. 그
럼 이제 당뇨병을 어떻게 진단하는지도 궁금하실 텐
데요, 식사 여부와 관계없이 혈당이 200mg/dL 이상
이며 앞에서 말씀드린 '다뇨(多尿), 다음(多飮), 다식
(多食), 체중 감소' 등의 증상을 동반하거나 8시간 공복
후 측정한 혈당이 126mg/dL 이상일 때, 또는 당화혈
색소 수치가 6.5% 이상이라면 당뇨병이 있다고 진단
합니다. 유전적인 원인이 아니라면, 혈당을 급격히 증
가시키는 고탄수화물, 고지방 음식을 피하고 섬유질을
많이 함유한 음식을 먹는 바람직한 식습관과 스트레
스 조절로도 당뇨병을 예방할 수 있습니다. 마지막으
로, 당뇨병은 젊은 층에서도 발생하는 질병이기 때문
에 나이가 어리다고 방심해서는 안 됩니다. 더욱이 당
뇨병 환자가 병원에서 약을 처방받는 일수를 뜻하는
'처방일수율'이 50대 이상의 연령층보다 30~40대의
젊은 연령층에서 현저히 떨어지는 경향이 있기 때문에

만일 당뇨병이 의심된다면 바로 병원에 가서 진단을 받으시고, 약을 드시는 것이 좋습니다. 당뇨병은 약을 꾸준히 먹는 것만으로도 예후가 좋기 때문입니다.

4 라디오 - 세부 내용 파악
정답 ④

라흐마니노프는 피아노 협주곡 제2번의 2악장을 가장 먼저 작곡했다고 하였으므로 적절하지 않은 것은 ④이다.
[관련 지문 인용] 라흐마니노프는 특이하게도 2악장, 3악장, 1악장 순으로 완성했다고 합니다.

 ① '이 곡은 교향곡 제1번의 초연 실패 이후 3년 뒤에 작곡된 곡으로'를 통해 알 수 있다.

② '세 개의 악장으로 이루어진 이 곡을'을 통해 알 수 있다.

③ '이 곡은~정신과 의사 니콜라이 달 박사에게 헌정되었으며'를 통해 알 수 있다.

⑤ '2악장에서는~생의 절망과 희망이 번갈아 일어나는 듯한 느낌을 줍니다'를 통해 알 수 있다.

> **듣기 대본**
>
> 오늘 소개해 드릴 곡은 러시아의 작곡가이자 피아니스트인 라흐마니노프의 피아노 협주곡 제2번입니다. 이 곡은 교향곡 제1번의 초연 실패 이후 3년 뒤에 작곡된 곡으로, 대중에게 인기가 많은 피아노 협주곡 중 하나입니다. 세 개의 악장으로 이루어진 이 곡을, 라흐마니노프는 특이하게도 2악장, 3악장, 1악장 순으로 완성했다고 합니다. 1악장부터 3악장까지 듣다 보면 한 사람의 절망, 그 절망과 고군분투하다 이내 고뇌에서 벗어나 승리하게 된 기쁨이 느껴집니다. 특히 2악장에서는 현악기와 관악기, 피아노가 몽환적인 분위기를 형성하는데요, 느리게, 그리고 소리를 충분히 끌면서 연주하라는 '아다지오 소스테누토(Adagio Sostenuto)'로 연주되는 이 악장은 세 악장 중 가장 서정적인 악장으로 생의 절망과 희망이 번갈아 일어나는 듯한 느낌을 줍니다. 마지막으로, 이 곡은 그가 협주곡 1번의 실패로 인한 트라우마를 극복할 수 있도록 도와준 정신과 의사 니콜라이 달 박사에게 헌정되었으며, 곡이 자아내는 특유의 분위기 때문에 데이비드 린의 <밀회>를 비롯한 여러 영화의 테마곡으로 사용되기도 하였습니다.

5 시 - 제목 추론
정답 ③

1연에서 시의 시간적 배경이 바람이 불고 쌀쌀한 계절임을 알 수 있다. 또한 2연 3~5행에서 시적 대상이 '너'에게 내쳐져 밤새 마당 한쪽에 구겨져 있었음을 알 수 있으며, 3연에서 이 시적 대상이 '낙엽'임을 알 수 있다. 즉, 이 시는 가을밤에 '너'에게 내쳐져 슬픔을 느끼고 상처를 받은 '낙엽'의 모습을 서술하고 있음을 파악할 수 있으므로 이 내용을 포괄할 수 있는 시의 제목은 ③ '가을밤'이다. 참고로, 이 시는 '너'의 행동으로 상처받은 화자의 모습을 '낙엽'에 투영하여 표현하고 있다.
[관련 지문 인용]
- 바람이 불었다고 치자/쌀쌀해졌다고 치자
- 밤새 구겨지진 않았을 것이다/마당귀로 몰리며/훌쩍이지 않았을 것이다
- 낙엽은

> **듣기 대본**
>
> 바람이 불었다고 치자
> 쌀쌀해졌다고 치자
>
> 쾅 -
> 네가 문 그렇닫지만 않았어도
> 밤새 구겨지진 않았을 것이다
> 마당귀로 몰리며
> 훌쩍이지 않았을 것이다
>
> 낙엽은
>
> 부스럭부스럭
> 가슴이
> 통째로
> 마르진 않았을 것이다   - 오창렬, 「가을밤」

6 방송 인터뷰 - 세부 내용 파악
정답 ③

김 교수는 3번째 발언에서 국적과 직업이 다른 외국인이 도시에 모여 산다고 하였을 뿐, 외국인 밀집 지역에 사는 외국인의 특성을 언급한 적은 없으므로 김 교수가 설명한 내용과 일치하지 않는 것은 ③이다.
[관련 지문 인용] 국적, 직업 등에 따라 다양한 부류의 외국인들이 도시에 모여 살고 있기 때문입니다.

 ① 김 교수는 2번째 발언에서 2007년에는 100만 명의 외국인이, 2009년에는 약 120만 명의 외국인이 국내에 거주 중이라고 하였으므로 2007년보다 2009년에 국내 체류 외국인의 수가 약 20만 명 많음을 알 수 있다.
[관련 지문 인용] 국내 체류 외국인이, 2007년에는 100만 명, 2009년에는 120만 명에 이르고 있습니다.

② 김 교수가 '전체 외국인의 2/3가 도시에 거주할 뿐 아니라'라고 한 것을 통해 알 수 있다.

④ 김 교수의 4번째 발언에서 '목련동'은 외국인이 일을 하는 곳과의 접근성이 좋아 외국인 밀집 지역이 되었음을, 김 교수의 5번째 발언에서 '장미동'은 저렴한 물가와 대중교통의 편리성으로 외국인 밀집 지역이 되었음을 알 수 있다.

[관련 지문 인용]
- 첫 번째로 목련 산업 단지 주변의 목련동인데요. 이 지역은 산업 단지의 공장에서 일하고 있는 외국인들이, 일터 가까운 지역에 모여 살면서 형성된 곳입니다.
- 두 번째 지역은 장미동의 저렴한 주택 지역입니다. 이 지역은 대중교통이 편리하고 주변 지역에 비해 물가가 싸다는 장점 때문에 특정 국적의 외국인들이 집단적으로 거주하게 된 곳입니다.

⑤ 김 교수의 6번째 발언에서 다문화 정책에는 삶의 질 개선을 위한 정책과 지역 사회와의 원활한 소통을 위한 정책이 있음을 알 수 있다. 이를 통해 다문화 정책의 목표는 외국인이 삶의 질을 높이고, 그들이 살고 있는 지역 사회와 잘 소통할 수 있도록 하는 것임을 알 수 있다.

[관련 지문 인용] 삶의 질 개선을 위한 정책으로는~지역 사회와의 원활한 소통을 위한 정책으로는

[듣기 대본]

진행자: 이 시간에는 다문화 정책 전문가 김 교수님을 모시고 이야기를 나누어 보겠습니다. 안녕하십니까? 교수님.

김 교수: 네. 안녕하십니까?

진행자: 교수님, 먼저 국내에 체류하고 있는 외국인 현황에 대해 간략하게 알려 주시죠.

김 교수: 네. 국내 체류 외국인이, 2007년에는 100만 명, 2009년에는 120만 명에 이르고 있습니다. 이렇게 체류 외국인이 빠르게 늘어남에 따라 외국인 밀집 지역도 늘어나고 있습니다.

진행자: 그렇군요. 교수님께서는 도시 지역에 위치한 대표적인 외국인 밀집 지역에 대해서 연구를 해 오셨는데요. 외국인들이 도시에만 거주하는 것은 아닐 텐데 왜 굳이 도시 지역만을 연구 대상으로 삼으셨나요?

김 교수: 그건 전체 외국인의 2/3가 도시에 거주할 뿐 아니라 국적, 직업 등에 따라 다양한 부류의 외국인들이 도시에 모여 살고 있기 때문입니다.

진행자: 네, 그렇군요. 청취자들은 이제 좀 더 구체적인 내용에 대해 듣고 싶어 하실 것 같습니다. 조사하신 사례를 소개해 주시겠습니까?

김 교수: 네, 첫 번째로 목련 산업 단지 주변의 목련동인데요. 이 지역은 산업 단지의 공장에서 일하고 있는 외국인들이, 일터 가까운 지역에 모여 살면서 형

성된 곳입니다. 이 지역에서는 외국인 관련 행정 업무를 원활히 하기 위한 조직을 만드는 등 혁신적인 정책을 시행했습니다. 또한 목련동 지역은 주요 정책인 다문화 마을에 대한 지원 사업을 통해 주거 환경을 어느 정도 개선하였습니다. 그런데 이 사업이 도시 정비에 치우쳐 시행되었기 때문에 거주 외국인과 지역 사회의 소통을 위한 정책에는 소홀한 면이 있었습니다. 따라서 이를 해결하기 위한 정책이 시급하다고 생각합니다.

진행자: 그럼, 목련동 지역의 다문화 정책은 실패했다는 말씀이신가요?

김 교수: 아, 그건 아닙니다. 시행된 정책의 내용에 다소 아쉬움이 있었다는 말씀입니다. 두 번째 지역은 장미동의 저렴한 주택 지역입니다. 이 지역은 대중교통이 편리하고 주변 지역에 비해 물가가 싸다는 장점 때문에 특정 국적의 외국인들이 집단적으로 거주하게 된 곳입니다. 장미동 지역은 최근 다문화 센터가 문을 열어 거주 외국인과 지역 사회의 소통 문제는 어느 정도 해결되었는데요, 그렇지만 주거 환경이 좋지 않아서 이를 해결하기 위한 정책이 시급한 상황입니다.

진행자: 그렇군요. 외국인 밀집 지역을 위한 구체적인 정책에는 어떤 것들이 있을까요?

김 교수: 네, 삶의 질 개선을 위한 정책으로는 외국인 취업 알선 센터 운영, 주거 환경 개선 사업, 다문화 관광 특구 지정 등을 들 수 있겠고, 지역 사회와의 원활한 소통을 위한 정책으로는 다문화 센터 운영, 다문화 축제 지원 사업 정도를 들 수 있겠습니다.

7 방송 인터뷰 – 말하기 전략   정답 ③

진행자는 5번째 발언에서 김 교수의 발언을 바탕으로 '그럼, 목련동 지역의 다문화 정책은 실패했다는 말씀이신가요?'라고 말하며 다문화 정책 실패에 대한 화제를 이끌어 내고 있으나 이전에 김 교수가 언급한 내용을 요약하고 있지는 않다. 따라서 진행자의 말하기 전략으로 적절하지 않은 것은 ③이다.

[오답 분석]

① 진행자는 인터뷰를 진행하는 동안 김 교수의 발언이 끝나면 '그렇군요', '네, 그렇군요', '그럼'과 같은 말로 김 교수의 말에 호응한 후, 다음 화제에 대해 질문하고 있으므로 적절하다.

② 진행자는 인터뷰의 시작부인 1번째 발언에서 김 교수가 다문화 정책 분야의 전문가임을 언급하고 있으므로 적절하다.

[관련 지문 인용] 이 시간에는 다문화 정책 전문가 김 교수님을 모시고 이야기를 나누어 보겠습니다.

④ 진행자는 3번째 발언에서 김 교수가 외국인 밀집 지역에 대한 연구를 해 왔다는 점을 고려하여, 도시에 있는 외국인 밀집 지역만 연구한 이유를 질문하고 있으므로 적절하다.

[관련 지문 인용] 교수님께서는 도시 지역에 위치한 대표적인 외국인 밀집 지역에 대해서 연구를 해 오셨는데요. ~ 왜 굳이 도시 지역만을 연구 대상으로 삼으셨나요?

⑤ 진행자는 4번째 발언에서 청취자의 궁금증 해소를 위해 김 교수에게 외국인 밀집 지역의 구체적 사례를 말해 달라고 요구하고 있으므로 적절하다.

[관련 지문 인용] 청취자들은 이제 좀 더 구체적인 내용에 대해 듣고 싶어 하실 것 같습니다. 조사하신 사례를 소개해 주시겠습니까?

8 대화 - 세부 내용 파악 정답 ④

남학생의 1번째 발언, 여학생의 7번째 발언에서 내일 남학생은 마들렌을, 여학생은 스콘을 만든다는 것을 알 수 있으므로 적절한 것은 ④이다.

[관련 지문 인용]

• 내일 조리 실습 시간에 우리 조는 레몬 마들렌을 만들기로 했거든.
• 우리는 레몬 껍질이랑 초콜릿을 넣은 스콘을 만들어.

오답분석 ① 남학생의 1번째 발언에서 남학생은 인터넷에서 레몬 재고가 남은 마트를 검색했음을 알 수 있으므로 적절하지 않다.

[관련 지문 인용] 그래서 인터넷에서 검색했더니 이 점포에 레몬 재고가 있어서 왔어.

② 여학생의 7번째 발언에서 여학생이 만들 음식에 초콜릿과 레몬이 들어감을 알 수 있으므로 적절하지 않다.

[관련 지문 인용] 우리는 레몬 껍질이랑 초콜릿을 넣은 스콘을 만들어.

③ 두 사람이 대화를 하는 장소는 마트이다. 남학생의 1번째 발언과 4번째 발언에서 남학생의 집은 마트에서 30분 거리에 있고, 여학생의 집은 마트 근처임을 알 수 있으므로 적절하지 않다.

[관련 지문 인용]

• 오는 데 30분이나 걸린 거 있지.
• 너희 집은 여기서 가깝고

⑤ 남학생의 3번째 발언과 여학생의 4번째 발언에서 여학생은 산 물건을 계산하러 가는 길에 남학생을 만났음을 알 수 있으므로 적절하지 않다.

[관련 지문 인용]

• 혜수야, 아직 그 레몬 계산 안 했지?
• 응. 왜?

혜수: 어, 한영아. 안녕. 여긴 어쩐 일이야?

한영: 누군가 했네. 내일 조리 실습 시간에 우리 조는 레몬 마들렌을 만들기로 했거든. 내가 레몬을 사 가기로 했는데, 우리 동네 마트에서는 레몬을 안 팔더라고. 그래서 인터넷에서 검색했더니 이 점포에 레몬 재고가 있어서 왔어. 오는 데 30분이나 걸린 거 있지. 아, 네 장바구니에 레몬이 있네. 잘 됐다. 레몬 어디 있어?

혜수: 레몬은 과일 코너에 있겠지. 그런데 지금 가도 소용없을걸.

한영: 왜?

혜수: 이게 마지막 레몬이었거든. 이제 없어.

한영: 정말? … 어쩌지. 혜수야, 아직 그 레몬 계산 안 했지?

혜수: 응. 왜?

한영: 그럼 그 레몬 나 주면 안 돼? 너희 집은 여기서 가깝고, 주변에 마트도 많으니까 다른 레몬을 살 수 있을 거야. 난 집 근처에서 살 수 없어서 여기까지 온 거니까, 나에겐 선택지가 그 레몬뿐이잖아.

혜수: 뭐? 말이 되는 소리를 해. 우리 조도 레몬 하나가 필요해. 아니면 편의점에서 레몬을 팔지도 모르니까, 내가 이 근처 편의점을 같이 둘러봐 줄게.

한영: 글쎄… 편의점에서 레몬을 팔까? 그 레몬을 반으로 잘라서 날 주면 어때? 반값은 내가 낼게.

혜수: 준비물에 '레몬 하나'라고 적혀 있었다니까. 너희 조도 그래서 레몬 하나 사러 여기까지 온 거 아니야?

한영: 맞아. 그런데, 너희 조는 뭘 만들기로 한 거야? 레몬이 하나 다 필요해?

혜수: 우리는 레몬 껍질이랑 초콜릿을 넣은 스콘을 만들어.

한영: 그럼 레몬 과육은 필요 없고, 레몬 껍질만 필요한 거야?

혜수: 응. 조리 과정을 다 읽고 왔는데 레몬 껍질만 갈아서 넣더라고.

한영: 그럼 우리 이렇게 하는 건 어때? 내가 레몬 반 개 가격을 너에게 줄 테니까, 내일 실습 시간에 레몬 껍질만 갈아내고 나한테 레몬을 줘. 우리 조는 레몬 과육이 필요하고, 껍질은 필요하지 않거든.

혜수: 그래, 좋아. 그렇게 하자. 휴, 진작 그렇게 말했으면 좋았잖아.

9 대화 - 갈등 해결　　　　　　정답 ③

여학생과 남학생 사이에 갈등이 발생한 원인은 현재 마트에서 구매할 수 있는 레몬의 수량은 하나인데, 두 사람이 모두 레몬 하나씩을 필요로 하기 때문이다. 이 상황에서 남학생의 8번째 발언과 여학생의 9번째 발언을 통해 남학생이 레몬 하나에서 각자 필요한 부분인 레몬 껍질과 과육을 나누어 사용하자고 설득하자 여학생이 이에 응하고 있음을 알 수 있다. 따라서 여학생을 설득한 남학생의 말하기 방식으로 가장 적절한 것은 ③이다.

[관련 지문 인용]
• 그럼 우리 이렇게 하는 건 어때? 내가 레몬 반 개 가격을 너에게 줄 테니까, 내일 실습 시간에 레몬 껍질만 갈아내고 나한테 레몬을 줘. 우리 조는 레몬 과육이 필요하고, 껍질은 필요하지 않거든.
• 그래, 좋아. 그렇게 하자.

 ① ② ④ ⑤는 모두 남학생이 여학생을 설득하기 위해 사용한 말하기 방식이지만, 여학생이 레몬 하나를 나누어 가지겠다는 결정을 하는 데 영향을 미치지 못하였으므로 적절하지 않다.

① ② 남학생의 5번째 발언을 통해 알 수 있다.
　　[관련 지문 인용] 글쎄… 편의점에서 레몬을 팔까? 그 레몬을 반으로 잘라서 날 주면 어때? 반값은 내가 낼게.
④ 남학생은 대화를 하는 내내 내일 조리 실습을 위해 레몬이 필요함을 강조하고 있다.
⑤ 남학생의 4번째 발언을 통해 알 수 있다.
　　[관련 지문 인용] 그럼 그 레몬 나 주면 안 돼? 너희 집은 여기서 가깝고, 주변에 마트도 많으니까 다른 레몬을 살 수 있을 거야. 난 집 근처에서 살 수 없어서 여기까지 온 거니까, 나에겐 선택지가 그 레몬뿐이잖아.

10 강연 - 세부 내용 파악　　　　　　정답 ③

'시차'는 대상의 실제 모습과 눈으로 인식한 대상의 모습 간의 차이가 아닌 왼쪽 눈과 오른쪽 눈의 망막에 맺힌 대상의 모습 간의 차이이므로 적절하지 않은 것은 ③이다.
[관련 지문 인용] 사람의 두 눈은 약 6cm 정도의 간격이 있기 때문에, 각각의 망막에 맺히는 영상에는 미세한 차이가 생깁니다. 이를 시차라고 하는데

 ① '1920년대 초에 이미 상업용 3D 영화가 나왔다고 하니'를 통해 알 수 있다.
② 오른쪽 눈을 위한 영상과 왼쪽 눈을 위한 영상을 각각 촬영하는 방식 대신 하나의 대상을 두 대의 카메라로 촬영하는 방식으로도 3D 영상을 만들 수 있다고 하였으므로 적절하다.

[관련 지문 인용] 두 개의 영상을 만드는 것은 사람의 눈처럼 간격을 띄운 두 대의 카메라로 동시에 같은 대상을 촬영하면 해결할 수 있습니다.
④ '평면인 화면을 입체로 느끼게 하는 이 3D 영상의 원리'를 통해 알 수 있다.
⑤ 필터 방식의 3D 안경은 한 화면에 두 가지 영상이 함께 출력될 때, 왼쪽 눈과 오른쪽 눈에 필요한 영상만 골라서 보게 해 준다고 하였으므로 적절하다.

[관련 지문 인용] 필터 방식의 경우에는 한 화면에서 두 가지 영상을 함께 보내면, 3D 안경이 각각의 눈에 맞는 영상만 걸러서 보게 합니다.

듣기 대본

여러분, 3차원 입체 영상이 나오는 3D 영화나 3D 텔레비전에 대해 들어 본 적 있으시죠? 1920년대 초에 이미 상업용 3D 영화가 나왔다고 하니 3D 영상 기술은 역사가 꽤 오래된 것이지요. 오늘은 평면인 화면을 입체로 느끼게 하는 이 3D 영상의 원리에 대해 이야기를 할까 합니다.

사람의 두 눈은 약 6cm 정도의 간격이 있기 때문에, 각각의 망막에 맺히는 영상에는 미세한 차이가 생깁니다. 이를 시차라고 하는데, 사람의 뇌는 시차가 있는 두 영상을 하나로 융합해 입체감이 있는 영상으로 파악하게 됩니다. 3D 영상은 바로 이 원리를 활용한 것입니다.

이 원리를 실현하려면 먼저, 왼쪽 눈을 위한 영상과 오른쪽 눈을 위한 영상, 다시 말해 시차를 고려한 두 개의 영상을 만들어야 하고, 다음으로, 오른쪽 눈을 위한 영상은 오른쪽 눈으로만, 왼쪽 눈을 위한 영상은 왼쪽 눈으로만 보게 해야 합니다.

두 개의 영상을 만드는 것은 사람의 눈처럼 간격을 띄운 두 대의 카메라로 동시에 같은 대상을 촬영하면 해결할 수 있습니다. 그렇다면 좌우 각각 다른 영상은 어떻게 보게 할 수 있을까요? 현재 3D 텔레비전에 많이 사용되는 셔터 방식과 필터 방식의 원리가 조금 다른데요, 셔터 방식의 경우에는 화면에 각각의 눈을 위한 영상이 번갈아 표시될 때, 3D 안경의 액정이 좌우 교대로 개폐되면서 각각의 눈이 두 영상을 번갈아 보게 합니다. 필터 방식의 경우에는 한 화면에서 두 가지 영상을 함께 보내면, 3D 안경이 각각의 눈에 맞는 영상만 걸러서 보게 합니다. 이렇게 해서 우리는 시차가 있는 평면 영상을 실제 입체감이 있는 것처럼 느끼게 됩니다.

11 강연 – 설명 방식 　　　　　　정답 ③

강연자는 강연을 시작하면서 3D 영상의 원리를 설명할 것이라고 말해주고 있다. 이를 통해 청중은 앞으로 이어질 강연의 내용이 3D 영상의 원리에 대한 것이라고 예측하며 강연을 들을 수 있으므로 적절한 것은 ③이다.
[관련 지문 인용] 오늘은 평면인 화면을 입체로 느끼게 하는 이 3D 영상의 원리에 대해 이야기를 할까 합니다.

<table><tr><td>오답
분석</td><td>

① ② 권위 있는 학술지의 내용이나 상식적인 내용과 다른 내용은 언급하고 있지 않으므로 적절하지 않다.

④ '사람의 두 눈은 약 6cm 정도의 간격이 있기 때문에'에서 '6cm'라는 구체적 수치를 들고 있으나, 이는 강연 대상인 '3D 영상의 작동 원리'가 아닌 '시차'를 설명하기 위해서 든 것이므로 적절하지 않다.

⑤ '셔터 방식'과 '필터 방식'의 차이점을 영상 출력 방식과 3D 안경의 액정 작동 방식에 따라 설명하고 있으나 어떤 대상이 더 우수한지는 언급하고 있지 않으므로 적절하지 않다.

[관련 지문 인용] 현재 3D 텔레비전에 많이 사용되는 셔터 방식과 필터 방식의 원리가 조금 다른데요, 셔터 방식의 경우에는 화면에 각각의 눈을 위한 영상이 번갈아 표시될 때, 3D 안경의 액정이 좌우 교대로 개폐되면서 각각의 눈이 두 영상을 번갈아 보게 합니다. 필터 방식의 경우에는 한 화면에서 두 가지 영상을 함께 보내면, 3D 안경이 각각의 눈에 맞는 영상만 걸러서 보게 합니다.

</td></tr></table>

12 대화 – 갈등의 원인 파악 　　　　　　정답 ③

여자의 1번째 발언과 남자의 2번째 발언에서 우리나라가 공적 개발 원조 규모를 기존보다 확대한 것에 대해 여자는 긍정적인 입장을, 남자는 부정적인 입장을 취하고 있음을 알 수 있다. 이를 통해 해외 원조 규모의 적정선을 두고 두 사람이 갈등하고 있음을 알 수 있다. 따라서 두 사람의 갈등이 촉발된 근본적인 원인으로 가장 적절한 것은 ③이다.
[관련 지문 인용]
• 그동안 우리나라는 세계 10위권의 경제 대국으로 성장했는데도, 그에 걸맞은 원조를 하지 못했잖아. 이제라도 확대한다니 참 잘한 일이야.
• 하지만 국내 사정도 좋지 않은데, 아직은 좀 이른 게 아닐까?

<table><tr><td>오답
분석</td><td>

① 여자는 지속적으로 공적 개발 원조 확대에 긍정적인 입장이며, 남자도 2번째 발언에서 '그래? 어려운 나라를 돕는 거야 당연한 일이지'라고 말하고 있다. 이를 통해 두 사람 모두 해외 원조는 필요하다고 생각함을 알 수 있으므로 갈등의 근본적인 원인으로 적절하지 않다.

</td></tr></table>

② 여자의 1, 2번째 발언 '그동안 우리나라는 세계 10위권의 경제 대국으로 성장했는데도, 그에 걸맞은 원조를 하지 못했잖아', '이제는 우리도 인도주의 정신을 실천할 때라고 생각해'를 통해 여자는 경제적 이유뿐만이 아닌 인도주의 측면에서도 공적 개발 원조 확대에 찬성함을 알 수 있으나, 이는 갈등의 근본적인 원인이 아니므로 적절하지 않다.
　• 인도주의(人道主義): 인간의 존엄성을 최고의 가치로 여기고 인종, 민족, 국가, 종교 등의 차이를 초월하여 인류의 안녕과 복지를 꾀하는 것을 이상으로 하는 사상이나 태도

④ 여자의 2번째 발언을 통해 여자는 우리나라의 공적 개발 원조 규모가 확대되면 우리나라의 위상도 함께 높아질 것이라고 생각하고 있음을 알 수 있으나, 이에 대한 남자의 생각은 알 수 없다. 따라서 이는 갈등의 근본적인 원인이 아니므로 적절하지 않다.
[관련 지문 인용] 공적 개발 원조에 적극 참여하면 우리나라의 국제적인 위상도 높아질 거야.

⑤ 여자의 2번째 발언을 통해 여자는 국가의 경제 수준이 높을수록 기부를 많이 하는 것에 동의하고 있음을 알 수 있으며, 그와 동시에 경제 규모와 상관없이 다른 나라를 도우며 살아야 한다고도 생각함을 알 수 있다. 그러나 이것이 갈등의 근본적인 원인은 아니므로 적절하지 않다.
[관련 지문 인용] 물론 잘사는 나라들이 원조를 더 많이 해야겠지. ~그렇지만 국가 경제 규모가 우리나라보다 훨씬 작은데도 더 적극적으로 원조를 하는 나라도 있어.

<table><tr><td>듣기
대본</td><td>

남: 영희야, 여기 신문 좀 봐. 우리나라가 공적 개발 원조를 확대한다네. 너, 그게 뭔지 알아?

여: 응~ 그거. 선진국들이 개발도상국을 돕기 위해 만든 국제적 지원 제도야. 그동안 우리나라는 세계 10위권의 경제 대국으로 성장했는데도, 그에 걸맞은 원조를 하지 못했잖아. 이제라도 확대한다니 참 잘한 일이야.

남: 그래? 어려운 나라를 돕는 거야 당연한 일이지. 하지만 국내 사정도 좋지 않은데, 아직은 좀 이른 게 아닐까? 수출도 어렵고 경제도 위축된 상황에서…… 일단 우리보다 잘사는 나라보고 지원을 많이 하라고 하고, 우리는 좀 더 발전한 다음에 도와주는 게 낫지 않을까? 우리도 살기 힘든데……

</td></tr></table>

여: 아냐, 더 이상 미룰 때가 아닌 거 같아. 경제적으로 여유가 있을 때에만 남을 도울 수 있는 건 아니잖아. 이제는 우리도 인도주의 정신을 실천할 때라고 생각해. 게다가 공적 개발 원조에 적극 참여하면 우리나라의 국제적인 위상도 높아질 거야. 물론 잘사는 나라들이 원조를 더 많이 해야겠지. 실제로 그렇기도 하고…… 그렇지만 국가 경제 규모가 우리나라보다 훨씬 작은데도 더 적극적으로 원조를 하는 나라도 있어. 국민들의 생활수준이 우리보다 특별히 높지도 않은데 말이야.

13 대화 - 갈등 해결 　　　　　정답 ②

남자의 2번째 발언을 통해 남자는 우리나라가 어려운 나라를 원조해야 함은 인정하나 원조 규모를 확대하는 시기가 적절하지 않다고 생각하고 있음을 알 수 있다. 즉, 남자는 이미 공적 개발 원조의 필요성을 인지하고 있으므로 공적 개발 원조의 긍정적인 영향은 남자를 설득하기 위한 근거로 적절하지 않으므로 답은 ②이다. 참고로, 남자는 공적 개발 원조를 지금보다 확대해 실시하기에는 우리나라의 경제 규모나 수준이 충분하지 않다고 생각하기 때문에 남자를 설득하기 위해서는 공적 개발 원조를 확대하게 된 근거나 우리나라가 그럴 만한 여력이 된다는 것, 경제 규모와 상관없이 해외 원조는 이루어지고 있다는 것을 객관적으로 설명해 줄 수 있는 자료가 제공되어야 한다.

[관련 지문 인용] 어려운 나라를 돕는 거야 당연한 일이지. 하지만 국내 사정도 좋지 않은데, 아직은 좀 이른 게 아닐까?

<u>오답분석</u> ① ⑤ 남자는 우리나라의 경제 규모가 공적 개발 원조를 확대하기에는 역부족이라고 생각하여 여자와 갈등하고 있다. 따라서 우리나라의 경제 규모가 공적 개발 원조를 확대하기에 충분하다는 근거가 되어줄 수 있는 정부의 근거 자료와 우리나라와 경제 규모가 유사한 나라에 비해 우리나라가 다른 나라에 도움을 주지 않고 있음을 설명해 주는 자료를 제시하는 것은 남자가 여자의 생각을 이해할 수 있게 해 주므로 갈등을 중재하는 방안으로 적절하다.

③ 남자는 국내 경제 상황에 대해 걱정하며 해외 원조 확대를 반대하고 있다. 따라서 공적 개발 원조를 확대해도 경제 상황에 악영향을 미치지 않은 사례를 제시하는 것은 남자의 걱정을 덜어줄 수 있으므로 두 사람의 갈등을 중재하기 위한 전략으로 적절하다.

④ 남자가 가지고 있는 '경제 수준이 우수한 나라 위주로 해외 원조를 활발히 해야 한다', '우리나라의 경제 수준은 해외 원조를 확대하기에는 역부족이다'라는 생각이 편견임을 깨닫게 할 수 있는 자료이므로 남자를 설득하기에 적절한 자료이다.

14 발표 - 세부 내용 파악 　　　　　정답 ③

㉠은 '황소자리', ㉡은 '게자리', ㉢은 '쌍둥이자리'이므로 그림에 적합한 별자리 이름을 올바르게 연결한 것은 ③이다.

• ㉠: 별자리 상단이 브이 자 모양인 것을 통해 '황소자리'를 나타낸 그림임을 알 수 있다.
　[관련 지문 인용] 황소자리는 상단에 황소의 뿔 부분인 브이 자 모양이 있는 것이 특징입니다.
• ㉡: 중심부에서 5시, 7시, 12시 방향으로 선이 그어진 모양인 것을 통해 '게자리'를 나타낸 그림임을 알 수 있다.
　[관련 지문 인용] 게자리는 중심부에서 세 줄기의 가지가 5시, 7시, 12시 방향으로 뻗어 나간 모양을 하고 있으며
• ㉢: 두 사람이 어깨동무를 하고 있는 모양이며, 오른쪽과 왼쪽, 그리고 아래에 그려진 선이 팔다리 모양인 것을 통해 '쌍둥이자리'를 나타낸 그림임을 알 수 있다.
　[관련 지문 인용] 쌍둥이자리는 두 사람이 어깨동무를 하고 있는 것처럼 왼쪽, 오른쪽, 그리고 아래에 팔과 다리로 보이는 선이 뻗어 있는 것이 특징입니다.

<u>듣기대본</u>　안녕하세요, 오늘은 겨울철 별자리에 대해 알려드리겠습니다. 겨울 밤하늘에는 오리온자리, 큰개자리, 작은개자리를 비롯해 쌍둥이자리, 황소자리, 게자리 등의 별자리가 자리를 잡고 있는데요, 그중 황도 12궁에 속하는 쌍둥이자리, 황소자리, 게자리를 다뤄볼까 합니다.

　먼저, 황도 12궁 중 두 번째 자리인 황소자리는 상단에 황소의 뿔 부분인 브이 자 모양이 있는 것이 특징입니다. 황소자리의 알파 별인 알데바란 옆에는 히아데스성단이 자리를 잡고 있습니다. 제우스가 에우로파의 마음을 얻기 위해 페니키아에 내려갔을 때 변신한 황소의 모습이 황소자리가 되었다고 하죠.

　다음으로, 황도 12궁 중 네 번째 자리인 게자리는 중심부에서 세 줄기의 가지가 5시, 7시, 12시 방향으로 뻗어 나간 모양을 하고 있으며 프레세페성단을 중심에 품고 있습니다. 헤라의 미움을 받던 헤라클레스는 그녀의 계략으로 히드라를 퇴치하러 갔는데, 그때 헤라가 그를 죽이기 위해 게를 한 마리 보냈습니다. 그러나 이 게는 허무하게 헤라클레스에게 밟혀 죽고 말았고, 헤라가 이를 불쌍히 여겨 별자리로 만들어 준 것이 바로 이 게자리입니다.

　마지막으로, 황도 12궁 중 세 번째 자리인 쌍둥이자리입니다. 쌍둥이자리는 두 사람이 어깨동무를 하고 있는 것처럼 왼쪽, 오른쪽, 그리고 아래에 팔과 다리로 보이는 선이 뻗어 있는 것이 특징입니다. 제우스와 레다의 아들인 카스토르와 폴룩스는 사이가 아주 좋았는데, 형 카스토르와 달리 동생 폴룩스는 불사의 몸이었습니다. 그런데 사촌들과의 싸움에서 형이 죽어

버리자 동생이 슬퍼하며 자신의 불사성을 형에게 나누어 주었고, 이에 감명한 제우스가 쌍둥이를 별자리로 만들어주었다고 합니다. 쌍둥이자리에서 왼쪽이 동생, 오른쪽이 형인데요, 예전에는 형 쪽이 쌍둥이자리의 알파 별이었지만 지금은 동생 쪽이 알파 별이 되었습니다.

15 발표 - 말하기 전략 정답 ③

'황소자리', '게자리', '쌍둥이자리'라는 이름이 붙게 된 이유를 관련된 신화를 들어 설명하고 있으므로 내용 구성 전략으로 가장 적절한 것은 ③이다.

[관련 지문 인용]
- 제우스가 에우로파의 마음을 얻기 위해 페니키아에 내려갔을 때 변신한 황소의 모습이 황소자리가 되었다고 하죠.
- 이 게는 허무하게 헤라클레스에게 밟혀 죽고 말았고, 헤라가 이를 불쌍히 여겨 별자리로 만들어 준 것이 바로 이 게자리입니다.
- 제우스와 레다의 아들인 카스토르와 폴룩스는 사이가 아주 좋았는데~이에 감명한 제우스가 쌍둥이를 별자리로 만들어 주었다고 합니다.

오답분석
① 황소자리의 알파 별은 '알데바란'이며, 쌍둥이자리의 알파 별이 '카스토르'에서 '폴룩스'로 바뀌었음은 알 수 있으나, 게자리의 알파 별이 무엇인지는 알 수 없다. 또한 알파 별을 중심으로 별자리를 설명하고 있지도 않으므로 적절하지 않다. 참고로, 알파 별은 별자리에서 가장 밝은 별이다.

  [관련 지문 인용]
  - 황소자리의 알파 별인 알데바란
  - 예전에는 형 쪽이 쌍둥이자리의 알파 별이었지만 지금은 동생 쪽이 알파 별이 되었습니다.

② 황도 12궁의 두 번째 자리인 '황소자리', 네 번째 자리인 '게자리', 세 번째 자리인 '쌍둥이자리' 순서로 겨울철 별자리를 소개하고 있으므로 적절하지 않다.

④ '황소자리', '게자리', '쌍둥이자리' 중 인물의 죽음과 연관이 있는 것은 '쌍둥이자리' 하나뿐이며, '황소자리'와 '게자리'는 인물의 죽음과 관련 없으므로 적절하지 않다.

  [관련 지문 인용] 사촌들과의 싸움에서 형이 죽어버리자 동생이 슬퍼하며 자신의 불사성을 형에게 나누어 주었고, 이에 감명한 제우스가 쌍둥이를 별자리로 만들어주었다고 합니다.

⑤ '황소자리', '게자리'는 모양을 설명한 후, '황소자리'는 히아데스성단 근처에, '게자리'는 프레세페성단 근처에 있음을 설명하고 있으나 '쌍둥이자리'는 모양만을 설명하고 있으므로 적절하지 않다.

- **성단(星團)**: 천구(天球, 하늘을 관측자를 중심으로 구 모양으로 표현한 것) 위에 군데군데 몰려 있는 항성의 집단

[관련 지문 인용]
- 황소자리는 상단에 황소의 뿔 부분인 브이 자 모양이 있는 것이 특징입니다. 황소자리의 알파 별인 알데바란 옆에는 히아데스성단이 자리를 잡고 있습니다.
- 게자리는 중심부에서 세 줄기의 가지가 5시, 7시, 12시 방향으로 뻗어 나간 모양을 하고 있으며 프레세페성단을 중심으로 품고 있습니다.
- 쌍둥이자리는 두 사람이 어깨동무를 하고 있는 것처럼 왼쪽, 오른쪽, 그리고 아래에 팔과 다리로 보이는 선이 뻗어 있는 것이 특징입니다.

어휘 (16번 ~ 30번)

16 고유어의 사전적 의미 정답 ④

'사람이나 물건 등이 보기에 매우 실하다'를 의미하는 고유어는 '실팍하다'이므로 답은 ④이다. 참고로, <보기>의 문맥을 고려할 때, 사전적 의미가 제시되지 않았다면 몸집이 작은 우리 수탉과 달리 점순네 수탉은 몸집이 크고 튼튼하다는 의미를 나타낼 수 있는 '살지다'도 ㉠에 들어갈 수 있다.

오답분석 ① ② ③ ⑤의 '살지다', '푸지다', '묵직하다', '부리부리하다'는 모두 고유어이다.
① **살지다**: 살이 많고 튼실하다.
② **푸지다**: 매우 많아서 넉넉하다.
③ **묵직하다**: 다소 큰 물건이 보기보다 제법 무겁다.
⑤ **부리부리하다**: 눈망울이 억실억실하게 크고 열기가 있다.

17 한자어의 사전적 의미 정답 ②

한자어 '조장(助長)'은 '바람직하지 않은 일을 더 심해지도록 부추김'이라는 의미이므로 한자어의 사전적 뜻풀이로 옳지 않은 것은 ②이다. 참고로, '남을 부추겨 어떤 일이나 행동에 나서도록 함'은 한자어 '선동(煽動)'의 의미이다.

18 고유어의 문맥적 의미 정답 ②

문맥상 사람이 자주 찾지 않아 조용하고 깊은 마을에 오두막 몇 채가 있다는 의미이므로, 고유어 '으늑하다'는 '조용하고 깊숙하다'라는 의미임을 알 수 있다. 따라서 고유어의 뜻풀이가 옳지 않은 것은 ②이다. 참고로, '물가나 산길이 휘어서 굽어 들어간 곳이 매우 깊다'는 고유어 '후미지다'의 의미이다.

19 한자어의 문맥적 의미 　　　　정답 ④

문맥상 최 선생님이 특정 제자에게 기술을 전수해 주었다는 의미이므로, '스승으로 섬김. 또는 스승으로 삼고 가르침을 받음'이라는 뜻의 한자어 '사사(師事)'의 쓰임은 적절하지 않다. 따라서 답은 ④이다.

오답분석
① 문맥상 오피스텔을 2년간 빌리기로 했다는 의미이므로, '돈을 내고 남의 물건을 빌려 씀'이라는 뜻의 한자어 '임차(賃借)'를 쓰는 것은 적절하다.

② 문맥상 뇌물을 받는 행위를 주의해야 한다는 의미이므로, '뇌물을 받음'이라는 뜻의 한자어 '수뢰(受賂)'를 쓰는 것은 적절하다.

③ 문맥상 반역을 저지른 무리가 자신들의 편을 들어주는 세력을 믿고 있다는 의미이므로 '편들어 감싸 주거나 역성을 들어 줌'이라는 뜻의 한자어 '두둔(斗頓)'을 쓰는 것은 적절하다.

⑤ 문맥상 영상물 심사 끝에 그 영화의 관람 등급이 15세 이상 관람가로 정해졌다는 의미이므로 '심사하고 토의함'이라는 뜻의 한자어 '심의(審議)'를 쓰는 것은 적절하다.

20 한자어의 문맥적 의미 　　　　정답 ④

문맥상 이치나 도리에 맞지 않는 방법으로 모은 그의 재산을 압수한다는 의미이므로, ④의 '부정'은 '올바르지 않거나 옳지 못함'을 뜻하는 한자어 '부정(不正)'임을 알 수 있다.

오답분석
① 문맥상 다른 사람들이 내 의견을 긍정하지 않을까 봐 걱정된다는 의미이므로, ①의 '부정'은 '그렇지 않다고 단정하거나 옳지 않다고 반대함'을 뜻하는 한자어 '부정(否定)'임을 알 수 있다.

② 문맥상 이혼 사유가 부부가 서로에게 도리를 지키지 않았기 때문이라는 의미이므로, ②의 '부정'은 '부부가 서로의 정조를 지키지 않음'을 뜻하는 한자어 '부정(不貞)'임을 알 수 있다.

③ 문맥상 이곳저곳을 돌아다니는 형편이라 사는 곳이 일정하지 않았다는 의미이므로, ③의 '부정'은 '일정하지 않음'을 뜻하는 한자어 '부정(不定)'임을 알 수 있다.

⑤ 문맥상 사람들에게 좋지 않은 일이 생겼다는 의미이므로, ⑤의 '부정'은 '사람이 죽는 등의 불길한 일'을 뜻하는 한자어 '부정(不淨)'임을 알 수 있다.

21 한자어의 병기 　　　　정답 ②

<보기>의 ㉠ ~ ㉢에 해당하는 한자를 순서대로 표기하면 '訂正 - 亭亭 - 正正'이므로 답은 ②이다.

- ㉠ 訂正(평론할 정, 바를 정): 글자나 글 등의 잘못을 고쳐서 바로잡음
- ㉡ 亭亭(정자 정, 정자 정): 늙은 몸이 굳세고 건강함
- ㉢ 正正(바를 정, 바를 정): 바르고 떳떳함

22 상하 관계 　　　　정답 ④

<보기 1>의 '문학'과 '보석'은 각각 '소설'과 '사파이어'의 의미를 포함하므로 '문학 : 소설', '보석 : 사파이어'는 상하 관계를 이루고 있음을 알 수 있다. 이를 고려할 때, <보기 2>의 ㉠에는 상위어 '물고기'의 의미를 가진 '고등어'가 들어가는 것이 적절하며, ㉡에는 하위어인 '하지(夏至)'의 의미를 포함할 수 있는 '절기(節氣)'가 들어가는 것이 적절하다. 따라서 답은 ④이다.

㉠ ・물고기: 어류의 척추동물을 통틀어 이르는 말
　・고등어: 고등엇과의 바닷물고기
㉡ ・절기(節氣): 한 해를 스물넷으로 나눈, 계절의 표준이 되는 것
　・하지(夏至): 이십사절기의 하나. 망종과 소서 사이에 들며, 양력 6월 21일경으로, 북반구에서는 낮이 가장 길고 밤이 가장 짧다.

오답분석
㉠ ・도롱뇽: 도롱뇽과의 동물
　・돌고래: 이가 있는 돌고랫과의 포유류를 통틀어 이르는 말
㉡ ・명절(名節): 해마다 일정하게 지키어 즐기거나 기념하는 때
　・축제(祝祭): 1. 축하하여 벌이는 큰 규모의 행사 2. 축하와 제사를 통틀어 이르는 말

23 유의 관계 　　　　정답 ①

<보기>는 문맥상 그녀가 옷을 대충 입었다는 의미로 ㉠'걸치고'와 바꾸어 사용할 수 있는 말은 '옷을 입다'와 같은 의미를 지녀야 한다. 따라서 ㉠을 바꾸어 사용할 수 있는 말로 적절한 것은 ① '감고'이다. 참고로, '옷이나 착용구 또는 이불 등을 아무렇게나 입거나 덮다'를 의미하는 '걸치다'와 '옷을 입다'를 의미하는 '감다'는 유의 관계에 있다.

오답분석
②③④⑤의 '걸고', '엎고', '돌리고', '씌우고'는 모두 '걸치고'와 유의 관계에 있지 않으므로 ㉠을 대신하여 사용하기에 적절하지 않다.

② 걸다: 벽이나 못 등에 어떤 물체를 떨어지지 않도록 매달아 올려놓다.

③ **얹다**: 위에 올려놓다.

④ **돌리다**: 물체를 일정한 축을 중심으로 원을 그리면서 움직이게 하다.

⑤ **씌우다**: 모자 등을 머리에 얹어 덮게 하다.

24 고유어와 한자어의 대응 정답 ⑤

문맥상 드러내지 않았던 학장 출마 의사를 알린다는 의미이므로 고유어 '밝히다'와 한자어 '규명(糾明)하다'를 대응시키는 것은 적절하지 않으며, 주체의 강경한 입장이나 의지를 나타낼 때 쓰는 한자어 '천명(闡明)하다'를 쓰는 것이 적절하다. 따라서 답은 ⑤이다.

- **밝히다**: 드러나지 않거나 알려지지 않은 사실, 내용, 생각 등을 드러내 알리다.
- **규명(糾明)하다**: 어떤 사실을 자세히 따져서 바로 밝히다.
- **천명(闡明)하다**: 진리나 사실, 입장 등을 드러내어 밝히다.

오답분석 ① ② ③ ④의 '밝히다'는 모두 '진리, 가치, 옳고 그름 등을 판단하여 드러내 알리다'라는 의미로 쓰였다.

① 문맥상 폐수 무단 방류에 대한 책임 소재를 따진다는 의미이므로 고유어 '밝히다'와 '잘못한 일에 대하여 엄하게 따져서 밝히다'라는 의미의 한자어 '추궁(追窮)하다'의 대응은 적절하다.

② 문맥상 소문과 다른 사실의 내용을 드러내 알린다는 의미이므로 고유어 '밝히다'와 '까닭이나 내용을 풀어서 밝히다'라는 의미의 한자어 '해명(解明)하다'의 대응은 적절하다.

③ 문맥상 어떤 물질을 연구해 그 성질을 드러낸다는 의미이므로 고유어 '밝히다'와 '사물의 본질, 원인 등을 깊이 연구하여 밝히다'라는 의미의 한자어 '구명(究明)하다'의 대응은 적절하다.

④ 문맥상 당시의 경제적 사실을 고전 소설에 근거해 증명해 낸다는 의미이므로 고유어 '밝히다'와 '예전에 있던 사물들의 시대, 가치, 내용 등을 옛 문헌이나 물건에 기초하여 증거를 세워 이론적으로 밝히다'라는 의미의 한자어 '고증(考證)하다'의 대응은 적절하다.

25 다의어와 동음이의어 정답 ②

"회사는 지하철역과 거리가 떠 입지가 좋지 않다"의 '뜨다'는 '뜨다13-「7」'의 용례로, '공간적으로 거리가 꽤 멀다'라는 의미이다. 이와 가장 거리가 먼 것은 '뜨다3'의 용례로 쓰인 ② '그는 3년 전에 도시를 떠 귀농 생활을 시작했다'의 '뜨다'로, 이때의 '뜨다'는 '다른 곳으로 가기 위하여 있던 곳에서 다른 곳으로 떠나다'라는 의미이다. 참고로, '뜨다13'와 '뜨다3'처럼 소리는 같으나 뜻이 다른 단어를 동음이의어(同音異義語)라고 한다.

①③④⑤의 '뜨다'는 모두 '뜨다13'로, 이처럼 두 가지 이상의 뜻을 가진 단어를 다의어(多義語)라고 한다.

① 그녀는 입이 떠 비밀을 결코 말하지 않았다: 이때의 '뜨다'는 '뜨다13-「3」'의 용례로, '입이 무겁거나 하여 말수가 적다'라는 의미이다.

③ 약속 시각까지 시간이 떠 카페에 들어가서 기다렸다: 이때의 '뜨다'는 '뜨다13-「8」'의 용례로, '시간적으로 동안이 오래다'라는 의미이다.

④⑤ 친구는 몸의 움직임이 떠 운동을 배우기 어렵다고 말했다 / 발걸음이 떠 남들과 같은 길을 가는 데 30분이 더 걸린다: 이때의 '뜨다'는 '뜨다13-「1」'의 용례로, '행동 등이 느리고 더디다'라는 의미이다.

26 속담 정답 ③

속담 '바늘구멍으로 하늘 보기'는 '조그만 바늘구멍으로 넓디넓은 하늘을 본다'라는 뜻으로, 전체를 포괄적으로 보지 못하는 매우 좁은 소견이나 관찰을 비꼬는 말이다. 따라서 불가능한 일을 하려고 하는 상황에서 '바늘구멍으로 하늘 보기'를 쓰는 것은 적절하지 않으므로 답은 ③이다.

오답분석 ① 속담 '하늘 아래 첫 동네[동리]'는 매우 높은 지대에 있는 동네를 비유적으로 이르는 말이다. 따라서 언덕을 많이 넘어가야 하는 높은 곳에 있는 집에 가고 있는 상황에서 '하늘 아래 첫 동네'를 쓰는 것은 적절하다.

② 속담 '하늘의 별 따기'는 무엇을 얻거나 성취하기가 매우 어려운 경우를 비유적으로 이르는 말이다. 따라서 경쟁률이 높은 전형에 합격하는 것과 같이 이루어지기 어려운 일을 바라는 상황에서 '하늘의 별 따기'를 쓰는 것은 적절하다.

④ 속담 '손바닥으로 하늘 가리기'는 '손바닥으로 넓은 하늘을 가린다'라는 뜻으로, 불리한 상황에 대하여 임기응변식으로 대처함을 이르는 말이다. 따라서 성적이 떨어진 것을 숨기기 위해 성적표를 감추는 상황에서 '손바닥으로 하늘 가리기'를 쓰는 것은 적절하다.

⑤ 속담 '땅 넓은 줄을 모르고 하늘 높은 줄만 안다'는 키만 홀쭉하게 크고 마른 사람을 놀림조로 이르는 말이다. 따라서 키가 크고 마른 사람에 대한 이야기를 하는 상황에서 '땅 넓은 줄을 모르고 하늘 높은 줄만 안다'를 쓰는 것은 적절하다.

27 한자 성어 정답 ⑤

효도를 다하지 못한 채 어버이를 여읜 자식의 슬픔을 이르는 한자 성어는 '풍수지탄(風樹之歎/風樹之嘆)'이므로 답은 ⑤이다.

① 만시지탄(晚時之歎/晚時之嘆): 시기에 늦어 기회를 놓쳤음을 안타까워하는 탄식

② 망양지탄(亡羊之歎/亡羊之嘆): '갈림길이 매우 많아 잃어버린 양을 찾을 길이 없음을 탄식한다'라는 뜻으로, 학문의 길이 여러 갈래여서 한 갈래의 진리도 얻기 어려움을 이르는 말

③ 맥수지탄(麥秀之歎/麥秀之嘆): 고국의 멸망을 한탄함을 이르는 말

④ 비육지탄(髀肉之歎/髀肉之嘆): 재능을 발휘할 때를 얻지 못하여 헛되이 세월만 보내는 것을 한탄함을 이르는 말

28   관용구   정답 ②

관용구 '다리(를) 놓다'는 '일이 잘되게 하기 위하여 둘 또는 여럿을 연결하다'라는 의미이므로, 관용 표현의 의미가 적절하지 않은 것은 ②이다. 참고로, '자신에게 이익이 될 만한 사람과 관계를 맺다'는 관용구 '줄(을) 대다'의 의미이다.

29   순화어   정답 ①

'노변(路邊)'은 '길가'로 순화하므로 적절하지 않은 것은 ①이다. 참고로, '갓길'로 순화되는 순화 대상어는 '노견(路肩)'이다.

30   순화어   정답 ⑤

외래어 '팁(tip)'은 '정보'가 아닌 '도움말'로 다듬어 사용해야 하므로 적절하지 않은 것은 ⑤이다. 참고로, '팁'이 '종업원에게 팁을 주다' 등으로 사용될 경우에는 '봉사료'로 다듬어 쓸 수 있다.

어법 (31번~45번)

31   한글 맞춤법 규정   정답 ③

먹이량(×) → 먹이양(○): 한글 맞춤법 제11항에 따라 고유어나 외래어 뒤에 결합한 한자어는 독립적인 한 단어로 인식이 되기 때문에 두음 법칙을 적용하여 표기해야 하므로, 한자어 '량(量)'은 고유어나 외래어 뒤에서는 '양'으로, 한자어 뒤에서는 '량'으로 표기해야 한다. '동물이나 사육하는 가축에게 주는 먹이의 분량'을 뜻하는 명사 '먹이양'은 고유어 '먹이'와 한자어 '량(量)'이 결합한 것이므로, 한자어 '량(量)'이 고유어 뒤에서 두음 법칙의 적용을 받는 점을 고려해 '먹이양'으로 표기해야 한다. 따라서 단어 표기가 잘못된 것은 ③이다.

① 강수량(降水量)(○): '비, 눈, 우박, 안개 등으로 일정 기간 동안 일정한 곳에 내린 물의 총량'을 뜻하는 명사 '강수량(降水量)'은 한자어 '강수(降水)' 뒤에 한자어 '량(量)'이 결합한 것이다. 따라서 한자어 '량(量)'에 두음 법칙이 적용되지 않으므로 '강수량'으로 표기하는 것은 적절하다.

② 구름양(○): '구름이 하늘을 덮고 있는 정도'를 뜻하는 명사 '구름양'은 고유어 '구름' 뒤에 한자어 '량(量)'이 결합한 것이다. 따라서 한자어 '량(量)'에 두음 법칙이 적용되므로 '구름양'으로 표기하는 것은 적절하다.

④ 생산량(生産量)(○): '일정한 기간 동안 재화가 생산되는 수량'을 뜻하는 명사 '생산량(生産量)'은 한자어 '생산(生産)' 뒤에 한자어 '량(量)'이 결합한 것이다. 따라서 한자어 '량(量)'에 두음 법칙이 적용되지 않으므로 '생산량'으로 표기하는 것은 적절하다.

⑤ 에너지양(○): '인간이 활동하는 근원이 되는 힘'이나 '물체나 물체계가 가지고 있는 일을 하는 능력'을 뜻하는 외래어 '에너지(energy)' 뒤에 한자어 '량(量)'이 결합한 것이다. 따라서 한자어 '량(量)'에 두음 법칙이 적용되므로 '에너지양'으로 표기하는 것은 적절하다.

32   한글 맞춤법 규정   정답 ⑤

있드냐고(×) → 있더냐고(○): 할머니께서 동생의 안부를 물으신 것보다 내가 동생의 안부를 확인한 일이 먼저 일어났어야 한다. 이때, 한글 맞춤법 제56항에 따라 지난 일을 나타낼 때는 '-더-'가 쓰이므로, 동생의 안부와 관련된 서술어인 '있드냐고'에는 어미 '-드냐'가 아닌 어미 '-더냐'가 결합해야 한다. 따라서 적절하지 않은 것은 ⑤이다. 참고로, 어미 '-드냐'는 어미 '-더냐'를 잘못 쓴 표현이다.

① 토요일이든 일요일이든(○): 만나는 날이 토요일과 일요일 중 언제여도 상관없다는 의미이므로, 한글 맞춤법 제56항에 따라 선택의 의미를 지닌 어미 '-든'이 결합하는 것은 적절하다.

② 쌓였던(○): 눈을 치우기 전에 눈이 많이 쌓였었다는 의미이므로, 한글 맞춤법 제56항에 따라 지난 일을 나타내는 어미 '-던'이 결합하는 것은 적절하다.

③ 영국이든 프랑스든(○): 가고 싶은 곳이 영국과 프랑스 중 어느 곳이어도 괜찮다는 의미이므로, 한글 맞춤법 제56항에 따라 선택의 의미를 지닌 어미 '-든'이 결합하는 것은 적절하다.

④ 좋던지(○): 과거에 보았던 경치가 좋았다는 의미이므로, 한글 맞춤법 제56항에 따라 지난 일을 나타내는 어미 '-던'이 결합하는 것은 적절하다.

33 한글 맞춤법 규정   정답 ③

<보기>의 ㉠에는 과거에는 억만장자였으나 지금은 가난뱅이인 그의 처지를 나타낼 수 있는 단어가 들어가야 하므로, '재산을 다 없애고 아무것도 가진 것이 없는 가난뱅이가 된 사람'을 의미하는 '빈털터리'가 들어가는 것이 올바르다. '빈털터리'는 동사 '비다'의 관형사형인 '빈'과 '털터리'의 합성어이며, '털터리'는 어간 '털털-'에 명사 파생 접미사 '-이'가 결합한 것이다. 한글 맞춤법 제19항 [다만]에 따라 '털터리'는 어간 '털털-'의 뜻과 멀어져 어간의 원형을 밝혀 적지 않는 단어이므로 '빈털터리'로 표기한다.

34 띄어쓰기   정답 ②

모인만큼(×) → 모인∨만큼(○): 뒤에 나오는 내용의 원인이나 근거가 됨을 나타내는 말인 '만큼'은 의존 명사이므로 앞말과 띄어 써야 한다. 따라서 띄어쓰기가 올바르지 않은 것은 ②이다. 참고로, '모인'은 동사 '모이다'의 어간 '모이-'에 관형사형 전성 어미 '-ㄴ'이 결합한 것이다.

 ① **번역하는∨데(○):** '일'이나 '것'의 뜻을 나타내는 말인 '데'는 의존 명사이므로 앞말과 띄어 쓴다. 참고로, '번역하는'은 동사 '번역하다'의 어간 '번역하-'에 관형사형 어미 '-는'이 결합한 것이다.

③ **곳에서부터입니다(○):** 명사 '곳', 부사격 조사 '에서', 보조사 '부터', 서술격 조사 '이다', 종결 어미 '-ㅂ니다'가 결합한 것으로, 조사는 모두 앞말에 붙여 쓰며 어미는 어간에 붙여 쓴다.

④ **원하는∨대로(○):** '어떤 모양이나 상태와 같이'를 의미하는 '대로'는 의존 명사이므로 앞말과 띄어 쓴다. 참고로, '원하는'은 동사 '원하다'의 어간 '원하-'에 관형사형 어미 '-는'이 결합한 것이다.

⑤ **함박눈이라기보다는(○):** '함박눈이라고 하기보다는'을 줄여 쓴 것으로, '-고 하-'는 줄여 쓸 수 있으므로 전체를 붙여 쓴다.

35 문장 부호   정답 ④

<보기>의 설명처럼 두 개 이상의 어구가 밀접한 관련이 있음을 나타내고자 할 때는 '붙임표(-), 쉼표(,), 가운뎃점(·)'을 사용할 수 있으므로 답은 ④이다. 참고로, <보기>와 같이 둘 이상의 어구의 관련성을 나타낼 때는 '붙임표(-)'를 사용하는 것이 원칙이며, '가운뎃점(·), 쉼표(,)'를 사용하는 것도 허용한다.

 ① • **줄표(―):** 제목 다음에 표시하는 부제의 앞뒤에 쓰는 문장 부호이다.

• **빗금(/):** 대비되는 두 개 이상의 어구를 묶어 나타낼 때 그 사이에, 기준 단위당 수량을 표시할 때 해당 수량과 기준 단위 사이에, 시의 행이 바뀌는 부분임을 나타낼 때 쓰는 문장 부호이다.

② **물결표(~):** 기간이나 거리 또는 범위를 나타낼 때 쓰는 문장 부호이다.

③ **쌍점(:):** 표제 다음에 해당 항목을 들거나 설명을 붙일 때, 희곡 등에서 대화 내용을 제시할 때 말하는 이와 말한 내용 사이에, 시와 분 또는 장과 절 등을 구별할 때, 의존 명사 '대'가 쓰일 자리에 쓰는 문장 부호이다.

⑤ **마침표(.):** 서술·명령·청유 등을 나타내는 문장의 끝에, 아라비아 숫자만으로 연월일을 표시할 때, 특정한 의미가 있는 날을 표시하는 아라비아 숫자(월, 일) 사이에, 장·절·항 등을 표시하는 문자나 숫자 다음에 쓰는 문장 부호이다.

36 표준어 사정 원칙   정답 ②

'쌈박하다'는 '물건이나 어떤 대상이 시원스럽도록 마음에 들다'라는 의미의 표준어이므로 적절하지 않은 것은 ②이다.

 ④ 참고로, '금성'을 일상적으로 이르는 말의 표준어는 '샛별'이다.

37 표준어 사정 원칙   정답 ⑤

<보기>에서 표준어로 인정되지 않는 '-나기', '남비', '동당이치다'와 달리 표준어로 인정되는 '-내기', '냄비', '동댕이치다'는 모두 후행하는 전설 모음 'ㅣ'에 의해 'ㅣ' 모음 앞의 후설 모음 'ㅏ'가 전설 모음 'ㅐ'로 교체된 형태이다. 이는 'ㅣ' 모음 역행 동화 현상으로 설명할 수 있으므로, 이와 같은 의미인 ⑤ '전설모음화'가 빈칸에 들어갈 말로 적절하다.

• **전설모음화:** 단어 또는 어절에 있어서, 'ㅏ', 'ㅓ', 'ㅗ' 등의 후설 모음이 다음 음절에 오는 'ㅣ'나 'ㅣ' 계 모음의 영향을 받아 전설 모음 'ㅐ', 'ㅔ', 'ㅚ' 등으로 변하는 현상

 ① **모음조화:** 양성 모음은 양성 모음끼리, 음성 모음은 음성 모음끼리 어울리는 현상

② **비음동화:** 'ㄱ, ㄷ, ㅂ' 뒤에 비음인 'ㄴ, ㅁ'이 올 때 앞선 자음인 'ㄱ, ㄷ, ㅂ'이 뒤에 오는 비음의 조음 방식에 동화되어 동일한 조음 위치의 비음 'ㅇ, ㄴ, ㅁ'으로 바뀌는 음운 변동 현상

③ **양순음화:** 초성이 양순음 'ㅂ, ㅃ, ㅍ, ㅁ'인 말 앞에서 앞말 종성 'ㄴ, ㄷ'이 양순음 'ㅁ, ㅂ'으로 교체되는 음운 변동 현상. 참고로, 양순음화는 수의적 음운 변동 현상이기 때문에 표준 발음으로 인정되지 않는다.

④ **연구개음화**: 초성이 연구개음 'ㄱ, ㄲ, ㅋ'인 말 앞에서 앞말 종성 'ㄴ, ㄷ, ㅁ, ㅂ'이 연구개음 'ㄱ, ㅇ'으로 교체되는 음운 변동 현상. 참고로, 연구개음화는 수의적 음운 변동 현상이기 때문에 표준 발음으로 인정되지 않는다.

38 표준 발음법

정답 ④

월요일[월료일](×) → 월요일[워료일](○): '월요일'은 명사 '월'과 '요일'이 결합한 합성어이며, 앞말 '월'이 자음으로 끝나고 뒷말 '요일'이 '요'로 시작하므로 표준 발음법 제29항에 따라 'ㄴ' 첨가가 일어나는 환경을 충족하지만, 예외적으로 '월요일'에는 'ㄴ' 첨가가 일어나지 않는다. 따라서 '월요일'의 표준 발음은 앞 음절 '월'의 끝소리 'ㄹ'을 뒤 음절 '요'의 첫소리로 옮겨(연음) 발음한 [워료일]이므로 표준 발음이 아닌 것은 ④이다.

 ① **나뭇잎[나묻닙 → 나문닙](○)**: 사이시옷이 음절의 끝소리 규칙에 의해 대표음 [ㄷ]으로 교체된 뒤, 자음 뒤에서 '잎'의 첫소리에 'ㄴ'이 첨가된다. 이후 첨가된 'ㄴ'에 의해 [묻]의 끝소리 [ㄷ]이 비음 'ㄴ'으로 교체되는 비음화가 일어나 '나뭇잎'은 [나문닙]으로 발음한다. 참고로, 사이시옷 뒤에 '이' 음이 결합되는 경우에는 [ㄴㄴ]으로 발음한다는 표준 발음법 제30항-3으로도 설명할 수 있다.

② **늦여름[늗녀름 → 는녀름](○)**: '늦여름'은 접두사 '늦-'과 명사 '여름'이 결합한 파생어이며, 앞말 '늦-'이 자음으로 끝나고 뒷말 '여름'이 '여'로 시작하므로 표준 발음법 제29항에 따라 'ㄴ' 첨가가 일어나는 환경을 충족한다. 접두사 '늦-'의 받침 'ㅈ'이 음절의 끝소리 규칙에 의해 대표음 [ㄷ]으로 교체된 뒤, 자음 뒤에서 '여름'의 첫소리에 'ㄴ'이 첨가된다. 이후 첨가된 'ㄴ'에 의해 [늗]의 끝소리 [ㄷ]이 비음 'ㄴ'으로 교체되는 비음화가 일어나므로 '늦여름'의 표준 발음은 [는녀름]이다. 참고로, '늦여름'은 형용사 '늦다'의 어간 '늦-'에 명사 '여름'이 결합한 합성어로 보기도 한다.

③ **뱃머리[밷머리 → 밴머리](○)**: 사이시옷이 음절의 끝소리 규칙에 의해 대표음 [ㄷ]으로 교체된 뒤, '머'의 초성 'ㅁ'에 의해 [밷]의 끝소리 [ㄷ]이 비음 'ㄴ'으로 교체되는 비음화가 일어나 '뱃머리'는 [밴머리]로 발음한다. 참고로, 사이시옷 뒤에 'ㄴ, ㅁ'이 결합되는 경우에는 [ㄴ]으로 발음한다는 표준 발음법 제30항-2로도 설명할 수 있다.

⑤ **솜이불[솜:니불](○)**: '솜이불'은 명사 '솜'과 '이불'이 결합한 합성어이며, 앞말 '솜'이 자음으로 끝나고 뒷말 '이불'이 '이'로 시작하므로 표준 발음법 제29항에 따라 'ㄴ' 첨가가 일어나는 환경을 충족한다. 앞 음절 '솜'의 받침 'ㅁ' 뒤에서 '이불'의 첫소리에 'ㄴ'이 첨가되므로 '솜이불'의 표준 발음은 [솜:니불]이다.

39 외래어 표기법

정답 ⑤

콘플레이크(cornflakes)(○): 외래어 표기법에 따라 'cornflakes[kɔːnfleɪks]'의 모음 [ɔ]는 '오', 자음 [f]는 자음 앞 또는 어말에서 프로 표기하고, 어중의 [l]은 모음 앞에 오거나, 모음이 따르지 않는 비음 앞에 올 때에는 'ㄹㄹ'로 표기한다. 또한 중모음은 각 단모음의 음가를 살려 적으므로 중모음 [eɪ]는 '에이'로 표기한다. 따라서 'cornflakes'를 '콘플레이크'로 표기하는 것은 적절하다. 참고로, 말음 [s]는 관용을 존중해 따로 표기하지 않는다.

 ① **렌스(lens)(×) → 렌즈(○)**: 외래어 표기법 제3장 제1절 제3항에 따라 'lens[lenz]'의 자음 [z]는 자음 앞 또는 어말에서 '즈'로 표기하므로 'lens'는 '렌즈'로 표기해야 한다.

② **보울(bowl)(×) → 볼(○)**: 외래어 표기법 제3장 제1절 제8항에 따라 'bowl[boʊl]'의 중모음 [oʊ]는 '오'로 표기하므로 'bowl'은 '볼'로 표기해야 한다.

③ **레파토리(repertory)(×) → 레퍼토리(○)**: 외래어 표기법에 따라 'repertory[repərtɔːri]'의 모음 [ə]는 '어'로 표기하므로 'repertory'는 '레퍼토리'로 표기해야 한다.

④ **악세사리(accessory)(×) → 액세서리(○)**: 외래어 표기법에 따라 'accessory[æksesəri]'의 모음 [æ]와 [ə]는 각각 '애'와 '어'로 표기하므로 'accessory'는 '액세서리'로 표기해야 한다.

40 로마자 표기법

정답 ④

광희문[광히문] Gwanghimun(×) → Gwanghuimun(○): 로마자 표기법 제2장 제1항 [붙임 1]에 따라 모음 'ㅢ'는 'ㅣ'로 소리 나더라도 'ui'로 적는다. 따라서 [광히문]의 [히]는 'hi'가 아닌 'hui'로 적어야 하므로 로마자 표기가 옳지 않은 것은 ④이다.

 ① **보신각[보:신각] Bosingak(○)**: 로마자 표기법 제2장 제2항 [붙임 1]에 따라 'ㄱ, ㄷ, ㅂ'은 모음 앞에서 'g, d, b'로, 자음 앞이나 어말에서는 'k, t, p'로 적어야 하므로 '보신각[보:신각]'을 'Bosingak'으로 표기하는 것은 적절하다.

② **오죽헌[오주컨] Ojukheon(○)**: 로마자 표기법 제3장 제1항 [다만]에 따라 체언에서 'ㄱ, ㄷ, ㅂ' 뒤에 'ㅎ'이 따를 때에는 'ㅎ'을 밝혀 적어야 하므로 '오죽헌[오주컨]'을 'Ojukheon'으로 표기하는 것은 적절하다.

③ **광한루[광:할루] Gwanghallu(○)**: 로마자 표기법 제3장 제1항에 따라 자음 사이에서 일어나는 동화 작용은 로마자 표기에 반영하며, 제2장 제2항 [붙임 2]에 따라 'ㄹㄹ'은 'll'로 적으므로 '광한루[광:할루]'를 'Gwanghallu'로 표기하는 것은 적절하다.

⑤ 경복궁[경:복꿍] Gyeongbokgung(○): 로마자 표기법 제3장 제1항 [붙임]에 따라 된소리되기는 로마자 표기에 반영하지 않으므로 '경복궁[경:복꿍]'을 'Gyeongbokgung'으로 표기하는 것은 적절하다.

41 높임 표현 정답 ④

'여쭈다/여쭙다'는 객체 높임 특수 어휘이므로, ④의 서술어에는 주체 높임 특수 어휘가 쓰이지 않았다. 참고로, ④는 주체인 '할아버지'를 높이기 위해 주격 조사 '께서', 주체 높임 선어말 어미 '-시-'를 사용하고 있다.

① 문장의 주체인 '선배님'을 높이기 위해 선배님의 신체 일부인 '다리'를 주체 높임 선어말 어미 '-시-'를 사용하여 '다리가 기셔서'와 같이 간접적으로 높이고 있으므로 적절하다. 참고로, 이는 높임의 대상과 밀접한 관계를 맺는 신체, 소유물 등을 높이는 간접 높임법이다.

② 청자인 '선생님'을 높이기 위해 화자인 학생이 해요체의 종결 어미 '-어요'를 사용해 '못했어요'와 같이 말하고 있으므로 적절하다. 참고로, 상대 높임은 청자를 높이거나 낮추기 위해 사용하는 높임법이며, 그중 '해요체'는 친근한 윗사람을 높이기 위해 사용하는 비격식체이다.

③ 문장의 객체(부사어)인 '은사님'을 높이기 위해 객체 높임 특수 어휘 '드리다'를 사용하고 있으므로 적절하다. 참고로, '은사님께'의 부사격 조사 '께'도 객체 높임을 실현하는 방법이다.

⑤ 부모와 같은 손윗사람이 자식과 같은 손아랫사람에게 주의를 주는 상황에서 상대편을 아주 낮추는 '해라체'의 종결 어미 '-어라'를 사용하여 '조용히 있어라'와 같이 말하고 있으므로 적절하다. 참고로, '해라체'는 격식체이나, 실제로는 부모와 자식, 친구 사이처럼 비공식적인 관계에서 사용된다.

42 문장 성분의 호응·생략 정답 ⑤

ⓒ 앞의 문장은 비브리오패혈증 예방법인 '어패류를 다루거나 조리할 때의 주의 사항'을, ⓒ 뒤의 문장은 비브리오패혈증 예방법인 '어패류 충분히 익혀 먹기'를 언급하고 있다. ⓒ 또한 앞뒤 문장처럼 비브리오패혈증 예방법인 '피부에 상처가 있다면 바닷물에 접촉하지 않기'를 다루고 있으므로 문장 부사어로는 인과 관계를 나타내는 '그래서'보다는 병렬 관계를 나타내는 '그리고'를 사용하는 것이 적절하다. 따라서 글의 흐름을 고려할 때 자연스럽지 않은 문장은 ⑤이다.

• 그래서: 앞의 내용이 뒤의 내용의 원인이나 근거, 조건 등이 될 때 쓰는 접속 부사
• 그리고: 단어, 구, 절, 문장 등을 병렬적으로 연결할 때 쓰는 접속 부사

※ 출처: 보건복지부, http://www.mohw.go.kr

43 문장 성분의 호응·생략 정답 ③

동사 '여기다'는 서술어로 쓰일 때 '~을 ~으로', '~을 ~게'와 같은 문형을 요구하므로 주어, 목적어, 부사어를 필수적으로 요구하는 세 자리 서술어임을 알 수 있다. 따라서 서술어 '여기다'가 요구하는 필수적 부사어가 생략된 ⓒ이 자연스럽지 않은 문장이므로 답은 ③이다. 참고로, 자연스러운 문장이 되기 위해서는 '목숨처럼', '중요하게'와 같은 부사어를 추가하여 '중세 사람들은 순례 행위를~목숨처럼 여기곤 했다', '중세 사람들은 순례 행위를~중요하게 여기곤 했다'처럼 써야 한다.

44 중의적 표현 정답 ①

①의 '그림을 그리고 있는 그녀'는 문맥상 그녀가 그림을 그리는 동작이 계속되고 있다는 의미로만 해석된다. 따라서 중의적으로 해석되지 않는 문장은 ①이다.

② 김치찌개를 먹은 주체가 '나'가 아니라는 것인지, 김치찌개를 먹은 시점이 '어제'가 아니라는 것인지, 김치찌개를 먹은 장소가 '식당'이 아니라는 것인지, '나'가 어제 식당에서 먹은 음식이 '김치찌개'가 아니라는 것인지 등으로 해석될 수 있는 모호한 문장이다. 참고로, ②의 중의성은 부정 표현 '-지 않다'가 부정하는 대상이 무엇인지 모호해 발생한다.

③ 상자에 든 귤을 전부 먹지 말라는 것인지, 전체 중 몇 개는 먹어도 되지만 남김없이 먹는 것은 안 된다는 것인지 모호한 문장이다. 참고로, ③의 중의성은 부정 표현 '-지 말다'와 수량 표현 '다'에 의해 발생한다.

④ 현지가 버스와 지하철을 각각 두 시간씩 탔다는 것인지, 버스와 지하철을 합쳐 두 시간을 탔다는 것인지 모호한 문장이다. 참고로, ④의 중의성은 '와'의 품사가 접속 조사인지, 부사격 조사인지 불명확해 발생한다.

⑤ 박물관에 대한 선호도가 '나'보다 수현이가 더 높은 것인지, 수현이가 '나'와 박물관 중 박물관을 더 선호하는 것인지 모호한 문장이다. 참고로, ⑤의 중의성은 서로 차이가 있는 것을 비교하는 경우에 쓰이는 부사격 조사 '보다'로 인해 발생한다.

45 번역 투 표현 정답 ②

'친척으로부터'의 '~으로부터'는 영어 'from ~'을 직역한 표현이므로 '친척에게서'와 같이 '~에게서'를 쓰는 것이 더 자연스럽다. 따라서 번역 투 문장을 잘못 고친 것은 ②이다.

> **오답분석**
> ① '환경 문제를 위한'의 '~(을)를 위하여'는 영어 'for ~'를 직역한 표현이므로 문맥이나 의미를 고려하여 '위하여' 대신 뒤에 오는 명사를 꾸밀 수 있는 관형사형을 사용해 '해결할'처럼 고쳐 써야 한다.
> ③ '아무리 ~해도 지나치지 않다'는 영어 'It is not too much to ~'를 직역한 표현이다. ③은 문맥상 운동은 강조할 정도로 가치가 있다는 의미이므로 어떤 대상이 앞말이 뜻하는 행동을 할 타당한 이유를 가질 정도로 가치가 있음을 나타내는 말인 보조 형용사 '만하다'를 사용하여 '강조할 만하다'로 고쳐 쓰는 것이 적절하다.
> ④ '한 권의 책'의 '~의 ~'는 영어 '~ of ~'를 직역한 표현이므로 직역한 표현 '의'를 생략하고, 우리말 어법에 맞게 어순을 바꾸어 '책 한 권'처럼 고쳐 써야 한다. 참고로, 표현에 따라 직역한 표현만 생략하거나, 표현을 바꾸거나, 풀어쓰는 것만으로도 바른 표현이 된다.
> ⑤ 영어의 수동태 표현을 직역한 표현으로, '부르다'의 피동사 '불리다'가 사용된 표현이다. 문맥상 사람들이 기온이 높은 밤을 '열대야'라고 가리켜 말하거나 이름을 붙였다는 의미이므로 피동 표현 '~(은)는 ~라고 불리다'보다는 능동 표현 '~(을)를 ~라고 부르다'를 사용하는 것이 적절하다.

쓰기 (46번~50번)

46 글쓰기 계획 정답 ②

계획된 글의 주제는 '지역 방언이 소멸되는 현상의 심각성을 인식하고 지역 방언을 적극적으로 보호하자'이다. 지역 방언과 표준어가 어떤 맥락에서 쓰이는가에 대한 차이를 비교하는 것은 지역 방언이 소멸되고 있는 문제나 지역 방언을 보호하는 방안과 관련이 없으므로 적절하지 않은 것은 ②이다.

47 자료의 활용 방안 정답 ④

ⓒ은 지역 방언 특유의 성격을 표준어는 갖고 있지 않다는 내용을, ㉣은 지역 방언 중 제주 방언이 곧 소멸할 수도 있다는 내용을 다루고 있다. 따라서 ⓒ과 ㉣을 활용하면, 제주 방언이 소멸한 후에는 제주 지역에서 제주 방언을 사용함으로써 얻을 수 있던 고유의 효과를 표준어를 사용하는 것으로 얻을 수 없다는 내용의 글을 작성할 수 있으므로 자료의 활용 방안으로 가장 적절한 것은 ④이다.

> **오답분석**
> ① ㉠은 방언 사용 지역에서조차도 표준어를 많이 사용하고 있다는 내용을, ㉣은 제주 방언이 빠른 시일 내에 소멸할 가능성이 있다는 내용을 다루고 있다. 그러나 방언 사용 지역의 전체 인구에서 방언 사용자가 얼마나 되는지는 ㉠과 ㉣ 모두에서 알 수 없으므로, ㉠과 ㉣을 연관 지어 방언 사용 지역의 인구 대비 방언 사용자의 비율이 방언의 생존에 어떤 영향을 미치는지에 대한 글을 작성하는 것은 적절하지 않다.
> ② ㉠은 방언 사용 지역에서 표준어를 많이 사용하고 있다는 내용을, ㉤은 표준어 사용자의 방언에 대한 부정적 인식이 증가하고 있다는 내용을 다루고 있다. 그러나 ㉠은 방언에 대한 부정적 인식과 관련이 없으며, 방언에 대한 부정적 인식을 다룬 ㉤도 표준어 사용자를 대상으로 한 내용이다. 따라서 이를 활용하여 방언 사용 지역에서 방언을 부정적으로 인식해 표준어를 자주 사용한다는 내용으로 글을 쓰는 것은 적절하지 않다.
> ③ ㉡은 방언 소멸 문제가 심각하다는 내용을, ㉣은 제주 방언이 빠른 시일 내에 소멸할 가능성이 있다는 내용을 다루고 있다. 그러나 ㉣은 '제주'라는 일부 지역에 국한된 내용이므로 다른 방언의 소멸 위기 정도를 알 수 없는 상황에서 국내의 모든 방언이 심각한 소멸 위기에 있다는 내용의 글을 쓰는 것은 부분적인 내용으로 전체를 일반화하는 것이므로 적절하지 않다.
> ⑤ ⓒ은 지역 방언 특유의 성격을 표준어는 갖고 있지 않다는 내용을, ㉤은 표준어 사용자의 방언에 대한 부정적 인식이 증가하고 있다는 내용을 다루고 있다. ㉤을 활용하여 표준어 사용자가 갖는 방언의 이미지를 개선해야 할 필요성이 있다는 내용을 이끌어 내는 것은 적절하지만, 방언의 가치에 대해 다루고 있는 ⓒ을 활용하여 방언 특유의 어감을 개선해야 한다는 내용을 이끌어 내는 것은 적절하지 않다.

48 개요 수정 및 상세화 방안   정답 ③

Ⅲ의 하위 항목은 방언이 보호되어야 하는 이유로, 방언의 가치나 필요성을 다루고 있다. 그러나 '지역 방언 사용 인구의 감소'는 방언의 가치나 필요성으로 보기 어려우며, 지역 방언을 사용하는 인구가 감소하여 지역 방언이 소멸되고 있음을 설명하는 것이므로 Ⅲ의 하위 항목으로 이동하지 않고 현재 위치에 유지하는 것이 적절하다. 따라서 개요 수정 방안으로 적절하지 않은 것은 ③이다.

오답분석
① 일반적인 내용에서 구체적인 내용으로 전개되어야 논리적인 글이 될 수 있으므로, 전 세계와 우리나라 중 범위가 넓은 '전 세계의 방언 소멸의 현황'이 먼저 제시된 후 범위가 좁은 '우리나라 방언 소멸의 현황'이 제시되도록 ㉠과 Ⅰ-2의 순서를 교체하는 것은 개요 수정 방안으로 적절하다.
② ㉡은 표준어 사용 빈도가 증가하는 지역 또는 계층에 대한 진술이 없어 모호한 내용이므로 '지역'을 추가하여 '지역 방언 사용 지역의 표준어 사용 빈도 증가'로 수정하는 것은 개요 수정 방안으로 적절하다.
④ '지역 방언 보호 캠페인'은 지역 방언을 보호하기 위해 지역 방언의 가치를 홍보하는 방법 중 하나이므로 ㉣을 개요에서 삭제한 후, Ⅳ-1에 포함해 제시하는 것은 개요 수정 방안으로 적절하다.
⑤ Ⅳ의 하위 항목은 개인이나 지역 사회 차원에서 할 수 있는 방안을 나열하고 있다. '일상생활에서 지역 방언 사용하기'는 개인 차원에서 실천할 수 있는 일이지만, '지역 방언 사용 지역에서'나 '지역 방언 사용자가'와 같이 지역 또는 사용자를 한정하지 않을 경우 표준어를 주로 사용하는 지역에서나 표준어 사용자도 지역 방언을 사용하는 것을 장려하는 내용을 포함시키게 되므로 범위가 한정되지 않아 실질적인 방언 보호 방안으로 부적절하다. 따라서 ㉤을 삭제하는 것은 개요 수정 방안으로 적절하다.

49 고쳐쓰기   정답 ③

㉢이 포함된 문장은 해당 문단의 중심 문장이므로 뒤에 이어지는 지역 방언이 사라지는 두 가지 원인을 포괄할 수 있어야 한다. 따라서 동시에 발생하고 있는 여러 문제가 지역 방언 소멸의 원인으로 기능하고 있다는 내용을 나타낼 때는 '거시적이다'보다 '복합적이다'가 적절하므로, '복합적이다'를 '거시적이다'로 수정하는 것은 적절하지 않다. 따라서 답은 ③이다.
• 복합적(複合的): 두 가지 이상이 합쳐 있는 것
• 거시적(巨視的): 사물이나 현상을 전체적으로 분석·파악하는 것

오답분석
① ㉠은 지역 방언이 젊은 세대를 중심으로 사라지고 있다는 내용을, ㉡ 앞은 초·중등 학생 사이에서 지역 방언이 많이 사용되지 않는다는 내용을 다루고 있다. ㉡ 앞 문장의 '일례로'라는 표현을 통해 이 문장은 문장 앞에 제시된 현상의 예를 보여 주는 뒷받침 문장임을 알 수 있다. 따라서 ㉠에 제시된 '젊은 세대'의 예로 '초·중등 학생'이 뒤따라 올 수 있도록 ㉠과 ㉡ 앞 문장의 순서를 바꾸는 것은 적절하다.
② ㉡ '등록시켰다'의 주체는 문장의 주어인 '유네스코에서는'이다. 문맥상 '유네스코'라는 단체가 제3자의 명령이나 요청에 따른 것이 아니라 단체의 의지로 제주 방언을 4단계 소멸 위기 언어로 지정했다는 의미이므로, 사동 표현 '등록시켰다'를 주동 표현 '등록하였다'로 수정하는 것은 적절하다.
④ 서술어 ㉣ '꼭 필요하냐고'의 주어가 생략되어 있으므로 주어 '지역 방언이'를 추가하는 것은 적절하다. 참고로, 서술어 '말할 수도 있다'의 주어는 '일부 학생들은'이다.
⑤ 윗글은 1문단에서는 지역 방언 소멸 현상이 심각함을, 2문단에서는 지역 방언이 소멸되는 원인을, 3문단에서는 지역 방언을 보존해야 하는 이유(지역 방언의 가치)를, 4문단에서는 지역 방언의 보존 방안을 다루고 있다. 이를 고려할 때, 방언이 포함된 언어문화 전반을 알리는 것이 목적인 ㉤은 지역 방언 보호를 목적으로 앞에서 다룬 지역 방언의 소멸 원인이나 지역 방언의 가치와 관련이 없는 내용이므로 삭제하는 것은 적절하다.

50 고쳐쓰기   정답 ③

윗글은 1문단에서 젊은 세대의 지역 방언 사용률이 낮다는 주장의 근거로 지역 방언 사용률을 다룬 통계 자료를 제시하고 있다. 그러나 이는 지역이 한정되어 있고 계층도 '초등학생'과 '중학생'에 한정되어 있으므로 조사 범위가 확대된 통계 자료를 제시하는 것은 글의 완결성을 높이는 데 도움이 된다. 참고로, 글의 완결성은 한 단락 내에서 주제문의 근거나 뒷받침 문장이 잘 제시되어 있는가로 판단할 수 있다.

오답분석
① 방언을 연구한 언어학자의 견해를 추가하는 것은 지역 방언의 소멸을 방지해야 한다고 주장하는 윗글을 보완할 수 있는 방법이 될 수 있으나, 전문가의 견해를 추가하는 방안은 글의 체계성이 아닌 글의 신뢰성을 높이는 방안이므로 적절하지 않다. 참고로, 글의 체계성은 글이 논리적인 구조(서론-본론-결론 등)를 잘 갖추고 있는가로 판단할 수 있다.

② 윗글은 2문단에서 지역 방언이 소멸해 가는 원인을 다루고 있으므로, 그 원인을 더 추가하는 것은 글 보완 방안으로 적절하지만, 글의 공정성을 높일 수 있는 방안은 아니므로 적절하지 않다. 참고로, 글의 공정성은 글의 내용이 어느 한쪽으로 치우치지 않고 균형 있는 태도를 갖추고 있는가로 판단할 수 있다.

④ 윗글은 표준어나 방언이 어떤 상황에서 쓰이는지에 대해서는 다루고 있지 않으므로, 방언이 표준어보다 많은 상황에서 쓰일 수 있음을 강조하는 것은 글의 타당성을 높이는 방안으로 적절하지 않다. 참고로, 글의 타당성은 주장이 객관적이고 신뢰할 수 있는 근거와 자료에 의해 뒷받침되고 있는가로 판단할 수 있다.

⑤ 윗글은 '지역 방언 소멸'을 소재로 하여, '문제 제시-원인 분석-해결 방안 제시'의 구조를 띠고 있다. 따라서 문제에 대응하는 해결 방안을 추가하는 것은 글의 논리적 흐름에 부합하므로 논리성을 높일 수 있으나, 우리나라 방언 소멸 현상의 문제를 해결할 방안으로 외국의 사례를 제시하는 것은 글의 통일성을 해치게 되므로 적절하지 않다.

창안 (51번 ~ 60번)

51 내용 유추 정답 ②

㉠은 '어떤 결과에 도달할 수 있는 기회'를 태어날 때 정해지는 여러 조건에 의해 박탈당하는 사람이 없도록 해야 한다는 관점에서 '평등'을 정의하고 있다. 이를 '학교 교육' 측면에서 활용한다면 모든 학생들에게 학교 교육을 받을 기회를 제공해 주어야 한다는 것을 주장할 수 있으므로 적절한 것은 ②이다.

 ① ③ ④ ⑤ '학교에서 시행되는 교육 과정의 수준과 내용을 동일하게 하기', '교육 내용 및 수준을 학생의 능력에 따라 제공하기', '특정 지역의 학생에게 교육적 지원하기'와 같은 주장은 모두 아이들에게 학교 교육을 받을 수 있는 기회가 동등하게 주어졌다는 것을 전제로 하므로 ㉠을 통해 주장할 수 있는 내용으로 적절하지 않다.

52 내용 유추 정답 ⑤

윗글의 마지막 문장 '기회의 평등과 조건의 평등은 달리기 상황에 빗대어 볼 수 있다'를 고려할 때, ㉡에는 달리기 상황으로 비유된 평등을 설명한 내용이 들어가야 함을 유추할 수 있다. ㉡이 설명하는 그림 (나)는 출발점이 다르게 설정되어 있는 달리기 상황이므로, 그림 (나)는 '달리기'를 할 수 있는 기회가 개인의 타고난 특성과 상관없이 누구에게나 주어질 때, 누구든지 자신의 능력을 충분히 발휘할 수 있도록 개인이 처한 환경적 조건에 따라 출발점을 조정해 준 상황을 표현한 것임을 알 수 있다. 따라서 ㉡에 들어갈 수 있는 내용으로 가장 적절한 것은 ⑤이다. 참고로, 그림 (나)는 '조건의 평등'을 '달리기 상황'에 빗대어 표현한 그림이다.

 ① ③ 조건의 평등이 인정하는 개인의 능력 차이는 개인의 타고난 특성과 상관없이 모두에게 출발점에 설 기회를 동등하게 주면서, 그 기회를 얻어 도착점에 가는 동안 능력을 발휘하기 위한 여타의 사회적 환경을 고려하여 출발점이 조정되었을 때이므로 적절하지 않다.

② 개인의 타고난 특성을 고려하여 출발점에 설 기회를 동등하게 분배해 주는 것은 기회의 평등이므로 그림 (가)에 적절한 내용이다.

④ 조건의 평등이 지켜진 이후 발생한 차이에 대한 보상 문제는 윗글에서 다루고 있지 않으므로 적절하지 않다.

53 시각 자료에 따른 내용 생성 정답 ④

그림 (가)는 선수 네 명이 같은 출발점에서 달리기를 준비하고 있는 모습을, 그림 (다)는 서로 다른 순서로 도착점에 도착하고 있는 선수 네 명의 모습을 나타내고 있다. 그림 (가)는 각 선수의 타고난 특성과 관계없이 같은 출발점에서 달리기를 할 기회가 주어졌다는 점에서 '기회의 평등'을 표현한 그림임을 알 수 있다. 또한 윗글의 2~3번째 줄을 통해 '기회의 평등' 측면에서 '기회'가 평등하게 주어졌을 때, 그림 (다)와 같은 결과의 차이는 정당한 것임을 알 수 있다. 따라서 이를 통해 모두에게 동등한 출발점에 설 기회만 제공되면 도착점에 도착하는 순서는 개인의 능력 차이이므로 받아들여야 한다는 내용을 주장할 수 있으므로 적절한 것은 ④이다.
[관련 지문 인용] (기회의 평등 측면에서는) 동일한 기회가 주어졌을 때 개인의 역량 차이로 발생하는 결과의 차이는 마땅한 것으로 받아들여진다.

 ① 윗글의 2~3번째 줄과 끝에서 1~2번째 줄에서 기회의 평등과 조건의 평등은 기회 또는 조건의 평등이 보장되는 경우 각각 도착점에 도달하는 순위(능력 발휘의 결과)나 도착점에 도착하는 방법(개인의 능력)을 모두 인정함을 알 수 있다. 또한 기회의 평등과 조건의 평등의 가장 큰 차이점인 출발점의 위치에 대한 내용을 다루지 않았으므로 적절하지 않다.

[관련 지문 인용]
- (기회의 평등 측면에서는) 동일한 기회가 주어졌을 때 개인의 역량 차이로 발생하는 결과의 차이는 마땅한 것으로 받아들여진다.
- 조건의 평등 측면에서도 결과의 차이는 개인 역량의 차이라고 간주된다.

② ③ 그림 (가)와 (다)를 통해 동일한 출발점에서 출발한 개인이 능력을 발휘하여 도착점에 이르는 내용을 이끌어 낼 수는 있으나 윗글의 3~4번째 줄을 통해 개인의 성취 또는 능력 발휘를 위해 극복해야 할 사회적 조건이나 상황을 고려하는 것은 기회의 평등이 아닌 조건의 평등임을 알 수 있으므로 적절하지 않다.
[관련 지문 인용] 조건의 평등은 기회가 동등하게 주어진다고 해도 개인이 처한 사회적 환경이 이를 가로막을 수 있다는 점을 고려한다.

⑤ 그림 (가)와 (다)를 통해 동일한 출발점에서 출발한 개인이 능력을 발휘하여 도착점에 이르는 내용을 이끌어 낼 수는 있으나, 특정 조건에 의해 개인이 발휘할 수 있는 재주와 능력이 온전히 발현되지 않는다고 보는 것은 기회의 평등이 아닌 조건의 평등임을 알 수 있으므로 적절하지 않다.

54 시각 자료 활용   정답 ①

<보기>의 '조건'에서 다리의 장애 유무와 관계없이 달리기를 할 기회를 준 것을 통해 '기회의 평등'이 지켜졌음을 알 수 있다. 그러나 출발점에서 도착점까지의 과정에서 극복해야 할 A의 장애물은 '벽'이고 B의 장애물은 '허들'임에도, 상황적 조건이 출발점 조정에 영향을 미치지 못해 '결과'의 상황이 도출되었다. 즉, <보기>의 결과를 '조건의 평등'의 측면에서 볼 때, 신체적 장애와 같은 타고난 특성뿐 아니라 '벽'이나 '허들' 같은 상황적/사회적 조건을 모두 고려하여 출발점을 조정한 후 달리기를 해야 한다고 비판할 수 있다. 따라서 적절한 것은 ①이다.

 ② 같은 출발점에서 경기를 할 수 있는 기회를 제공해 주는 것은 기회의 평등 측면에서 설명할 수 있는 내용이므로 적절하지 않다.

③ ④ 도착점에 도달하기까지 경주자가 넘어야 하는 장애물(상황적/사회적 조건)을 고려하는 것은 조건의 평등 측면에서 설명할 수 있는 내용으로 적절하나, 출발점의 조정에 대한 내용이 포함되어 있지 않으므로 적절하지 않다.

⑤ 윗글의 끝에서 1~3번째 줄을 통해 조건의 평등은 동등한 기회와 조건이 충족되었을 때 나타나는 결과의 차이를 인정함을 알 수 있다. 따라서 두 사람의 결과가 같을 때까지 달리기를 반복할 수 있는 기회를 제공해 준다는 내용은 두 사람의 상황은 고려하지 않고 결과의 차이만 고려한 것으로 조건의 평등 측면에서 설명할 수 없는 내용이므로 적절하지 않다.
[관련 지문 인용] 환경적 차이를 동등하게 만들어 주어야~조건의 평등 측면에서도 결과의 차이는 개인 역량의 차이라고 간주된다.

55 내용 유추   정답 ④

<보기>는 화가로서의 지향점인 어린아이의 그림에 도달하기 위해 50년간 노력했다는 의미이다. 따라서 자신의 목표를 이루기 위해서는 오랜 기간 쉬지 않고 노력해야 한다는 점을 언급하고 있는 ④가 <보기>의 내용을 분석한 것으로 가장 적절하다.

오답분석 ① <보기>의 '어린애같이 그릴 수 있게 되는 데에'에서 지향점을 어린아이의 그림에 두고 있음을 알 수 있으나 노력에 대한 내용이 포함되어 있지 않으므로 적절하지 않다.

② <보기>의 '50년이 걸렸다'에서 오랜 기간 노력했음을 알 수 있으나, '어린애같이 그릴 수 있게 되는 데에'에서 알 수 있는 목표 달성에 대한 내용은 포함되어 있지 않으므로 적절하지 않다.

③ ⑤ '목표를 끊임없이 상기하기', '재능을 믿고 자만하지 않기'는 <보기>에 언급되어 있지 않으므로 적절하지 않다.

56 내용 유추   정답 ⑤

㉠은 작용 방향이 같은 두 개의 힘이 합쳐지는 경우로, 윗글에서 설명한 '힘'과 '알짜힘'의 세 가지 관계 중 알짜힘이 가장 강하게 되는 경우이다. 이를 대화 상황에 적용하여 두 개의 힘을 대화 참여자로, 알짜힘을 대화 참여자가 이끌어 내는 의사소통의 결과로 가정한다면 두 의견이 합치되는 경우 의사소통의 효과를 높일 수 있다는 내용을 유추할 수 있다. 따라서 자신의 의견 중 상대방의 의견과 일치하는 부분을 강조하는 ⑤가 적절하며, 이는 대화의 원리 중 '동의의 격률'에 대한 설명이다.

 ① ② ③ ④는 모두 ㉠을 포함해 윗글에서 설명하는 '힘과 알짜힘'의 관계와 관련이 없다.

① 대화의 원리 중 양의 격률에 대한 설명이다.

② 대화의 원리 중 찬동의 격률에 대한 설명이다.

③ 대화의 원리 중 순서 교대의 원리에 대한 설명이다.
④ 대화의 원리 중 관용의 격률에 대한 설명이다.

57   내용 유추   정답 ③

ⓛ은 두 힘의 크기가 다른 경우 힘의 크기가 큰 쪽으로 알짜힘이 작용한다는 내용이므로, 이는 일상생활에서 두 대상 중 권력 또는 영향력이 큰 쪽이 추구하는 방향으로 일이 진행되거나 결정되는 상황으로 볼 수 있다. 이를 활용하여 사람들의 높은 관심을 받아 영향력이 큰 학생이 상대적으로 영향력이 적은 학생을 제치고 반장이 되는 상황을 유추할 수 있다. 따라서 ⓛ과 관련지어 설명할 수 있는 상황으로 가장 적절한 것은 ③이다.

① 직원과 직원을 칭찬하는 사람을 각각 힘이라고 가정할 때, 직원이 바라는 방향으로 칭찬이 주어지는 것이므로 이는 ⓛ보다는 두 개의 힘이 같은 방향으로 작용하여 두 힘의 합이 알짜힘이 되는 것과 관련짓는 것이 적절하다.
② 찬성 측과 반대 측을 각각 힘이라고 가정할 때, 두 힘의 방향이 반대이면서 어떤 변화도 이끌어 내지 못하고 있는 상황이므로 이는 ⓛ보다는 힘의 평형 상태와 관련짓는 것이 적절하다.
④ 대화에 참여한 사람들을 힘이라고 가정할 때, 힘이 합쳐지지 않고 분산되어 대화의 목적을 이루지 못한 상황으로 볼 수 있다. 따라서 이는 '힘'과 '알짜힘'의 관계로 설명하기 어려우므로 적절하지 않다.
⑤ 다수의 의견과 소수의 의견을 각각 힘이라고 가정할 때, 소수의 의견을 따라 의사 결정이 일어나고 있으므로 이는 '힘'과 '알짜힘'의 관계로 설명하기 어렵다. 참고로, 이를 ⓛ과 관련지어 설명하기 위해서는 다수의 의견을 따라가야 한다.

58   조건에 따른 내용 생성   정답 ④

ⓒ 앞에서는 책상에 놓인 책을 예로 들어 힘의 평형 상태를 설명하고 있다. 힘의 평형은 두 힘의 크기가 같고, 작용 방향이 달라 알짜힘이 0일 때 일어나는 것으로 책을 당기는 힘인 중력과 책을 받치는 힘의 크기가 같고 작용 방향만 위, 아래로 다르다는 것을 추론할 수 있다. 따라서 '부모와 아이가 의견이 다를 때'라는 부모와 아이가 대립하는 상황을 전제로 '어느 한쪽이 양보하지 않는다면'과 같이 힘의 크기가 같다는 점을 들어 '팽팽하게 대립하게 된다'와 같이 평형 상태를 이룬다는 점을 표현한 ④가 ⓒ에 들어갈 내용으로 가장 적절하다.

① '아이가 부모의 결정에 반대할 때'라는 부모와 아이의 대립 상황을 전제하고 있으나, 부모가 아이의 의견을 존중한다는 것은 아이의 의견대로 상황이 결정된다는 의미로 '책을 당기는 중력'과 '책을 떠받치는 힘' 중 어느 하나가 강한 상황을 빗댄 것이다. 따라서 이는 평형 상태를 표현한 것이 아니므로 적절하지 않다.
② 부모가 아이에게 호응하는 것은 부모보다 아이의 힘이 더 큰 것으로, '책을 당기는 중력'과 '책을 떠받치는 힘' 중 어느 하나가 강한 상황이다. 따라서 평형 상태를 표현한 것이 아니며, 부모와 아이의 대립 상황을 전제하고 있지도 않으므로 적절하지 않다.
③ '제3자'의 의견에 따라 양육 방식에 대한 부모의 의사 결정이 이루어진다는 의미로, 평형 상태를 표현한 것이 아니며 부모와 아이가 대립하는 상황이 전제되지 않았으므로 적절하지 않다.
⑤ '아이가 약속한 것과 다른 행동을 할 때'라는 부모와 아이의 대립 상황을 전제하고 있으나, 아이를 훈계하여 약속을 지킬 수 있게 한다는 것은 부모가 원하는 방향으로 아이를 이끈다는 의미로, '책을 당기는 중력'과 '책을 떠받치는 힘' 중 어느 하나가 강한 상황을 빗댄 것이다. 이는 평형 상태를 표현한 것이 아니므로 적절하지 않다.

59   내용 연상   정답 ②

싸울 때 뿔을 사용하는 카멜레온의 특징은 대치 상황에서 공격적으로 행동해 우위를 점하려는 것이다. 따라서 이런 카멜레온의 특징을 통해 '새로운 시도를 즐김'이라는 성공한 사람의 특징을 이끌어 내는 것은 적절하지 않으므로 답은 ②이다. 참고로, 이를 통해 '경쟁 상황에서 적극적으로 대항함'과 같은 내용을 이끌어 낼 수 있다.

① 주변의 환경에 따라 몸의 색깔을 바꾸는 카멜레온의 특징은 언제든 자신을 변화시킬 수 있다는 것이므로 이를 통해 '변화를 추구함'이라는 성공한 사람의 특징을 이끌어 내는 것은 적절하다.
③ 180도까지 회전 가능한 눈으로 주변을 살피는 카멜레온의 특징은 하나의 대상을 여러 각도에서 관찰할 수 있다는 것이므로 이를 통해 '상황을 다각도로 살핌'이라는 성공한 사람의 특징을 이끌어 내는 것은 적절하다.
④ 혀가 길지만 먹이가 사정거리에 있을 때 사냥하는 카멜레온의 특징은 사냥 성공률이 가장 높을 때를 노려 먹잇감을 사냥한다는 것이므로 이를 통해 '신중히 선택함'이라는 성공한 사람의 특징을 이끌어 내는 것은 적절하다.

⑤ 나뭇가지에 매달릴 때 발톱과 꼬리를 모두 사용하는 카멜레온의 특징은 나뭇가지에서 균형을 잡기 위해 발톱과 꼬리의 두 힘을 동원한다는 것이므로 이를 통해 '목표를 향해 협력함'이라는 성공한 사람의 특징을 이끌어내는 것은 적절하다.

60 내용 연상　　　　　　정답 ②

<보기>는 물탱크에 빠져 위기 상황에 놓인 여우가 물을 마시러 온 염소를 꾀어내 염소를 타고 물탱크를 탈출한 뒤, 염소에게 어떤 행동을 하기 전에 그로 인해 닥칠 수 있는 상황을 먼저 생각하라고 충고하는 내용이다. 따라서 <보기>를 통해 어떤 일이 일어날지 모르는 상황에서 고민하지 않고 행동하는 것을 경계해야 한다는 교훈을 연상할 수 있으므로 적절한 것은 ②이다.

 ① <보기>에서 여우는 염소 덕에 물탱크 밖으로 탈출할 수 있었으므로 다른 사람에게 은혜를 입는 상황을 드는 것은 적절하나, 결국 은혜를 베푼 염소가 여우에게 배신당하고 충고까지 듣고 있는 상황이므로 은혜를 갚을 줄 알아야 한다는 교훈은 적절하지 않다.

③ <보기>에서 염소와 여우 둘 다 타인의 능력을 탐하고 있지는 않으므로 적절하지 않다.

④ <보기>에서 여우는 염소의 도움으로 물탱크 밖으로 탈출한 뒤 자신을 도와준 염소를 배신하였으므로 다른 사람을 배신하는 상황을 전제하는 것은 적절하나, 여우가 다른 이들에게 배신당한 상황은 제시되어 있지 않으므로 배신에는 다른 배신이 따른다는 교훈은 적절하지 않다.

⑤ <보기>에서 여우는 물탱크에 갇힌 어려움을 겪고 있을 때 모든 것을 포기하기보다는 적극적으로 염소를 이용해 탈출하는 모습을 보인다. 그러나 <보기>에서 궁극적으로 전달하고자 하는 교훈은 어려움의 극복이 아니므로 적절하지 않다.

읽기 (61번 ~ 90번)

61 현대 시 - 시구의 의미　　　　정답 ⑤

2연 1~3행에서 '너의 얼굴'은 꺼졌다가도 금세 살아나는 존재임을 알 수 있다. ㉠은 이런 '너의 얼굴'이 가진 속성을 하늘에서 번쩍이다가도 바로 사라지는 번개에 빗대어 표현한 부분이다. 따라서 ㉠의 의미에는 순간적인 변화가 포함되어야 하므로 적절한 것은 ⑤이다.
[관련 지문 인용] 그러나 너의 얼굴은 / 어둠에서 불빛으로 넘어가는 / 그 찰나에 꺼졌다 살아났다

62 현대 시 - 표현상의 특징과 효과　　정답 ⑤

3연 1~2행에서 반복법이 사용되고 있으며, 시구의 반복을 통해 의미가 강조될 수 있다. 그러나 2연을 통해 화자가 불안을 느끼는 이유는 '너'가 어두워졌다가 밝아지기도 하는 가변적 존재임을 깨달았기 때문임을 알 수 있으므로 적절하지 않은 것은 ⑤이다. 참고로, 3연 1~2행은 반복법을 통해 번개처럼 가변적인 '너'의 속성을 강조하고 있다.
[관련 지문 인용]
• 번개처럼 / 번개처럼
• 그러나 너의 얼굴은 / 어둠에서 불빛으로 넘어가는 / 그 찰나에 꺼졌다 살아났다 / 너의 얼굴은 그만큼 불안하다

 ① 이 시의 시적 대상은 '너'인데, '너'는 1연에서는 '너'로, 2연에서는 '너의 얼굴'로, 3연에서는 '금이 간 너의 얼굴'로 표현되며 1연에서 3연으로 시가 전개될수록 그 형태가 구체화되고 있으므로 적절하다.

② 1연에서 '사랑'은 대조적인 '어둠'과 '불빛' 속에서도 변하지 않는 영원불변의 속성을 지닌 가치로 표현되므로 적절하다.
[관련 지문 인용] 어둠 속에서도 불빛 속에서도 변치 않는 / 사랑을 배웠다 너로 해서

③ 1연에서 사랑을 알려준 주체인 '너'와 관련된 시구를 연의 마지막에 배치한 것을 통해 도치법이 사용되었음을 알 수 있다. 또한 도치법의 효과는 도치된 말을 강조하는 것이므로 적절하다.
[관련 지문 인용] 어둠 속에서도 불빛 속에서도 변치 않는 / 사랑을 배웠다 너로 해서

④ 1연에서 '너'는 화자에게 불변의 가치인 '사랑'을 알려준 존재로 표현된다. 그러나 2연 1~3행에서 '너'는 화자에게 일러준 사랑과 달리 순간순간 모습을 달리하는 가변적인 존재임이 드러난다. 이에 화자는 불안함을 느끼지만 3연 1~2행에서 순간 빛이 나다 사라지는 번개처럼 가변적인 '너'의 모습을 강조하면서 그마저도 포용하려는 태도를 보이고 있다. 따라서 이 시는 불변적인 가치를 알려주는 주체가 가변적인 존재라는 모순성을 통해 사랑은 불변(안정)과 가변(불안정)이 함께 하는 가치임을 드러내고 있는 것임을 알 수 있으므로 적절하다.
[관련 지문 인용]
• 어둠 속에서도 불빛 속에서도 변치 않는 / 사랑을 배웠다 너로 해서
• 그러나 너의 얼굴은 / 어둠에서 불빛으로 넘어가는 / 그 찰나에 꺼졌다 살아났다
• 번개처럼 / 번개처럼

63 현대 소설 - 인물의 심리 및 태도   정답 ①

2문단 끝에서 1번째 줄에서 구보는 전차에 사람들이 모두 오르고 난 뒤 홀로 남겨질 상황에 대해 두려움이 아닌 외로움과 애달픔을 느끼고 있음을 알 수 있다. 따라서 적절하지 않은 것은 ①이다.
[관련 지문 인용] 그는 저 혼자 그곳에 남아 있는 것에, 외로움과 애달픔을 맛본다.

 ② 1문단에서 구보는 목적지에 가기 위해 전차를 기다리는 사람들의 행복은 알 수 없다고 했으므로 적절하다.
　　[관련 지문 인용] 안전지대 위에, 사람들은 서서 전차를 기다린다. 그들에게, 행복은 알 수 없다. 그러나 그들은 분명히, 갈 곳만은 가지고 있었다.

③ 3문단 2~4번째 줄에서 구보가 경성역에 온 이유는 작가로서 도시의 모습을 취재하기 위해서라기보다는 자신의 고독함을 해소하기 위해서임을 알 수 있으므로 적절하다. 참고로, '도회의 항구(港口)'는 경성역을 비유한 표현이다.
　　[관련 지문 인용] 도회의 소설가는 모름지기 이 도회의 항구(港口)와 친해야 한다. 그러나 물론 그러한 직업의식은 어떻든 좋았다. 다만 구보는 고독을 삼등 대합실 군중 속에 피할 수 있으면 그만이다.

④ 3문단 끝에서 1~2번째 줄과 4문단 1번째 줄에서 구보는 자신의 외로움과 고독함을 해소하기 위해 사람이 많은 대합실을 찾았으나, 오히려 그곳에서 다시 고독함을 느끼고 있으므로 적절하다. 참고로, 구보가 이곳에서 고독을 느끼는 이유는 대합실 사람들이 친밀하고 일상적인 대화를 나누는 것이 아닌 서로 필요한 정보만 주고받는 사무적인 대화를 나누고 있기 때문이다.
　　[관련 지문 인용]
　　• 다만 구보는 고독을 삼등 대합실 군중 속에 피할 수 있으면 그만이다.
　　• 그러나 오히려 고독은 그곳에 있었다.

⑤ 3문단 2번째 줄에서 구보는 서울은 삭막한 도시이지만, 그 속에 사는 사람들은 삭막하지 않으리라 기대하고 있음을 알 수 있으며, 4문단 1~2번째 줄에서 구보가 사람들에게 기대하던 것이 사람들 사이의 온정이었음을 알 수 있으므로 적절하다.
　　[관련 지문 인용]
　　• 그곳에는 마땅히 인생이 있을 게다. 이 낡은 서울의 호흡과 또 감정이 있을 게다.
　　• 그들의 누구에게서도 인간 본래의 온정을 찾을 수는 없었다.

64 현대 소설 - 반응 및 수용   정답 ③

<A>의 '그곳에서도 역시 병자를 보지 않으면 안 되었다'를 통해 대합실 어느 곳에서도 병을 앓고 있는 사람을 쉽게 볼 수 있는 당대 상황을 파악할 수 있다. 구보는 신장염을 앓고 있는 '그'를 보며 자신의 만성 위 확장 증세를 떠올렸음에도 '그'의 곁에 있는 대신 그곳을 떠나기를 선택한다. 또한 '그의 좌우에는 좌석이 비어 있어도 사람들은 그곳에 앉으려 들지 않는다'를 통해 바세도우씨병을 앓고 있는 '사십여 세의 노동자'의 곁에 머무르지 않으려는 도시인의 모습도 알 수 있다. 즉, <A>는 자리를 조금 옮기기만 해도 병을 앓고 있는 사람을 여럿 볼 수 있는 시대에 살면서도 그들을 피하는 도시인과 자신조차 병을 앓고 있으면서 같은 처지인 사람을 피하는 구보의 모습을 통해 사회적 약자나 병자에게 안타까움을 느끼는 대신 자신의 몸을 지키려 하는 경성 사람들의 비인간적 면모를 부각하고 있음을 알 수 있다. 따라서 <A> 부분을 읽고 보일 수 있는 반응으로 가장 적절한 것은 ③이다.

 ① 5문단 1번째 줄에서 구보 또한 다른 사람들과 마찬가지로 자신의 앞에 있는 사람이 신장염을 앓고 있다는 것을 발견하자 연민을 느끼는 대신 그의 곁을 떠나고 있으므로 <A>를 읽고 보일 수 있는 반응으로 적절하지 않다.
　　[관련 지문 인용] 문득 구보는 그의 얼굴에서 부종(浮腫)을 발견하고 그의 앞을 떠났다. 신장염.

② 신장염, 바세도우씨병을 앓는 사람들을 제시하여 대합실 내에 병자가 많음을 드러내고 있으나, 이를 통해 작품의 암담한 결말을 암시하고 있는지는 윗글을 통해 알 수 없으므로 <A>를 읽고 보일 수 있는 반응으로 적절하지 않다.

④ <A>에 제시된 병이 전염병인지는 윗글을 통해 알 수 없으며, <A> 부분은 병이 만연한 당시의 모습을 묘사하는 데 그치지 않고 당대 사람들의 단절과 비인간적인 모습을 강조하는 데 목적이 있으므로 <A>를 읽고 보일 수 있는 반응으로 적절하지 않다.

⑤ 5문단 3~4번째 줄에서 바세도우씨병의 특징이 드러나는 신체 부위가 나열되어 있으나, 이를 통해 구보가 그 질병을 경험했었는지는 알 수 없으므로 <A>를 읽고 보일 수 있는 반응으로 적절하지 않다.
　　[관련 지문 인용] 전경부(前頸部)의 광범한 팽륭(澎隆). 돌출한 안구(眼球). 또 손의 경미한 진동. 분명한 바세도우씨병.

65　현대 소설 – 작품의 이해와 감상　　정답 ①

'소설가 구보 씨의 일일'이라는 제목과 3문단 2번째 줄 '도회의 소설가는'에서 알 수 있듯 구보가 하는 일은 소설을 창작하는 일(소설가)이다. 구보는 '소설가'로서의 흥미보다는 자신의 고독함을 해소하기 위해 경성역을 찾았고 사람들을 관찰하고 있다. 그러나 ㉠에서 구보는 자신이 흥미를 느끼는 사건이 발생하자 사람 관찰하기를 멈추고 이를 기록하기 위해 대학 노트를 펼쳐 든다. 이런 구보의 행동과 직업을 고려할 때, 구보가 대학 노트에 기록한 사건들은 구보의 소설 속 사건이 될 것이라고 추론할 수 있으므로 ㉠의 효과로 가장 적절한 것은 ①이다. 참고로, 구보의 소설 쓰기 방식은 세태와 일상 속 생활양식을 세밀하게 관찰하여 기록하는 고현학적 기법이다.

66　인문 – 정보 확인　　정답 ④

7문단 2~3번째 줄에서 다른 사람과 관계를 맺는 것이 서툰 사람이 공격을 자기제시의 수단으로 쓸 확률이 높다는 점을 알 수 있다. 이를 통해 비교적 인간관계를 맺는 상황에 많이 노출되어 온 고등학생보다 그렇지 않은 초등학생에게 교우 관계 형성 시, ㉠ '공격'이 일어날 확률이 높음을 알 수 있으므로 적절하지 않은 것은 ④이다.
[관련 지문 인용] 협박이나 위협은~인간관계의 훈련이 제대로 안 된 사람들이 쓰는 경향이 있다.

> **오답 분석**
> ① 6문단을 통해 알 수 있다.
>   **[관련 지문 인용]** 자기제시로서의 협박, 그리고 그러한 협박의 결과로 나타나는 공격적 행동은~소기의 목적을 거두려 하기 때문이다.
> ② 1문단 1~2번째 줄에서 다른 사람을 다치게 했더라도 의도성이 포함되지 않은 행위는 ㉠ '공격'으로 성립하지 않음을 알 수 있으므로 적절하다.
>   **[관련 지문 인용]** 중요한 점은, 우선 공격은 의도적인 행동이라는 것이다. 부주의로 다른 사람에게 부딪히는 것은 공격이 아니다.
> ③ 3~5번째 문단에서 공격의 이유에 대한 가설인 '내적 발산설', '정동 발산설', '사회적 기능설'을 설명하고 있는데 이들은 각각 ㉠ '공격'의 동기로 '공격 본능 또는 공격 충동', '불쾌한 감정 해소와 카타르시스 추구', '목적 달성'을 들고 있다. 따라서 가설에 따라 공격의 동기는 본능과 같은 일차원적인 욕구의 차원에서 목적 달성과 같은 고차원적인 것까지 다양함을 알 수 있으므로 적절하다.

⑤ 2문단 1~2번째 줄에서 타인에게 실제로 위해를 가하지 않아도 ㉠ '공격'으로 성립될 수 있다는 것을 알 수 있으므로 적절하다.
[관련 지문 인용] 공격은 위해를 주려고 하는 행동이라는 점이다. 이것은 공격이 성립하는 데 실제로 위해가 일어날 필요는 없다는 말이다.

67　인문 – 주제 파악　　정답 ⑤

윗글은 1문단에서는 '공격'의 정의에서 '의도성'이 가장 중요함을, 2문단에서는 실제로 위해를 입히는지는 '공격'에서 중요하지 않음을, 3~6문단에서는 '공격' 행위가 일어나는 이유에 대한 세 가지 가설을, 7문단에서는 '공격'을 자기제시의 수단으로 쓰는 사람들의 특성을 다루고 있다. 따라서 윗글의 주제로는 '공격'을 정의하는 데 있어 필요한 특성과 '공격'이 일어나는 이유에 대한 여러 가설, '공격'이 자기제시의 수단으로도 사용되는 점이 포함되어야 하므로 적절한 것은 ⑤이다.

> **오답 분석**
> ① 3문단 1~2번째 줄과 4문단 1~2번째 줄, 6문단 1~2번째 줄에서 내적 발산설과 정동 발산설에 의하면 '공격'은 충동 추구나 불쾌감 해소와 같은 개인의 심리적 원인에 의해 일어나나, 사회적 기능설에 의하면 '공격'은 특정 목적 달성과 같은 개인의 필요에 의해 일어나기도 함을 알 수 있다. 따라서 이는 윗글의 내용과 일치하지 않으므로 주제로 적절하지 않다.
>   **[관련 지문 인용]**
>   • 공격적 행동을 일으키는 심리적인 에너지가 마음속에 존재하고, 공격적인 욕망은 내부로부터 자연스럽게 분출되는 것이라고 가정한다.
>   • 욕구불만 등 불쾌한 경험으로 공격적 동기가 개체 내에 생겨나며, 이러한 불쾌한 감정을 해소하려고 공격적 행동에 나선다는 것이다.
>   • 실제로 공격을 하거나, 아니면 공격하겠다는 의사표시를 함으로써 상대방의 자신에 대한 인상을 조작하여 소기의 목적을 거두려 하기 때문이다.
> ② 1문단 1번째 줄에서 윗글은 '공격'을 사회심리학적 이론에 근거해 설명하고 있음을, 7문단 끝에서 1~2번째 줄에서 사회적으로 지위가 낮을수록 자기제시 행위로서의 '공격'이 자주 일어남을 알 수 있으나 윗글의 내용을 모두 포괄하지 못하므로 주제로 적절하지 않다.
>   **[관련 지문 인용]**
>   • 사회심리학에서는 공격을~정의 내린다.
>   • 사회적·경제적 지위가 낮은 집단의 구성원들이 위협이나 협박을 자주 사용하곤 한다.

③ 7문단 1~2번째 줄에서 '공격'과 '솔선수범'은 반대의 성격을 지닌 자기제시 행위임을 알 수 있으나, 윗글의 내용을 모두 포괄하지 못하므로 주제로 적절하지 않다.

[관련 지문 인용] 모든 사람이 위협이나 공격을 자기제시의 수단으로 사용하는 것은 아니다. 비위 맞추기, 솔선수범, 자기선전 등의 자기제시를 제대로 활용할 수 없는 사람들이 이 방법을 쓴다.

④ 3문단 2~3번째 줄에서 내적 발산설에서 '공격'을 충동적 요인으로 설명함을 알 수 있으나, 윗글의 내용을 모두 포괄하지 못하므로 주제로 적절하지 않다.

[관련 지문 인용] 내발적 욕망은 공격 본능 혹은 공격 충동이라고 불린다.

68 인문 – 구체적 상황에 적용 정답 ④

ⓒ '정동 발산설'은 특정 사람에게 받은 부정적 감정을 해소하기 위해 원인을 제공한 사람뿐 아니라 사물에게까지 분풀이를 하는 행위를 '공격'으로 보는 가설이다. ④는 '동생' 때문에 쌓인 불만을 '동생의 장난감'이라는 대상을 망가뜨리는 '공격' 행위로 풀고 있으므로 ⓒ의 사례로 가장 적절하다.

 ① 1문단 2~3번째 줄에서 의도적이지 않은 행위는 '공격'으로 정의하지 않는다고 하였다. 따라서 사람을 우연히 다치게 한 것은 '공격'이 아니므로 '공격'의 이유를 설명하는 가설인 ⓒ의 사례로 적절하지 않다.

[관련 지문 인용] 부주의로 다른 사람에게 부딪히는 것은 공격이 아니다. 의도적인 행동이 아니기 때문이다.

②③ 6문단 1~2번째 줄에서 사회적 기능설은 '공격'을 목적 달성의 수단으로 봄을 알 수 있다. 사촌을 협박하거나 운동화 끈을 헐겁게 하는 행위는 '사촌을 방에서 쫓아내기', '달리기에서 1등 하기'라는 목적 달성을 위해 의도적으로 실행된 행위이다. 따라서 이는 사회적 기능설로 설명할 수 있는 예이므로 ⓒ의 사례로 적절하지 않다.

[관련 지문 인용] 실제로 공격을 하거나, 아니면 공격하겠다는 의사표시를 함으로써~소기의 목적을 거두려 하기 때문이다.

⑤ 3문단 끝에서 1~2번째 줄에서 내적 발산설은 '공격'이 일어나는 이유를 타인이 괴로워하는 모습을 보며 즐거움을 느끼는 공격 충동 때문이라고 설명함을 알 수 있다. 따라서 친구가 놀림을 받고 괴로워하는 것을 보며 즐거움을 느껴 다시 놀리는 '공격' 행위를 하는 것은 내적 발산설의 예이므로 ⓒ의 사례로 적절하지 않다.

[관련 지문 인용] 공격 충동의 특징은 다른 사람에게 고통을 안겨주는 데 쾌감을 느끼며, 또한 파괴 그 자체에서 만족감을 느끼는 가학적 욕망이라는 점이다.

69 인문 – 빈칸 추론 정답 ⑤

ⓒ 앞에서는 '공격' 행위가 인간의 목적 달성 수단으로 활용되기도 한다는 것을, ⓒ 뒤에서는 사회적 기능설로 냉철하게 계획된 군사행동을 '공격' 행위로 설명할 수 있음을 다루고 있다. 이를 통해 ⓒ에는 군사행위를 '공격' 행위로 보는 사회적 기능설의 주장이 들어가는 것이 적절함을 파악할 수 있다. 앞에서 다룬 내적 발산설이나 정동 발산설의 '공격' 행위는 공격을 하고 싶으면 공격을 하거나 불쾌함이나 욕구 불만을 특정 대상에게 발산해 즉각적으로 그 감정을 해결하는 행위의 성격이 강하므로, ⓒ에는 이와 상반되는 내용이 들어가는 것이 적절하다. 따라서 답은 ⑤이다.

오답 분석 ① 1문단 1번째 줄에서 '공격'은 의도적 행위라는 점을 알 수 있으나, '공격' 행위가 일어나는 이유를 설명하는 사회적 기능설만의 특징을 다루는 문단에 들어가기에는 적절하지 않은 내용이다.

[관련 지문 인용] 사회심리학에서는 공격을 다른 사람에게 위해를 주려고 하는 의도적인 행동이라고 정의 내린다.

② 7문단 1~2번째 줄에서 '공격'과 반대의 성격을 지닌 '비위 맞추기, 솔선수범, 자기선전' 등을 능숙히 하지 못하는 사람들이 '공격'의 방식으로 자기제시를 함을 알 수 있으나 사회적 기능설을 다루는 문단에 들어가기에는 적절하지 않은 내용이다.

[관련 지문 인용] 모든 사람이 위협이나 공격을 자기제시의 수단으로 사용하는 것은 아니다. 비위 맞추기, 솔선수범, 자기선전 등의 자기제시를 제대로 활용할 수 없는 사람들이 이 방법을 쓴다.

③ 6문단에서 사회적 기능설은 '공격'을 목적 달성의 수단으로 본다는 것을 알 수 있으나, 앞에서 다룬 내적 발산설이나 정동 발산설과 대조되는 사회적 기능설의 특징을 설명하기에 적절하지 않다.

[관련 지문 인용] 자기제시로서의 협박, 그리고 그러한 협박의 결과로 나타나는 공격적 행동은 사회적 기능설로 설명할 수 있다. ~상대방의 자신에 대한 인상을 조작하여 소기의 목적을 거두려 하기 때문이다.

④ 5문단 2~3번째 줄에서 사회적 기능설을 설명하는 전제로 '공격'으로 사회적 불평등을 해결하려고 하는 사람들의 특성을 들고 있으나 다른 사람의 생각이나 의견에 따라 실행된 공격을 사회적 기능설이 어떻게 파악하는지는 윗글을 통해 알 수 없으므로 적절하지 않다.

[관련 지문 인용] 사람들은 협박에 의해 교섭을 유리하게 이끌어 나가거나, 폭력으로 강제하거나, 혹은 보복을 하여 사회적인 공평성을 회복하려고 한다.

70 인문 – 서술상의 특징과 효과   정답 ⑤

윗글은 1문단에서 베이즈주의자가 믿음을 정도의 문제라고 판단한다는 기본 입장을 제시하고, 이를 '내일 눈이 온다'라는 구체적인 명제에 적용하여 설명하고 있다. 또한 2문단에서는 조건화 원리가 믿음의 정도에 변화를 주는 경우를 '내일 비가 온다'라는 구체적 명제에, 3문단에서는 조건화 원리가 믿음의 정도에 변화를 주지 못하는 경우를 '오늘 비가 온다'와 '다른 은하에는 외계인이 존재한다'라는 구체적 명제에 적용하여 설명하고 있다. 따라서 윗글에 대한 설명으로 가장 적절한 것은 ⑤이다.

① 이론의 하위 요소를 분석하는 부분은 윗글에서 나타나지 않으므로 적절하지 않다.

② 1문단에서 전통적 인식론과 베이즈주의가 믿음의 태도를 보는 관점에 차이점이 있다는 것을 알 수 있으나 어떤 이론이 우위에 있는지는 밝히고 있지 않으므로 적절하지 않다.

③ 4문단 1~2번째 줄에서 베이즈주의자는 믿음의 정도가 바뀔 이유가 타당하지 않으면 그 믿음의 정도는 유지된다는 상식적인 생각을 증명하기 위해 실용적 효율성을 언급했음을 알 수 있으나 전통적 인식론의 경우에 대해서는 설명하고 있지 않으므로 적절하지 않다.

[관련 지문 인용] 베이즈주의자는 이렇게 상식적으로 당연하게 여겨지는 생각(특별한 이유가 없는 한 우리의 믿음의 정도는 유지되어야 한다)을 정당화하기 위해 기존의 믿음의 정도를 유지함으로써 얻을 수 있는 실용적 효율성에 호소할 수 있다.

④ 전통적 인식론의 한계를 통해 베이즈주의의 대두 배경을 설명하고 있지 않으므로 적절하지 않다.

71 인문 – 내용 추론   정답 ⑤

1문단 1~4번째 줄을 통해 전통적 인식론은 인식 주체가 명제의 참/거짓 여부를 판단할 때 '참, 거짓, 참도 거짓도 아님'으로 믿는 세 가지의 태도를 보인다고 주장하며, 베이즈주의는 인식 주체가 명제의 참/거짓 여부를 다양한 정도로 표현한다고 주장함을 알 수 있다. 이를 통해 인식 주체가 어떤 명제가 참이라고 강하게 믿는 태도를 보이는 것은 베이즈주의의 관점임을 추론할 수 있으므로 ⊙ '전통적 인식론자'의 관점과 거리가 먼 것은 ⑤이다.

[관련 지문 인용] 전통적 인식론자는~명제를 참이라고 믿거나, 거짓이라고 믿거나, 참이라 믿지도 않고 거짓이라 믿지도 않을 수 있다. 반면 베이즈주의자는~가장 강한 믿음의 정도에서 가장 약한 믿음의 정도까지 가질 수 있다.

① 인식 주체가 하나의 명제를 참이라고 믿는 태도를 보이는 것은 ⊙ '전통적 인식론자'의 관점으로 볼 때 성립 가능한 일이므로 적절하다.

② 인식 주체가 명제를 참도 아니고, 거짓도 아니라고 믿는 태도를 보이는 것은 ⊙ '전통적 인식론자'의 관점으로 볼 때 성립 가능한 일이므로 적절하다.

③ ⊙ '전통적 인식론자'는 인식 주체가 명제를 '참, 거짓, 참도 거짓도 아님'의 세 가지 유형으로만 대할 수 있다고 본다. 따라서 여기에 '모호하게'라는 믿음의 정도의 문제가 개입하게 되면 전통적 인식론자가 아닌 베이즈주의자의 관점에 부합하게 되므로 이것이 성립하지 않는다고 설명하는 것은 ⊙ '전통적 인식론자'의 관점으로 볼 때 적절하다.

④ 인식 주체가 두 가지 명제를 각각 거짓이라고 믿는 태도를 보이는 것은 ⊙ '전통적 인식론자'의 관점으로 볼 때 성립 가능한 일이므로 적절하다.

72 인문 – 견해 파악   정답 ⑤

<보기>에서 베이즈주의자의 견해로 적합한 것은 ㄷ, ㄹ이므로 답은 ⑤이다.

• ㄷ: 4문단 3~4번째 줄에서 베이즈주의자는 합리적인 이유 없이 기존의 믿음의 정도를 바꾸는 것은 불필요하다고 본다. 따라서 ㄷ은 베이즈주의자의 견해로 적합하다.

[관련 지문 인용] 베이즈주의자는 특별한 이유 없이 기존의 믿음의 정도를 바꾸는 것도 이와 유사하게 에너지를 불필요하게 소모한다고 볼 수 있다. ~특별한 이유가 없는 한 기존의 믿음의 정도를 유지하는 것이 합리적이다.

• ㄹ: 2문단 3~5번째 줄과 3문단 1~3번째 줄에서 베이즈주의자는 인식 주체가 명제 A의 참/거짓을 새롭게 인식하였을 때, 명제 A와 관련이 있는 명제 B의 믿음의 정도는 변화할 수 있으나 명제 A와 관련이 없는 명제 B의 믿음의 정도는 변화해서는 안 된다고 주장하며, 이를 조건화의 원리로 설명한다. 따라서 ㄹ은 베이즈주의자의 견해로 적합하다.

[관련 지문 인용]

• 특정 시점에 임의의 명제 A가 참이라는 것만을 또는 거짓이라는 것만을 새롭게 알게 됐을 때, 다른 임의의 명제 B에 대한 인식 주체의 기존 믿음의 정도의 변화는 조건화 원리의 적용을 받는다.

• 조건화 원리에 따르면, 어떤 명제가 참인지 거짓인지 새롭게 알게 되더라도 그 명제와 관련 없는 명제에 대한 믿음의 정도는 변하지 않아야 한다.

- ㄱ: 1문단 끝에서 1~2번째 줄에서 베이즈주의자는 믿음의 태도에 믿음의 정도를 포함시켰음을 알 수 있으므로 ㄱ은 베이즈주의자의 견해로 적절하지 않다. 참고로, 베이즈주의에서는 믿음의 태도(참, 거짓)를 믿음의 정도(강하다~약하다)로 표현한다고 보았으므로 이를 통해서도 믿음의 정도가 믿음의 태도의 하위 개념임을 파악할 수 있다.
  [관련 지문 인용] 베이즈주의자는 믿음의 정도를 믿음의 태도에 포함함으로써 많은 전통적 인식론자들과 달리 믿음의 태도를 풍부하게 표현한다.
- ㄴ: 2문단 끝에서 1~2번째 줄에서 베이즈주의자는 인식 주체의 명제에 대한 믿음의 변화가 행위의 변화와는 연관이 없다고 파악함을 알 수 있으므로 ㄴ은 베이즈주의자의 견해로 적합하지 않다.
  [관련 지문 인용] 이 원리(조건화 원리)는 믿음의 정도에 관한 것이지 행위에 관한 것은 아니다.

73 사회 – 중심 내용 파악   정답 ③

윗글은 1문단에서는 과시 소비가 시작된 이유를, 2문단에서는 베블런이 주장한 과시 소비 유형인 '베블런 효과'를, 3~4문단에서는 라이벤스타인이 주장한 과시 소비 유형인 '밴드왜건 효과'와 '스놉 효과'를, 5문단에서는 베블런과 라이벤스타인이 주장한 과시 소비가 지닌 특성을 설명하고 있다. 따라서 윗글의 중심 내용에는 윗글의 핵심어인 과시 소비와 그 세부 유형을 주장한 베블런과 라이벤스타인의 입장이 모두 포함되어야 하므로 적절한 것은 ③이다.

① 특정 계층의 과시 소비를 모방하는 현상을 설명하는 '베블런 효과'와 '밴드왜건 효과'를 통해 과시 소비가 모방 소비를 유발하고, 모방 소비 또한 과시 소비의 형태를 띰을 알 수 있다. 따라서 과시 소비에 모방 소비가 속하므로 둘의 차이는 윗글의 중심 내용이 될 수 없으므로 적절하지 않다.
② 1문단에서 산업 혁명이 유통 혁명을 유발했고, 유통 혁명으로 인해 필요한 물품만 구매하던 소비자가 필요보다는 과시를 목적으로 소비하게 되었다는 것을 알 수 있으나, 윗글의 내용을 모두 포괄하지는 못하므로 중심 내용으로 적절하지 않다.
  [관련 지문 인용] 18세기 산업혁명으로 시작된 생산 혁명은 19세기 백화점이 일으킨 유통 혁명을 통해 소비 혁명으로 이어졌다. ~ 소비를 결정하는 요인이 '필요'가 아니라 '자기 과시'로 옮겨간 것이다.

④ 2문단 2~3번째 줄, 5문단 2~3번째 줄에서 베블런은 사람들이 자신의 신분적 우월성을 자랑하거나 이를 모방하기 위해, 라이벤스타인은 사람들이 주변 사람의 소비 행위를 의식하기 때문에 현대인이 과시 소비를 한다고 파악했음을 알 수 있다. 그러나 이는 윗글의 내용을 모두 포괄하지는 못하므로 중심 내용으로 적절하지 않다.
  [관련 지문 인용]
  • 그는 '나는 보통 사람들과 신분이 다르다'는 점을 과시하는 부유층이나 이를 모방하려는 계층이 과시적 소비를 한다고 말했다.
  • 라이벤스타인은 현대인들이 주위 사람들의 소비 형태에 따라 자신의 소비 형태를 결정하는 두 가지 모습을 이론으로 나타내었다.
⑤ 5문단 끝에서 1번째 줄에서 소비 형태로 계층을 판단하는 현대 자본주의의 특성이 과시 소비를 유발함을 알 수 있으나, 윗글의 내용은 모두 포괄하지 못하므로 중심 내용으로 적절하지 않다.
  [관련 지문 인용] 그들의 연구는 소비 형태로 계층을 판단하는 현대 자본주의 사회의 모습을 설명할 수 있다는 점에서 의의가 있다.

74 사회 – 구체적 상황에 적용   정답 ①

3문단 1~3번째 줄에서 밴드 왜건 효과가 다른 사람의 소비를 모방하는 형태임을 알 수 있다. 따라서 판매량이 높은 제품을 구매하는 행위는 타인의 소비를 모방하였다고도 볼 수 있으나, 밴드 왜건 효과는 필요 소비가 아닌 과시 소비 현상이므로 가격이 가장 비싼 B 제품 대신 가장 저렴하고, 판매량이 높은 A 제품을 선택한 행위를 밴드 왜건 효과로 설명할 수 없다. 따라서 <보기>의 상황을 이해한 내용으로 적절하지 않은 것은 ①이다.
[관련 지문 인용] 과시적 소비는 일부 상류층과 신흥 부유층을 중심으로 일어나는 것이 보통이지만 주위 사람들이 이를 흉내 내면서 사회 전체로 퍼져나가는 현상을 밴드왜건 효과라고 이름 붙인 것이다.

② 5문단 1번째 줄에서 기존의 경제 이론에 따르면 가격이 저렴할수록 판매량이 많은 것이 일반적임을 알 수 있다. 따라서 <보기>에서 A 제품, C 제품, B 제품 순으로 가격이 싸다는 것을 알 수 있으므로 이 순서대로 판매량이 많아야 일반적인 경제 원리에 부합한다는 것은 적절하다.
  [관련 지문 인용] 재화의 가격이 하락하면 소비량이 증가한다는 기존의 경제 이론과는

③ 2문단 3~5번째 줄에서 가격이 저렴하지 않은 특정 제품의 가격이 오른 뒤에도 소비량이 증가하는 현상을 베블런 효과라고 함을 알 수 있으므로 적절하다.

[관련 지문 인용] 저렴한 상품 대신 고가의 상품에 대한 수요가 증가해 가격이 오르는데도 수요가 줄어들지 않고 오히려 증가하는 현상이 일어난다. 이렇게 과시적 소비로 인해 가격이 올라도 수요가 늘어나는 현상을 '베블런 효과'라고 한다.

④ 4문단 1~2번째 줄에서 스놉 효과는 사람들이 많이 사는 제품 대신 다른 사람이 쉽게 접근할 수 없는 귀하고 비싼 제품을 구매하는 과시 소비 현상임을 알 수 있다. B 제품은 한정 판매로 고가라는 공통점을 가진 C 제품에 비해 구매하기 어렵고, C 제품은 가격에 비해 다른 사람이 많이 선택해 왔다는 점을 고려할 때 수현이 B 제품을 구매한 것은 B 제품의 구매로 과시 소비의 만족을 느낄 수 있다고 판단했기 때문이다. 따라서 이를 스놉 효과로 설명하는 것은 적절하다.

[관련 지문 인용] 일부 사람들은 평범한 사람들이 접근할 수 있는 상품 대신 더욱 진귀한 물건을 찾는다. 이로 인해 기존 상품의 수요가 줄어들게 되는데 이를 '스놉 효과'라고 한다.

⑤ 4문단 1~2번째 줄에서 과시 소비의 대상이 되던 재화에 다른 사람들도 쉽게 접근할 수 있게 되면, 해당 재화로 인해 더 이상 과시 소비의 만족감을 얻지 못하는 소비자는 다른 재화를 선택하게 되고, 결국 기존 과시 소비재의 판매량은 줄어든다고 하였다. <보기>의 B 제품과 C 제품은 A 제품에 비해 가격이 비싸다는 공통점이 있으며, 이로 인해 A 제품에 비해 소비했을 때 과시 소비로서의 만족감을 주는 제품임을 파악할 수 있다. 이 관점에서, C 제품을 과시 소비재로 소비하던 사람들 외의 소비자가 C 제품을 많이 구매하게 되면 C 제품은 과시 소비재로서의 효용을 잃고, C 제품을 과시 소비재로 소비하던 사람들이 C 제품 대신 희소성이 있어 과시 소비의 만족감을 줄 수 있는 B 제품으로 수요를 옮겨가 C 제품의 판매량이 떨어지게 된 것임을 파악할 수 있으므로 적절하다.

[관련 지문 인용] 모방 효과가 널리 퍼져 더 이상 과시적 소비가 차별 효용을 상실하게 될 때 일부 사람들은 평범한 사람들이 접근할 수 있는 상품 대신 더욱 진귀한 물건을 찾는다. 이로 인해 기존 상품의 수요가 줄어들게 되는데 이를 '스놉 효과'라고 한다.

75 예술 – 비판적 이해

정답 ①

[A] 부분에서 <세 마리의 아기돼지>는 캐릭터 구현, 서사 구현에서 이전 작품보다 발전된 양상을 보였으며, 사회적으로 긍정적인 영향을 주었고, 디즈니에서 장편 애니메이션을 제작할 수 있게 해 준 발판이 되었다는 의의가 있음을 제시하고 있으나 이를 단순히 나열하고 있지는 않으며, [A] 부분의 끝에서 1~2번째 줄에서 <세 마리의 아기돼지>는 장편 애니메이션이 아니었음을 파악할 수 있으므로 [A] 부분에 대한 평가로 적절하지 않은 것은 ①이다.

[관련 지문 인용] <세 마리의 아기돼지>의 큰 성공은 장편 애니메이션이 시작될 수 있는 터전을 조성했다.

오답 분석
② [A] 부분 1번째 줄을 통해 알 수 있다.
[관련 지문 인용] 월트 디즈니는 아기돼지의 행동을 통해 개성을 부여했다.

③ [A] 부분 1~4번째 줄에서 <세 마리의 아기돼지> 이전의 작품은 선과 악으로 대표되는 전형적 성격의 캐릭터를 제시하고, 선이 악을 징벌하는 단순한 서사 구조로 되어 있었으나, <세 마리의 아기돼지>는 다양한 성격의 캐릭터가 악으로부터 탈출하는 입체적인 서사 구조로 되어 있다는 점을 비교해 설명하고 있으므로 적절하다.
[관련 지문 인용] 이전 작품들은 단순한 선과 악의 이분법으로 인해, 덩치가 크고 험악하게 생긴 악한이~영웅에게 당하고 만다는 간단한 에피소드 중심이었던 데 비해, <세 마리의 아기돼지>에서는~각기 다른 성격의 돼지들이 이리에게서 탈출하는 이야기가 정교하게 조립되어 있었다.

④ [A] 부분 4~5번째 줄에서 <세 마리의 아기돼지>는 음악으로 착한 아기돼지들이 악한 늑대에게서 탈출하는 이야기를 통해 전달하고자 하는 주제를 효과적으로 전달했음을 알 수 있으므로 적절하다.
[관련 지문 인용] 단순히 사운드 트랙으로 삽입된 음악이 아니라, 작품의 주제나 이야기를 명확하게 전달하도록 도와주는 주제가의 히트는 이후 디즈니 애니메이션의 전범(典範)을 창출했다.

⑤ [A] 부분 끝에서 2~4번째 줄에서 미국의 대공황 당시, <세 마리의 아기돼지>에 삽입된 노래가 대공황으로 힘들어하던 사람들에게 희망을 주었음을 설명하고 있으므로 적절하다.
[관련 지문 인용] 아기돼지가 부른 노래 '누가 악한 늑대를 두려워할까?(Who's afraid of the Big Bad Wolf?)'는 대공황을 벗어나려는 루즈벨트의 뉴딜 정책과 맞물려 미국인들의 희망찬 분위기를 암시하는 노래로 미국 전역에 울려 퍼졌다.

6문단 1~2번째 줄에서 ㉠ '<백설공주>'에서 백설공주의 움직임은 무용수의 춤을 촬영한 뒤 이를 분석한 내용을 바탕으로 한 프레임씩 제작되었음을 알 수 있으므로 ㉠에 대한 설명으로 적절하지 않은 것은 ④이다.

[관련 지문 인용] 백설공주의 동작은 마저리 벨커(Marjorie Belcher)라는 젊은 무희를 고용해 그녀의 춤과 걸음걸이 등을 카메라에 담은 후, 이를 한 프레임씩 분석, 제작했다.

오답분석 ① 4문단 1~4번째 줄에서 ㉠ '<백설공주>'에서 계모는 악인으로, 백설공주는 선인으로 표현되어 디즈니 장편 애니메이션 특유의 이분법적 대립을 구현했음을 알 수 있으므로 적절하다.

    [관련 지문 인용] '백설공주'는 할리우드 영화의 히로인과는 또 다른 새로운 히로인이었다. ~ 또한 계모의 캐릭터에는 그로테스크(grotesque)한 악의 이미지를 부여해 디즈니 애니메이션의 전형적인 선과 악의 이분법을 완성했다.

② 7문단에서 ㉠ '<백설공주>'에는 배경을 여러 장 그리고, 그 배경을 거리감 있게 배치하여 실제에 가까운 입체감과 원근감을 구현해 내는 '멀티플레인(Multiplane)' 기법을 사용했음을 알 수 있으므로 적절하다.

    [관련 지문 인용] 멀티플레인 기법은~배경을 복수로 그리고, 이것을 거리를 두어 세팅해 원근감과 입체감을 주는 것이다.

③ 4문단 끝에서 1~2번째 줄에서 ㉠ '<백설공주>'의 캐릭터 구현 방식은 <세 마리의 아기돼지>에서 시도된 후, <백설공주>에서 더 좋은 방향으로 나아가게 되었음을 알 수 있으므로 적절하다.

    [관련 지문 인용] 성격을 바탕으로 캐릭터 디자인, 이름, 목소리, 노래, 행동 등 모든 것이 완벽하게 일체화된 캐릭터의 창출은 <세 마리의 아기돼지>에서 보여준 캐릭터의 성공적 구현을 더욱 강화했다.

⑤ 5문단에서 ㉠ '<백설공주>' 제작 시기부터 월트 디즈니는 애니메이터 교육 시스템을 체계화하여 캐릭터의 생동감 넘치는 움직임을 구현하게 하였음을 알 수 있으므로 적절하다.

    [관련 지문 인용] <백설공주>는 월트 디즈니의~교육 시스템을 스튜디오 내부에 설립해 안정적인 인력 충원과 애니메이터의 재생산을 꾀했다. ~월트 디즈니는 애니메이션에서 완벽한 실사적 움직임(live action)을 실현시켰다.

4문단 1~3번째 줄에서 물체 사이에서 전자가 이동하며 정전기가 일어남을 알 수 있다. 그러나 물체 간 원자의 이동 여부나 원자의 이동이 정전기의 세기에 미치는 영향은 윗글을 통해 알 수 없으므로 적절하지 않은 것은 ⑤이다.

[관련 지문 인용] 우리 몸과 물체가 전자를 주고받으며 몸과 물체에 조금씩 전기가 저장된다. 한도 이상 전기가 쌓였을 때 적절한 유도체가 닿으면 그동안 쌓였던 전기가 순식간에 불꽃을 튀며 이동하면서 정전기가 발생한다.

오답분석 ① 2문단 2~3번째 줄에서 전압이 높지만 전류의 양이 많지 않은 정전기에 비해, 번개는 전압이 높고 전류의 양이 많아 위험함을 알 수 있으므로 적절하다.

    [관련 지문 인용] 정전기의 전압은 수만 볼트(V)에 달해 번개와 동급이지만, 전류는 거의 없어 치명적이지 않다.

② 11문단 끝에서 1~2번째 줄에서 손이 아닌 손톱으로 물체를 건드리면 정전기가 일어나는 것을 방지할 수 있음을 알 수 있다. 이를 통해 같은 환경에서 손톱이 손보다 정전기가 적게 일어남을 알 수 있으므로 적절하다.

    [관련 지문 인용] 정전기가 튈 것 같은 물건이라면 덥석 잡지 말고, 손톱으로 살짝 건드렸다가 잡으면 손톱을 통해 전기가 방전돼 정전기를 예방할 수 있다.

③ 7~8문단에서 대전열의 앞쪽에 있는 물체가 뒤쪽에 있는 물체보다 전자를 쉽게 잃는다는 것을 알 수 있으며, 대전열에서 에보나이트보다 명주가 앞쪽에 있다는 것을 알 수 있으므로 적절하다.

④ 2문단 1~2번째 줄을 통해 알 수 있다.

    [관련 지문 인용] 정전기는 그냥 머물러 있는 전기 및 그로 인해 나타나는 전기 현상을 말한다. 즉 흐르지 않고 그냥 머물러 있는 전기라고 해서 정전기라고 부르는 것이다.

4문단에서 다른 물체와 마찰되어 수용할 수 있는 것 이상으로 전기가 쌓인 물체는 유도체 역할을 하는 다른 물체에 닿으면 그 물체로 전자가 이동하게 되고, 그 과정에서 정전기가 생김을 알 수 있다. 이를 통해 ㉠에서 키를 자동차에 가져다 대거나 스웨터가 머리카락에 닿았을 때 키나 머리카락에 정전기가 일어나는 이유는, 머리카락이나 자동차 키가 스웨터나 자동차와 맞닿기 전에 다른 물체와 마찰되어 내부에 전기가 쌓여 있던 상태였고, 유도체인 자동차와 스웨터와 맞닿자 쌓여 있던 전기가 한 번에 이동했기 때문임을 추론할 수 있다. 따라서 ㉠의 이유로 가장 적절한 것은 ②이다.

① 7~8문단에서 대전열 앞쪽에 있을수록 다른 물체에게 전자를 잘 뺏기는 물체임을 알 수 있으나, 대전열상의 키, 머리카락, 자동차, 스웨터의 명확한 위치가 윗글의 대전열 순서에는 제시되어 있지 않으므로 ㉠의 이유로 적절하지 않다.

③ 5문단 1번째 줄에서 전기친화성이 있는 수증기는 전자를 (+) 전하나 (-) 전하의 성질을 띠게 하지 않고 중성 상태로 변화시킴을 알 수 있다. 따라서 특정 물체에서 전자를 빼앗아 가 정전기가 일어나게 하는 성질을 전기친화성으로 설명할 수는 없으므로 ㉠의 이유로 적절하지 않다.

[관련 지문 인용] 수증기는 전기 친화성이 있어 주변의 전하를 띠는 입자들을 전기적 중성 상태로 만든다.

④ ⑤ 겨울철 공기 중에 어떤 성질을 가진 입자가 많은지나 정전기가 일어났을 때 전자가 다른 전자를 어떻게 대하는지는 윗글을 통해 알 수 없으므로 ㉠의 이유로 적절하지 않다.

79 과학 – 내용 추론

정답 ②

[A]에서 땀을 적게 흘릴수록 정전기가 많이 발생함을 알 수 있다. 그러나 4문단 끝에서 1~2번째 줄에서 전기가 쌓인 물체가 다른 물체에 닿아 전자가 이동하게 될 때 정전기가 발생한다는 것을, 3문단 끝에서 1~2번째 줄에서 전자를 뺏긴 쪽은 (+) 전하 상태가 됨을 알 수 있다. 또한 9문단 1번째 줄에서 우리 몸은 전자를 잘 잃는 편임을 알 수 있다. 따라서 땀을 적게 흘리는 피부에서 정전기가 일어났다면 그 피부는 (+) 전자 상태를 띨 것이라 추론할 수 있으므로 적절하지 않은 것은 ②이다.

[관련 지문 인용]
• 한도 이상 전기가 쌓였을 때 적절한 유도체가 닿으면 그동안 쌓였던 전기가 순식간에 불꽃을 튀며 이동하면서 정전기가 발생한다.
• 전자를 잃은 쪽은 (+) 전하를 띠고, 전자를 얻은 쪽은 (-) 전하를 띠게 되어
• 우리 몸은 전자를 잘 잃는 편에 가까우니

① [A]에서 건성 피부에서 지성 피부보다 정전기가 많이 발생함을, 2문단 끝에서 2~3번째 줄에서 정전기는 전압에 비해 전류 양이 매우 적음을 알 수 있다. 이를 통해 피부의 건조함과는 관계없이 피부에서 발생한 정전기는 전류 양이 적을 것이라 추론할 수 있으므로 적절하다.

[관련 지문 인용] 정전기의 전압은 수만 볼트(V)에 달해 번개와 동급이지만, 전류는 거의 없어 치명적이지 않다.

③ [A]에서 사람의 피부와 물체 간에 일어나는 정전기에는 사람의 피부가 미치는 영향이 큼을 알 수 있다. 3문단에서 정전기는 마찰로 인해 발생하며, 이 마찰로 물체 간 전자가 이동하며 마찰된 물체 사이에 전위차가 발생함을 알 수 있다. 이를 통해 피부와 수건이 마찰되어 정전기가 발생했다면 둘 사이에 전위차가 발생했을 것임을 추론할 수 있으므로 적절하다.

[관련 지문 인용] 정전기가 생기는 이유는 '마찰' 때문이다. ~전자를 잃은 쪽은 (+) 전하를 띠고, 전자를 얻은 쪽은 (-) 전하를 띠게 되어 두 물체 사이에 전위차가 생긴다.

④ [A]에서 땀과 피부 건조도에 따라 피부에서 정전기가 일어날 확률이 달라진다는 것을 알 수 있다. 또한 5문단 1번째 줄과 7문단 1~3번째 줄에서 정전기는 습도가 높을 때보다 낮을 때 잘 발생한다는 것과 물체가 전자를 잃기 쉬운 순서대로 나열한 것을 대전열이라 함을 알 수 있다. 이를 통해 '피부'라는 동일한 물체에서 땀의 유무나 건성/지성 피부인지에 따라 정전기의 발생 여부가 달라진다면 이는 대전열이 아닌 피부 표면의 습도에 영향을 받는 것임을 추론할 수 있으므로 적절하다.

[관련 지문 인용]
• 정전기는 건조할 때 잘 생긴다.
• 마찰 전기가 생길 때 전자를 쉽게 잃는 물체가 있고, 전자를 쉽게 얻는 물체가 있다. ~이를 순서대로 나열한 것을 '대전열'이라고 한다.

⑤ [A]에서 땀을 많이 흘릴수록 정전기가 적게 발생함을, 5문단 1번째 줄에서 수증기는 전하를 띠는 입자를 전기적 중성 상태로 만들고, 이로 인해 공기 중에 수증기가 많은 상태에서는 정전기가 잘 일어나지 않음을 알 수 있다. 이를 통해 땀을 흘리는 피부에서 정전기가 잘 일어나지 않는다면, 이는 땀이 수증기와 같은 역할을 해 피부 표면의 습도를 높여 그 근처에 머무는 입자들의 성질을 전기적 중성 상태로 만들어 정전기가 일어나지 않도록 한 것임을 추론할 수 있다.

[관련 지문 인용] 수증기는 전기 친화성이 있어 주변의 전하를 띠는 입자들을 전기적 중성 상태로 만든다. 따라서 습도가 높으면 정전기도 잘 생기지 않는다.

80 과학 – 반응 및 수용

정답 ②

8문단의 대전열과 9문단 1번째 줄 '우리 몸은 전자를 잘 잃는 편에 가까우니'를 통해 사람의 몸이 대전열 앞쪽에 있는 유리에 닿았을 때보다 뒤쪽에 있는 나무에 닿을 때 정전기가 발생할 확률이 높음을 알 수 있다. 따라서 창문을 열 때 나무로 된 창틀 대신 유리로 된 창문을 잡아 정전기를 방지하겠다고 반응하는 것은 적절하므로 답은 ②이다.

오답분석 ① 5문단 1번째 줄에서 정전기는 건조할수록 잘 일어남을 알 수 있다. 따라서 집 안의 습도를 높이는 가습기 대신 습도를 낮추는 제습기를 돌려 정전기를 방지해야겠다고 반응하는 것은 적절하지 않다.

[관련 지문 인용] 정전기는 건조할 때 잘 생긴다.

③ 9문단 1~2번째 줄에서 정전기가 잘 일어나는 사람에게는 합성 섬유보다는 천연 섬유를 권장한다고 하였다. 이를 통해 합성 섬유보다 천연 섬유에서 정전기가 적게 일어남을 알 수 있으므로 순면과 같은 천연 섬유로 만든 외투보다 합성 섬유로 만든 외투를 입어 정전기를 방지해야겠다고 반응하는 것은 적절하지 않다.

[관련 지문 인용] 합성 섬유를 입는 사람은 정전기와 친해질 수밖에 없다. 정전기가 잘 발생하는 사람에게 천연 섬유를 입으라는 말에는 다 이유가 있다.

④ 7문단에서 정전기는 물체와의 마찰과 마찰되는 물체의 소재에 모두 영향을 받음을 알 수 있으나, 둘 중 무엇에 영향을 더 많이 받는지는 윗글을 통해 알 수 없다. 따라서 정전기를 방지하기 위해 마찰 횟수보다 소재를 고려하겠다고 반응하는 것은 적절하지 않다.

[관련 지문 인용] 정전기는 전자를 쉽게 주고받을 수 있는 마찰에 의해 잘 생긴다. 마찰 전기가 생길 때 전자를 쉽게 잃는 물체가 있고, 전자를 쉽게 얻는 물체가 있다.

⑤ 10문단 2~3번째 줄에서 정전기 발생 확률을 낮추는 방법으로 피부를 촉촉하게 만드는 방법을 제시하고 있다. 따라서 핸드크림을 발라 손을 촉촉하게 하는 것이 정전기 방지에 도움이 되지 않는다고 반응하는 것은 적절하지 않다.

[관련 지문 인용] 보습 로션 등으로 피부를 촉촉하게 유지하면 도움이 된다.

81 안내문 - 구체적 상황에 적용　　정답 ⑤

<보기 2>의 영재에게 부과되는 과태료 항목은 '반려동물 배설물 수거', '반려동물 등록', '외출 시 목줄 착용' 세 가지이며 위반 회차는 항목별로 2차, 1차, 1차이다. 따라서 영재에게 부과되는 기본 과태료는 '반려동물 배설물 수거 2차' 70,000원, '반려동물 등록 1차' 200,000원, '외출 시 목줄 착용' 200,000원을 합한 470,000원이다. 또한 영재는 과태료 납부 마감일인 2022년 3월 2일에서 15일이 지난 2022년 3월 17일에 과태료를 납부하려 하므로 470,000원의 15%인 70,500원을 추가로 납부해야 한다. 따라서 영재가 내야 할 벌금은 총 540,500원이므로 답은 ⑤이다.

※ 출처: 시흥시청, https://www.siheung.go.kr

82 자료 - 정보 확인　　정답 ②

2015년~2019년 기간에 권역별 외상사망률은 서울 10.4%p, 인천/경기 14.3%p, 대전/충청/강원 11.3%p, 광주/전라/제주 23.6%p, 부산/대구/울산/경상 13.9%p 감소했다. 따라서 해당 기간에 외상사망률 변동이 가장 적은 권역은 대전/충청/강원이 아닌 서울이므로 적절하지 않은 것은 ②이다.

오답분석 ① 2015년~2017년 기간에 권역별 외상사망률 감소 폭은 서울 0.6%p, 인천/경기 10.7%p, 대전/충청/강원 11.0%p, 광주/전라/제주 14.8%p, 부산/대구/울산/경상 13.4%p로, 서울이 가장 그 폭이 좁으므로 적절하다.

③ 2017년~2019년 기간에 권역별 외상사망률 감소 폭은 서울 9.8%p, 인천/경기 3.6%p, 대전/충청/강원 0.3%p, 광주/전라/제주 8.8%p, 부산/대구/울산/경상 0.5%p로, 대전/충청/강원이 가장 그 폭이 좁으므로 적절하다.

④ 2015년~2019년 기간에 대전/충청/강원 권역의 외상사망률은 '26.0% → 15.0% → 14.7%'로 변화하였으며, 부산/대구/울산/경상 권역의 외상사망률은 '29.4% → 16.0% → 15.5%'로 변화하였으므로 적절하다.

⑤ 2015년~2017년 기간에 대전/충청/강원 권역의 외상사망률은 11.0%p 감소하였으며, 인천/경기 권역의 외상사망률은 10.7%p 감소하였으므로 적절하다.

※ 출처: 보건복지부, http://www.mohw.go.kr

83 안내문 - 비판적 이해　　정답 ⑤

윗글의 '3. 지원 대상'을 통해 미취학 아동과 초등 재학생 아동에게는 1인당 20만 원의 아동 특별돌봄 수당이 지원되지만, 중학교 재학생 아동에게는 1인당 15만 원의 비대면 학습 지원 수당이 지원됨을 알 수 있다. 그러나 윗글에서 비대면 학습 지원 수당을 아동 특별돌봄 수당보다 5만 원 적게 지급하는 이유에 대해서는 안내하고 있지 않으므로 이를 비판한 내용으로 가장 적절한 것은 ⑤이다.

오답분석 ① 윗글의 '3. 지원 대상'에서 미취학 아동, 초등 재학생 아동, 중학교 재학생 아동은 따로 신청 절차 없이 아동양육 한시지원 사업에서 지원하는 수당을 지급받는다는 내용을 안내하고 있으므로 적절하지 않다.

[관련 지문 인용]
- 지자체에서 기존 아동수당 수급계좌로 별도 신청 절차 없이~일괄 지급된다.
- 학생·학부모는 별도 신청행위 없이~지급될 예정임
- 중학교 재학생 역시 학생·학부모의 별도 신청행위 없이 초등학교와 동일한 절차를 진행하여

② 윗글의 '3. 지원 대상'에서 외국에 90일 이상 머무르고 있는 아동에게는 아동양육 한시지원 수당을 지급하지 않는다고 안내하고 있으므로 적절하지 않다.
[관련 지문 인용] 국외에 90일 이상 체류하고 있는 경우 미지급
③ 윗글의 '1. 지원 배경'에서 초등학생은 보호자의 돌봄이 필요하고, 중학생은 의무교육 대상자이기 때문에 기존과 달리 미취학 아동뿐 아니라 초·중등학생에게도 이 수당을 지급하게 되었다고 안내하고 있다. 이를 통해 만 18세 미만에 속하는 고등학생에게 아동양육 한시지원 수당이 지급되지 않는 이유는 관련 기관에서 고등학생은 보호자의 돌봄이 필요하다고 판단하지 않았고, 의무교육 대상이 아니기 때문임을 알 수 있으므로 적절하지 않다.
[관련 지문 인용] 만 18세 미만 아동 중 상대적으로 보호자의 직접적인 돌봄이 필요한 초등학생과 의무교육 대상인 중학생까지 확대되었습니다.
④ 윗글의 '3. 지원 대상'에서 [초등 재학생 아동]과 [중학교 재학생 아동]의 지원 조건을 출생 연월이 아닌 재학 중인 학교로 제시하고 있다. 이를 통해 아동의 연령이 만 18세 미만이라면 나이와 상관없이 재학 중인 학교에 따라 지원금이 지급될 것임을 알 수 있으므로 적절하지 않다.
[관련 지문 인용]
- 초등학교(국립·공립·사립 초등학교 및 특수학교) 재학 중인 아동(2020.9월 기준)
- 중학교(국립·공립·사립 중학교 및 특수학교) 재학 중인 아동(2020.9월 기준)
※ 출처: 교육부, https://www.moe.go.kr

84 안내문 - 구체적 상황에 적용   정답 ③

'3. 지원 대상 [초등 재학생 아동]'에 따라 사립 초등학교 2학년인 딸에게는 아동양육 한시지원 수당 20만 원이 지급된다. 또한 '3. 지원 대상 [미취학 아동]'의 지급 조건에 수당을 지급하는 교육 기관은 제시하지 않았으므로 영어 유치원을 다니는 2015년생 딸에게도 20만 원이 지급된다. 따라서 © 가정에 지급되는 아동양육 한시지원 수당은 총 40만 원이므로 답은 ③이다.

 ㉠㉡㉢㉣의 가정에 지급되는 아동양육 한시지원 수당은 40만 원 미만이다.
① ㉠: 고등학생은 아동양육 한시지원 수당 지급 대상이 아니며, '3. 지원 대상 [중학교 재학생 아동]'에 따라 사립 중학교 2학년 딸에게는 수당이 15만 원 지급된다. 따라서 ㉠ 가정에 지급되는 아동양육 한시지원 수당은 총 15만 원이다.

② ㉡: '3. 지원 대상 (대상별 공통 사항)'에서 외국에 90일 이상 머무르고 있는 아동은 지원 대상 연령대에 속하더라도 아동양육 한시지원 수당을 지급받을 수 없음을 알 수 있다. 따라서 초등학생이지만 4개월째 국외에 체류 중인 두 아들에게는 수당이 지급되지 않으므로, ㉡ 가정에 지급되는 아동양육 한시지원 수당은 0원이다.
④ ㉣: '3. 지원 대상 [미취학 아동]'에 따라 70개월 아동에게는 아동양육 한시지원 수당이 20만 원 지급되며, '3. 지원 대상 [중학교 재학생 아동]'에 따라 특수학교에 재학 중인 중학생에게도 다른 중학생과 마찬가지로 수당이 15만 원 지급됨을 알 수 있다. 따라서 ㉣ 가정에 지급되는 아동양육 한시지원 수당은 총 35만 원이다.
⑤ ㉤: '3. 지원 대상 [초등 재학생 아동]'에 따라 초등학교 3학년 딸이 다니는 대안학교는 지급 대상인 '국립·공립·사립 초등학교 및 특수학교'에 속하지 않아 아동양육 한시지원 수당이 지급되지 않으며, 만 5세 아동은 '3. 지원 대상 [미취학 아동]'에 따라 수당이 20만 원 지급됨을 알 수 있다. 따라서 ㉤ 가정에 지급되는 아동양육 한시지원 수당은 총 20만 원이다.

85 안내문 - 정보 확인   정답 ③

윗글 '3. 지원 대상 [초등 재학생 아동]'의 '지급 준비가 완료된 학교부터 9월 29일까지 순차적으로 지급될 계획이다'와 <보기>의 '학교 밖 아동 관련 ~ 10월 중 지급될 계획이다'를 통해 초등학교에 다니는 아동의 아동양육 한시지원 수당은 10월이 되기 전에, 초등학교에 다니지 않는 같은 연령대의 아동의 지원금은 10월 이후에 지급됨을 알 수 있으므로 적절하다.

 ① 윗글 '3. 지원 대상 (대상별 공통 사항)'의 '대한민국 국적 아동에 한정하며'와 <보기>의 '대한민국 국적의 아동은'을 통해 아동양육 한시지원의 대상자는 모두 대한민국 국적을 가지고 있는 아동에 한정됨을 알 수 있으므로 적절하지 않다.
② 윗글 '2. 추진 방식'의 '초·중등학교 등 학령기 아동 → 교육청'과 <보기>의 '아동 주민등록 주소지의 교육지원청에 현장신청·접수를 거쳐'를 통해 아동양육 한시지원을 초등·중학교 재학생 아동의 경우 교육청에서 담당하고, 학교 밖 아동의 경우 교육지원청에서 담당함을 알 수 있으므로 적절하지 않다.
④ 윗글 '3. 지원 대상 [중학교 재학생 아동]'의 '추석 이후(10월 5일부터) 빠른 시일 내에 지급될 예정임'과 <보기>의 '학교 밖 아동 관련 신청·접수는 9월 28일부터 10월 16일까지이며'를 통해 미인가 대안학교 재학생을 포함한 학교 밖 아동에 대한 아동양육 한시지원 접수 신청 시작일이 중학교에 재학 중인 아동의 수당 지급 시작일보다 먼저임을 알 수 있으므로 적절하지 않다.

⑤ <보기>의 '아동 주민등록 주소지의 교육지원청에 현장 신청·접수를 거쳐'를 통해 학교 밖 아동의 아동양육 한시지원 신청을 위해서는 신청자가 아닌 지원 자격이 되는 아동의 주소지를 관할하는 교육지원청을 찾아가야 함을 알 수 있으므로 적절하지 않다.

※ 출처: 교육부, https://www.moe.go.kr

86   보도 자료 – 정보 확인   정답 ⑤

'전년 같은 기간(2018.12.1.~2019.2.3.) 한랭 질환자 314명(사망 10명)'을 통해 2018년 12월 1일부터 2019년 2월 3일까지 발생한 한랭 질환자는 314명이며, 그중 10명이 사망했음을 알 수 있다. 따라서 해당 기간 한랭 질환의 치사율은 약 3.1(10/314*100)% 임을 알 수 있으므로 윗글의 내용과 일치하지 않는 것은 ⑤이다.

 ① 한랭 질환자 발생 특성의 '성별'을 통해 여성보다 남성에게 한랭 질환이 2배 정도 높게 나타남을 알 수 있으므로 적절하다.
  [관련 지문 인용] 남자가 153명(66.8%), 여자가 76명(33.2%)으로 남자가 여자보다 2배 많이 발생하였다.
② '한파 대비 일반 건강 수칙'의 '외출 전'을 통해 한랭 질환 예방을 위해 밖에 나가기 전에 확인해야 하는 날씨 정보의 예로 체감 온도를 제시하고 있으므로 적절하다.
  [관련 지문 인용] 날씨 정보(체감 온도 등)를 확인하고 추운 날씨에는 가급적 야외 활동을 줄입니다.
③ '한파 관련 특히 주의가 필요한 경우'의 '어르신과 어린이'에서 노인과 어린이의 체온 유지 기능이 성인보다 떨어짐을 알 수 있으므로 적절하다.
  [관련 지문 인용] 일반 성인에 비해 체온을 유지하는 기능이 약하므로 한파 시 실외 활동을 자제하고 평상시와 외출 시에 보온에 신경 쓰세요.
④ 한랭 질환자 발생 특성의 '연령×발생 장소'에서 30세 이상에서는 한랭 질환 발생 장소에 '실내 집'이 포함되지만 30세 미만에서는 포함되지 않음을 알 수 있으므로 적절하다.
  [관련 지문 인용]
  • 30세 미만은 주로 실외 길가(10명, 26%)
  • 30세 이상 50세 미만은~실내 집에서 각각 4명(17%)
  • 50세 이상 70세 미만은~실내 집(12명, 16%)
  • 70세 이상은~실내 집(22명, 24%)

※ 출처: 보건복지부, http://www.mohw.go.kr

87   보도 자료 – 질문 추론   정답 ③

'한파 관련 특히 주의가 필요한 경우'의 '음주'를 통해 술을 마시면 몸의 온도가 갑자기 많이 떨어져도 추위를 잘 느끼지 못해 한랭 질환이 발생할 확률이 높아짐을 알 수 있다. 따라서 윗글을 통해 알 수 있는 정보에 대한 질문을 제기하는 것은 적절하지 않으므로 답은 ③이다.
[관련 지문 인용] 술을 마시면 신체에 열이 올랐다가 체온이 급격히 떨어지지만 추위를 인지하지 못하여 위험할 수 있으므로 한파에는 과음을 피하고 절주하세요.

 ① '한랭 질환은~저체온증, 동상, 동창이 대표적이며'에서 한랭 질환의 예시로 저체온증, 동상, 동창을 들고 있으나 이들의 차이점이나 특징은 윗글을 통해 알 수 없으므로, 이에 대해 질문을 제기하는 것은 적절하다.
② 한랭 질환자 발생 특성의 '발생 시간'에서 새벽 3시에서 오전 9시 사이에 한랭 질환이 많이 발생함을 알 수 있으나, 그 원인은 윗글을 통해 알 수 없으므로 이에 대해 질문을 제기하는 것은 적절하다.
  [관련 지문 인용] 오전 06~09시 45명(19.7%), 03~06시 30명(13.1%) 순으로 주로 새벽·오전 시간에 많았고, 하루 전반에 걸쳐 지속적으로 발생하는 것으로 나타났다.
④ '한파 대비 일반 건강 수칙'의 '외출 시'에서 한랭 질환 예방을 위해 내복이나 얇은 옷을 겹쳐 입으면 좋다는 것을 알 수 있으나, 두꺼운 옷 하나를 입는 것과 얇은 옷을 여러 벌 겹쳐 입는 것 중 무엇이 더 따뜻한지는 윗글을 통해 알 수 없으므로 이에 대해 질문을 제기하는 것은 적절하다.
  [관련 지문 인용] 내복이나 얇은 옷을 겹쳐 입고, 장갑·목도리·모자·마스크로 따뜻하게 입습니다.
⑤ '한파 대비 일반 건강 수칙'의 '실내 환경'에서 한랭 질환 예방을 위해 실내 적정 온도를 유지하고 실내가 건조하지 않도록 하는 것이 중요함을 알 수 있으나, 그 적정한 정도는 윗글을 통해 알 수 없으므로 이에 대해 질문을 제기하는 것은 적절하다.
  [관련 지문 인용] 실내는 적정 온도를 유지하고 건조해지지 않도록 합니다.

88   보도 자료 – 반응 및 수용   정답 ④

저체온증은 한랭 질환의 하나이며, 한랭 질환자 발생 특성의 '연령×발생 장소'를 통해 35세 남성이 속하는 연령대에서 한랭 질환이 가장 많이 발생하는 장소는 '실외 길가'임을 알 수 있으므로 적절하지 않다.

[관련 지문 인용]

- 한랭 질환은~저체온증, 동상, 동창이 대표적이며 대처가 미흡하면 인명 피해로 이어질 수도 있다.
- 30세 이상 50세 미만은 실외 길가(6명, 26%), 실외 강가·실내 집에서 각각 4명(17%)

 ① '한파 관련 특히 주의가 필요한 경우'의 '만성질환자(심뇌혈관질환, 당뇨병, 고혈압 등)'에서 고혈압과 같은 만성질환이 있는 사람은 급격히 몸이 차가워지는 것이나 무리한 신체 활동을 주의해야 함을 알 수 있으므로 적절하다.

　　[관련 지문 인용] 급격한 온도 변화에 혈압이 상승하고 증상이 악화되어 위험할 수 있으므로 추위에 갑자기 노출되지 않게 주의하고 무리한 신체 활동을 피하세요.

② 갑자기 기온이 떨어질 경우 한랭 질환이 발생할 확률이 높아진다고 하였으므로 적절하다.

　　[관련 지문 인용] 추위에 익숙하지 않은 상황에서 갑작스런 한파에 노출될 경우 적절하게 대비하지 않으면 한랭 질환이 발생하기 쉽다.

③ 한랭 질환 예방을 위해 지자체 차원에서 독거노인, 노숙인과 같은 취약 계층을 자주 찾아가 볼 것을 독려하고 있으므로 적절하다.

　　[관련 지문 인용] 지자체에서는 특히 독거노인, 노숙인, 쪽방 거주자 등 취약 계층 대상 안부 확인과 겨울철 행동 요령 등 안전 교육 및 피해 예방 활동을 강화하여 줄 것을 당부하였다.

⑤ '한파 관련 특히 주의가 필요한 경우'의 '낙상(노인, 영유아, 퇴행성관절염과 같은 만성질환자)'에서 주머니에 손을 넣지 않고 다니면 한파 시 낙상 사고를 예방할 수 있음을 알 수 있으므로 적절하다.

　　[관련 지문 인용] 빙판길, 경사지거나 불규칙한 지면, 계단을 피해 가급적 평지나 승강기를 이용하고, 장갑을 착용하여 주머니에서 손을 빼고 활동합니다.

89 자료 – 정보 확인　　　　　정답 ③

불법대출 관련 스팸 광고 수신율은 2020년 1/2 분기 26.58%, 2020년 2/2 분기 18.09%, 2021년 1/2 분기 18.12%로 2020년 1/2 분기부터 2020년 2/2 분기까지는 감소하다가 2020년 2/2 분기부터 2021년 1/2 분기 사이에는 증가하였다. 따라서 적절하지 않은 것은 ③이다.

 ① 불법의약품 관련 스팸 광고 수신율은 2020년 1/2 분기 0.35%, 2020년 2/2 분기 0.37%, 2021년 1/2 분기 0.44%로, 2020년 1/2분기부터 2021년 1/2분기까지 다른 유형의 광고보다 수신율이 낮았으므로 적절하다.

② 2020년 1/2 분기 대비 2021년 1/2 분기에 수신율이 증가한 것은 금융, 불법의약품, 기타 유형 스팸 광고이다. 이때, 금융 관련 스팸 광고 수신율은 20.33%에서 54.78%로 약 2.7배 증가하였고, 불법의약품 관련 스팸 광고 수신율은 0.35%에서 0.44%로 약 1.3배 증가하였으며, 기타 유형 스팸 광고 수신율은 3.27%에서 6.95%로 약 2.1배 증가하였다. 따라서 2020년 1/2 분기 대비 2021년 1/2 분기에 금융, 기타 유형 스팸 광고 수신율이 두 배 이상 증가했다는 설명은 적절하다.

④ 2020년 1/2 분기에는 기타 유형 스팸 광고 수신율(3.27%)이 통신가입 관련 스팸 광고 수신율(8.06%)보다 4.79%p 적었으나 2021년 1/2 분기에는 기타 유형 스팸 광고 수신율(6.95%)이 통신가입 관련 스팸 광고 수신율(6.46%)보다 0.49%p 많으므로 적절하다.

⑤ 2020년 1/2 분기에는 도박 관련 스팸 광고 수신율이 40.07%로 다른 유형보다 스팸 광고 수신율이 높았고, 2021년 1/2 분기에는 금융 관련 스팸 광고 수신율이 54.78%로 다른 유형보다 스팸 광고 수신율이 높으므로 적절하다.

※ 출처: KOSIS(방송통신위원회, 스팸수신량조사, 광고유형별 휴대전화 스팸(문자+음성) 수신량 추이), 2022.03.28.

90 자료 – 개선 방안 추론　　　　　정답 ②

위 통계 자료는 2020년 1/2 분기부터 2021년 1/2 분기까지의 휴대전화 스팸 광고 수신율 추이를 분석한 자료이다. 해당 기간에 도박, 통신가입, 성인 관련 스팸 광고 수신율은 감소하는 추세를 보이며, 불법대출 관련 스팸 광고 수신율은 감소하다 소폭(0.03%p) 증가하였다. 또한 불법의약품 관련 스팸 광고 수신율은 '0.35% → 0.37%p → 0.44%p'로 계속 증가하였으나 다른 유형에 비해 수신율이 현저히 낮은 편이다. 이와 달리 같은 기간에 금융과 기타 유형 스팸 광고는 2020년 1/2 분기 대비 2021년 1/2 분기에 약 2배 이상 증가한 모습을 보인다. 이를 통해 위 자료가 금융 및 기타 유형의 스팸 광고의 문제점을 가장 크게 시사하고 있음을 알 수 있다. 따라서 이를 방지하기 위한 방안이 마련되어야 한다는 ②가 답이다.

 ① 불법대출 스팸 광고 수신율은 2020년 1/2 분기부터 2021년 1/2 분기까지 감소하다 소폭 증가하는 추세를 보였으나, 기타 유형의 스팸 광고 수신율 중 계좌임대 스팸 광고 수신율이 차지하는 비중이나 그 상승/하락 폭에 관한 정보는 위 자료를 통해 확인할 수 없다. 따라서 불법대출 스팸 광고와 계좌임대 스팸 광고의 관계는 위 자료가 시사하는 내용이 아니므로 적절하지 않다.

③ 2020년 1/2 분기부터 2021년 1/2 분기까지 성인 관련 스팸 광고 수신율은 '1.34% → 0.57% → 0.49%'로 감소하는 모습을 보인다. 따라서 자료의 내용과 일치하지 않으므로 적절하지 않다.

④ 위 자료는 휴대전화로 여러 유형의 스팸 광고가 얼마나 수신되고 있는지를 조사한 것이다. 따라서 휴대전화 외의 수단으로 수신되는 스팸 광고는 위 자료가 시사하는 내용이 아니므로 적절하지 않다.

⑤ 위 자료를 통해 스팸 광고로 인한 피해와 피해자의 정보 비판 능력에 대한 내용은 알 수 없으므로 적절하지 않다.

국어 문화 (91번 ~ 100번)

91 음운의 결합 방식 　　　　정답 ⑤

음절 구성 방식이 '자음+모음+자음'인 단어는 ⓒ '밖', ⓔ '뺨', ⓜ '삯', ⓩ '칡'이므로 답은 ⑤이다. 참고로, 음운은 말소리의 단위이므로 단어의 표기가 아닌 발음으로 음절 구성 방식을 파악해야 한다.

- ⓒ 밖[박]: 음절 [박]은 자음 [ㅂ], 모음 [ㅏ], 자음 [ㄱ]으로 구성된다.
- ⓔ 뺨[뺨]: 음절 [뺨]은 자음 [ㅃ], 모음 [ㅑ], 자음 [ㅁ]으로 구성된다. 참고로, 'ㄲ, ㄸ, ㅆ, ㅉ, ㅃ'과 같은 겹글자는 한 개의 자음이다.
- ⓜ 삯[삭]: 음절 [삭]은 자음 [ㅅ], 모음 [ㅏ], 자음 [ㄱ]으로 구성된다.
- ⓩ 칡[칙]: 음절 [칙]은 자음 [ㅊ], 모음 [ㅣ], 자음 [ㄱ]으로 구성된다.

| 오답분석 | • ㉠ 깨[깨], ⓛ 뇌[뇌/눼], ⓑ 소[소]: 음절 [깨], [뇌/눼], [소]는 자음과 모음으로 구성된다.
- ㉟ 알[알], ㉼ 윙[윙]: 음절 [알], [윙]은 모음과 자음으로 구성된다. 참고로, 초성 위치에 있는 'ㅇ'은 음가가 없으므로 음운으로 취급하지 않는다.
- ⓞ 예[예]: 음절 [예]는 모음 단독으로 구성된다.

92 합성어 　　　　정답 ②

둘 이상의 어근이 결합하여 하나의 단어가 되는 합성어 중에서 우리말의 통사 구조와 동일한 방식으로 결합한 단어를 통사적 합성어라고 한다. 동사 '짓밟다'는 접두사 '짓-'과 동사 '밟다'를 결합한 파생어이므로 통사적 합성어가 아닌 것은 ②이다. 참고로, 파생어는 어근에 접사(접두사, 접미사)가 결합하여 하나의 단어가 된 말을 의미한다.

- 짓-: '마구', '함부로', '몹시'의 뜻을 더하는 접두사
- 밟다: 발을 들었다 놓으면서 어떤 대상 위에 대고 누르다.
- 짓밟다: 1. 함부로 마구 밟다. 2. 남의 인격이나 권리 등을 침해하다.

①③④⑤ '방울떡', '첫사랑', '코웃음', '돌아가다'는 모두 어근이 우리말의 통사 구조와 같은 방식으로 결합한 통사적 합성어이다.

① 방울떡: 명사 '방울떡'은 명사 '방울'과 명사 '떡'이 결합한 합성어이다. 명사 앞에 명사가 놓이는 구조는 우리말의 통사 구조에 부합하므로 '방울떡'은 통사적 합성어이다.
  - 방울떡: 방울 모양으로 동글동글하게 만든 떡

③ 첫사랑: 명사 '첫사랑'은 관형사 '첫'과 명사 '사랑'이 결합한 합성어이다. 관형사가 명사를 꾸미는 구조는 우리말의 통사 구조에 부합하므로 '첫사랑'은 통사적 합성어이다.
  - 첫사랑: 처음으로 느끼거나 맺은 사랑

④ 코웃음: 명사 '코웃음'은 명사 '코'와 명사 '웃음'이 결합해 만들어진 합성어이다. 명사 앞에 명사가 놓이는 구조는 우리말의 통사 구조에 부합하므로 '코웃음'은 통사적 합성어이다. 참고로, '웃음'은 동사 '웃다'의 어간 '웃-'에 명사 파생 접미사 '-음'이 결합한 파생 명사이다.
  - 코웃음: 콧소리를 내거나 코끝으로 가볍게 웃는 비난조의 웃음

⑤ 돌아가다: 동사 '돌아가다'는 동사 '돌다'의 어간 '돌-', 연결 어미 '-아', 동사 '가다'의 어간 '가-'가 결합한 합성어이다. 용언의 어간과 어간이 어미로 연결되는 구조는 우리말의 통사 구조에 부합하므로 '돌아가다'는 통사적 합성어이다.
  - 돌아가다: 물체가 일정한 축을 중심으로 원을 그리면서 움직여 가다.

93 수어 　　　　정답 ②

<보기>의 ㉠은 자음 'ㄱ', ⓛ은 자음 'ㅎ'을 나타내는 수어이므로 적절한 것은 ②이다.
- ㉠: 오른손을 주먹 쥔 후 1지(검지)와 5지(엄지)를 편 상태에서 1지가 아래를 향하게 하고 있으므로 자음 'ㄱ'을 나타냄을 알 수 있다.
- ⓛ: 오른손을 주먹 쥔 상태에서 바닥이 밖으로 향하도록 5지(엄지)만 편 모양이므로 자음 'ㅎ'을 나타냄을 알 수 있다.

94 남북한의 언어   정답 ③

㉠과 ㉡에 들어가기에 적절한 말은 각각 '방수'와 '쌍디읃'이므로 답은 ③이다.

- ㉠ **방수(防水)**: 북한어 '물막이'에 대응하는 남한어로, '스며들거나 새거나 넘쳐흐르는 물을 막음'이라는 뜻이다.
- ㉡ **쌍디읃**: 한글 자모 'ㄸ'의 이름을 나타내는 남한어 '쌍디귿'에 대응하는 북한어이다. 참고로, '된디읃'도 남한어 '쌍디귿(된디귿)'에 대응하는 북한어로 적절하다.

오답분석

- ㉠ **우산(雨傘)**: 우비의 하나. 펴고 접을 수 있어 비가 올 때에 펴서 손에 들고 머리 위를 가린다.
- **방파제(防波堤)**: 파도를 막기 위하여 항만에 쌓은 둑. 바다의 센 물결을 막아서 항구를 보호한다.
- ㉡ **된디귿**: 남한어 '쌍디귿'의 동의어로, 한글 자모 'ㄸ'의 이름을 나타내는 말이다.

95 문학 이론   정답 ⑤

작품의 이면적 주제를 작품 속 요소에 변화를 주지 않고 표면적 주제와의 유사성만으로 구현하면서, 작품 전체에 은유법이 적용되어 있다는 점을 통해 <보기>에서 설명하고 있는 문학 용어는 '알레고리(allegory)'임을 알 수 있으므로 답은 ⑤이다.

오답분석

① **메타포(metaphor)**: 비유법 중 은유법을 달리 이르는 말로, 사물의 상태나 움직임을 암시적으로 나타내는 수사법이며 주로 'A는 B다'의 형식을 취한다.

② **모티브(motive)**: 회화, 조각, 소설 등의 예술 작품을 표현하는 동기가 된 작가의 중심 사상으로, '모티프'라고도 한다.

③ **미장센(mise-en-scène)**: 무대 위에서의 등장인물의 배치나 역할, 무대 장치, 조명 등에 관한 총체적인 계획으로, 작가의 생각이나 의도가 다분히 반영된다.

④ **아이러니(irony)**: 반어법을 달리 이르는 말로, 참뜻과는 반대되는 말을 하여 문장의 의미를 강화하는 수사법이다. 풍자나 위트, 역설 등이 섞여 나타나는 경우가 많다.

96 근대 국어   정답 ②

<보기>의 '잇ᄂᆞᆫ말을'은 현대 국어 '있는 말을'로 옮길 수 있으므로 '잇'의 받침 표기는 현대 국어의 표기와 일치하지 않음을 파악할 수 있다. 따라서 <보기>를 분석한 내용으로 적절하지 않은 것은 ②이다.

오답분석

① '알어(알-+-어)'에서 양성 모음 'ㅏ'를 가진 어간 '알-'에 음성 모음 'ㅓ'를 가진 어미 '-어'가 결합한 것을 통해 모음 조화가 파괴된 모습을 확인할 수 있으므로 적절하다. 참고로, 모음 조화는 양성 모음은 양성 모음끼리 음성 모음은 음성 모음끼리 어울리는 음운 현상이다.

③ '홈이라(ᄒᆞ-+-옴+이라)'에서 명사형 어미 '-옴'이 쓰였으며, '보기가(보-+-기+가)'에서 명사형 어미 '-기'가 쓰였으므로 적절하다. 참고로, 서술격 조사 '이라'와 주격 조사 '가'와 같은 격 조사는 체언 또는 체언 구실을 하는 말 뒤에 결합하며, '홈이라'와 '보기가'는 각각 '다 보게'의 보조 용언과 '이신문'의 서술어이므로 '홈'과 '보기'는 용언의 어간과 명사형 어미가 결합한 명사형인 것을 파악할 수 있다.

④ '우리신문이', '상하귀천이'에서 주격 조사 '이'가 쓰였으며, '보기가'에서 주격 조사 '가'가 쓰였으므로 적절하다.

⑤ '우리신문이', '아니쓰고', '이신문' 등을 통해 현대 국어와 띄어쓰기가 다른 부분을 확인할 수 있다. 이들은 현대 국어에서 각각의 단어를 분리해 '우리ㅇ신문이', '아니ㅇ쓰고', '이ㅇ신문'으로 띄어 쓴다.

97 작품   정답 ①

남북 간 이데올로기의 대립 속에서 갈등하는 한 지식인의 모습을 그려 내어 남북 분단 시기의 이데올로기 갈등을 비판하고 있다는 것을 통해 <보기>에서 설명하고 있는 문학 작품이 ①의 「광장」인 것을 알 수 있다.

오답분석

② 「눈길」: 이청준이 지은 단편 소설로, 아들이 어머니의 사랑을 깨달은 것을 계기로 집안의 몰락으로 인해 오랫동안 소원했던 두 사람의 관계가 회복되는 과정을 그렸다.

③ 「봄봄」: 김유정이 지은 단편 소설로, 판소리계 소설과 사설시조를 이어받아 농촌의 궁핍상과 순박한 생활상을 향토적 정서를 바탕으로 특유의 해학적 어조와 문체로 형상화하였다.

④ 「수난이대」: 하근찬이 지은 단편 소설로, 일제 강점기에 징용으로 끌려가 한쪽 팔을 잃은 아버지와, 6·25 전쟁에 참전하였다가 한쪽 다리를 잃은 아들의 모습을 통하여 우리 민족이 근현대사에서 겪은 고통과 그 극복 의지를 상징적으로 보여 준다.

⑤ 「해방전후」: 이태준이 지은 단편 소설로, 일제 강점기에 지조를 잃지 않기 위하여 문필 활동을 그만두고 낙향한 주인공의 생활과 광복 직후에 혼란한 상황 속에서 그가 겪는 갈등을 다루고 있는 작가의 자전적 소설이다.

98 작가

정답 ①

1960년대 한국 현대 사회 속에서 소외된 사람들의 이야기를 다루었다는 점과 대표작을 통해 <보기>에서 설명하고 있는 작가가 '김승옥'이라는 것을 알 수 있으므로 답은 ①이다.

오답 분석
② **김유정**: 일제 강점기 농촌과 도시의 토속적 인간상을 유머러스한 필치로 그려 내었으며, 대표작으로는 「금 따는 콩밭」, 「만무방」, 「봄봄」 등이 있다.
③ **염상섭**: 작품 활동 초기에는 자연주의적 경향을 띠었으나 후에는 사실주의 계열의 작품을 창작하였으며, 대표작으로는 「만세전」, 「삼대」, 「두 파산」 등이 있다.
④ **전영택**: 기독교 교리를 바탕으로 '생명 중시'를 주제로 한 휴머니즘 문학 작품을 창작하였으며, 대표작으로는 「화수분」 등이 있다.
⑤ **최서해**: 자신이 체험한 밑바닥 생활을 바탕으로 하여 유산 계급에 대항하는 무산 계급을 주인공으로 한 문학 작품을 창작하였으며 신경향파의 기수로서 활동하였다. 대표작으로는 「고국」, 「탈출기」, 「큰물 진 뒤」 등이 있다.

99 표준어와 방언의 구분

정답 ②

ⓒ '우수리'는 '물건값을 제하고 거슬러 받는 잔돈'이라는 의미의 표준어이므로 적절하지 않은 것은 ②이다. 참고로, '제 값어치 외에 거저로 조금 더 얹어 주는 일. 또는 그런 물건'이라는 의미의 표준어는 '덤'이다.

100 작품

정답 ①

<보기>에서 설명하고 있는 문학의 유형은 판소리계 소설이다. 「장끼전」은 남편 장끼를 잃은 까투리의 개가 문제를 통하여 당시의 사회 제도를 풍자한 작품으로 본래 판소리 「장끼타령」으로 불리다가 소설화된 판소리계 소설이다. 따라서 답은 ①이다.

오답 분석
② 「주옹설」은 '권근'의 작품으로 등장인물인 '손'과 '주옹'의 대화를 통해 바람직한 삶의 태도에 대한 교훈을 전달하는 조선 전기의 한문 수필이다.
③ 「난중일기」는 '이순신'이 임진왜란이 일어난 1592년부터 끝난 1598년까지의 일을 간결하고 명료하게 한문으로 기록한 일기로, 한문 수필이다.
④ 「죽부인전」은 '이곡'의 작품으로, 대나무를 의인화한 주인공 죽부인이 그녀의 남편 '송공'을 잃은 뒤에 절개를 지키며 어려운 생애를 마쳤다는 내용을 담은 고려 후기의 가전체 소설이다. 참고로, 가전체 소설은 사물을 의인화하여 전기(傳記) 형식으로 서술하는 문학 양식이다.

⑤ 「예덕선생전」은 '연암 박지원'의 작품으로, 똥을 져 나르는 것을 업으로 삼는 '엄행수'라는 인물을 통하여 무위도식하면서 허욕에 찬 양반과 관리들의 위선적 생활을 비판하는 조선 후기의 한문 단편 소설이다.

실전모의고사 제3회 [고난도]

◎◎ 정답 한눈에 보기

1	2	3	4	5	6	7	8	9	10
④	④	④	④	①	①	②	③	③	③
11	12	13	14	15	16	17	18	19	20
④	④	②	⑤	②	⑤	④	⑤	⑤	④
21	22	23	24	25	26	27	28	29	30
⑤	②	⑤	④	③	④	①	④	①	②
31	32	33	34	35	36	37	38	39	40
②	②	⑤	①	④	③	②	①	③	①
41	42	43	44	45	46	47	48	49	50
②	③	④	⑤	⑤	④	③	④	⑤	⑤
51	52	53	54	55	56	57	58	59	60
⑤	①	①	②	④	⑤	④	②	⑤	③
61	62	63	64	65	66	67	68	69	70
④	②	⑤	⑤	③	④	③	①	④	②
71	72	73	74	75	76	77	78	79	80
④	④	③	③	④	⑤	⑤	⑤	④	③
81	82	83	84	85	86	87	88	89	90
④	②	①	①	①	⑤	①	①	①	①
91	92	93	94	95	96	97	98	99	100
③	③	②	①	①	②	①	④	③	②

⚲ 취약 영역 분석표

모바일 자동 채점 + 성적 분석 서비스를 이용해
나의 위치와 취약 영역을 파악해 보세요.

영역	듣기·말하기 (1번~15번)	어휘 (16번~30번)	어법 (31번~45번)	쓰기 (46번~50번)	창안 (51번~60번)	읽기 (61번~90번)	국어 문화 (91번~100번)	TOTAL
맞힌 답의 개수	/ 15	/ 15	/ 15	/ 5	/ 10	/ 30	/ 10	/ 100

해설

1 그림 – 그림 해설 파악
정답 ④

'도리아 양식을 따르는 대표적인 건축물입니다'에서 파르테논 신전의 건축 양식이 '도리아 양식'임을 알 수 있으나, 파르테논 신전이 어떤 재료로 지어졌는지는 다루지 않았으므로 답은 ④이다.

오답분석
① '파르테논 신전은 아테나 여신을 위해 ~ 지어진 것으로'에서 파르테논 신전은 아테나 여신에게 바쳐진 신전임을 알 수 있다.
  • 봉헌(奉獻): 물건을 받들어 바침
② '아테나 여신에게 바쳐진 신전인 만큼 파르테논 신전의 기둥 위쪽에 있는 프리즈에는 아테나 여신의 탄생을 기리는 축제인 파나테나이아 행렬의 모습이 새겨져 있었지만'에서 파르테논과 연관된 축제는 '파나테나이아'임을 알 수 있다.
③ '사진 속 건축물은 아테네 아크로폴리스에 있는 파르테논 신전입니다'와 '파르테논 신전은 ~ 기원전 5세기 중엽에 지어진 것으로'에서 파르테논 신전은 기원전 5세기 중엽에 아테네 아크로폴리스에 지어진 신전임을 알 수 있다.
⑤ '파르테논 신전은 건축물임에도 직선이 존재하지 않는 특이한 모습을 보이는데요'에서 파르테논 신전을 이루는 선의 특징을 알 수 있다.

듣기대본
사진 속 건축물은 아테네 아크로폴리스에 있는 파르테논 신전입니다. 이 신전은 건축 당시 아테나가 지녔던 부와 힘이 그대로 느껴질 정도로 아크로폴리스와 먼 곳에서도 눈에 쉽게 띕니다. 파르테논 신전은 아테나 여신을 위해 기원전 5세기 중엽에 지어진 것으로, 안정적이면서도 장엄한 분위기를 자아내기 위해 신전의 모든 구조물은 9 대 4의 비율로 설계되었으며, 기둥은 밑부분이 윗부분보다 굵은 형태입니다. 또한 파르테논 신전은 간소하고 단순한 모양의 처마도리와 돌림띠 장식이 특징적인 도리아 양식을 따르는 대표적인 건축물입니다. 아테나 여신에게 바쳐진 신전인 만큼 파르테논 신전의 기둥 위쪽에 있는 프리즈에는 아테나 여신의 탄생을 기리는 축제인 파나테나이아 행렬의 모습이 새겨져 있었지만 이 프리즈는 현재 파르테논 신전이 아닌 여러 박물관에 나누어 전시되고 있습니다. 마지막으로, 파르테논 신전은 건축물임에도 직선이 존재하지 않는 특이한 모습을 보이는데요. 이것을 가능하게 하는 것은 중앙으로 올수록 볼록하게 높아지는 바닥과 위로 갈수록 둘레가 좁아지는 기둥, 다

른 기둥보다 간격이 좁게 세워진 가장자리의 기둥 등입니다.

※ 출처: 다큐프라임_삶과죽음의그래프_유럽_유적02 by 한국교육방송공사, 공유마당, CC BY

2 이야기 - 이어질 내용 추론
정답 ④

이 이야기는 아돌프 키에프가 턴 지점에서 손으로 벽을 짚어 턴을 하던 다른 선수들과 달리 몸을 뒤집고 벽을 발로 밀어 턴을 하는 기술인 '플립턴'을 고안해 내어 무명 선수에서 순식간에 세계적인 선수가 된 내용을 다루고 있다. 아돌프 키에프의 '플립턴'이 이전에 누구도 시도해 보거나 시도할 생각을 하지 않았던 방식이라는 점을 고려할 때, 성공하기 위해서는 기존의 방식을 따르기보다 누구도 시도해 본 적 없던 방식을 시도해 보는 것이 중요하다는 내용을 추론할 수 있다. 따라서 마지막에 이어질 내용으로 가장 적절한 것은 ④이다.

오답분석
① 수영 선수로서 아돌프 키에프의 재능이나 노력은 이 이야기에서 다루지 않았으므로 적절하지 않다.
② '당시 세계적인 수영 선수 누구도 넘지 못한 마의 1분 벽을 무명의 학생이 넘어선 것입니다'에서 아돌프 키에프가 배영 100야드 경기 기록을 1분 안쪽으로 당기는 경지에 이르렀음을 알 수 있으나, 발상의 전환에 대한 내용이 포함되어 있지 않으므로 적절하지 않다.
③ '이젠 플립턴은 모든 수영 선수가 한 사람도 빠짐없이 구사하는 기본 기술이 되었습니다'에서 아돌프 키에프의 '플립턴'이 수영 선수의 모범적인 턴 자세로 여겨짐을 알 수 있다. 그러나 아돌프 키에프의 도덕성은 이 이야기에서 다루지 않았으며, 발상의 전환에 대한 내용도 포함되어 있지 않으므로 적절하지 않다.
⑤ 무명 선수이던 아돌프 키에프가 1년 만에 올림픽 금메달리스트가 되었으므로, 그가 배영 100야드 분야에서 두각을 나타내는 인재였음을 알 수 있으나 발상의 전환에 대한 내용이 포함되어 있지 않으므로 적절하지 않다.

듣기대본
1935년 아돌프 키에프는 16세의 어린 나이로 배영 100야드(91.44m) 부문에서 58.5초를 기록해 세계 최초로 1분 벽을 넘었습니다. 당시 세계적인 수영 선수 누구도 넘지 못한 마의 1분 벽을 무명의 학생이 넘어선 것입니다. 그는 1년 뒤인 1936년 베를린올림픽에서는 금메달까지 땄습니다.

그에게는 어떤 발상의 전환이 있었던 것일까요? 바로 그가 사용한 '플립턴'에 그 비밀이 있었습니다. 플립턴은 턴 지점을 1m 정도 남겨 두고 몸을 뒤집어서 발로 터치하는 기술입니다. 손으로 벽을 짚고 턴하는 기존의 기술에는 그 순간에 속도가 현저히 줄어든다는 단점이 있었습니다. 하지만 키에프는 턴 지점 앞에서 몸을 180도 회전시켜 손이 아닌 발로 턴하는 방식을 사용한 것입니다.

기존의 발상을 과감히 뒤집은 덕에 다른 선수가 속도를 줄이며 턴을 할 때 오히려 가속도를 붙일 수 있었지요. 그는 모든 선수의 꿈인 올림픽 금메달을 딴 것은 물론이고, 수영 선수의 턴하는 방식을 송두리째 바꾸어 버렸습니다. 이젠 플립턴은 모든 수영 선수가 한 사람도 빠짐없이 구사하는 기본 기술이 되었습니다.

3 강연 - 세부 내용 파악　　　　　　　정답 ④

'라이프 스트로우'의 제작 단가를 낮출 수 있었던 이유는 오염된 물을 정수하는 기능에 중점을 두고, 그 외의 디자인적인 요소를 배제하였기 때문이다. 따라서 강연의 내용과 일치하지 않는 것은 ④이다.

[관련 지문 인용] 라이프 스트로우는 정수 기능에 최대한 충실하면서도 군더더기를 모두 **뺀** 디자인으로써 최대한 원가를 절약해 저렴하면서도 품질이 훌륭했습니다.

① '파파넥의 생각에서 비롯된 이러한 디자인의 경향을 '인간을 위한 디자인' 혹은 '이타적 디자인'이라고 부릅니다'를 통해 알 수 있다.

② '미켈은 쓰기 간편하고 가격도 저렴한 휴대용 개인 정수기를 디자인했습니다'를 통해 미켈이 디자인한 휴대용 정수기인 '라이프 스트로우'는 개인이 전용으로 쓰는 구호 물품임을 알 수 있다.

③ '빅터 파파넥은 살아생전에 세계 각국을 다니며~소외된 사람들을 위한 디자인을 했습니다'를 통해 알 수 있다.

⑤ 미켈은 사람들이 오염된 물을 먹고 병에 시달리는 것을 본 아프리카에서의 경험을 계기로 휴대용 정수기인 '라이프 스트로우'를 개발하게 되었음을 알 수 있다.
[관련 지문 인용] 미켈은 아프리카에 여행을 다녀온 적이 있었는데, 그곳 사람들이 오염된 물을 마시고 온갖 질병으로 고통받는 모습에 큰 충격을 받았습니다. ~ 그가 만든 휴대용 정수기 라이프 스트로우는

빅터 파파넥은 살아생전에 세계 각국을 다니며 가난한 사람들, 장애인과 어린이, 여성과 문맹 등 소외된 사람들을 위한 디자인을 했습니다. 그의 이러한 노력은 자연과 사회적 약자를 돕는 데도 디자인이 중요한 역할을 할 수 있다는 가르침을 전해 주었습니다. 그래서 파파넥의 생각에서 비롯된 이러한 디자인의 경향을 '인간을 위한 디자인' 혹은 '이타적 디자인'이라고 부릅니다. <중 략>

베스터가드 프란센이라는 회사에서 만든 구호 물품 '라이프 스트로우'도 파파넥을 이어 인간을 위한 디자인 철학을 담은 제품입니다. 세계적으로 수십억 명이 안전한 물을 마시지 못하고 있고, 매년 수백만 명이 오염된 물을 먹고 목숨을 잃는 현실을 외면할 수 없었던 이 회사의 대표인 미켈은 쓰기 간편하고 가격도 저렴한 휴대용 개인 정수기를 디자인했습니다.

미켈은 아프리카에 여행을 다녀온 적이 있었는데, 그곳 사람들이 오염된 물을 마시고 온갖 질병으로 고통받는 모습에 큰 충격을 받았습니다. 여행을 마치고 돌아온 미켈은 보건 구호 사업가로서의 삶을 살기로 결심했습니다. 그가 만든 휴대용 정수기 라이프 스트로우는 말 그대로 생명을 살리는 빨대가 되어 세계적인 구호 단체들에 공급되었습니다. 라이프 스트로우는 정수 기능에 최대한 충실하면서도 군더더기를 모두 뺀 디자인으로써 최대한 원가를 절약해 저렴하면서도 품질이 훌륭했습니다.

4 뉴스 리포트 - 세부 내용 파악　　　　　　　정답 ④

'물론 신라가 고구려의 영토를 차지하지 못한 이유는 신라의 역량이 부족했기 때문이라고 볼 수도 있어요'라고 하였으므로 당과 전쟁을 하던 시기의 신라의 힘이 옛 고구려의 영토를 수복할 만큼은 되지 않았음을 알 수 있다. 따라서 리포트의 내용과 일치하지 않는 것은 ④이다.

① '고구려의 영토를 수복해 단군족을 통합하려는 의지가~고구려의 부흥 운동 세력을 지원했을 것이고'를 통해 고구려가 멸망한 이후 고구려의 옛 영토에 단군족이 살고 있었음을 알 수 있으므로 적절하다.
　• **수복하다**: 잃었던 땅이나 권리 등을 되찾다.
　• **부흥**: 쇠퇴하였던 것이 다시 일어남. 또는 그렇게 되게 함

② '고구려 유민 대조영은 영주 지역에서~당을 몰아내고 발해를 건국했어요'에서 알 수 있다.

③ '신라는 고구려, 백제 유민과 협력해 대동강 이남에서 당의 세력을 몰아냈습니다'를 통해 알 수 있다.

⑤ '신라는 대동강 이남의 땅을 장악한 후~당과 화해 관계로 나아갔어요'를 통해 알 수 있다.

신라는 고구려, 백제 유민과 협력해 대동강 이남에서 당의 세력을 몰아냈습니다. 하지만 이들은 단군 조선이 다스렸던 드넓은 영토를 회복하기 위해 더 이상 진군하지 않았습니다. 반면에 고구려 유민 대조영은 영주 지역에서 고구려 부흥 운동을 일으켜 당을 몰아내고 발해를 건국했어요. 신라는 넓은 영토를 회복할 노력을 하지 않았는데, 왜 발해는 고구려를 계승해 건국했을까요? 아울러 이런 결과가 우리 민족사의 발전에 어떤 영향을 끼쳤을까요?

한 국가로 존재하는 것과 그렇지 않은 것에는 커다란 차이가 있습니다. 이런 점에서 보면 대조영이 이끄는 고구려 부흥 운동 세력은 신라에 비해 불리한 상황에 처해 있었어요.

그러나 무엇보다 중요한 요인은 객관적인 조건이 아니라 의지의 차이였습니다. 물론 신라가 고구려의 영토를 차지하지 못한 이유는 신라의 역량이 부족했기 때문이라고 볼 수도 있어요. 하지만 이보다는 고구려의 영토를 수복해 단군족을 통합하려는 의지가 없었던 것으로 보는 것이 타당합니다. 분명한 의지가 있었다면 최소한 힘이 닿는 데까지 고구려의 부흥 운동 세력을 지원했을 것이고, 일정한 영향력을 행사했을 것입니다. 하지만 신라는 대동강 이남의 땅을 장악한 후 고구려의 부흥 운동 세력과 협력하기보다 당과 화해 관계로 나아갔어요. 다시 말하면 단군족을 통합하려는 의지가 없었던 것입니다.

5   시 - 제재 추론

정답 ①

이 시는 2행의 푸른 들, 5행의 익어가는 보리, 6~9행의 짝을 지어 날아다니는 꾀꼬리, 10~11행의 단장한 산봉우리의 모습을 통해 화자가 바라보고 있는 오월의 봄 풍경을 묘사하고 있다. 따라서 이 시의 중심 소재는 이 모두를 어우르는 봄의 풍경임을 알 수 있으므로 답은 ①이다. 참고로, 이 시는 화자가 오월의 풍경을 통해 느끼는 봄의 생동감을 생생하게 표현하기 위해 색채 대비와 의인법 등을 사용하고 있다.

들길은 마을에 들자 붉어지고
마을 골목은 들로 내려서자 푸르러졌다
바람은 넘실 천 이랑 만 이랑
이랑 이랑 햇빛이 갈라지고
보리도 허리통이 부끄럽게 드러났다
꾀꼬리는 여태 혼자 날아 볼 줄 모르나니
암컷이라 쫓길 뿐

수놈이라 쫓을 뿐
황금 빛난 길이 어지럴 뿐
얇은 단장하고 아양 가득 차 있는
산봉우리야 오늘 밤 너 어디로 가 버리련?

– 김영랑, 「오월」

6   방송 인터뷰 - 세부 내용 파악

정답 ①

박 교수는 2번째 발언에서 유연학기제가 교과목과 학습자 특성을 고려하여 만들어진 제도라고 설명하고 있으므로 적절하지 않은 것은 ①이다.
[관련 지문 인용] 유연학기제는 말 그대로 교과목이나 학습자 특성을 고려하여 4주, 8주, 15주 등 다양한 모듈로 수업을 진행할 수 있다는 것입니다.

② 기자와 박 교수 각각의 5번째 발언을 통해 학생이 이수하기를 원하는 전공이 소속 학교에 없을 때를 대비하여 대학과 대학 간에 융합전공제가 실시될 예정임을 알 수 있으므로 적절하다.
[관련 지문 인용]
• 만약 학생이 이수하기를 원하는 전공이 소속 학교에 없다면요?
• 그런 학생들을 위해 대학과 대학 간에도 융합전공제를 운영할 수 있도록 할 방침입니다.
③ 박 교수의 7번째 발언인 '학습경험인정제로 인정해 주는 학점은 졸업 학점의 5분의 1까지입니다'를 통해 알 수 있다.
④ 박 교수의 4번째 발언인 '융합전공이란 학과의 통폐합 없이 새롭게 개설하는 전공을 말하며'를 통해 알 수 있다.
⑤ 박 교수의 2번째 발언인 '집중이수제는 1학점당 15시간 이상의 강의 시간만 준수하면 학기에 구애받지 않고 자유롭게 집중강의를 운영할 수 있다는 것이고요'를 통해 알 수 있다.

기자: 요즘 사회 전반에서 4차 산업 혁명에 대한 관심이 높죠. 교육계도 다르지 않은데요, 이번 시간에는 교육 정책 전문가 박상혁 교수님을 모시고 4차 산업 혁명 시대에 걸맞은 창의융합인재를 육성하기 위한 대학 자율성 확대 방안에 대해 이야기를 나누어 보겠습니다. 안녕하세요, 교수님.
박상혁: 네, 안녕하세요.

기자: 먼저, 이번에 교육부에서 발표한 대학 자율성 확대 방안에는 유연학기제, 집중이수제, 융합전공제, 학습경험인정제 같은 것들이 있었는데요, 각각이 무엇인지 간단히 설명 부탁드립니다.

박상혁: 유연학기제는 말 그대로 교과목이나 학습자 특성을 고려하여 4주, 8주, 15주 등 다양한 모듈로 수업을 진행할 수 있다는 것입니다. 집중이수제는 1학점당 15시간 이상의 강의 시간만 준수하면 학기에 구애받지 않고 자유롭게 집중강의를 운영할 수 있다는 것이고요. 이렇게 되면 실험실습, 현장실습, 연구처럼 집중강의가 필요한 활동에 도움이 되겠죠.

기자: 그렇다면 유연학기제와 집중이수제를 통해 신입생이나 졸업반 학생처럼 추가적인 교육이나 실습이 필요한 대상을 위해 맞춤형으로 학기를 운영할 수도 있겠군요?

박상혁: 맞습니다. 주말이나 야간 시간에도 수업 개설을 자유롭게 할 수 있게 될 테니 이것으로 대학 교육 내실화를 기대해 보자는 거죠.

기자: 그렇군요. 다음으로, 융합전공제란 무엇일까요? 창의융합형 인재를 키워보자는 취지에서 융합이라는 말이 들어가니 조금 더 야심 찬 느낌이 드는데요.

박상혁: 융합전공이란 학과의 통폐합 없이 새롭게 개설하는 전공을 말하며, 학칙에 따라 소속 학과 학생은 원 전공이 아닌 새로운 전공만 이수할 수 있습니다. 예컨대, 기계공학과 학생이 기계공학과와 항공공학과가 개설한 드론전공을 주 전공으로 이수할 수 있는 길이 열리게 되기 때문에 4차 산업 혁명에 필요한 창의융합인재 육성이 기대됩니다.

기자: 만약 학생이 이수하기를 원하는 전공이 소속 학교에 없다면요?

박상혁: 그런 학생들을 위해 대학과 대학 간에도 융합전공제를 운영할 수 있도록 할 방침입니다.

기자: 제 주변에는 원 전공 외에 학위를 받고 싶은 전공이 소속 대학에 없어서 복수 전공을 포기하는 경우도 있었는데, 융합전공제가 시행되면 그런 걱정이나 아쉬움은 사라지겠네요. 다음은… 학습경험인정제에 대해 말씀 부탁드립니다. 학교 밖에서 학생이 얻은 학습 경험도 학점으로 인정해 주겠다는 것인가요?

박상혁: 정확히 이해하고 계시는군요.

기자: 그럼 졸업에 필요한 학점을 전부 학교 밖에서 채우는 학생들도 생기지 않을까요?

박상혁: 아뇨, 그렇지 않습니다. 대학교육으로 창의융합형인재를 육성해 보자는 것이 취지이므로 학습경험인정제로 인정해 주는 학점은 졸업 학점의 5분의 1까지입니다.

기자: 잘만 지켜진다면 산학 협력 연계 교육이 활성화되는 계기가 되겠네요.

박상혁: 그렇겠죠.

기자: 네, 지금까지 유연학기제, 집중이수제, 융합전공제, 학습경험인정제 등으로 구현될 대학 자율성 확대 방안에 대해 박 교수님과 이야기 나누어 보았습니다. 이런 제도들이 잘 활용되어 4차 산업 시대를 이끌어 갈 인재들을 길러낼 수 있으면 좋겠습니다. 감사합니다, 교수님.

※ 출처: 교육부, https://www.moe.go.kr

7　방송 인터뷰 – 말하기 전략　　　정답 ②

기자의 5번째 발언과 7번째 발언을 통해 기자는 융합전공제와 학습경험인정제에 대한 우려는 표시하고 있으나, 이에 대한 해결 방안을 함께 질문하고 있지 않으며 두 제도를 제외한 유연학기제나 집중이수제에 대한 우려는 표시하고 있지 않으므로 적절하지 않은 것은 ②이다.

[관련 지문 인용]
• 만약 학생이 이수하기를 원하는 전공이 소속 학교에 없다면요?
• 그럼 졸업에 필요한 학점을 전부 학교 밖에서 채우는 학생들도 생기지 않을까요?

오답
분석
① 박 교수가 융합전공제는 소속 대학에 이수를 원하는 전공이 없는 경우 타 대학에서 관련 전공을 이수할 수 있도록 운영될 예정이라고 설명하자, 기자는 6번째 발언에서 그런 제도가 없어 원하는 전공을 이수하지 못한 사람을 보았던 자신의 경험을 이야기하고 있으므로 적절하다.

[관련 지문 인용] 제 주변에는 원 전공 외에 학위를 받고 싶은 전공이 소속 대학에 없어서 복수 전공을 포기하는 경우도 있었는데, 융합전공제가 시행되면 그런 걱정이나 아쉬움은 사라지겠네요.

③ 기자는 9번째 발언에서 박 교수가 소개한 대학 자율성 확대 방안의 효과적인 운영을 통해 4차 산업 시대에 적합한 인재가 육성되기를 바란다고 말하며 인터뷰를 끝내고 있으므로 적절하다.

[관련 지문 인용] 이런 제도들이 잘 활용되어 4차 산업 시대를 이끌어 갈 인재들을 길러낼 수 있으면 좋겠습니다.

④ 기자는 1번째 발언에서 인터뷰의 화제인 대학 자율성 확대 방안이 논의되게 된 배경이 4차 산업 혁명에 대한 시대적 관심이 교육계에 이어졌기 때문임을 밝히며 인터뷰를 시작하고 있으므로 적절하다.

[관련 지문 인용] 요즘 사회 전반에서 4차 산업 혁명에 대한 관심이 높죠. 교육계도 다르지 않은데요, ~ 4차 산업 혁명 시대에 걸맞은 창의융합인재를 육성하기 위한 대학 자율성 확대 방안에 대해 이야기를 나누어 보겠습니다.

⑤ 기자는 6번째 발언에서 학습경험인정제가 무엇인지 질문하며 자신이 해석한 '학습경험인정제'의 의미가 적절한지 물어보고 있으므로 적절하다.

[관련 지문 인용] 학습경험인정제에 대해 말씀 부탁드립니다. 학교 밖에서 학생이 얻은 학습 경험도 학점으로 인정해 주겠다는 것인가요?

8 대화 – 등장인물의 생각 파악 정답 ③

촌장의 4번째 발언에서 촌장은 파수꾼이 굳이 하지 않아도 될 일을 하게 된 것은 맞지만, 그것은 마을 사람들을 위해 헌신한 것이므로 헛되지 않다고 말하고 있다. 또한 파수꾼이 규칙을 지켰는지에 대해서는 대화를 통해 알 수 없으므로 등장인물의 생각으로 볼 수 없는 것은 ③이다.

[관련 지문 인용] 물론 저 충직한 파수꾼에겐 미안해. 수천 개의 쓸모없는 덫들을 보살피고 양철 북을 요란하게 두들겼다. 하나 말이다, 그의 일생이 그저 헛되다고만 할 순 없어. 그는 모든 사람들을 위해 고귀하게 희생한 거야.

오답분석 ① 청년의 4번째 발언인 '이 헛된 두려움에 시달리고 사는 게 그게 더 좋아요?'를 통해 청년은 이리가 존재한다는 거짓된 사실에 대한 두려움에 잠식된 채 살고 싶지 않아함을 알 수 있으므로 적절하다.

② 촌장의 4번째 발언에서 촌장은 마을을 지키기 위해 질서를 만들었다고 말하고 있으므로 적절하다.

[관련 지문 인용] 난 질서를 만든 거야. 질서, 그게 뭔지 넌 알기나 하니? ~ 그건 마을을 지켜 주는 거란다.

④ 청년은 3, 4번째 발언에서 마을 사람들을 속인 촌장의 행위에 대해 촌장에게 따지고 있다. 따라서 청년은 진실을 숨기는 행위를 부정적으로 생각하고 있음을 알 수 있으므로 적절하다.

[관련 지문 인용]
• 아셨으면서 왜 숨기셨죠? 모든 사람들에게, 저 덫을 보러 간 파수꾼에게, 왜 말하지 않은 거예요?
• 거짓말 마세요, 촌장님!

⑤ 촌장의 4번째 발언에서 촌장은 이리에게서 마을을 지키기 위해 사람들이 단결했다고 말하고 있으므로 적절하다.

[관련 지문 인용] 사람들은 이리 떼에 대항하기 위해서 단결했다.

다: 촌장님은 이리가 무섭지 않으세요?

촌장: 없는 걸 왜 무서워하겠냐?

다: 촌장님도 아시는군요?

촌장: 난 알고 있지.

다: 아셨으면서 왜 숨기셨죠? 모든 사람들에게, 저 덫을 보러 간 파수꾼에게, 왜 말하지 않은 거예요?

촌장: 말해 주지 않는 것이 더 좋기 때문이다.

다: 거짓말 마세요, 촌장님! 일생을 이 쓸쓸한 곳에서 보내는 것이 더 좋아요? 사람들도 그렇죠? '이리 떼가 몰려온다.' 이 헛된 두려움에 시달리고 사는 게 그게 더 좋아요?

촌장: 얘야, 이리 떼는 처음부터 없었다. 없는 걸 좀 두려워한다는 것이 뭐가 그렇게 나쁘다는 거냐? 지금까지 단 한 사람도 이리에게 물리지 않았단다. 마을은 늘 안전했어. 그리고 사람들은 이리 떼에 대항하기 위해서 단결했다. 난 질서를 만든 거야. 질서, 그게 뭔지 넌 알기나 하니? 모를 거야, 너는. 그건 마을을 지켜 주는 거란다. 물론 저 충직한 파수꾼에겐 미안해. 수천 개의 쓸모없는 덫들을 보살피고 양철 북을 요란하게 두들겼다. 하나 말이다, 그의 일생이 그저 헛되다고만 할 순 없어. 그는 모든 사람들을 위해 고귀하게 희생한 거야. 난 네가 이러한 것들을 이해하여 주기 바란다. － 이강백, 「파수꾼」 중에서

9 대화 – 갈등의 원인 파악 정답 ③

대화 전반에서 청년은 촌장에게 왜 이리가 존재하지 않는다는 사실을 마을 사람들에게 알리지 않느냐고 따지고 있고, 촌장은 그 사실을 마을 사람들에게 굳이 알려주지 않아도 괜찮지 않느냐고 반문하고 있다. 이를 통해 두 사람의 갈등이 촉발된 원인은 마을 사람들에게 이리가 실재하지 않는다는 사실을 밝힐 것인지에 대한 견해의 차이 때문임을 파악할 수 있으므로 적절한 것은 ③이다.

오답분석 ①⑤ 두 사람이 마을 사람들에게 얼마나 헌신하고 있는지, 파수꾼이 촌장에게 의무적으로 복종해야 하는지는 대화에 나타나지 않으므로 적절하지 않다.

② 청년의 3번째 발언과 촌장의 4번째 발언에서 청년은 파수꾼이 이리를 잡기 위해 놓아 둔 덫을 살피는 역할을 쓸데없다고 생각하고, 촌장은 그런 파수꾼의 역할이 마을 사람들에 대한 희생이라고 생각함을 알 수 있다. 그러나 이러한 생각 차이가 발생한 원인은 실재하지 않는 이리를 존재한다고 속이고 있는 촌장의 행태 때문이므로 파수꾼이 수행하는 역할에 대한 의견 차이는 갈등의 근본적인 원인으로는 적절하지 않다.

[관련 지문 인용]
• 아셨으면서 왜 숨기셨죠? ~ 저 덫을 보러 간 파수꾼에게, 왜 말하지 않은 거예요?
• 물론 저 충직한 파수꾼에겐 미안해. 수천 개의 쓸모없는 덫들을 보살피고 양철 북을 요란하게 두들겼다. 하나 말이다. ~ 그는 모든 사람들을 위해 고귀하게 희생한 거야.

④ 청년과 촌장의 4번째 발언에서 존재하지 않는 이리로 인해 유발된 마을 사람들의 두려움을 청년은 헛되다고 생각하고, 촌장은 문제가 되지 않는다고 대수롭지 않게 생각함을 알 수 있다. 그러나 이런 시선 차이가 생긴 이유는 이리의 존재 여부에 대한 진실이 밝혀지지 않아 마을 사람들의 두려움이 해소되지 않았기 때문이므로 갈등의 근본적인 원인으로는 적절하지 않다.

[관련 지문 인용]
• '이리 떼가 몰려온다.' 이 헛된 두려움에 시달리고 사는 게 그게 더 좋아요?
• 얘야, 이리 떼는 처음부터 없었다. 없는 걸 좀 두려워한다는 것이 뭐가 그렇게 나쁘다는 거냐?

10 강연 – 세부 내용 파악   정답 ③

'드루젠'은 망막의 노폐물 제거 기능이 떨어져 노폐물이 쌓일 때 형성되는 결정체로 황반변성의 초기 형태이자, 황반변성을 진행되게 하는 요소이다. 그러나 황반변성의 원인은 명확히 밝혀지지 않았으며 드루젠을 없애 주는 세포에 대한 언급도 없으므로 강연의 내용과 일치하지 않는 것은 ③이다.
[관련 지문 인용] 황반변성의 정확한 원인은 알 수 없으나, 망막 세포층의 노화로 인해 노폐물 제거 능력이 떨어지면서 망막하층에 노폐물이 축적되어 형성되는 것으로 알려져 있습니다. 이와 같이 노폐물이 축적될 때 초기 황반변성의 한 형태인 드루젠이라는 결정체가 형성되는데, 이는 황반변성의 진행과 연관된 것으로 알려져 있습니다.

오답분석
① '이 망막에서 중심 시력을 담당하는 부분이 황반이고'를 통해 알 수 있다.
② 황반변성이 생기는 연령층이 주로 50대 이상이라고 하였으므로 적절하다.

[관련 지문 인용] 황반변성은 일반적으로 50세 이상 고연령층에서 주로 발생한다는 특징이 있습니다.
④ 중심 시력을 담당하는 황반부에 이상이 생기면 사물이 똑바로 보이지 않는다고 하였으므로 적절하다.
[관련 지문 인용] 황반부가 중심 시력을 담당하기 때문에~사물이 구부러져 보이거나, 사물의 중심 부위가 흐리게 보이거나, 전혀 보이지 않는 암점이 생기기도 하죠.
⑤ '건성의 경우 초기에는~정기적으로 망막 전문의의 진료를 받거나 암슬러 격자 등을 이용해서 자가 검사를 시행하는 것이 좋습니다'를 통해 알 수 있으므로 적절하다.

듣기대본

이번 시간에는 황반변성에 대해 말씀드리겠습니다. 우선, 황반이 무엇인지부터 알아야겠지요? 눈에는 외부에서 들어온 시각 자극을 시신경으로 전달하는 망막이라는 부위가 있습니다. 카메라로 따지면 필름에 해당하는 부위죠. 이 망막에서 중심 시력을 담당하는 부분이 황반이고, 여기에 생기는 질병이 황반변성입니다. 황반변성은 일반적으로 50세 이상 고연령층에서 주로 발생한다는 특징이 있습니다. 황반변성의 정확한 원인은 알 수 없으나, 망막 세포층의 노화로 인해 노폐물 제거 능력이 떨어지면서 망막하층에 노폐물이 축적되어 형성되는 것으로 알려져 있습니다. 이와 같이 노폐물이 축적될 때 초기 황반변성의 한 형태인 드루젠이라는 결정체가 형성되는데, 이는 황반변성의 진행과 연관된 것으로 알려져 있습니다. 이 때문에 나이의 증가가 가장 확실하고 강력한 위험 인자가 되고, 고연령층일수록 황반변성 환자가 많을 것으로 추측하는 것이죠. 일단 황반변성이 생기면, 황반부가 중심 시력을 담당하기 때문에 중심 시력이 감소하는 시력장애가 일어납니다. 그래서 사물이 구부러져 보이거나, 사물의 중심 부위가 흐리게 보이거나, 전혀 보이지 않는 암점이 생기기도 하죠. 황반변성은 건성과 습성으로 나뉘는데, 건성의 경우 초기에는 증상이 없는 경우가 대부분이며, 치료가 필요한 상태가 아닌 경우가 많이 있지만 시간이 지남에 따라 습성으로 진행될 위험이 있어 정기적으로 망막 전문의의 진료를 받거나 암슬러 격자 등을 이용해서 자가 검사를 시행하는 것이 좋습니다. 습성 황반변성의 경우, 출혈과 황반부종 등이 동반되며 치료하지 않았을 때 급격한 시력 저하가 진행되므로 망막 전문의의 빠른 진료와 치료가 필요합니다.

※ 출처: 보건복지부, http://www.mohw.go.kr

11 강연 - 설명 방식   정답 ④

이 강연은 황반변성의 정의, 원인, 일반적으로 나타나는 증세를 먼저 설명한 후 황반변성의 세부 유형인 건성 황반변성과 습성 황반변성의 증상과 대처 방법을 각각 설명하고 있으므로 ④는 적절하다.

[관련 지문 인용]
- 이 망막에서 중심 시력을 담당하는 부분이 황반이고, 여기에 생기는 질병이 황반변성입니다.
- 나이의 증가가 가장 확실하고 강력한 위험 인자가 되고,
- 일단 황반변성이 생기면, ~중심 시력이 감소하는 시력장애가 일어납니다.
- 건성의 경우~정기적으로 망막 전문의의 진료를 받거나 암슬러 격자 등을 이용해서 자가 검사를 시행하는 것이 좋습니다. 습성 황반변성의 경우~망막 전문의의 빠른 진료와 치료가 필요합니다.

[오답분석] ① 건성 황반변성은 방치하게 되면 습성 황반변성으로 진행될 수 있다는 점과 습성 황반변성은 치료하지 않으면 시력 저하가 빠르게 일어날 수 있다는 점을 들어 황반변성의 위험성을 설명하고 있으나, 전문가의 말을 인용하고 있지는 않으므로 적절하지 않다.

    [관련 지문 인용]
- 건성의 경우~시간이 지남에 따라 습성으로 진행될 위험이 있어
- 습성 황반변성의 경우, ~치료하지 않았을 때 급격한 시력 저하가 진행되므로

② 망막변성에 대한 언급은 없으며, 황반변성과 망막변성이 원인 측면에서 어떤 차이가 있는지도 설명하고 있지 않으므로 적절하지 않다.

③ 망막을 카메라의 필름에 빗대고 있으나 눈이 시각 자극을 받아들이는 과정을 카메라에 빗대어 설명하고 있지 않으므로 적절하지 않다.

    [관련 지문 인용] 망막이라는 부위가 있습니다. 카메라로 따지면 필름에 해당하는 부위죠.

⑤ 황반변성은 시력장애를 동반하며, 습성 황반변성의 경우 증상이 없는 건성 황반변성과 달리 출혈, 황반부종, 시력 저하 등의 증상을 보인다고 설명하고 있으나 이에 대해 망막 전문의의 진료를 받으라고 안내하고 있을 뿐 세부 치료 방안은 설명하고 있지 않으므로 적절하지 않다.

    [관련 지문 인용]
- 일단 황반변성이 생기면, 황반부가 중심 시력을 담당하기 때문에 중심 시력이 감소하는 시력장애가 일어납니다.

- 건성의 경우 초기에는 증상이 없는 경우가 대부분이며, ~습성 황반변성의 경우, 출혈과 황반부종 등이 동반되며 치료하지 않았을 때 급격한 시력 저하가 진행되므로 망막 전문의의 빠른 진료와 치료가 필요합니다.

12 대화 - 등장인물의 생각 파악   정답 ④

안민진은 팬덤 문화를 즐기는 학생일수록 학교생활에 적응하지 못할 확률이 높다고 하였으나, 이로 인해 학생이 스스로 학교를 그만둔다는 내용을 제시하고 있지는 않으므로 적절하지 않은 것은 ④이다.

[관련 지문 인용] 팬덤 문화를 즐기는 청소년일수록 학교생활에 잘 적응하지 못한다고 합니다.

[오답분석] ① 안민진은 청소년이 팬덤 문화로 인해 학교생활 부적응, 삶의 만족도 및 자아존중감 저하, 자신의 가치관과 반대되는 행동을 함으로써 가책을 느끼는 경험과 같은 부정적인 영향을 받게 된다고 주장하고 있으므로 적절하다.

    [관련 지문 인용]
- 팬덤 문화를 즐기는 청소년일수록 학교생활에 잘 적응하지 못한다고 합니다.
- 팬덤 문화를 즐기는 청소년은 삶의 만족도와 자아존중감이 낮다고 보고되었습니다.
- 청소년은~죄책감을 느끼게 될 수도 있습니다.

② 한소현은 팬덤 활동을 하는 청소년 중 물품 구매를 하는 청소년의 수는 많지 않으며, 청소년이 문화를 창조하는 생산자로서의 역할을 한다고 주장하고 있으므로 적절하다.

    [관련 지문 인용]
- 팬덤 활동을 하며 굿즈를 구입한 경험이 있는 청소년은 32.7%, 책이나 CD 등을 구입한 경험이 있는 청소년은 41.8%였습니다.
- 청소년들은 팬덤 활동을 통해 자신들만의 문화를 만들어 가는 문화 창조자로서

③ 한소현은 팬덤 문화를 청소년이 또래와의 관계 속에서 즐기는 취미 생활로 파악하고 있으므로 적절하다.

    [관련 지문 인용] 청소년들은 팬덤 활동을 통해~동일한 취미를 공유하는 또래들과 어울리며 스트레스를 해소하기도 합니다.

⑤ 한소현은 청소년에게 협력하기만 하면, 청소년 팬덤 문화가 긍정적으로 형성되도록 도울 수 있다고 하였으므로 적절하다.

    [관련 지문 인용] 청소년 팬덤 문화를 규제하기보다는 팬덤 문화가 긍정적인 방향으로 나아갈 수 있도록 청소년에게 협력해야 합니다.

듣기
대본

남: 안녕하세요. 교육학 박사 안민진입니다. 팬덤 문화가 청소년에게 미치는 부정적인 영향에 주목해야 합니다. 최근 조사에 따르면, 팬덤 문화를 즐기는 청소년일수록 학교생활에 잘 적응하지 못한다고 합니다. 이 조사를 통해 우리는 팬덤 문화가 단순히 취미의 영역을 넘어 청소년의 삶 전체에 악영향을 주고 있음을 알 수 있습니다. 또한 팬덤 문화를 즐기는 청소년은 삶의 만족도와 자아존중감이 낮다고 보고되었습니다. 부정적인 영향은 이뿐만이 아닙니다. 최근 음반 시장은 음반 판매량을 높이기 위한 굿즈를 끼워 팔아 플라스틱 배출량을 늘리고 있습니다. 청소년이 기후 변화에 위기를 느끼는 점을 고려할 때, 음반을 구매하는 청소년은 자신이 도리어 기후 변화의 원인을 제공한다고 생각해 죄책감을 느끼게 될 수도 있습니다. 따라서 청소년의 팬덤 문화를 규제하고, 청소년들이 즐길 수 있는 건전한 여가 활동을 도모할 수 있도록 청소년을 도와야 합니다.

여: 안녕하세요. 청소년 상담사 한소현입니다. 기후 변화를 걱정하는 청소년의 생각이 꼭 청소년의 팬덤 활동과 반대되는 것은 아닙니다. 최근 통계 자료에 의하면 팬덤 활동을 하며 굿즈를 구입한 경험이 있는 청소년은 32.7%, 책이나 CD 등을 구입한 경험이 있는 청소년은 41.8%였습니다. 또한 청소년들은 팬덤 활동을 통해 자신들만의 문화를 만들어 가는 문화 창조자로서 주체적인 역할을 수행하고, 동일한 취미를 공유하는 또래들과 어울리며 스트레스를 해소하기도 합니다. 이 과정에서 청소년들은 문제나 심리적 어려움에 당면했을 때 좌절하지 않고 이를 해결할 수 있는 자아탄력성을 기르기도 합니다. 따라서 청소년 팬덤 문화를 규제하기보다는 팬덤 문화가 긍정적인 방향으로 나아갈 수 있도록 청소년에게 협력해야 합니다.

13　대화 - 갈등 해결　　　　정답 ②

안민진은 팬덤 문화가 청소년에게 부정적인 영향을 끼치므로 청소년에게 다른 여가 활동을 권장해야 한다는 입장이며, 한소현은 팬덤 문화가 청소년에게 긍정적인 영향을 끼치므로 팬덤 문화를 더 나은 방향으로 이끌어 가기 위해 협조해야 한다는 입장이다. 이를 통해 안민진과 한소현의 갈등 원인이 청소년의 팬덤 문화를 인식하는 어른들의 사고 차이에서 생긴 것임을 알 수 있다. 따라서 이를 중재하기 위해서 팬덤 문화에 대한 청소년의 의견을 듣는 방안을 제시할 수 있으므로 두 사람의 입장을 중재할 수 있는 자료로 가장 적절한 것은 ②이다.

[관련 지문 인용]
- 청소년의 팬덤 문화를 규제하고, 청소년들이 즐길 수 있는 건전한 여가 활동을 도모할 수 있도록 청소년을 도와야 합니다.
- 청소년 팬덤 문화를 규제하기보다는 팬덤 문화가 긍정적인 방향으로 나아갈 수 있도록 청소년에게 협력해야 합니다.

**오답
분석** ① 팬덤 문화의 확산이 굿즈 시장의 매출에 미치는 영향에 대한 자료는, 팬덤 문화가 굿즈를 활용한 판매 전략을 야기하고 있다고 말하는 안민진의 주장을 강화하는 자료이므로 적절하지 않다.

　　[관련 지문 인용] 최근 음반 시장은 음반 판매량을 높이기 위한 굿즈를 끼워 팔아

③ 안민진과 한소현 모두 청소년이 팬덤 문화에 할애하는 시간에 대해 언급하고 있지 않으므로 적절하지 않다.

④ 청소년의 또래 관계와 심리 간 관계에 관한 자료는, 팬덤 문화는 청소년이 또래와 인간관계를 형성할 수 있게 해 주며 이를 통해 청소년이 심리적으로 긍정적인 영향을 받는다고 말하는 한소현의 주장을 강화하는 자료이므로 적절하지 않다.

　　[관련 지문 인용] 동일한 취미를 공유하는 또래들과 어울리며 스트레스를 해소하기도 합니다. ~자아탄력성을 기르기도 합니다.

⑤ 안민진과 한소현 모두 부모의 소득과 청소년의 팬덤 문화 참여 정도에 대해 언급하고 있지 않으므로 적절하지 않다.

14　발표 - 세부 내용 파악　　　　정답 ⑤

악보의 처음으로 돌아가라는 지시를 내릴 수 있는 기호는 도돌이표와 다 카포이다. 도돌이표는 악보의 마지막 마디에 쓰였을 때 처음으로 돌아가라는 지시를 내릴 수 있다고 하였으며, 도돌이표 두 개가 쓰였을 경우에는 그 사이의 마디만 반복해 연주한다고 하였다. 이때, 제시된 악보의 도돌이표 사이에는 마디 D와 E가 있으므로 처음으로 돌아가라는 지시는 ⑤의 다 카포만 내릴 수 있다. 따라서 답은 ⑤이다.

[관련 지문 인용]
- 도돌이표 사이에 마디가 있으면 첫 번째 도돌이표와 두 번째 도돌이표 사이의 마디를 반복하면 되고, 도돌이표가 악곡의 끝에 쓰이면 첫 마디부터 마지막 마디를 반복하면 됩니다.
- 다 카포입니다. ~다 카포 기호에서 첫 마디로 돌아가 다시 연주하라는 지시를 내리는 기호입니다.

**오답
분석** ① Bis(비스)로, 선으로 표시된 B 마디부터 C 마디까지를 반복하라는 지시를 내릴 수 있다.

　　[관련 지문 인용] 비스는 악보 위에 선을 긋고 'Bis'를 표기하며 선으로 표시된 마디만 반복하라는 뜻입니다.

② ③ 도돌이표로, 두 개의 도돌이표 사이인 마디 D부터 마디 E까지를 반복 연주하라는 지시를 내릴 수 있다.

도돌이표 사이에 마디가 있으면 첫 번째 도돌이표와 두 번째 도돌이표 사이의 마디를 반복하면 되고,

④ Fine(피네)로, ⑤ '다 카포'로 시작된 반복 연주를 이곳에서 끝내라는 지시를 내릴 수 있다.

[관련 지문 인용] 피네 기호가 있다면 다 카포까지 진행하지 않고 피네에서 연주나 노래를 끝냅니다.

여러분, 안녕하세요. 혹시 도돌이표에 대해 들어보신 적 있나요? 악기를 배워보신 적 있거나 학교에서 음악 시간에 배운 내용을 기억하시는 분들에게는 익숙하실 텐데요, 오늘은 도돌이표처럼 악보에서 악곡의 어느 부분을 되풀이하여 연주하거나 노래하도록 지시하는 기호인 반복 기호에 대해 말씀드리겠습니다. 그 전에, 우리가 계속 이야기하게 될 '마디'에 대해 먼저 설명해 드리겠습니다. 악보에서 마디란 세로줄과 세로줄로 구분된 부분을 말합니다. 음자리표부터 첫 번째 세로줄까지가 한 마디, 그 세로줄부터 다음 세로줄까지가 또 한 마디가 됩니다.

그럼 이제 도돌이표부터 알아보겠습니다. 도돌이표는 겹세로줄, 다시 말해 세로줄 두 개에 두 점을 찍은 모양으로 생긴 기호입니다. 도돌이표 사이에 마디가 있으면 첫 번째 도돌이표와 두 번째 도돌이표 사이의 마디를 반복하면 되고, 도돌이표가 악곡의 끝에 쓰이면 첫 마디부터 마지막 마디를 반복하면 됩니다.

다음으로, 다 카포입니다. 약어로 'D.C.'로 표기하며 다 카포 기호에서 첫 마디로 돌아가 다시 연주하라는 지시를 내리는 기호입니다. 이때, 중간에 'Fine'로 표기하는 피네 기호가 있다면 다 카포까지 진행하지 않고 피네에서 연주나 노래를 끝냅니다.

마지막으로 'Bis'로 표기하는 비스는 악보 위에 선을 긋고 'Bis'를 표기하며 선으로 표시된 마디만 반복하라는 뜻입니다.

15 발표 - 말하기 전략   정답 ②

반복 기호인 '도돌이표', '다 카포', '비스'를 악보에 어떻게 표기하는지와 해당 기호가 악보에서 어떤 의미를 지니는지를 중심으로 설명하고 있으므로 적절한 것은 ②이다.

[관련 지문 인용]
• 도돌이표는 겹세로줄, 다시 말해 세로줄 두 개에 두 점을 찍은 모양으로 생긴 기호입니다. 도돌이표 사이에 마디가 있으면 첫 번째 도돌이표와 두 번째 도돌이표 사이의 마디를 반복하면 되고, 도돌이표가 악곡의 끝에 쓰이면 첫 마디부터 마지막 마디를 반복하면 됩니다.

• 다 카포입니다. 약어로 'D.C.'로 표기하며 다 카포 기호에서 첫 마디로 돌아가 다시 연주하라는 지시를 내리는 기호입니다.
• 'Bis'로 표기하는 비스는 악보 위에 선을 긋고 'Bis'를 표기하며 선으로 표시된 마디만 반복하라는 뜻입니다.

① 청자가 도돌이표를 알고 있는지를 확인하기 위해 질문을 하고, 그에 대해 발표자가 답하고 있으나 반복 기호를 설명하는 방식으로 문답법을 사용하고 있는 것은 아니므로 적절하지 않다.
[관련 지문 인용] 혹시 도돌이표에 대해 들어보신 적 있나요? 악기를 배워보신 적 있거나 학교에서 음악 시간에 배운 내용을 기억하시는 분들에게는 익숙하실 텐데요,
③ ⑤ 반복 기호를 비슷한 역할을 하는지를 기준으로 분류하여 예를 들며 설명하는 부분이나, 반복 범위의 넓고 좁음을 기준으로 반복 기호를 제시하는 부분은 없으므로 적절하지 않다.
④ 반복 기호의 지시를 이행할 때 기준이 되는 악보의 '마디'가 무엇인지를 설명하고 있으나, 발표의 끝부분이 아닌 첫 부분이며 그 외의 배경지식을 나열하고 있지도 않으므로 적절하지 않다.
[관련 지문 인용] 그 전에, 우리가 계속 이야기하게 될 '마디'에 대해 먼저 설명해 드리겠습니다.

어휘 (16번 ~ 30번)

16 고유어의 사전적 의미   정답 ⑤

'차진 기가 없고 부스러져 헤어질 듯한 모양'을 의미하는 고유어는 '흐슬부슬'이다.

① '곰질곰질'은 '몸을 계속 천천히 좀스럽게 움직이는 모양'을 의미하는 고유어 '곰지락곰지락'의 준말이다.
② '버석버석'은 '가랑잎이나 마른 검불 등의 잘 마른 물건을 잇따라 밟는 소리. 또는 그 모양', '부숭부숭한 물건이 잇따라 가볍게 부스러지거나 깨지는 소리. 또는 그 모양'을 의미하는 고유어이다.
③ '부슬부슬'은 '덩이진 가루 등이 물기가 적어 잘 엉기지 못하고 부스러지기 쉬운 모양', '눈이나 비가 조용히 성기게 내리는 모양'을 의미하는 고유어이다.
④ '추적추적'은 '비나 진눈깨비가 자꾸 축축하게 내리는 모양', '자꾸 물기가 축축하게 젖어 드는 모양'을 의미하는 고유어이다.

17 한자어의 사전적 의미　　　　정답 ④

한자어 '자처(自處)'의 사전적 의미는 '자기를 어떤 사람으로 여겨 그렇게 처신함'이므로 뜻풀이가 적절하지 않은 것은 ④이다. 참고로, '어떤 일에 나서기를 스스로 청함'을 의미하는 한자어는 '자청(自請)'이다.

18 고유어의 문맥적 의미　　　　정답 ⑤

⑤는 문맥상 결단력 없이 머뭇거리기만 하는 행동에 답답함을 느낀다는 의미이므로 '행동을 제대로 하지 못하고 머뭇거리거나 흐리멍덩하게 하다'를 의미하는 고유어 '우물우물하다'를 쓰는 것이 적절하다. '우럭우럭하다'는 '심술이나 화가 점점 치밀어 오르다'를 의미하므로 고유어의 쓰임이 적절하지 않다.

 ① 문맥상 그가 책을 읽음으로써 문제의 원인을 알게 되었다는 의미이므로 '오랫동안 생각해 내지 못하던 일 등을 어떠한 실마리로 말미암아 깨닫거나 분명히 알다'를 의미하는 고유어 '깨단하다'의 쓰임이 적절하다.

② 문맥상 노름으로 살림이 거덜 난 후 가족 모두 따로따로 흩어졌다는 의미이므로 '살림이 망하여 거덜 나다'를 의미하는 고유어 '결딴나다'의 쓰임이 적절하다.

③ 문맥상 누나가 잠이 덜 깼는지 굼뜨게 몸을 움직이다가 다시 잠들었다는 의미이므로 '몸이 둔하고 느리게 움직이다. 또는 몸을 둔하고 느리게 움직이다'를 의미하는 고유어 '꿈적하다'의 쓰임이 적절하다.

④ 문맥상 열차를 타기 위해 뛰어온 그녀가 가쁘게 숨을 쉬었다는 의미이므로 '고르지 않고 가쁘게 자꾸 숨 쉬는 소리. 또는 그 모양'을 의미하는 고유어 '새근새근'의 쓰임이 적절하다.

19 한자어의 문맥적 의미　　　　정답 ⑤

한자어 '불식(拂拭)'은 '먼지를 떨고 훔친다'라는 뜻으로, 의심이나 부조리한 점 등을 말끔히 떨어 없앰을 이르는 말이다. ⑤는 출신 학교에 따른 파벌에서 발생하는 차별적 대우는 사회에서 말끔히 사라졌지만 아직도 남아 있다는 의미이므로 문맥상 맞지 않다. 따라서 한자어의 쓰임이 적절하지 않은 것은 ⑤이다.

 ① 문맥상 두 달 전부터 임금 지급이 미뤄져 수도 요금조차 내지 못했다는 의미이므로 '마땅히 지급하여야 할 것을 지급하지 못하고 미룸'을 의미하는 한자어 '체불(滯拂)'의 쓰임이 적절하다.

② 문맥상 새로 온 부장이 조직 내의 직무 태만을 없애려고 한다는 의미이므로 '일정한 지역이나 조직 밖으로 쫓아냄'을 의미하는 한자어 '추방(追放)'의 쓰임이 적절하다.

③ 문맥상 비상시 부대와 통신할 수 있는 장치를 군모에 부착할 예정이라는 의미이므로 '의복, 기구, 장비 등에 장치를 부착함'을 의미하는 한자어 '장착(裝着)'의 쓰임이 적절하다.

④ 문맥상 상품 개발에 대한 여러 논의 후에 새로운 시장에 진출하자는 결론을 내렸다는 의미이므로 '의논이나 의견 등이 여러 경로를 거쳐 어떤 결론에 다다름'을 의미하는 한자어 '귀착(歸着)'의 쓰임이 적절하다.

20 한자어의 문맥적 의미　　　　정답 ④

한자어 '방증(傍證)'은 '사실을 직접 증명할 수 있는 증거가 되지는 않지만, 주변의 상황을 밝힘으로써 간접적으로 증명에 도움을 줌. 또는 그 증거'를 뜻하는 말이다. ④는 검사가 논리적인 주장을 하자 변호사가 이에 대해 쉽게 반박할 수 없었다는 의미이므로 문맥상 '방증(傍證)'의 쓰임이 맞지 않다. 따라서 한자어의 쓰임이 적절하지 않은 것은 ④이다. 참고로, 이때 '어떤 사실이나 주장이 옳지 않음을 그에 반대되는 근거를 들어 증명함. 또는 그런 증거'를 뜻하는 한자어 '반증(反證)'을 쓰는 것이 적절하다.

 ① 문맥상 엄숙한 분위기 속에서 추모식이 진행되었다는 의미이므로 '고요하고 엄숙함'을 의미하는 한자어 '숙연(肅然)'의 쓰임이 적절하다.

② 문맥상 그녀가 그린 그림이 잡지에 실렸다는 의미이므로 '글이나 그림 등을 신문이나 잡지 등에 실음'을 의미하는 한자어 '게재(揭載)'의 쓰임이 적절하다.

③ 문맥상 최근 공장이 받은 주문이 많아져 공장의 기계를 밤낮으로 가동하고 있다는 의미이다. 따라서 주로 물건을 생산하는 업자가 제품의 주문을 받는 것을 이르는 말로 '주문을 받음'을 뜻하는 한자어 '수주(受注)'의 쓰임이 적절하다.

⑤ 문맥상 국가가 싼값을 받고 아파트를 빌려주었다는 의미이므로 '돈을 받고 자기의 물건을 남에게 빌려줌'을 의미하는 한자어 '임대(賃貸)'의 쓰임이 적절하다.

21 한자어의 병기　　　　정답 ⑤

보수(保守: 보전할 보, 지킬 수)(×) → 보수(補修: 기울 보, 닦을 수)
(○): 문맥상 장마철에 물이 새는 현상을 대비하기 위해 낡은 천장을 고칠 계획을 세웠다는 의미이므로 '건물이나 시설 등의 낡거나 부서진 것을 손보아 고침'을 뜻하는 '보수(補修)'를 쓰는 것이 적절하다. ⑤에 쓰인 '보수(保守)'는 '새로운 것이나 변화를 적극적으로 받아들이기보다는 전통적인 것을 옹호하며 유지하려 함'을 뜻하므로 한자 병기가 잘못되었다. 따라서 답은 ⑤이다.

 ① 감사(感謝: 느낄 감, 사례할 사): 1. 고마움을 나타내는 인사 2. 고맙게 여김. 또는 그런 마음

② 결렬(決裂: 결정할 결, 찢을 렬): 교섭이나 회의 등에서 의견이 합쳐지지 않아 각각 갈라서게 됨

③ 상가(商街: 장사 상, 거리 가): 상점들이 죽 늘어서 있는 거리

④ 역정(逆情: 거스를 역, 뜻 정): 몹시 언짢거나 못마땅하여서 내는 성

22 유의 관계, 반의 관계 　　정답 ②

유의어는 뜻이 서로 비슷한 말이며 반의어는 그 뜻이 서로 정반대되는 관계에 있는 말이다. '개전(開戰)'은 '전쟁을 시작함'을 뜻하므로 '병장기를 연다'라는 뜻으로, 전쟁을 시작함을 이르는 말인 '개장(開仗)'은 '개전(開戰)'과 뜻이 서로 비슷한 유의어이며, '전쟁이 끝남. 또는 전쟁을 끝냄'을 뜻하는 '종전(終戰)'은 '개전(開戰)'과 서로 정반대되는 뜻을 가지는 반의어이다. 따라서 답은 ②이다.

• 참전(參戰): 1. 전쟁에 참가함 2. 운동 경기 등에 선수로 참가함을 비유적으로 이르는 말

• 휴전(休戰): 교전국이 서로 합의하여, 전쟁을 얼마 동안 멈추는 일

• 반전(反戰): 전쟁을 반대함

23 혼동하기 쉬운 어휘 　　정답 ⑤

• 출장길에 본가에 ㉠들를 계획이다: ㉠에는 '지나는 길에 잠깐 들어가 머무르다'를 뜻하는 '들르다'의 활용형 '들를'을 쓰는 것이 적절하다. 참고로, '들릴'은 '사람이나 동물의 감각 기관을 통해 소리가 알아차려지다'를 뜻하는 '들리다'의 활용형이다.

• 그는 경찰의 눈을 피해 노름판을 ㉡벌였다: ㉡에는 '놀이판이나 노름판 등을 차려 놓다'를 뜻하는 '벌이다'의 활용형 '벌였다'를 쓰는 것이 적절하다. 참고로, '벌렸다'는 '둘 사이를 넓히거나 멀게 하다'를 뜻하는 '벌리다'의 활용형이다.

• 그녀는 여러 종류의 가방을 ㉢메어 보았다: ㉢에는 '어깨에 걸치거나 올려놓다'를 뜻하는 '메다'의 활용형 '메어'를 쓰는 것이 적절하다. 참고로, '매어'는 '끈이나 줄 등의 두 끝을 엇걸고 잡아당기어 풀어지지 않게 마디를 만들다'를 뜻하는 '매다'의 활용형이다.

24 고유어와 한자어의 대응 　　정답 ④

놓았다[사육(飼育)하였다]: '마약 탐지를 위해 개를 놓았다'에서 고유어 '놓다'는 '어떤 목적을 위하여 사람이나 짐승을 내보내다'를 뜻하므로 '어린 가축이나 짐승이 자라도록 먹이어 기르다'를 뜻하는 한자어 '사육(飼育)하다'와 고유어 '놓다'의 대응은 적절하지 않다.

① 놓았다[설치(設置)하였다]: '보일러를 놓았다'에서 고유어 '놓다'는 '일정한 곳에 기계나 장치, 구조물 등을 설치하다'를 뜻하므로 '어떤 일을 하는 데 필요한 기관이나 설비 등을 베풀어 두다'를 뜻하는 한자어 '설치(設置)하다'와 고유어 '놓다'의 대응은 적절하다.

② 놓았다[발포(發砲)하였다]: '총을 놓았다'에서 고유어 '놓다'는 '총이나 대포를 쏘다'를 뜻하므로 '총이나 포를 쏘다'를 뜻하는 한자어 '발포(發砲)하다'와 고유어 '놓다'의 대응은 적절하다.

③ 놓았다[재배(栽培)하였다]: '화분에 놓았다'에서 고유어 '놓다'는 '심어서 가꾸거나 키우다'를 뜻하므로 '식물을 심어 가꾸다'를 뜻하는 한자어 '재배(栽培)하다'와 고유어 '놓다'의 대응은 적절하다.

⑤ 놓았다[장치(裝置)하였다]: '그물을 놓았다'에서 고유어 '놓다'는 '짐승이나 물고기를 잡기 위하여 일정한 곳에 무엇을 장치하다'를 뜻하므로 '어떤 목적에 따라 기능하도록 기계, 도구 등을 그 장소에 장착하다'를 뜻하는 한자어 '장치(裝置)하다'와 고유어 '놓다'의 대응은 적절하다.

25 다의어와 동음이의어 　　정답 ③

㉠은 '짜다²「1」'의 의미이며 ㉡은 '짜다¹-「2」'의 의미이므로 ㉠과 ㉡은 동음이의어이다. 나머지 ①, ②, ④, ⑤는 모두 다의 관계에 있으므로 답은 ③이다.

• 어머니가 참기름을 ㉠짜니 고소한 냄새가 났다: 이때 '짜다'는 '누르거나 비틀어서 물기나 기름 등을 빼내다'를 뜻한다.

• 할머니께서는 내가 ㉡짠 목도리를 하고 계셨다: 이때 '짜다'는 '실이나 끈 등을 씨와 날로 걸어서 천 등을 만들다'를 뜻한다.

① ㉠은 '지르다²「1」-「2」'의 의미이며 ㉡은 '지르다²-「1」'의 의미이므로 ㉠과 ㉡은 다의어 '지르다²'의 쓰임이다.

　• 시큼한 냄새가 코를 ㉠지른다: 이때 '지르다'는 '냄새가 갑자기 후각을 자극하다'를 뜻한다.

　• 친구가 팔꿈치로 나를 쿡쿡 ㉡질렀다: 이때 '지르다'는 '팔다리나 막대기 등을 내뻗치어 대상물을 힘껏 건드리다'를 뜻한다.

② ㉠은 '주다「8」'의 의미이며 ㉡은 '주다「9」'의 의미이므로 ㉠과 ㉡은 다의어 '주다'의 쓰임이다.

　• 그는 시선만 ㉠주고 아무 말도 하지 않았다: 이때 '주다'는 '시선이나 관심 등을 어떤 곳으로 향하다'를 뜻한다.

　• 아버지는 손목에 침을 ㉡주러 한의원에 가셨다: 이때 '주다'는 '주사나 침 등을 놓다'를 뜻한다.

④ ㉠은 '고르다²「2」'의 의미이며 ㉡은 '고르다²-「1」'의 의미이므로 ㉠과 ㉡은 다의어 '고르다²'의 쓰임이다.

- 붓 관리를 할 때 붓털을 잘 ㉠골라 주어야 한다: 이
  때 '고르다'는 '붓이나 악기의 줄 등이 제 기능을 발휘
  하도록 다듬거나 손질하다'를 뜻한다.
- 시골길에 보도블록을 깔아 땅을 ㉡고르게 하였다:
  이때 '고르다'는 '울퉁불퉁한 것을 평평하게 하거나
  들쭉날쭉한 것을 가지런하게 하다'를 뜻한다.

⑤ ㉠은 '나가다**7**-「1」'의 의미이며 ㉡은 '나가다**1**-「4」'의
  의미이므로 ㉠과 ㉡은 다의어 '나가다'의 쓰임이다.
- 아이가 강아지와 함께 공원으로 산책을 ㉠나갔다:
  이때 '나가다'는 '어떤 일을 하러 가다'를 뜻한다.
- 이 사실이 외부로 ㉡나가지 않도록 주의해야 한다:
  이때 '나가다'는 '말이나 사실, 소문 등이 널리 알려
  지다'를 뜻한다.

26 속담   정답 ④

'석새짚신에 구슬 감기'는 '거칠게 만든 하찮은 물건에 고급스러
운 물건을 사용한다'라는 뜻으로, 격에 어울리지 않는 모양이나
차림새를 비유적으로 이르는 말이다. ④는 문맥상 꾸미지 않던
사람이 잘 갖추어 입으니 귀하게 보인다는 의미이므로 속담의 쓰
임이 적절하지 않다. 참고로, 옷이 좋으면 사람이 돋보인다는 말
은 속담 '옷이 날개라'이다.

오답
분석
① 속담 '기침에 재채기'는 어려운 일이 공교롭게 계속됨을
  비유적으로 이르는 말이므로 적절하게 사용되었다.
② 속담 '앉아 주고 서서 받는다'는 빌려주기는 쉬우나 돌
  려받기는 어려움을 비유적으로 이르는 말이므로 적절
  하게 사용되었다.
③ 속담 '초록은 동색'은 풀색과 녹색은 같은 색이라는 뜻
  으로, 처지가 같은 사람들끼리 한패가 되는 경우를 비
  유적으로 이르는 말이므로 적절하게 사용되었다.
⑤ 속담 '마른논에 물 대기'는 일이 매우 힘들거나 힘들여
  해 놓아도 성과가 없는 경우를 이르는 말이므로 적절
  하게 사용되었다.

27 한자 성어   정답 ①

'이전에도 없었고 앞으로도 없음'을 뜻하는 한자 성어는 '공전절
후(空前絕後)'이므로 답은 ①이다.

오답
분석
② 유비무환(有備無患): 미리 준비가 되어 있으면 걱정할
  것이 없음
③ 유전유후(由前由後): 앞뒤가 같음
④ 천하무쌍(天下無雙): 세상에서 그에 비길 만한 것이 없
  음
⑤ 후안무치(厚顔無恥): 뻔뻔스러워 부끄러움이 없음

28 관용구   정답 ④

'서릿발처럼 준엄하고 매서운 기운이 있다'를 뜻하는 관용구는
'서릿발이 서다'이며, 관용구 '서릿발(을) 이다'는 '머리카락이 하
얗게 세다'를 뜻하므로 관용구의 의미가 적절하지 않은 것은 ④
이다.

29 순화어   정답 ①

'여자들이 일할 때 입는 바지의 하나'를 뜻하는 '몸뻬'는 일본식 표
현으로 '왜바지', '일 바지'로 순화할 수 있으므로 적절하지 않다.

오답
분석
② '도비라'는 일본식 표현으로 '속표지'로 순화할 수 있다.
③ '우동'은 일본식 표현으로 '가락국수'로 순화할 수 있다.
④ '짐이나 상품 등을 내어보냄'을 뜻하는 '출하'는 일본식
  표현으로 '실어내기'로 순화할 수 있다.
⑤ '공공시설에서 손님이 기다리며 머물 수 있도록 마련한
  곳'을 뜻하는 '대합실'은 일본식 표현으로 '맞이방', '기
  다리는 곳'으로 순화할 수 있다.

30 순화어   정답 ②

'론칭쇼(launching show)'의 순화어는 '신제품 발표회'이므로 적
절하지 않다. 참고로, '특별 공연'은 '로드 쇼(road show)'의 순
화어이다.

어법 (31번~45번)

31 한글 맞춤법 규정   정답 ②

나란이(×) → **나란히**(○): 한글 맞춤법 제25항-1에 따라 '-하다'가
붙는 어근에 부사 파생 접미사 '-히'가 붙어 부사가 되는 경우 어
근의 원형을 밝혀 적으며, 한글 맞춤법 제51항에 따라 'ㅅ'으로 끝
나는 어근을 제외하고, '-하다'가 붙는 어근 뒤에 부사 파생 접미
사가 오는 경우 끝음절을 '히'로 적는다. 따라서 '-하다'가 붙는 어
근 '나란'에 부사 파생 접미사 '-히'가 결합한 부사 '나란히'는 어
근 '나란'과 끝음절 '히'를 밝혀 '나란히'로 적어야 한다.
- **나란히**: 여럿이 줄지어 늘어선 모양이 가지런한 상태로

오답
분석
① **깨끗이**(○): 한글 맞춤법 제25항-1에 따라 '-하다'가 붙
  는 어근 '깨끗'은 원형을 밝혀 적는다. 또한 한글 맞춤법
  제51항에 따라 'ㅅ' 받침 뒤에 부사 파생 접미사가 오는
  경우 끝음절을 '이'로 적으므로 '깨끗이'로 적는다.
- **깨끗이**: 사물이 더럽지 않게

③ ④ **일찍이, 생긋이**(○): 한글 맞춤법 제25항-2에 따라
부사에 부사 파생 접미사 '-이'가 붙어 부사가 되는 경
우 부사의 원형을 밝혀 적으므로, 부사 '일찍'과 '생긋'
에 부사 파생 접미사 '-이'가 결합한 부사는 그 어근을
밝혀 각각 '일찍이'와 '생긋이'로 적는다.
- **일찍이**: 예전에. 또는 전에 한 번
- **생긋이**: 눈과 입을 살며시 움직이며 소리 없이 가볍
게 웃는 모양
⑤ **변변히**: 한글 맞춤법 제25항-1에 따라 '-하다'가 붙
는 어근 '변변'은 원형을 밝혀 적으며, 한글 맞춤법 제51
항에 따라 'ㅅ'으로 끝나는 어근을 제외하고, '-하다'가
붙는 어근 뒤에 부사 파생 접미사가 오는 경우 끝음절
을 '히'로 적으므로 '변변히'로 적는다.
- **변변히**: 제대로 갖추어져 충분하게

32 한글 맞춤법 규정 정답 ②

심으리오(×) → **심으리요**(○): '심으리오'의 '심으리'는 동사 '심다'
의 어간 '심-'과 어떤 일을 할 자신의 의향을 나타내는 종결 어
미 '-으리'가 결합한 것이므로, 여기에 덧붙은 '오'는 종결 어미
가 아님을 알 수 있다. 따라서 '심으리오'의 '오' 자리에는 종결 어
미 '-오'가 아닌 청자에게 자신의 의도를 드러내는 의미를 나타낼
수 있는 보조사 '요'를 덧붙여 '나무를 많이 심으리요'와 같이 표
현하는 것이 자연스럽다. 이때, 한글 맞춤법 제17항에 따라 어미
뒤에 덧붙는 조사 '요'는 '요'로 적으므로 밑줄 친 부분의 표기가
올바르지 않은 것은 ②이다. 참고로, '-(으)리오'가 결합한 서술어
가 쓰인 문장이 반문 또는 한탄의 의미를 담고 있을 때는 사리로
미루어 판단하건대 어찌 그러할 것이냐고 반문하는 뜻을 나타내
는 종결 어미 '-(으)리오'가 사용된 것이다.

 ① ③ ④ ⑤에 쓰인 '오'는 모두 어간에 결합되어 있는 종
결 어미이거나 종결 어미의 일부분이다. 한글 맞춤법 제
15항 [붙임 2]에 따라 종결형에서 사용되는 어미 '-오'는
'요'로 소리 나는 경우가 있더라도 그 원형을 밝혀 '오'로 적
으므로 그 표기가 올바르다.
① **이것이오**(○): '이것이오'는 대명사 '이것', 서술격 조사
'이다'의 '이-', 종결 어미 '-오'가 결합한 것이다.
③ **아들이오**(○): '아들이오'는 명사 '아들', 서술격 조사 '이
다'의 '이-', 종결 어미 '-오'가 결합한 것이다.
④ **오시오**(○): '오시오'는 동사 '오다'의 어간 '오-', 선어말
어미 '-시-', 종결 어미 '-오'가 결합한 것이다.
⑤ **지낸다오**(○): '지낸다오'는 동사 '지내다'의 어간 '지내-'
와 종결 어미 '-ㄴ다오'가 결합한 것이다.

33 혼동하기 쉬운 표기 정답 ⑤

우산을 동생 쪽으로 바쳤다(×) → **우산을 동생 쪽으로 받쳤다**
(○): '비나 햇빛과 같은 것이 통하지 못하도록 우산이나 양산을
펴 들다'라는 뜻의 단어는 '받치다'로 표기하므로 밑줄 친 부분이
어법에 맞지 않는 것은 ⑤이다.

 ① **일생을 바쳤다**(○): '무엇을 위하여 모든 것을 아낌없이
내놓거나 쓰다'라는 뜻의 단어는 '바치다'로 표기하므
로 어법에 맞는다.
② **묘사를 받쳤다**(○): '어떤 일을 잘 할 수 있도록 뒷받침
해 주다'라는 뜻의 단어는 '받치다'로 표기하므로 어법
에 맞는다.
③ **선물을 바쳤다**(○): '신이나 웃어른에게 정중하게 드리
다'라는 뜻의 단어는 '바치다'로 표기하므로 어법에 맞
다.
④ **지도를 받쳤다**(○): '물건의 밑이나 옆 등에 다른 물체
를 대다'라는 뜻의 단어는 '받치다'로 표기하므로 어법
에 맞는다.

34 띄어쓰기 정답 ①

윤리∨의식(×) → **윤리의식**(○): '윤리를 지키고자 하는 인식이나
의지'를 뜻하는 명사 '윤리의식'은 한 단어이므로 붙여 쓴다. 따라
서 띄어쓰기가 잘못된 것은 ①이다.

 ② **묵은땅**(○): '일구거나 쓰지 않고 묵어 있는 땅'이라는
뜻의 명사 '묵은땅'은 한 단어이므로 붙여 쓴다.
③ **문화유산**(○): '장래의 문화적 발전을 위하여 다음 세
대 또는 젊은 세대에게 계승·상속할 만한 가치를 지닌
과학, 기술, 관습, 규범 등의 민족 사회 또는 인류 사회
의 문화적 소산'이라는 뜻의 명사 '문화유산'은 한 단어
이므로 붙여 쓴다.
④ **수상∨소감**(○): '상을 받음'이라는 뜻의 명사 '수상'과
'마음에 느낀 바'라는 뜻의 명사 '소감'은 각각의 단어이
므로 띄어 써야 한다.
⑤ **계절∨학기**(○): '대학교에서, 방학 중에 강좌를 개설하
여 수업을 하는 기간. 또는 그 기간에 하는 수업'이라는
뜻의 '계절∨학기'는 '규칙적으로 되풀이되는 자연 현상
에 따라서 일 년을 구분한 것'이라는 뜻의 명사 '계절'과
'한 학년 동안을 학업의 필요에 의하여 구분한 기간'이
라는 뜻의 명사 '학기'가 결합한 것이므로 띄어 쓰는 것
이 원칙이나 경우에 따라 붙여 쓸 수도 있다.

35 문장 부호
정답 ④

한국어 자음 중 울림소리는 네 개로, ○○○○이다(×) → **한국어 자음 중 울림소리는 네 개로, □□□□이다**(○): 한국어 자음에서 울림소리에 해당하는 자음을 써야 할 자리를 문장 부호를 사용하여 비워둔 것이므로, 해당 문장에는 '숨김표(○)'가 아닌 글자가 들어가야 할 자리를 나타낼 때 쓰는 문장 부호인 '빠짐표(□)'를 써야 한다. 따라서 답은 ④이다. 참고로, 숨김표는 '○'와 '×'로 모두 쓰인다.

> **오답 분석** ① ② ③ ⑤의 문장은 모두 '숨김표(○)'가 사용법에 맞게 쓰였다.
>
> ① ② **검찰은 오늘 주○○ 씨를 사기 혐의로 기소했다 / 강○지, 조○영 사원은 다른 부서로 발령이 났다**(○): 사람의 이름 중 일부를 문장 부호를 사용하여 밝히지 않고 있으므로, 이때의 '숨김표(○)'는 비밀을 유지해야 하거나 밝힐 수 없는 사항임을 나타내기 위해 사용되었다. 참고로, '숨김표(○)'가 이 용법으로 사용될 때에는 숨김표의 개수를 글자의 수효에 맞지 않아도 된다.
>
> ③ ⑤ **취객들은 ○○○이라는 욕설을 퍼부으며 다투었다 / 교실에서 ○, ○○과 같은 말은 사용하지 않습니다**(○): 비속어나 금기어를 문장 부호를 사용하여 밝히지 않고 있으므로, 이때의 '숨김표(○)'는 금기어나 공공연히 쓰기 어려운 비속어임을 나타내기 위해 사용되었다. 참고로, '숨김표(○)'가 이 용법으로 사용될 때에는 숨김표의 개수를 글자의 수효에 맞추어야 한다.

36 표준어 사정 원칙
정답 ③

ⓒ '으례'는 표준어 사정 원칙 제10항에 따라 모음이 단순화된 형태인 '으레'를 표준어로 삼으므로 방언이 아닌 비표준어이다. 따라서 적절하지 않은 것은 ③이다. 참고로, ③에 제시된 '두말할 것 없이 당연히'는 표준어 '으레'의 의미이다.

> **오답 분석** ② '끝이 뾰족하고 꼬부라진 물건'은 표준어 '갈고리'의 의미이다.

37 표준어 사정 원칙
정답 ②

<보기>에 제시된 표준어 사정 원칙 제17항은 발음과 형태, 의미가 유사한 두 단어 중 하나만을 표준어로 삼는 단수 표준어 규정이다. 그러나 '지금까지. 또는 아직까지'라는 뜻으로 쓰이는 '여태'와 '입때'는 모두 표준어로 인정되는 복수 표준어이므로, 표준어 사정 원칙 제17항의 예에 해당하지 않는다. 따라서 답은 ②이다. 참고로, '여태'와 '입때'는 한 가지 의미를 나타내는 형태 몇 가지가 널리 쓰이며 표준어 규정에 맞으면, 그 모두를 표준어로 삼는 표준어 사정 원칙 제26항으로 설명할 수 있다.

> **오답 분석** ① ③ ④ ⑤는 모두 <보기>에 제시된 표준어 사정 원칙 제17항의 예에 해당하며, ㄱ의 '본새', '천장(天障)', '꼭두각시', '짓무르다'만을 표준어로 인정한다.
>
> ① **본새**: 1. 어떤 물건의 본디의 생김새 2. 어떠한 동작이나 버릇의 됨됨이
>
> ③ **천장(天障)**: 지붕의 안쪽
>
> ④ **꼭두각시**: 1. 꼭두각시놀음에 나오는 여러 가지 인형 2. 남의 조종에 따라 움직이는 사람이나 조직을 비유적으로 이르는 말
>
> ⑤ **짓무르다**: 1. 살갗이 헐어서 문드러지다. 2. 채소나 과일 등이 너무 썩거나 무르거나 하여 푹 물크러지다. 3. 눈자위가 상하여서 핏발이 서고 눈물에 젖다.

38 표준 발음법
정답 ①

<보기 1>에 해당하는 예를 <보기 2>에서 모두 고르면 ㉠ '넋이', ㉡ '떫어', ㉢ '삵이', ㉣ '읊어'이므로 답은 ①이다.

- ㉠ **넋이[넉씨]**: 겹받침 'ㄳ'으로 끝나는 명사 '넋'에 모음으로 시작하는 조사 '이'가 결합하면, 표준 발음법 제14항에 따라 겹받침 'ㄳ'의 'ㅅ'을 뒤 음절의 첫소리로 옮겨 발음하며, 이때 'ㅅ'은 [ㅆ]으로 발음하므로 '넋이'는 [넉씨]로 발음한다.
- ㉡ **떫어[떨ː버]**: 겹받침 'ㄼ'으로 끝나는 형용사 어간 '떫-'에 모음으로 시작하는 어미 '-어'가 결합하면, 표준 발음법 제14항에 따라 겹받침 'ㄼ'의 'ㅂ'을 뒤 음절의 첫소리로 옮겨 발음하므로 '떫어'는 [떨ː버]로 발음한다.
- ㉢ **삵이[살기]**: 겹받침 'ㄺ'으로 끝나는 명사 '삵'에 모음으로 시작하는 조사 '이'가 결합하면, 표준 발음법 제14항에 따라 겹받침 'ㄺ'의 'ㄱ'을 뒤 음절의 첫소리로 옮겨 발음하므로 '삵이'는 [살기]로 발음한다.
- ㉣ **읊어[을퍼]**: 겹받침 'ㄿ'으로 끝나는 동사 어간 '읊-'에 모음으로 시작하는 어미 '-어'가 결합하면, 표준 발음법 제14항에 따라 겹받침 'ㄿ'의 'ㅍ'을 뒤 음절의 첫소리로 옮겨 발음하므로 '읊어'는 [을퍼]로 발음한다.

> **오답 분석** ⓒ '묶어'의 어간 '묶-'의 쌍받침 'ㄲ', ⓑ '잃어'의 어간 '잃-'의 겹받침 'ㅀ'은 모음으로 시작하는 어미와 결합할 때 표준 발음법 제14항의 적용을 받지 않는다.
>
> - ⓒ **묶어[무꺼]**: 쌍받침 'ㄲ'으로 끝나는 동사 어간 '묶-'에 모음으로 시작하는 어미 '-어'가 결합하면, 표준 발음법 제13항에 따라 쌍받침 'ㄲ'을 그 음가 그대로 뒤 음절의 첫소리로 옮겨 발음하므로 '묶어'는 [무꺼]로 발음한다.
> - ⓑ **잃어[이러]**: 겹받침 'ㅀ'으로 끝나는 동사 어간 '잃-'에 모음으로 시작하는 어미 '-어'가 결합하면, 표준 발음법 제12항-4에 따라 겹받침 'ㅀ'의 'ㅎ'을 발음하지 않고 'ㄹ'을 뒤 음절의 첫소리로 옮겨 발음하므로 '잃어'는 [이러]로 발음한다.

39 외래어 표기법
정답 ③

외래어 표기법 제3장 제1절 제3항-1에 따라 마찰음 [f]는 자음 앞에서 '으'를 붙여 '프'로 적고, 외래어 표기법 제3장 제1절 제1항-3에 따라 무성 파열음 [t]는 짧은 모음 다음의 어말에 오는 경우와, 짧은 모음과 유음·비음 이외의 자음 사이에 오는 경우를 제외하고 '으'를 붙여 '트'로 표기한다. 또한 외래어 표기법 제3장 제1절 제7항에 따라 장모음의 장음은 따로 표기하지 않으므로 'flute[fluːt]'는 '플루트'로 표기한다. 따라서 외래어 표기로 옳은 것은 ③이다.

40 로마자 표기법
정답 ①

인왕리[이왕니] Inwang-li(×) → Inwang-ri(○): '인왕[이왕]'은 'Inwang'으로 표기한다. 또한 로마자 표기법 제3장 제5항에 따라 행정 구역 '리'는 붙임표(-)와 함께 'ri'로 표기하며, 붙임표 앞뒤에서 일어난 음운 변화(비음화)인 '[왕리 → 왕니]'는 로마자 표기에 반영하지 않는다. 따라서 '인왕리'는 'Inwang-ri'로 표기해야 하므로 로마자 표기가 적절하지 않은 것은 ①이다.

 ② **종로구[종노구] Jongno-gu(○):** 로마자 표기법 제3장 제1항에 따라 자음 사이 일어나는 동화 작용은 로마자 표기에 반영하므로 '종로[종노]'는 'Jongno'로 표기한다. 또한 로마자 표기법 제3장 제5항에 따라 행정 구역 '구'는 붙임표(-)와 함께 'gu'로 표기하므로 '종로구'는 'Jongno-gu'로 표기한다.

③ **갈말읍[갈마릅] Galmal-eup(○):** 로마자 표기법 제3장 제5항에 따라 행정 구역 '읍'은 붙임표(-)와 함께 'eup'로 표기하며, 붙임표 앞뒤에서 일어난 음운 변화(연음)인 '[말읍 → 마릅]'은 로마자 표기에 반영하지 않는다. 따라서 '갈말읍'은 'Galmal-eup'로 표기한다.

④ **양촌면[양촌면] Yangchon-myeon(○):** 로마자 표기법 제3장 제5항에 따라 행정 구역 '면'은 붙임표(-)와 함께 'myeon'으로 표기하므로 '양촌면'은 'Yangchon-myeon'으로 표기한다.

⑤ **평창군[평창군] Pyeongchang-gun(○):** 로마자 표기법 제3장 제5항에 따라 행정 구역 '군'은 붙임표(-)와 함께 'gun'으로 표기하므로 '평창군'은 'Pyeongchang-gun'으로 표기한다.

41 용언의 활용
정답 ②

'잠근다'의 기본형인 동사 '잠그다'의 어간 '잠그-'는 '-아', '-아서'와 같이 모음으로 시작하는 어미와 결합하면 '잠가', '잠가서'처럼 어간의 '一'가 탈락한다. '一'로 끝나는 어간과 모음으로 시작하는 어미가 결합할 때 어간의 '一'가 탈락하는 현상은 규칙적으로 일어나는 변화라고 인정하여 불규칙 활용이 아닌 규칙 활용으로 본다. 따라서 불규칙 활용을 하지 않는 것은 ②이다.

• **규칙 활용:** 용언이 활용할 때 어간과 어미의 형태가 변하지 않거나, 변하더라도 특정 규칙으로 설명 가능한 형태로 활용하는 것
• **불규칙 활용:** 용언이 활용할 때 어간 또는 어미의 모습이 달라지는 일로, 특정 조건이나 용언에만 국한되어 활용 형태를 예측하기 어렵거나 특정 규칙으로 설명하는 것이 불가능한 형태로 활용하는 것
• **잠그다:** 여닫는 물건을 열지 못하도록 자물쇠를 채우거나 빗장을 걸거나 하다.

오답분석 ① **이른다:** '이른다'의 기본형인 동사 '이르다'의 어간 '이르-'는 '-어', '-어서'와 같이 모음으로 시작하는 어미와 결합하면 '이르러', '이르러서'처럼 어미 '-어'가 '-러'로 교체되는 '러' 불규칙 활용을 한다. 참고로, '무엇이라고 말하다'라는 의미의 동사 '이르다'나 '대중이나 기준을 잡은 때보다 앞서거나 빠르다'라는 의미의 형용사 '이르다'는 '르' 불규칙 활용을 하는 용언이다.
  • **이르다:** 어떤 장소나 시간에 닿다.

③ **퍼붓는다:** '퍼붓는다'의 기본형인 동사 '퍼붓다'의 어간 '퍼붓-'은 '-어', '-어서'와 같이 모음으로 시작하는 어미와 결합하면 '퍼부어', '퍼부어서'처럼 어간 말음 'ㅅ'이 탈락하는 'ㅅ' 불규칙 활용을 한다.
  • **퍼붓다:** 비, 눈 등이 억세게 마구 쏟아지다.

④ **흐른다:** '흐른다'의 기본형인 동사 '흐르다'의 어간 '흐르-'는 '-어', '-어서'와 같이 모음으로 시작하는 어미와 결합하면 '흘러', '흘러서'처럼 어간의 '르'가 'ㄹㄹ'로 교체되는 '르' 불규칙 활용을 한다.
  • **흐르다:** 물줄기, 피 등과 같은 액체 성분이 어떤 장소를 통과하여 지나가다.

⑤ **일컫는다:** '일컫는다'의 기본형인 동사 '일컫다'의 어간 '일컫-'은 '-어', '-어서'와 같이 모음으로 시작하는 어미와 결합하면 '일컬어', '일컬어서'처럼 어간 말음 'ㄷ'이 'ㄹ'로 교체되는 'ㄷ' 불규칙 활용을 한다.
  • **일컫다:** 이름 지어 부르다.

42 감탄사　　　　　　　　　　정답 ③

<보기>는 '까짓것'이라는 감탄사를 롤러코스터를 타면 무서울 듯해 겁은 나지만, 도전해 보겠다는 의미로 사용하고 있다. 따라서 감탄사 '까짓것'의 의미로 적절한 것은 ③이다. 참고로, 감탄사 '까짓'도 같은 의미로 쓰인다.

| 오답
분석 | ① 감탄사 '맙소사'의 의미이다.
② 감탄사 '아따'의 의미이다.
④ 감탄사 '아무렴', '암'의 의미이다.
⑤ 감탄사 '아뿔싸', '하뿔싸'의 의미이다. |

43 문장 성분의 호응·생략　　　　정답 ④

'자기효능감은 피드백이나 자신감과 관련된다'라는 문장에 '특정 행동의 결과로 피드백이나 자신감을 받다'라는 문장이 관형사형 어미 '-는'과 결합해 관형절로 안겨 있는 문장이다. 안은문장은 주어 '자기효능감은', 서술어 '관련된다', 서술어의 필수적 부사어 '피드백이나 자신감과'가 호응하는 적절한 문장이다. 그러나 안긴문장은 서술어 '받다'가 목적어 '피드백이나'에만 호응하여 '자신감을'에 대한 서술어가 생략되어 있어 자연스럽지 못하다. 따라서 답은 ④이다. 참고로, 자연스러운 문장이 되려면 '자신감을'에 대한 서술어 '얻다'를 추가하여 '자기효능감은 특정 행동의 결과로 받는 피드백이나 (이것으로) 얻는 자신감과 깊게 관련된다'와 같이 수정해야 한다.

- **받다**: 다른 사람이나 대상이 가하는 행동, 심리적인 작용 등을 당하거나 입다.
- **얻다**: 긍정적인 태도·반응·상태 등을 가지거나 누리게 되다.

| 오답
분석 | ① ㉠: 목적어 '믿음을', 서술어 '부른다', 서술어의 필수적 부사어 '자기효능감이라고'가 호응하는 자연스러운 문장이다.
　•**부르다**: 무엇이라고 가리켜 말하거나 이름을 붙이다.
② ㉡: 관용구 '날개를 펴다'와 '코가 빠지다'가 각각 '자신만만하게'와 '좌절하는'과 같이 관용구의 의미와 어울리는 표현과 함께 쓰여 '날개', '펴다', '코', '빠지다'의 개별 의미로 쓰이지 않았음을 파악할 수 있으므로 자연스러운 문장이다.
　•**날개(를) 펴다**: 생각, 감정, 기세 등을 힘차게 펼치다.
　•**코(가) 빠지다**: 근심에 싸여 기가 죽고 맥이 빠지다.
③ ㉢: 주어 '심리학에서는', 목적어 '전자의 사람을'과 '후자의 사람을', 서술어 '평가하고'와 '평가한다', 서술어의 필수적 부사어 '자기효능감이 높다고'와 '자기효능감이 낮다고'가 호응하는 자연스러운 문장이다.
　•**평가하다**: 사물의 가치나 수준 등을 평하다. |

⑤ ㉤: ㉤ 앞에서 ㉣의 주장에 대한 전제를 제시하고 있으므로 접속 부사 '그러면'의 쓰임은 자연스럽다. 또한 연결 어미 '-고'로 연결된 문장 '그 아이는 자신감이 넘쳐 긍정적인 피드백을 받은 행동을 자주 하게 된다'와 '그 결과 그 아이는 자기효능감이 높아지게 된다'의 주어가 '그 아이는'으로 동일하므로 뒤 문장에서 주어 '그 아이는'이 생략되어도 어색하지 않아 자연스러운 문장이다.
- **그러면**: 앞의 내용을 받아들이거나 그것을 전제로 새로운 주장을 할 때 쓰는 접속 부사

44 중의적 표현　　　　　　　　정답 ⑤

'앞장서서 이끌거나 안내하다'라는 의미의 '선도(先導)하다'와 중복되는 표현이 없는 ⑤가 답이다.

| 오답
분석 | ① '이미'와 '예고(豫告)'의 '앞서다'라는 의미가 중복된다.
　•**이미**: 다 끝나거나 지난 일을 이를 때 쓰는 말
　•**예고(豫告)**: 미리 알림
② '참된'과 '진리(眞理)'의 의미가 중복된다.
　•**참되다**: 진실하고 올바르다.
　•**진리(眞理)**: 참된 이치. 또는 참된 도리
③ '지나가는'과 '행인(行人)'의 '가다'라는 의미가 중복된다.
　•**지나가다**: 어디를 거치거나 통과하여 가다.
　•**행인(行人)**: 길을 가는 사람
④ '새롭게'와 '신곡(新曲)'의 의미가 중복된다.
　•**새롭다**: 지금까지 있은 적이 없다.
　•**신곡(新曲)**: 새로 지은 곡 |

45 번역 투 표현　　　　　　　　정답 ⑤

'생활 습관 개선이 요구된다'의 '~(이)가 요구되다'는 영어 'be required of ~'를 직역한 표현으로, '앞말이 뜻하는 행동을 하거나 앞말이 뜻하는 상태가 되는 것이 필요함을 나타내는 말'인 우리말 표현 '-어야 하다'를 써서 '생활 습관을 개선해야 한다'처럼 고쳐 쓰는 것이 적절하다. 따라서 번역 투 문장을 잘못 고친 것은 ⑤이다. 참고로, '생활 습관을 개선할 필요가 있다'의 '~할 필요가 있다'는 영어 'need to ~'를 직역한 표현이다.

| 오답
분석 | ① '가장 작은 맹금류 중 하나이다'의 '가장~중 하나'는 영어 'One of the most ~'를 직역한 표현이므로 '가장~이다'와 같은 우리말 표현을 써서 '가장 작은 맹금류이다'처럼 고쳐 써야 한다.
② '산 중턱에 위치한'의 '~에 위치하다'는 영어 'be located in ~'을 직역한 표현이므로 '~에 있다'와 같은 우리말 표현을 써서 '산 중턱에 있는'처럼 고쳐 쓰는 것이 더 자연스럽다. |

③ '삼촌은 그가'의 '그가'는 앞에서 나온 삼촌을 'he'로 지
칭하는 영어 표현을 직역한 것이므로 호칭인 '삼촌'을
써서 '삼촌은 삼촌이'로 고쳐 쓰는 것이 자연스러운 우
리말 표현이 된다. 참고로, 문장에서 '삼촌'을 다시 나타
내는 맥락이므로 두 번째 '삼촌'을 삼인칭 대명사인 '자
기'나 '당신'으로도 쓸 수 있다.

④ '많은 전문가들'은 영어 'many experts'를 직역한 표현
이다. 이미 '많다'라는 형용사를 통해 둘 이상의 전문가
가 아동의 미디어 노출에 관한 의견을 제시했음을 나
타내고 있으므로 복수 표현 'many'를 옮긴 '많은'에 복
수 접미사 '-s'를 옮긴 '-들'을 함께 쓰지 않고, '많은 전문
가가'나 '전문가들이'로 고쳐 쓰는 것이 더 자연스럽다.

쓰기 (46번 ~ 50번)

46 글쓰기 계획   정답 ④

계획된 글은 청소년 리셋 증후군의 증상과 예방법에 초점이 맞
추어져 있다. 따라서 글쓰기 계획은 리셋 증후군의 정의, 청소년
리셋 증후군에 더욱 주목해야 하는 이유, 리셋 증후군의 증상, 리
셋 증후군의 예방법을 중심으로 짜여야 한다. 그러나 청소년 리
셋 증후군으로 인해 발생한 사건 및 피해 사례는 리셋 증후군의
증상이나 예방법과 관련이 없으므로 글쓰기 계획의 내용으로 적
절하지 않다. 따라서 답은 ④이다.

47 자료의 활용 방안   정답 ③

(다)는 우리나라 청소년의 인터넷 사용 실태에 대한 통계 자료이
다. (다)-1은 청소년 대부분의 하루 평균 인터넷 이용 시간이 2시
간이라는 내용이며, (다)-2는 청소년의 인터넷 이용 유형이 온라
인 게임, 기타 활동, 채팅 순의 비율로 높게 나타난다는 내용이다.
따라서 이를 통해 청소년이 인터넷으로 온라인 게임이나 채팅 외
의 온라인 활동을 한다는 사실을 주장하는 것은 적절하다. 그러
나 '기타'에 리셋 증후군의 원인이 되는 문제 활동 외 건전한 온라
인 활동이 포함되어 있을 가능성이 있으므로 인터넷 이용 유형
중 '기타'에 속한 전체 활동이 리셋 증후군의 원인이 된다고 일반
화하기는 어렵다. 또한 (다)-1에서 다루는 인터넷 사용 시간에 대
한 내용도 포함되어 있지 않으므로 자료의 활용 방안으로 적절
하지 않은 것은 ③이다.

 ① (가)는 게임을 끄고 켜는 것과 같이 현실도 끄고 켤 수
있다고 생각하는 현상을 리셋 증후군이라고 부른다는
점과 리셋 증후군으로 나타나는 다양한 증상을 다루고
있다. 따라서 이를 활용하여 리셋 증후군의 정의와 증
상을 설명할 수 있으므로 자료의 활용 방안으로 적절하
다.

② (나)는 리셋 증후군의 원인 중 하나로 청소년이 분별력
없이 온라인 게임을 이용하는 현상을 꼽으면서, 그 원
인으로 인간관계를 폭넓게 맺을 기회, 활동적인 체험
을 할 기회, 가족과 보내는 시간의 부족을 들고 있다.
따라서 이를 활용하여 청소년이 그들에게 부족한 경험
을 할 수 있게 된다면 리셋 증후군을 겪는 청소년 수가
감소될 수 있음을 설명할 수 있으므로 자료의 활용 방
안으로 적절하다.

④ (가)는 리셋 증후군을 겪는 사람이 인간관계를 유지하
려고 노력하지 않음을, (다)-2는 청소년은 주로 온라인
게임이나 채팅을 목적으로 인터넷을 사용한다는 점을
다루고 있다. 따라서 이를 활용하여 인간관계에서 갈등
을 회피하고 관계를 쉽게 끊어버리는 리셋 증후군의 증
상이 온라인 게임이나 채팅 등으로 형성된 청소년의 인
간관계 특성으로부터 비롯된 것일 수도 있음을 설명할
수 있으므로 자료의 활용 방안으로 적절하다.

⑤ (나)는 청소년이 목적이나 시간을 정해두지 않고 인터
넷을 무분별하게 사용하는 경향이 있음을, (다)-1은 청
소년이 하루 평균 2시간가량 인터넷을 사용함을 다루
고 있다. 따라서 이를 활용하여 청소년이 올바른 목적
과 태도로 인터넷을 사용할 수 있도록 교육하면 무분
별한 인터넷 사용으로 발생하는 리셋 증후군을 방지
할 수 있음을 주장할 수 있으므로 자료의 활용 방안으
로 적절하다.

48 개요 수정 및 상세화 방안   정답 ④

ⓔ '중독에 취약한 청소년에게 관심 갖기'는 청소년이 무엇에 중
독되고, 청소년에게 어떤 관심을 주어야 하는지가 포함되어 있지
않아 불분명한 내용이므로 구체적인 내용으로 수정해야 하는 항
목이다. 그러나 수정한 내용인 '중독에 취약한 특성을 보이는 청
소년에게 관심 갖기' 또한 수정 전의 내용과 같이 포괄적이므로
적절하지 않다. 따라서 수정 방안으로 적절하지 않은 것은 ④이
다. 참고로, 적절한 방향으로 구체화하기 위해서는 상위 항목을
고려할 때, '중독'이 리셋 증후군을 유발할 수 있다는 점을 파악할
수 있으므로 이를 반영하여 '중독에 취약한 특성을 보이는 청소
년에게 활동적인 체험 제공하기', '리셋 증후군을 겪기 쉬운 특성
을 보이는 청소년에게 관심 갖기' 등으로 수정해야 한다.

오답분석 ① 상위 항목이 '리셋 증후군의 정의와 그 양상'임을 고려
할 때, 하위 항목은 '리셋 증후군의 개념'과 '리셋 증후
군의 증상' 순으로 나열되는 것이 자연스럽다. 따라서
⊙과 I-1의 순서를 교체하는 것은 수정 방안으로 적절
하다.

② ⓒ '청소년 인간관계의 특성'은 II-1의 '청소년기의 특
성'의 일부분으로 설명할 수 있는 내용이다. 따라서 ⓒ
을 삭제하는 것은 수정 방안으로 적절하다.

③ ⓒ '리셋 증후군의 유래'는 리셋 증후군이 무엇인지를 설명하는 항목의 하위 항목일 때 논리적 흐름에 맞으므로 ⓒ을 Ⅰ의 아래로 이동하는 것은 수정 방안으로 적절하다.

⑤ 계획된 글의 주제는 '청소년 리셋 증후군의 증상과 예방법을 인식하자'이며, 글쓰기 개요의 Ⅰ~Ⅳ에서 청소년 리셋 증후군의 증상과 예방법을 제시하고 있다. 이를 바탕으로 할 때 결론에 해당하는 Ⅴ에는 청소년 리셋 증후군의 예방을 위해 모두가 힘써 주기를 요구하는 내용이 오는 것이 적절하다. 따라서 ⓜ을 '청소년 리셋 증후군 예방을 위한 노력 촉구'로 수정하는 것은 수정 방안으로 적절하다.

49 고쳐쓰기 정답 ⑤

ⓓ 앞의 내용은 청소년이 리셋 증후군을 겪게 되는 원인을, ⓔ 뒤의 내용은 청소년 리셋 증후군을 방지하기 위한 방법을 다루고 있다. 따라서 ⓔ 앞의 내용이 뒤의 내용의 원인이나 이유가 됨을 나타내는 문장 부사어 '그러므로'가 들어가는 것은 적절하다. 그러나 기존에 사용된 '따라서'도 '그러므로'와 유사한 의미를 나타내는 문장 부사어이므로 수정할 필요가 없다. 따라서 수정 방안으로 적절하지 않은 것은 ⑤이다.

· **따라서**: 앞에서 말한 일이 뒤에서 말할 일의 원인, 이유, 근거가 됨을 나타내는 접속 부사
· **그러므로**: 앞의 내용이 뒤의 내용의 이유나 원인, 근거가 될 때 쓰는 접속 부사

① ㉠: 서술어 '생겼다'는 '~에', '~에게' 형태의 부사어를 필수적으로 요구하는 동사이다. 따라서 서술어가 요구하는 부사어 '현실에'를 추가하는 것은 수정 방안으로 적절하다.

② ㉡: '유명해지게 되었다'는 형용사 '유명하다'의 어간 '유명하-'에 통사적 피동 표현 '-어지다'와 '-게 되다'가 결합한 것이다. 따라서 그중 하나만을 사용하여 '유명해졌다'로 쓰는 것은 수정 방안으로 적절하다.

③ ㉢: ㉢이 포함된 문장이 인용하고 있는 것은 통계 결과이다. 이때, 그 결과의 원문 형식에 따옴표나 작은따옴표를 사용하여 직접 인용하는 것이 아니라 변형하여 간접적으로 인용하고 있으므로 직접 인용 조사 '라고'가 아닌 간접 인용 조사 '고'를 쓰는 것이 적절하다. 따라서 '보낸다라고'를 '보낸다고'로 고쳐 쓰는 것은 수정 방안으로 적절하다.

④ ㉣: 서술어 '된다'의 주어는 '문제는'이다. 따라서 서술어를 '된다는 것이다'로 고쳐 '문제는 ~는 것이다'와 같이 문형을 수정하게 되면 주어와 서술어의 호응이 적절하게 이루어지므로 수정 방안으로 적절하다.

50 고쳐쓰기 정답 ⑤

윗글은 청소년 리셋 증후군의 정의와 증상, 원인과 예방법을 다루고 있는 글이다. 따라서 윗글에서 제시한 청소년 리셋 증후군 예방법이 잘 작용한 사례를 추가하면 리셋 증후군 예방법의 효용을 증명함으로써 글의 타당성을 강화할 수 있으므로 적절한 것은 ⑤이다. 참고로, 글의 타당성은 주장에 대한 근거가 합리적이고 적절한가로 판단할 수 있다.

① 구체적인 통계 수치를 제시하는 것은 인용한 근거가 믿을 만하다는 인상을 주어 글의 신뢰성을 높일 수 있다. 그러나 윗글은 2문단 끝에서 1~3번째 줄에서 통계 자료의 수치를 구체적으로 언급하고 있으므로 이를 보완할 필요가 없다. 참고로, 글의 신뢰성은 글에 쓰인 근거가 믿을 만하고 권위 있는 출처에서 선택되었는지 등으로 판단할 수 있다.

[관련 지문 인용] 통계 자료에 따르면 우리나라 중고생의 99% 이상이 하루에 2시간 정도 인터넷을 사용하고, 그중 56.4%가 온라인 게임을, 17.4%가 채팅을 하며 시간을 보낸다고 응답했다.

② 윗글은 청소년 리셋 증후군을 다루고 있는 글이므로 성인 리셋 증후군 사례를 추가하게 되면 글의 통일성이 저해되므로 보완 방안으로 적절하지 않다. 참고로, 글의 완결성은 한 단락 내에 주장(주제문)과 근거(구체적 진술)가 모두 포함되어 있는가로 판단할 수 있다.

③ 윗글에는 전문가의 글이 인용되어 있지 않으므로 이를 추가하는 것은 글을 보완하는 방안이 될 수 있다. 그러나 전문가의 견해를 인용하는 것은 글의 통일성이 아닌 신뢰성을 강화하는 방안이므로 적절하지 않다. 참고로, 글의 통일성은 글의 내용이 하나의 주제로 연결되는가로 판단할 수 있다.

④ 윗글은 리셋 증후군의 의학적 정의를 다루고 있지 않으므로 이를 추가하는 것은 글을 보완하는 방안이 될 수 있다. 그러나 대상에 대한 객관적 정의를 추가하는 것은 글의 공정성이 아닌 신뢰성을 강화하는 방안이므로 적절하지 않다. 참고로, 글의 공정성은 글의 내용이 편파적이지 않고 관계되는 입장 모두를 공평하게 다루고 있는가 등으로 판단할 수 있다.

창안 (51번~60번)

51 내용 유추
정답 ⑤

㉠ '상리 공생'은 두 개체가 서로에게 이익이 되는 방향으로 공생하는 관계이므로 해당 개념을 적용할 수 있는 사례는 각 개체가 한 행동이 다른 개체에게 좋은 영향을 주는 사례가 되어야 한다. 부모가 사무 용품을 새로 사는 대신 자녀가 쓰지 않는 학용품을 사용하면 사무 용품을 사는 데 돈을 지불하지 않아도 되는 부모에게는 이익이 되지만, 이에 대한 보상이나 벌이 없으므로 자녀에게는 이익도 손해도 되지 않는다. 따라서 이는 ㉠ '상리 공생'이 아닌 ㉡ '편리 공생'에 적합한 사례이므로 적절하지 않은 것은 ⑤이다.

 ① ② ③ ④는 모두 ㉠ '상리 공생'을 적용할 수 있는 사례로 적절하다.

　① 부부가 집안일을 '잘할 수 있는가'를 기준으로 분담하는 것은 어느 한쪽만 집안일을 하거나 서로 못하는 일을 해야 하는 등의 손해를 입지 않고 둘 다 편하게 생활할 수 있다는 점에서 부부 모두에게 이익이 되므로 적절하다.

　② 무서워하는 대상이 개와 고양이로 다른 남매가 서로 무서워하는 대상이 보일 때 알려주는 것은, 길을 가다 개나 고양이를 마주쳐 두려움을 느끼지 않아도 된다는 점에서 남매 모두에게 이익이 되므로 적절하다.

　③ 형과 동생이 전자책 구독 서비스와 영화 구독 서비스 모두를 각자 결제하지 않고, 하나씩 나누어 결제하여 계정을 공유하는 것은 둘 모두에게 금전적 이익이 되므로 적절하다.

　④ 자매가 편식하는 것이 닭다리와 닭 날개로 서로 달라 치킨 한 마리만 주문해도 배부르게 먹을 수 있었다는 것은, 둘 모두에게 만족을 주고 두 마리 이상 주문하지 않아도 돼 두 사람 모두 금전적 이익을 취할 수 있게 되므로 적절하다.

52 내용 유추
정답 ①

㉡ '편리 공생'은 두 개체 중 한 개체에게만 이익이 되고, 다른 개체에게는 이익도 손해도 되지 않는 방향으로 공생하는 관계이다. 따라서 ㉡ '편리 공생'에 해당하는 사례는 한 개체는 다른 개체에게서 이득을 취하지만, 다른 개체는 그 개체에게서 이득을 얻거나 해를 당하지 않는 사례가 되어야 한다. 복도에서 뛰지 않았음에도 복도에서 뛴 무리 사이에 있었다는 이유만으로 혼이 난다면, 우연히 끼어 있던 쪽에는 해가 되지만 원래 복도에서 뛰던 쪽은 이로 인해 이익이나 손해를 입지 않는다. 따라서 이는 ㉡ '편리 공생'이 아닌 ㉢ '편해 공생'에 적합한 사례이므로 적절하지 않은 것은 ①이다.

 ② ③ ④ ⑤는 모두 ㉡ '편리 공생'의 사례에 해당한다.

　② 친구가 급식 당번일 때 맛있는 반찬을 많이 먹을 수 있는 이익을 취하였으며, 급식 당번인 친구는 이로 인해 이익이나 손해를 입지 않으므로 적절하다.

　③ 선생님의 관심을 받는 친구 덕에 따로 노력하지 않아도 선생님의 관심을 받을 수 있는 이익을 얻었으며, 친구는 이로 인해 이익이나 손해를 입지 않으므로 적절하다.

　④ 옆자리 교사가 놓아 둔 꽃 화분 덕에 자기 자리에 화분을 가져다 두지 않아도 예쁜 꽃을 볼 수 있는 이익을 취하였으며, 옆자리 교사는 이로 인해 이익이나 손해를 입지 않으므로 적절하다.

　⑤ 짝이 오지 않을 때면 자리를 여유롭게 쓸 수 있는 이익을 취하였으며, 결석한 짝은 이로 인해 이익이나 손해를 입지 않으므로 적절하다.

53 내용 유추
정답 ①

해삼과 숨이고기는 편리 공생 관계로, 숨이고기는 해삼을 이용하여 포식자로부터 살아 남는다. 따라서 '힘이 될 만한 사람과 관계를 맺어 그 힘을 이용하다'를 뜻하는 관용구 '줄(을) 타다'의 쓰임이 적절하다. 따라서 답은 ①이다.

　② 숨이고기는 포식자를 피해 해삼의 몸속에 숨음으로써 생존하므로 '달아나거나 도망치다'를 뜻하는 관용구 '꼬리를 빼다'의 쓰임은 적절하지 않다.

　③ 숨이고기와 해삼은 편리 공생 관계로 숨이고기는 해삼에게 이익을 얻지만 해삼은 숨이고기에게 이익이나 손해를 받지 않는다. 또한 한자 성어 '어로불변(魚魯不辨)'은 '어(魚) 자와 노(魯) 자를 구별하지 못한다'라는 뜻으로, 아주 무식함을 비유적으로 이르는 말이므로 한자 성어의 쓰임도 적절하지 않다.

　④ 숨이고기가 해삼의 몸속에서 살고 있음을 알 수 있으나 출입 없이 그 안에서만 있는지는 알 수 없으므로 '집에만 있고 바깥출입을 않음'을 뜻하는 한자 성어 '두문불출(杜門不出)'의 쓰임은 적절하지 않다.

　⑤ 숨이고기의 숨는 습성 때문에 포식자가 숨이고기를 사냥하기가 어려움을 유추할 수 있으나 '어떤 일을 한 결과가 결국 제 손해가 되었다는 말'을 뜻하는 속담 '황소 제 이불 뜯어 먹기'의 쓰임은 적절하지 않다.

54 내용 유추
정답 ②

ⓒ '편해 공생'은 두 개체 중 한 개체에게는 손해가 발생하지만, 다른 개체에게는 이익도 손해도 되지 않는 방향으로 공생하는 관계이다. 따라서 ⓒ '편해 공생'에 해당하는 상황은 한 개체는 다른 개체로 인해 해를 입지만, 다른 개체는 그 개체에게서 이득이나 해를 입지 않는 상황이 되어야 한다. 집을 어지르기만 하는 룸메이트 때문에 스트레스를 받는 상황은, 한쪽은 매일 어수선한 집을 보고 스트레스를 받는 피해를 보지만 어지르는 쪽은 어떤 이득이나 손해도 입지 않으므로 ⓒ '편해 공생'으로 설명할 수 있는 상황이다. 따라서 적절한 것은 ②이다.

[오답 분석] ① ③ ④ ⑤는 모두 ⓒ '편해 공생'으로 설명할 수 없는 상황이다.

① 여러 사람의 성과가 한 사람의 성과로만 인정되는 상황은 한 사람은 이익을 얻지만, 그 사람을 제외한 다른 사람은 피해를 입는 상황이다. 이는 윗글에 제시된 공생 관계를 통해 설명할 수 없으므로 적절하지 않다.

③ 자신이 쏟은 화분의 뒤처리를 본인이 하는 상황은 다른 사람과의 관계 속에서 일어난 일이 아닌 개인에 한정된 일이다. 따라서 이는 공생 관계로 설명할 수 없으므로 적절하지 않다.

④ 빌린 차로 출퇴근을 하는 사람 중 어느 한 사람에게 운전의 부담이 몰리지 않고, 모두가 편하게 출퇴근을 하는 공동의 이익을 얻는 상황이다. 따라서 이는 ⓒ '편해 공생'이 아닌 '상리 공생'으로 설명할 수 있는 상황이므로 적절하지 않다.

⑤ 오해를 받고 있던 동료는 사진으로 오해를 푸는 이익을 얻으나, 사진을 찍은 쪽은 이익이나 손해를 입지 않는 상황이다. 따라서 이는 ⓒ '편해 공생'이 아닌 '편리 공생'으로 설명할 수 있는 상황이므로 적절하지 않다.

55 조건에 따른 내용 생성
정답 ④

윗글은 공생 관계의 하위 유형인 '상리 공생', '편리 공생', '편해 공생'을 공생하는 두 개체가 서로 이익을 주고받는지, 한쪽만 이익이나 손해를 입는지를 중심으로 그 예와 함께 설명하고 있다. 이를 통해 도출해 낼 수 있는 '상리 공생', '편리 공생', '편해 공생'의 공통된 특성은 한 개체가 다른 개체와의 생활 속에서 어떤 영향을 주거나 받는다는 것이다. 따라서 '타인과 원만한 관계를 이루기 위해서'로 '원활한 인간관계의 형성'이라는 주제를 드러내고, '서로 어떤 영향을 주고받을 수 있는지'라는 '상리 공생', '편리 공생', 편해 공생'의 특성을 반영한 ④가 가장 적절하다.

[오답 분석] ① '좋은 친구'가 무엇인지를 정의하며 '원활한 인간관계의 형성'이라는 주제를 드러내고 있으나 '서로에게 득이 되는 방향으로 안내해 주기'는 친구 관계에 관련된 모두가 이익을 주고받는 상황이므로 '상리 공생'의 특성만 반영된 것이다.

② '다른 사람과 좋은 관계를 맺기'를 통해 '원활한 인간관계의 형성'이라는 주제를 드러내고 있으나 '상대를 먼저 배려하려는 마음가짐'은 배려를 받는 쪽에게만 이익이 되고 배려하는 쪽은 이익이나 손해를 입지 않으므로 '편리 공생'의 특성만 반영된 것이다.

③ '사람과 사람 사이의 평탄한 관계'를 통해 '원활한 인간관계의 형성'이라는 주제를 드러내고 있으나 '서로에게 어떤 이익이나 손해도 주지 않는 것'은 '편리 공생'과 '편해 공생'의 두 개체 중 한 개체는 이익도 손해도 입지 않는 일부 특성만 반영된 것이다.

⑤ '사이가 좋지 않은 사람과 관계를 회복하기 위해서'를 통해 '원활한 인간관계의 형성'이라는 주제를 드러내고 있으나 '내가 어떤 피해를 주었는지 생각하기'는 두 개체 중 한 개체만 손해를 입는 '편해 공생'의 특성만 반영된 것이다.

56 시각 자료에 따른 내용 생성
정답 ⑤

<보기 1>의 ㉠과 ㉡을 통해 혼자서는 할 수 없지만 여럿이 힘을 합치면 이겨 낼 수 있다는 내용을 유추할 수 있으며, <보기 2>의 ㉢과 ㉣을 통해 자기 멋대로 흩어지기보다 다 함께 한곳으로 모이면 아이디어를 창출할 수 있다는 내용을 유추할 수 있다. 이를 바탕으로 <보기 1>과 <보기 2>의 주제를 여럿이 함께 모여 어우러지면 좋은 결과를 낼 수 있다는 내용으로 유추할 수 있다. <보기 3>의 ㉤에는 퍼즐 조각 하나만 표현되어 있으므로 ㉥에는 협동해 여러 조각을 모으면 의미를 창출할 수 있다는 내용을 표현할 수 있는 그림이 들어가야 함을 알 수 있다. 따라서 답은 ⑤이다.

57 시각 자료에 따른 내용 생성
정답 ④

<보기 2>의 ㉢은 여러 색의 선이 제각각 뻗어 있는 그림이며 ㉣은 여러 색의 선이 한데 모여 아이디어를 창출한 모습을 형상화한 그림이다. ㉢과 ㉣을 함께 활용할 때, 여러 사람이 제각각 존재하는 것보다 하나로 뭉치면 목표를 달성하기 위한 힘을 크게 낼 수 있다는 내용을 유추할 수 있다. 따라서 답은 ④이다.

[오답 분석] ① <보기 2>의 ㉣은 여러 색의 선이 같은 모양으로 서로 엮여 있는 그림으로, 창의성을 위해 각각의 개성을 살려야 한다는 내용은 유추할 수 없으므로 적절하지 않다.

② ③ ⑤ <보기 2>의 ©과 @을 통해 '소외 계층에게 관심을 주어야 한다', '결과보다 과정이 더 중요하다', '차별 없는 사회를 만들어야 한다'와 같은 내용은 유추할 수 없으므로 적절하지 않다.

58 내용 유추 정답 ②

⊙에서 하나의 회로에만 문제가 생겨도 전체 회로의 전력을 차단하는 누전 차단기의 역할을 알 수 있다. 따라서 ⊙을 통해 '부분'에 이상이 생겼을 때 '전체'가 멈추거나 영향을 받는다는 내용을 이끌어 낼 수 있다. 그러나 ②는 도마뱀은 위기 상황에서 문제가 생긴 일부만 제거한다는 내용이다. 이는 부분에 문제가 생기는 경우 전체를 차단하는 누전 차단기의 특징과 반대되는 내용이므로 ⊙을 통해 이끌어 낼 수 있는 내용으로 적절하지 않다.

 ① ③ ④ ⑤ '뒤떨어진 사람이 생기자 작전 전체를 멈추었다', '여러 파일 중 하나에 문제가 생기자 모든 파일에 보안이 걸렸다', '연구비 횡령 문제로 인해 전체 연구소의 연구비 집행이 중단되었다', '긴급한 상황을 우선 해결하기 위해 모든 외과 의사가 자신의 일을 중단하고 수술에 투입된다'는 모두 부분이 전체에 영향을 미치는 내용이므로 ⊙을 통해 이끌어 낼 수 있는 내용으로 적절하다.

59 내용 유추 정답 ⑤

©은 배선용 차단기만 설치되는 경우 누전 차단이 되지 않아 안전하게 전력 공급을 할 수 없지만, 배선용 차단기가 누전 차단기와 함께 설치되는 경우 효율적이고 안전한 전력 공급이 가능하다는 내용이므로 목적을 달성하려면 그에 필요한 요소가 모두 갖추어져야 한다는 내용을 이끌어 낼 수 있다. ⑤는 불을 피우기 위해서는 그에 필요한 모든 요건을 갖추어야 한다는 내용이다. 따라서 ©을 통해 이끌어 낼 수 있는 내용으로 가장 적절한 것은 ⑤이다.

 ① ② ③ ④ ©은 목적을 달성하기 위해서는 그에 필요한 요소가 모두 갖추어져야 한다는 내용으로, 이를 통해 '상황에 따라 목적(공격과 수비)을 바꿀 수 있어야 한다', '상황에 따라 목적(비타민 D 흡수)을 위한 방법을 택할 수 있다', '목적(생존)을 위해 환경에 따라 자신의 성질을 바꿀 수 있다', '목적(허리 질병 예방)을 위해 평소 노력해야 한다'와 같은 내용을 이끌어 낼 수 없으므로 적절하지 않다.

60 내용 유추 정답 ③

과전류를 차단하기 위해 자신을 녹여 전류를 끊음으로써 안전을 유지하려는 퓨즈를 '자기의 목숨을 버리면서까지 희생하겠다는 마음'을 뜻하는 한자 성어 '사생지심(捨生之心)'에 빗대어 설명할 수 있으므로 적절하다.

 ① <보기>의 '퓨즈가 한 번 끊어지면 다시 사용하기 어렵기 때문에'를 통해 퓨즈가 녹아서 끊어지면 재사용이 어려움을 알 수 있으나 이를 '허를 찌르고 실을 꾀하는 계책'을 뜻하는 한자 성어 '허허실실(虛虛實實)'에 빗댈 수 없으므로 적절하지 않다.

② 윗글의 '배선용 차단기는~차단 기능이 좋고 퓨즈를 교체하는 등의 번거로움이 없어 퓨즈가 달린 스위치 대신 널리 쓰이고 있다'를 통해 배선용 차단기가 퓨즈보다 기능이 우수함을 알 수 있으나 이를 '여러 쇠붙이 가운데서도 유난히 맑게 쟁그랑거리는 소리가 난다'라는 뜻으로, 같은 무리 가운데서도 가장 뛰어남 또는 그런 사람을 이르는 말인 한자 성어 '철중쟁쟁(鐵中錚錚)'에 빗댈 수 없으므로 적절하지 않다.

④ 윗글의 '배선용 차단기는 회로 내에 생기는 과부하를 차단하는 장치로'와 <보기>의 '과전류 차단 장치 중 하나인 퓨즈는'을 통해 배선용 차단기와 퓨즈가 과전류 차단 장치임을 알 수 있으나 이를 '용과 범이 서로 싸운다'라는 뜻으로, 강자끼리 서로 싸움을 이르는 말인 한자 성어 '용호상박(龍虎相搏)'에 빗댈 수 없으므로 적절하지 않다.

⑤ 윗글과 <보기>를 통해 퓨즈가 과전류 차단 기능이 있음을 알 수 있으나, 누전 차단 기능이 있는지나 단독으로 썼을 때의 쓸모에 대해서는 확인할 수 없다. 따라서 이를 자기 몸을 상해 가면서까지 꾸며 내는 계책이라는 뜻으로, 어려운 상태를 벗어나기 위해 어쩔 수 없이 꾸며 내는 계책을 이르는 말인 한자 성어 '고육지책(苦肉之策)'에 빗댈 수 없으므로 적절하지 않다.

읽기 (61번 ~ 90번)

61 현대 시 – 표현상의 특징과 효과 정답 ④

화자는 1~2연에서 예고 없이 찾아온 사랑을 마주하고, 3~4연에서 사랑의 본질을 깨달아 만족해 하고 있으며, 5연에서 깊어진 사랑을 만끽하며 두근거리고 있다. 이를 통해 시가 전개될수록 사랑을 대하는 화자의 감정이 심화되고 있음을 알 수 있다. 그러나 이 감정을 '기쁘다', '두근거리다' 등의 시어를 활용하여 직접적으로 드러내는 대신 배를 매는 과정과 물에 떠 있는 배에 빗대어 간접적으로 드러내고 있으므로 적절하지 않은 것은 ④이다.

오답분석 ① 1연 1행에서 '~ 없이'를, 2연 5, 7행에서 '~는 것'을 반복하고 있으며, 전체적으로 '닿는다, 알았다, 떠 있다'처럼 '~다'를 반복하고 있다. 시구의 반복을 통해 리듬감을 형성할 수 있으므로 적절하다.

[관련 지문 인용]
- 아무 소리도 없이 말도 없이
- 던져지는 밧줄을 받는 것
- 배를 매게 되는 것

② 3연과 5연에서 '잔잔한 바닷물', '구름', '빛', '울렁이며' 등의 시어를 통해 바다에 떠 있는 배의 모습을 시각적으로 또렷하게 묘사하고 있으므로 적절하다.

[관련 지문 인용]
- 잔잔한 바닷물 위에 / 구름과 빛과 시간과 함께 / 떠 있는 배
- 빛 가운데 배는 울렁이며 / 온종일을 떠 있다.

③ 1연 2~4행은 '등 뒤로 털썩 밧줄이 날아와 / 나는 뛰어가 밧줄을 잡아다 배를 맨다'와 같이 시행이 나누어지는 것이 자연스럽다. 그러나 윗글은 '뛰어가 밧줄을 잡아다 배를 맨다'의 주체인 '나는'과 행동이 포함된 시행을 나누어 배열하고 있다. 또한 이렇게 자연스러운 흐름과 다른 방향으로 시행을 배열하게 되면 시적 긴장감을 유발할 수 있으므로 적절하다.

[관련 지문 인용] 등 뒤로 털썩/밧줄이 날아와 나는/뛰어가 밧줄을 잡아다 배를 맨다.

⑤ 윗글은 '사랑'이라는 추상적 개념을 깨닫는 과정을 '부둣가에 들어오는 배를 매는 과정'이라는 구체적인 행위에 빗대어 형상화하고 있으며, 이는 '사랑'을 독자에게 명확하게 전달하는 효과를 가지므로 적절하다. 참고로, 이 시는 '사랑'과 '배를 매는 행위'와의 유사성을 토대로 '사랑'을 설명하고 있으므로 유추의 방식이 쓰였다고도 할 수 있다.

- **추상적**: 어떤 사물이 직접 경험하거나 지각할 수 있는 일정한 형태와 성질을 갖추고 있지 않은 것
- **구체적**: 사물이 직접 경험하거나 지각할 수 있도록 일정한 형태와 성질을 갖추고 있는 것

62 현대 시 - 시구의 의미와 기능   정답 ②

ⓒ에서 화자는 부둣가에서 떠나는 배의 밧줄을 잡아다 묶는 것이 아닌, 화자가 있는 부둣가로 들어오는 배의 밧줄을 잡아다 묶고 있다. 따라서 '배'를 '사랑'이라고 할 때, 이 사랑은 화자에게서 떠나가는 것이 아닌 화자를 찾아오고 있는 것이며, 이 사랑을 향해 화자가 뛰어가는 행위는 반가움의 감정이 반영된 것임을 알 수 있으므로 적절하지 않다.

오답분석 ① ㉠: 소리를 내거나 말을 건네지 않고 화자에게 날아온 밧줄은 부둣가에 닿은 '배'의 밧줄로, 화자는 이 배를 매는 경험에 비추어 사랑의 시작을 드러내고 있다. 이를 통해 ㉠은 부둣가에 갑작스레 들이닥친 배처럼 화자의 사랑도 예상치 못하게 시작되었음을 의미함을 알 수 있으므로 적절하다.

③ ㉢: '호젓한 부둣가'는 쓸쓸하지만 자유롭게 배가 드나들 수 있는 열린 공간이므로, 이곳에서 머물고 있는 화자는 언제든 배를 만날 수 있음을 알 수 있다. 또한 ㉢이 포함된 2연이 1연의 '다가온 배를 맨 경험'을 '사랑의 시작'으로 확장해 표현하고 있음을 고려할 때, '배'는 화자가 시작하게 될 '사랑'으로 치환할 수 있다. 따라서 '호젓한 부둣가'는 '배'를 기다리고 있는 화자가 '사랑'을 만날 수 있는 공간임을 알 수 있으므로 적절하다.

④ ㉣: 배의 밧줄이 날아올 때, 화자는 그 밧줄을 잡아 부둣가에 맬 수도 있고, 그렇지 않을 수도 있다. 그러나 화자는 이 두 가지 길 중 배를 매는 행위를 선택한 이유를 자신의 의지가 아닌 '어찌할 수 없이'와 같은 불가항력적 요인으로 설명하고 있다. 이를 통해 화자에게 찾아온 사랑이란 운명적으로 저항할 수 없는 것임을 알 수 있으므로 적절하다.

⑤ ㉤: 4연의 '구름', '빛', '시간'은 3연에서 '배'와 함께 존재하는 대상들이다. '배'가 화자에게 '사랑' 또는 '사랑하는 사람'임을 고려할 때, 이것을 둘러싼 '구름', '빛', '시간'은 그 사랑과 함께 존재하는 환경이나 세계임을 알 수 있다. 따라서 화자가 사랑하는 사람과 관련되는 것들을 함께 받아들이는 것 자체를 '사랑'이라고 인식하고 있으며, 이를 '배'를 매어 '구름', '빛', '시간'을 함께 묶어두는 것으로 표현한 것임을 알 수 있으므로 적절하다.

63 현대 소설 - 작품의 이해와 감상   정답 ⑤

병식이 '형도 구치소 출입해 봤으니 나만 볕 보고 살란 법 있어?'라고 한 것을 통해 병국이 감옥에 간 적이 있음을 알 수 있으나 병국이 누명을 쓰고 감옥에 간 것인지는 윗글을 통해 알 수 없다. 또한 병식은 병국이 감옥에 갔던 일을 조롱하고 있으므로 적절하지 않은 것은 ⑤이다.

오답분석 ① 병국은 자신과의 다툼 끝에 주점을 나서는 병식에게 학관이 끝나면 다른 곳에 가지 말고 집으로 곧장 오라고 당부하고 있다. 이를 통해 병국은 병식이 학관에서의 일정이 끝난 후 집이 아닌 다른 곳에 갈까 봐 걱정하고 있음을 알 수 있으므로 적절하다.

[관련 지문 인용] "병식아, 학관 끝나면 집으로 와!"

② 새를 밀렵하였는지, 누가 그 새를 박제하고 있는지를 따져 묻는 병국의 말에 병식은 술이나 마시자며 화제를 돌리거나 주점을 떠나는 등 병국이 거론하는 화제로 이야기를 나누는 것을 피하는 모습을 보이므로 적절하다.
[관련 지문 인용]
• "우선 한 잔 꺾지. 형제의 우애를 위해서."
• 병식은 주점을 나서 버린 뒤였다.

③ '주모가 달려와 둘 사이에 끼었다. 개시도 안 한 술집에서 웬 행패냐고 주모가 소리쳤다'를 통해 알 수 있다.

④ 병식은 새를 함부로 죽여서는 안 된다며 밀렵 행위를 그만두라고 설득하는 병국의 말에 누구도 자연에 사는 새에 대한 소유권을 가지고 있지 않음과 자연에는 수많은 새가 있어 몇 마리 죽어봐야 티가 나지 않을 것임을 들어 말대꾸를 하고 있다. 이를 통해 병식은 병국의 말을 탐탁지 않게 여김을 알 수 있으므로 적절하다.
[관련 지문 인용]
• "별 말코 같은 소릴 다 듣는군. 날아다니는 새도 임자 있나? 지구의 새를 형이 몽땅 사 들었어?"
• "개떡 같은 이론은 집어치워. 지구상에는 삼십억 넘는 새가 살아. 그중 내가 몇 마리를 죽였다 치자, 형은 그게 그렇게 안타까워?"

64 현대 소설 – 인물에 대한 평가　　　정답 ⑤

답답한 마음을 해소하고자 바다에 있는 새 떼를 구경하러 웅포리로 향하는 버스를 탄 병국은 꿈속에서 하늘을 나는 도요새 무리를 떠올리고 있다. 이를 통해 도요새 무리를 비롯한 '새 떼'는 병국에게 마음의 안정을 주는 이상적인 존재임을 알 수 있다. 그러나 병국은 자유롭게 나는 새들이 아닌 여정 중에 낙오된 새에게 자신의 처지를 이입하고 있으며 그 상태를 '가사 상태'라고 표현하고 있다. 따라서 병국은 죽은 것과 다름없는 삶을 살며 무리에서 도태된 새와 자신을 동일한 존재로 여기고 있음을 알 수 있으므로 적절한 것은 ⑤이다.
[관련 지문 인용]
• 역시 그가 찾을 곳은 바닷가 개펄밖에 없었다. 황혼 무렵, 바다로 향해 자맥질하는 새 떼를 구경하기로 결정했다.
• 자유로운 삶의 터를 찾는 고통의 길고 긴 도정 중에 나는 그렇게 낙오되는 도요새가 아닐까. ~설령 이렇게 숨 쉬며 살아 있어도 혼이 빠져 버린 가사 상태일지도 몰라.

 ① 병국은 병식이 잡은 새를 얻어 새 박제를 하고 있는 사람이 누구냐고 계속 묻고 있다. 이를 통해 병국이 병식에게 새를 사냥하고 박제하는 문제에 대해 계속해 따져 묻는 이유는 병식을 고발하기 위해서가 아니라, 의미 없이 새가 죽어가는 상황을 해결하고 새 박제를 일삼는 사람들에게서 동생을 지키기 위함임을 알 수 있으므로 적절하지 않다.

② '희귀조가 멸종되고 있다는 건 너도 알지?'에서 병국이 희귀조 멸종 문제를 심각하게 여기고 있음을 알 수 있으나 병국이 대학에서의 강연을 계기로 이를 인지하게 되었는지는 윗글을 통해 알 수 없으므로 적절하지 않다. 참고로, 병국은 서울에서 대학을 다니다가 학생 운동으로 퇴학을 당해 고향으로 돌아왔다.

③ 새를 보호하려고 하는 병국의 모습에서 병국이 자연을 지켜야 한다고 인식함을 알 수 있다. 그러나 병국은 서식지가 파괴당하고 있는 도요새가 처한 위기에 대해 자책하고, 더 나아가 이를 자신의 위기로 받아들이며 자연 파괴 문제를 심각하게 인식하고 있을 뿐, 자연의 보호 능력이 약하다고 생각하는 것은 아니므로 적절하지 않다.
[관련 지문 인용] 사냥꾼이 도요새를 수렵하고, 중금속에 오염된 폐수와 폐수를 터 삼은 물고기가 도요새에게는 오히려 독이었다. 왜 도요새가 당하는 피해만 환상으로 떠올랐는지 몰랐다. ~스스로를 괴롭히는 자책이 꼬리를 물고 그의 얼을 뽑았다.

④ 병국은 새를 사냥하는 병식의 행위를 비난하며 '인간이 새를 창조할 순 없어'라며 새와 같은 자연이 한 번 파괴되고 나면 되돌릴 수 없음을 경고하고 있다. 따라서 병국은 사냥의 허가 여부와 관계없이 자연 파괴 행위를 부정적으로 인식하고 있음을 알 수 있으므로 적절하지 않다.

65 현대 소설 – 적용하기　　　정답 ③

<보기>에서 이 작품이 산업화로 인해 파괴되는 인간의 삶과 자연을 다루고 있음을 알 수 있으나, [A]의 '매 한 마리'는 '도요새'를 공격하고 있으므로 '도요새'에게 위협이 되는 '등대 벽'이나 '사냥꾼', '중금속'과 같은 인간 문명이나 산업화를 상징하는 존재임을 알 수 있다. 따라서 적절하지 않은 것은 ③이다.
[관련 지문 인용] 하늘 높이 떠 있던 매 한 마리가 수직으로 낙하했다. 매는 쫓음 걸음을 하는 도요새 한 마리를 포획했다.

오답분석 ① [A]에서 주변 환경에 의해 가장 많은 피해를 받고 있는 것은 '등대 벽'에 머리를 박고, '매'에게 공격을 받고, '사냥꾼'에게 잡히고, '중금속'에 오염된 환경에 터전을 잡고 살아가는 '도요새'이다. 또한 <보기>에서 이 작품이 산업화로 인한 환경 파괴 문제를 다루고 있다고 하였으므로 '도요새'가 산업화로 파괴되는 자연을 상징한다고 반응하는 것은 적절하다.

② [A]에서 '등대 벽'은 하늘을 날던 '도요새'에게 피해를 입히는 대상이다. 또한 <보기>에서 이 작품에서 자연 파괴의 원인으로 산업화와 신흥 공업 단지를 지목하고 있다고 하였다. 따라서 '도요새'를 자연이라고 가정할 때, 이 '도요새'를 위협하는 '등대 벽'이 산업화 사회나 신흥 공업 단지를 상징한다고 반응하는 것은 적절하다.
[관련 지문 인용] 등대 불빛 쪽으로 날던 새 떼가 어둠에 가린 등대 몸체를 미처 못 피해 등대 벽에 머리를 박고 떨어졌다.

④ 작품에서 '병국'은 새 사냥이나 박제를 비롯한 '도요새' 문제에 관심을 가진 인물로 그려지며, [A]에서 '병국'은 웅포리로 향하는 버스에서 '도요새'가 입는 피해에 대한 꿈을 꾼다. <보기>에서 이 작품은 이전에 주목하지 않았던 환경 문제에 주목한 선구적인 작품이라고 하였으므로, '병국'이 당대 환경 문제에 주목한 선구적 인물이라고 반응하는 것은 적절하다.

⑤ 병국은 [A]에서 '도요새'가 주변 환경에 의해 당하는 피해를 떠올리고, 도태된 '도요새'와 자신을 동일시하며, 자책까지 하고 있다. <보기>에서 이 작품에서 환경뿐만 아니라 인간의 삶도 산업화에 의해 파괴되는 현실을 다루고 있다고 하였으므로 '병국'이 '도요새가 당하는 피해'를 떠올린 이유에 대해 결국 산업화로 인해 '도요새'와 같은 자연뿐 아니라 '병국'과 같은 인간까지 파괴될 것이라는 위기의식을 느꼈기 때문이라고 반응하는 것은 적절하다.

66 인문 - 글의 구조 파악 정답 ④

1문단 4~6번째 줄을 통해 도덕 철학은 윤리와 관련된 핵심 개념을 분석하는 것임을 알 수 있으며 윗글에서 '분석 윤리학'은 윤리학의 연구 분야로 제시되지 않았으므로 적절하지 않다.
[관련 지문 인용] 도덕 철학~핵심적인 윤리적 개념들을 분석한다.

 ① ② 1문단 1~3번째 줄을 통해 도덕적 관행과 관습이 기술적 도덕에 속함을 알 수 있으므로 적절하다.
　[관련 지문 인용] 기술적 도덕descriptive morality은 사람들과 문화의 실제 신념, 관습, 원리, 관행을 가리킨다. ~구체적인 도덕적 관행에 특별한 주의를 기울인다.
③ 1문단 4번째 줄의 '도덕 철학moral philosophy~또는 윤리 이론ethical theory~은'을 통해 윤리 이론은 도덕 철학을 이르는 말임을 알 수 있으므로 적절하다.

⑤ 2문단 6번째 줄의 '윤리적 각성은 인간의 생존과 번영을 위한 필요조건이다'를 통해 윤리적 각성은 윤리학의 연구 분야가 아닌 인간에게 요구되는 가치임을 알 수 있으므로 적절하다. 참고로, 윤리학의 연구 분야는 1문단 1번째 줄의 '윤리학의 주요한 연구 분야는 (1)기술적 도덕, (2)도덕 철학(윤리 이론), (3)응용 윤리이다'를 통해 알 수 있다.

67 인문 - 정보 확인 정답 ③

4문단 4번째 줄의 '너무나 많은 상이한 이론들이 종종 서로 모순되는 것처럼 보이고'를 통해 윤리학의 이론들은 서로 다른 부분이 있어 이치상 어긋나 보인다고 생각할 수 있음을 알 수 있으므로 적절하다.

 ① 1문단 7번째 줄의 '도덕 철학은 개인과 집단이 행동 지침으로 삼을 수 있는 옳은 행동에 관한 원리를 정립하고자 한다'를 통해 도덕 철학은 도덕적 행동의 결과가 아닌 기초가 되는 보편적 진리를 연구하는 것임을 알 수 있으므로 적절하지 않다.
② 2문단 1번째 줄의 '넓은 의미의 윤리학 연구는 이 세 가지 하위 분야 모두를 포괄하며, 그것들을 중요한 방식으로 연결시킨다'를 통해 기술적 도덕과 응용 윤리학을 서로 연관 지을 수 있으나 기술적 도덕이 응용 윤리학의 전제가 된다는 것은 윗글을 통해 알 수 없으므로 적절하지 않다.
④ 2문단 5~6번째 줄의 '분쟁을 해결하고 이익 갈등을 해소하는 데 있어서 폭력이 아니라 이성을 사용할 필요성은 분명해지고 있다'와 3문단 2~3번째 줄의 '윤리 이론은~감정주의로부터 벗어날 수 있도록 해준다'를 통해 갈등 상황에서 이성이 필요함은 알 수 있으나 이를 윤리적으로 해결하기 위해 감정과 이성을 알맞게 사용해야 한다는 것은 윗글을 통해 알 수 없으므로 적절하지 않다.
⑤ 4문단 2번째 줄의 '도덕 이론의 본질과 범위를 이해하는 것은 그 자체로도 중요하다'를 통해 도덕 이론에 대한 지식을 가지고 있는 것만으로도 가치가 있음을 알 수 있으므로 적절하지 않다.

68 인문 - 내용 추론 정답 ①

1문단 3~4번째 줄을 통해 의식주와 관련된 관습, 관행 등이 문화적 사실임을 알 수 있다. 따라서 우리나라의 식생활 문화는 문화적 사실에 속하므로 ⓒ의 예로 적절하다.
[관련 지문 인용] 도덕적 관행들을 그 나라 사람들이 무엇을 먹고 어떻게 옷을 입는지에 관한 사실들과 같은 문화적 "사실"로 본다.

② ③ 1문단 8번째 줄을 통해 도덕적 문제는 여러 의견과 입장이 있을 수 있는 주제임을 알 수 있다. ②, ③은 다양한 입장들이 제시될 수 있는 주제로, 도덕적 문제와 관련된 내용이므로 ⓒ의 예로 적절하지 않다.

[관련 지문 인용] 낙태, 혼전의 성, 사형, 안락사, 시민 불복종과 같은 논란의 여지가 있는 도덕적 문제들을 다룬다.

④ ⑤ 1문단 6~7번째 줄을 통해 도덕 철학은 도덕적 행동의 원리나 옳은 행동의 원천을 탐구하는 것임을 알 수 있다. ④, ⑤는 도덕적 행동의 원천과 목적을 정립한 것으로, 도덕 철학과 관련된 내용이므로 ⓒ의 예로 적절하지 않다.

[관련 지문 인용] 도덕 철학은 신, 인간의 이성, 또는 행복하고자 하는 욕구와 같은 도덕적 책무의 가능한 원천을 탐구한다. 도덕 철학은 개인과 집단이 행동 지침으로 삼을 수 있는 옳은 행동에 관한 원리를 정립하고자 한다.

69 인문 – 구체적 상황에 적용 정답 ④

<보기>는 학생들이 미디어 콘텐츠의 정보를 판별하고 비판적으로 수용할 수 있는 태도와 미디어 문화에서 지켜야 할 윤리 의식을 갖출 수 있도록 시행하는 교육에 대한 내용이다. 윗글의 3문단 2~4번째 줄을 통해 윤리 이론은 사람들이 극단주의 사고에서 벗어나게 해 주며 윤리적 상황에서 옳고 그름을 판단하고 그에 대해 논의할 수 있게 도와줌을 알 수 있다. 이를 바탕으로 할 때, 윤리 이론은 '거짓 정보와 마녀사냥'과 같이 다수의 행동이 극단주의적 성향을 보이는 경우 다수의 뜻에 휩쓸리지 않고 정보를 명확하게 파악하고 이에 대해 논의할 수 있는 능력을 갖추는 데 도움을 주는 것을 알 수 있다. 따라서 윗글을 바탕으로 할 때 <보기>의 교육을 통해 극단주의 상황에서 정보를 비판적으로 수용하고 이에 대한 자신의 의견도 말할 수 있는 능력을 얻을 수 있음을 알 수 있으므로 답은 ④이다.

[관련 지문 인용] 윤리 이론은 우리가 그와 같은 극히 단순한 극단주의와 감정주의로부터 벗어날 수 있도록 해준다. 윤리 이론은 관련된 개념들을 명료화하고, 논증을 구성하고 평가하며, ~ 교육받은 사람들이 윤리적 상황에 대해 정확하고 치밀하게 논의할 수 있다는 것이다.

① <보기>의 4번째 줄의 "영화 제작하기"와 같은 미디어 콘텐츠 생산 역량 등'을 통해 미디어 리터러시 교육을 통해 콘텐츠 생산 능력을 키울 수 있음을 알 수 있으나 윗글의 4문단 5~6번째 줄을 통해 윤리학의 이해는 특정 집단의 가치만 좇는 자연적 성향의 영향을 줄이는 데 도움을 줌을 알 수 있다. 따라서 자신이 소속된 집단의 가치를 꿋꿋하게 내세울 수 있다는 내용은 윗글과 관련이 없으므로 적절하지 않다.

[관련 지문 인용] 우리는 특정한 동료 집단의 가치에 완강하게 집착하는 완고함과~자연적 성향을 가지고 있다. 윤리학의 복잡성을 이해하는 것은 이러한 자연적 성향을 상쇄하는 데 도움이 된다.

② <보기>의 5번째 줄의 '미디어 윤리는 콘텐츠 전반에 포함하여 구성하였다'를 통해 <보기>의 교육은 미디어 문화에서 지켜야 하는 윤리 이론으로 구성되었음을 알 수 있으나 윗글과 <보기>에서 콘텐츠의 상업적 가치를 판별하는 능력에 대한 내용은 제시되지 않았으므로 적절하지 않다.

③ <보기>의 4~5번째 줄의 "저작권", '올바른 언어 사용' 등 미디어 윤리는 콘텐츠 전반에 포함하여 구성하였다'를 통해 미디어 윤리에 대한 내용이 교육 과정으로 구성되어 있음을 알 수 있으나 윗글과 <보기>에서 비윤리적 행위로 받는 법적 조치에 대한 내용은 제시되지 않았으므로 적절하지 않다.

⑤ <보기>의 2~3번째 줄의 '미디어 리터러시는~자신의 생각을 미디어로 표현·소통하는 능력으로'를 통해 미디어 리터러시 교육은 미디어로 의사소통하는 능력을 길러줌을 알 수 있으나 윗글과 <보기>에서 정보를 다각도로 받아들여야 한다는 내용은 제시되지 않았으므로 적절하지 않다.

※ 출처: 교육부, https://www.moe.go.kr

70 인문 – 정보 확인 정답 ②

5문단 2~4번째 줄의 '성공하는 사람들은~무조건 위험을 회피하지도 않는다. ~미세징후들을 탐지해 대비책을 마련해 둔다'를 통해 성공은 위험을 무조건 피함으로써 달성되는 것이 아니라 다양한 상황에 대한 대비책에서 기인함을 알 수 있으므로 적절하지 않다.

① 2문단 2~3번째 줄의 '스트레스 접종훈련이라고 한다. 이 훈련은 3단계 과정으로 이루어지는데'를 통해 스트레스 접종훈련이 3단계를 거쳐 이루어짐을 알 수 있다.

③ 4문단 1~3번째 줄의 '피츠버그 대학과 카네기 멜론 대학이 공동으로 조사한 연구결과에 의하면~우리를 행동하게 하는 대뇌의 전두엽 피질이 활성화된다'를 통해 전두엽과 인간의 행동이 관련 있음을 알 수 있다.

④ 1문단 2~3번째 줄의 '원래는 상담에서 내담자들을 돕기 위해 개발된 방법이지만 요즘에는~감정노동 종사자들의 스트레스를 줄여주기 위해 널리 활용된다'를 통해 스트레스 접종훈련은 본래 상담 목적으로 개발되었으나 최근에는 감정노동 종사자들을 위해 사용되고 있음을 알 수 있다.

⑤ 1문단 3~4번째 줄과 2문단 1~2번째 줄을 통해 스트레스 접종훈련은 미리 병원균을 주입하여 이후 그 질병에 대항할 수 있게 하는 예방 접종처럼 스트레스 사태를 미리 생각하는 리허설을 통해 실제 스트레스 상황에 대항할 수 있는 정신력을 길러 주는 훈련임을 알수 있다.

[관련 지문 인용]
- '접종'이란 질병을 예방하기 위해 독성을 약화시킨 병원균을 미리 인체에 주입해 신체가 질병에 대항할 수있게 하는 것을 말한다.
- 이 훈련은 마치 예방접종처럼, 발생 가능성이 있는 스트레스 사태를 사전에 머릿속에 주입해 효과적인 대책을 찾게 함으로써 실제로 스트레스를 받는 일이 일어났을 때 이에 대항할 수 있는 정신력을 길러주기 때문에 스트레스 접종훈련이라고 한다.

71 인문 – 빈칸 추론   정답 ④

㉠의 앞 내용을 통해 ㉠은 정신적 리허설을 경험한 이후 나쁜 상황이 닥쳤을 때 어떤 결과가 나타날 수 있는지에 대한 내용임을 추론할 수 있다. 2문단 1번째 줄과 3문단 4~5번째 줄을 통해 정신적 리허설은 나쁜 상황을 대비하는 시뮬레이션을 말하며 이는 나쁜 상황에서의 스트레스를 예방할 수 있는 효과가 있음을 알수 있다. 또한 ㉠의 앞의 '원하는 행동을 마음속으로 미리 준비하고 리허설하면 우리를 행동하게 하는 대뇌의 전두엽 피질이 활성화된다'를 통해 정신적 리허설을 하면 행동이나 행위에 관여하는 뇌세포가 활성화됨을 알 수 있다. 따라서 정신적 리허설을 경험한 사람이 나쁜 상황을 마주하였을 때 그의 전두엽 피질이 활성화되면 이전에 모의로 생각했던 반응이 실제 상황에서 발현될 가능성은 높아지고 본래 가지고 있었던 나쁜 습관이 드러날 가능성은 낮아진다는 내용을 추론할 수 있다.

[관련 지문 인용]
- 발생 가능성이 있는 스트레스 사태를 사전에 머릿속에 주입해 효과적인 대책을 찾게 함으로써
- 나쁜 습관을 대신할 수 있는 대비책을 찾아내 마음속으로 리허설을 해보는 것인데 이것을 '정신적 리허설Mental Rehearsal'이라고 한다.

 ① 3문단 3~5번째 줄을 통해 스트레스를 받을 때 나타나는 나쁜 습관을 파악하는 것은 정신적 리허설의 전 단계의 내용임을 알 수 있다. 따라서 ㉠에 들어갈 말로 적절하지 않다.

[관련 지문 인용] 자신에게 그런 습관이 언제, 어떤 식으로 나타나는지 인식하는 것이 나쁜 습관을 고치는 첫 번째 단계가 된다. ~ 두 번째 단계는 ~ '정신적 리허설 Mental Rehearsal'이라고 한다.

② 4문단 2~3번째 줄을 통해 정신적 리허설 과정에서 전두엽 피질이 활성화됨을 알 수 있으나 전두엽에서 어떠한 정신 작용이 이루어지는지, 스트레스가 전두엽에 구체적으로 어떠한 영향을 주는지는 윗글을 통해 알 수없다. 따라서 ㉠에 들어갈 말로 적절하지 않다.

[관련 지문 인용] 원하는 행동을 마음속으로 미리 준비하고 리허설하면 우리를 행동하게 하는 대뇌의 전두엽 피질이 활성화된다.

③ ㉠의 앞의 '정신적 리허설을 통해 그 행위에 실제로 관여하는 뇌세포가 활성화되면'을 통해 ㉠에는 정신적 리허설을 경험한 이후 나쁜 상황이 발생했을 때 일어날 수 있는 일에 대한 내용이 들어가야 함을 알 수 있다. 3문단 4~5번째 줄과 4문단 2~3번째 줄을 통해 정신적 리허설은 나쁜 상황에서 나타나는 습관을 대신할 방법을 찾는 과정이며 정신적 리허설을 하면 뇌세포가 활성화되는 것을 알 수 있다. 따라서 정신적 리허설을 경험한 이후 나쁜 상황에서 과도한 스트레스를 받는다는 내용은 ㉠에 들어갈 말로 적절하지 않다. 또한 스트레스 상황을 대비하는 방법을 찾아야 한다는 것은 정신적 리허설 과정에 대한 설명이므로 적절하지 않다.

[관련 지문 인용]
- 발생 가능한 나쁜 상황들을 찾아보고 나쁜 습관을 대신할 수 있는 대비책을 찾아내 ~ '정신적 리허설 Mental Rehearsal'이라고 한다.
- 마음속으로 미리 준비하고 리허설하면 ~ 대뇌의 전두엽 피질이 활성화된다.

⑤ 1문단 1~3번째 줄과 2문단 1~2번째 줄을 통해 발생할 수 있는 스트레스 사태들을 생각하는 것이 스트레스 접종훈련의 과정 중 하나임을 알 수 있으나 이 과정은 스트레스를 받는 상황을 대비할 수 있는 정신력을 길러 스트레스를 줄이기 위함이지 현 상황을 그대로 받아들이기 위함은 아니므로 ㉠에 들어갈 말로 적절하지 않다.

[관련 지문 인용]
- 스트레스 접종훈련 ~ 스트레스를 줄여주기 위해 널리 활용된다.
- 발생 가능성이 있는 스트레스 사태를 사전에 머릿속에 주입해 효과적인 대책을 찾게 함으로써 ~ 정신력을 길러주기 때문에

72 사회 – 내용 전개 방식   정답 ④

1문단과 5문단에서 학자로 파악되는 인물들의 의견이 제시되고 있으나, 이들의 상반된 의견과 이에 대한 절충안은 제시되지 않았으므로 적절하지 않다.

[관련 지문 인용]
- 빌링(Billing, 1987)은 우리가 범주화한다는 점을 부정하지 않지만 또한 우리가 특유화(particularization)한다는 점도 부정하지 않는다.
- 수동적, 능동적 그리고 상호작용적 전략이 그것이다(Berger, 1979).

 ① 4문단 1번째 줄을 통해 낯선 이와 커뮤니케이션을 할 때 불확실성이 문제가 됨을 알 수 있으며 5문단에서 이러한 불확실성을 줄이기 위한 방법을 수동적, 능동적, 상호작용 전략으로 나누어 제시하고 있으므로 적절하다.
    [관련 지문 인용]
- 낯선 이들과 상호작용할 때 불확실성~있을 수 있다.
- 낯선 이에 관한 불확실성을 줄이기 위해서~수동적 전략을 이용할 때는~능동적 전략을 택하면~상호작용 전략의 경우에는

② 1문단 3~4번째 줄에서 범주화와 특유화가 이루어지는 과정의 차이점을 제시하여 범주화와 특유화의 속성을 파악하는 데 도움을 주고 있으므로 적절하다.
    [관련 지문 인용] 범주화는 자극(stimulus)이 일반적 범주로 분류되는 과정인 반면 특유화는 자극이 한 범주의 구성원들로부터 차별화되는 과정이다.

③ 4문단 1~2번째 줄, 6문단 1~2번째 줄에서 불확실성, 불안의 의미를 정의하며 각각의 특징을 구체적으로 설명하고 있으므로 적절하다.
    [관련 지문 인용]
- 불확실성-한 문화권에서 위험(risks)과 모호성에 부여된 가치를 일컫는다~낯선 이의 태도, 느낌, 신념, 가치관과 행위에 관한 불확실성이다.
- 불안은 앞으로 일어날지도 모를 일에 대해서 긴장감을 느끼거나 걱정하는 상태를 일컫는다. 이러한 불안은 주로 부정적 기대감에서 비롯된다.

⑤ 2문단 2번째 줄의 '낯선 이들과 커뮤니케이션 할 때'와 4문단 1번째 줄의 '낯선 이들과 상호작용할 때' 등을 통해 윗글의 중심 소재가 '낯선 이와의 커뮤니케이션을 할 때 작용하는 심리'임을 알 수 있으며 6문단을 통해 낯선 이와 커뮤니케이션을 할 때 갖추어야 할 태도가 윗글의 중심 내용임을 알 수 있다. 또한, 2문단과 3문단에서 커뮤니케이션 시 작용하는 '범주화', '특유화', '고정관념' 등의 특성을 윗글의 중심 소재와 연관하여 제시하면서 중심 내용을 강조하고 있으므로 적절하다.
    [관련 지문 인용]
- 낯선 이와 커뮤니케이션할 때~집단 사이의 접촉이 많고, 자민족 중심주의에서 벗어나며, 우리의 고정관념이 긍정적일 때, 집단 간 불안은 적어질 것이다.
- 낯선 이들과 커뮤니케이션할 때 우리는 범주화와 특유화 모두를 이용한다.

73 사회 – 전제 및 근거 추리   정답 ③

㉠과 ㉡의 앞 내용인 2문단 2~4번째 줄을 통해 낯선 상대와 의사소통을 하는 경우 이미 범주화된 상대의 배경에 대한 정보를 토대로 상대를 판단하게 됨을 알 수 있으므로 고정관념은 범주화된 정보임을 알 수 있다. 또한 4문단 3~4번째 줄을 통해 범주화된 정보에 의존하여 상대방을 판단하는 것이 의사소통에서 문제가 될 수 있음을 알 수 있다. 따라서 낯선 상대와 의사소통을 할 때 고정관념이 문제가 되는 이유는 상대의 특성을 면밀히 파악하기보다 이미 범주화되어 있는 정보를 우선으로 하여 상대를 대하기 때문임을 알 수 있다. 따라서 답은 ③이다.
[관련 지문 인용]
- 범주화 과정을 이용할 때 우리는 낯선 이들을 개인으로 인정하지 않고 우리의 고정관념(머릿속에 있는 그들에 관한 그림)과 그들이 속한 집단에 대한 태도를 토대로 그들과 커뮤니케이션한다.
- 우리는 불확실성을 줄이기 위해 낯선 이들의 범주화에 의존하게 된다. 앞에서도 언급했듯이 이것은 흔히 오해를 불러온다.

 ① ㉠은 낯선 상대와 소통 시 고정관념으로 인해 의사소통에 문제가 생길 수 있음을 설명하고 있다. 따라서 낯선 사람이 단순히 새로운 유형이라는 내용은 고정관념이 유발하는 의사소통 문제의 근거가 될 수 없으므로 적절하지 않다.

② 5문단 2번째 줄을 통해 상대의 태도와 특성을 관찰하는 행위는 낯선 상대에 대한 불확실성을 줄이기 위한 수동적 전략임을 알 수 있으며 3문단 2~4번째 줄을 통해 이는 효과적인 커뮤니케이션을 위한 방안임을 추론할 수 있다. 따라서 ②는 ㉠의 근거라기보다 ㉠을 해결할 수 있는 방안이므로 적절하지 않다.
    [관련 지문 인용]
- 수동적 전략을 이용할 때는 남의 눈에 띄지 않는 관찰자 역할을 한다.
- 커뮤니케이션을 효과적으로 하려면~그의 독특한 속성, 태도와 행위를 면밀히 살펴야 한다.

④ 6문단 1번째 줄을 통해 낯선 상대와 의사소통하는 경우 불안감을 느낄 수 있음을 알 수 있으나 이로 인해 상대방에게 오해를 불러일으킨다는 내용은 알 수 없다. 또한 윗글에서 소심성에 대한 내용은 제시되지 않았으며 ㉠은 낯선 상대에 대한 고정관념으로 인한 의사소통의 문제를 설명하고 있으므로 ④는 ㉠의 근거로 적절하지 않다.
    [관련 지문 인용] 낯선 이들과 커뮤니케이션할 때 우리는 불확실성뿐만 아니라 불안을 경험한다.

⑤ ⊙은 낯선 상대와 소통 시 이미 범주화된 고정관념으로 상대방을 잘못 예측하면 의사소통에 문제가 생길 수 있다는 내용이다. ⑤는 상대와 자신의 특성이 달라 상대와 잘 맞지 않는다는 느낌을 받는다는 내용이므로 ⊙의 근거로 적절하지 않다.

74 예술 - 제목 추론　　　　　　　　정답 ③

1~2문단은 동양화의 원근법과 시점, 명암 표현을 중심으로 동양화와 서양화의 표현법을 비교하고 있으며 3~5문단은 동양화의 소재와 동양화에 담긴 동양적 관념, 동양화를 감상하는 동양적 시각을 제시하고 있다. 따라서 윗글은 동양화의 특징 및 동양적 시각과 관념에 대한 설명을 서양화와 비교하면서 제시하고 있으므로 윗글의 표제와 부제로 적절한 것은 ③이다.

75 예술 - 정보 확인　　　　　　　　정답 ④

1문단 5~6번째 줄과 4문단 3~4번째 줄을 통해 동양화를 그린 사람들은 그리고자 하는 풍경을 높은 곳에서 조망하지 않고 자신의 관념이나 기억을 바탕으로 이를 자연스럽게 표현하였음을 알 수 있다. 따라서 ④는 적절하지 않다.
[관련 지문 인용]
• 한 번도 하늘에서 땅 위를 내려다본 경험이 없음에도 불구하고 조감도 형식으로 내려다본 모습을 자연스럽게 그린다든지,
• 동양의 그림은 화가가 생각한 것이나 아는 것, 즉 관념을 그리는 형식이기 때문이다. ~직접 보고 그 모습을 담는 것이 아니라 기억하고 있는 내용을 그린다.

[오답분석] ① 2문단 2번째 줄의 '명암이 초상화나 동물 그림에서도 보이지 않는다'를 통해 동양에서 동물을 그릴 때 밝기의 정도를 표현하지 않았음을 알 수 있다.
② 4문단 3~4번째 줄을 통해 동양에서는 화가가 그림을 그릴 때 실물을 그대로 담기보다 화가가 생각하는 관념을 담아 그렸음을 알 수 있다.
　[관련 지문 인용] 동양의 그림은 화가가 생각한 것이나 아는 것, 즉 관념을 그리는 형식이기 때문이다. 산수화를 그리는 경우 현장에 가서 직접 보고 그 모습을 담는 것이 아니라 기억하고 있는 내용을 그린다.
③ 1문단 3번째 줄의 '한 화면에 두세 개의 시점이 존재한다든지'를 통해 동양화는 하나의 그림에 여러 시점이 나타나기도 했음을 알 수 있다.
⑤ 5문단 1~2번째 줄을 통해 동양화가 이치에 맞지 않아 보였던 까닭은 서양화에 익숙한 사람들이 서양화를 보는 시각으로 동양화를 감상하였기 때문임을 알 수 있다.

[관련 지문 인용]
동양의 옛 그림이 이치에 맞지 않는다는 생각 그 자체가 잘못된 것이다. ~동양의 그림을 서양화를 보는 눈으로 감상하기 때문이다.

76 예술 - 반응 및 수용　　　　　　　　정답 ⑤

1문단 1~2번째 줄과 2문단 1~4번째 줄을 통해 동양화에 역원근법적인 방법이 사용되었고 명암이나 음영 등의 표현은 거의 사용되지 않았음을 알 수 있으나 2문단 4~5번째 줄을 통해 동양화에서 명암 표현이 없는 이유는 일부러 의도한 것이 아닌 명암에 대한 개념이 없었기 때문임을 알 수 있다. 또한 명암 표현을 통해 역원근법을 드러내고자 했다는 내용은 윗글에서 확인할 수 없으므로 ⊙에 대한 반응으로 적절하지 않다.
[관련 지문 인용]
• 옛 서화(書畵)에서는 ~역원근법적인 방법으로 그렸다.
• 명암이나 음영의 표현을 하지 않았다는 것이다. ~건물의 명암과 나무들의 그림자가, 동양의 산수화에서는 표현된 적이 거의 없다. 의식적으로 표현하지 않았다기보다 그러한 개념 자체가 없었던 것이다.

[오답분석] ① 4문단 2~3번째 줄을 통해 서양화는 명암을 포함해 눈에 보이는 대상을 사실적으로 표현했음을 알 수 있으므로 ⓛ에 대한 반응으로 적절하다.
　[관련 지문 인용] 서양의 그림이 형체, 명암, 빛깔 등 보이는 바를 화면에 그대로 묘사하는 형식이라면
② 1문단 3~4번째 줄을 통해 동양화는 사방을 훑어보는 파노라마식으로도 그려졌음을 알 수 있으며 4문단 5~6번째 줄을 통해 동양화는 경치의 실물이 아닌 경치에서 느껴지는 운치를 그렸음을 알 수 있다. 따라서 동양의 파노라마식 그림에 담긴 경치는 경치의 실물이 아닌 경치에서 느껴지는 운치를 그린 것일 수도 있으므로 ⊙에 대한 반응으로 적절하다.
　[관련 지문 인용]
　• 마치 영화에서 카메라가 사방을 훑고 지나가듯 파노라마식으로 그려진 경우도 있다.
　• 사생(寫生)이 아니라 경치에서 느껴지는 기운이나 운치를 그린다.
③ 5문단 3번째 줄을 통해 서양화도 현대 회화에서는 있는 그대로를 묘사한 그림보다 어떤 의미를 지닌 그림이 더 유행하고 있음을 알 수 있으므로 ⓛ에 대한 반응으로 적절하다.
　[관련 지문 인용] 서양 그림도 현대 회화에서는 대상을 재현한 그림보다는 뜻을 가진 그림이 오히려 더 성행한다.

④ 3문단 1~3번째 줄을 통해 동양화에 추운 곳에 사는 원앙과 따뜻할 때 피는 연꽃이 동양화에 함께 그려졌음을 알 수 있다. 이와 같이 현실에서 공존하기 어려운 소재가 동양화에서는 함께 다루어졌음을 알 수 있으므로 ㉠에 대한 반응으로 적절하다.
[관련 지문 인용] 원앙은 추운 지방에서 사는 새로서 연꽃이 한창 필 무렵에는 북쪽으로 날아가 버리나, 동양의 옛 그림 속에서는 연꽃과 함께 등장하는 경우가 많다. 이처럼 이치에 맞지 않는 소재의 배합은 많은 그림에서 보인다.

77 과학 - 내용 전개 방식   정답 ⑤

필자는 4문단을 통해 핵분열 연쇄반응의 원리를 응용한 긍정적, 부정적 사례를 제시한 후, 과학원리를 응용하는 경우 가치판단의 문제가 될 수 있으나 과학원리 발견 그 자체는 드러나지 않은 사실을 발견한 것에 불과하므로 과학원리는 가치중립성을 가진다고 주장하고 있다. 따라서 핵분열 연쇄반응의 원리를 응용한 구체적 사례를 통해 윗글의 논지인 과학의 가치중립성을 설명하고 이를 바탕으로 과학은 가치중립성을 가진다는 의견을 제시하고 있으므로 답은 ⑤이다.
[관련 지문 인용] 같은 과학원리라도 어떻게 이용하느냐에 따라 그 결과는 크게 달라질 수 있다. 핵분열 연쇄반응의 경우, ~전자가 인류에게 전쟁과 파괴를 가져다주었다면, 후자는 평화와 번영을 안겨주었다고 할 수 있다. ~기술적 응용은 사회적 개입에 의해 그 방향이 크게 바뀌는 반면, 과학원리는 자연에 숨겨진 사실을 발견해 내는 것에 불과하다. 이런 점에 비춰볼 때, 과학은 가치중립적이고, 따라서 과학자에게 사회적 책임을 묻는 것은 잘못이다.

 ① ② ④ 윗글의 논지인 과학의 가치중립성이 최초로 거론된 배경, 시간 순서에 따른 논지 검증 방법, 논지를 주장한 학자에 대한 내용은 제시되지 않았으므로 적절하지 않다.
③ 필자는 과학의 가치중립성을 인정하는 입장에서 논지를 전개하고 있으며 윗글에서 논지에 대한 새로운 견해는 제시되지 않았으므로 적절하지 않다.

78 과학 - 비판적 이해   정답 ⑤

윗글은 과학원리가 적용된 발명품은 사회의 개입에 따라 그에 대한 평가가 긍정적, 부정적으로 나뉠 수 있으나 그 바탕이 되는 과학원리는 사실 그 자체이므로 이에 대한 가치판단은 과학의 발전을 저해한다는 입장을 가지고 있다. 따라서 이러한 관점에서 ㉠을 판단한다면 원자폭탄은 핵분열 연쇄반응의 원리를 이용한 발명품으로 전쟁에 사용되어 부정적 평가를 받지만 이런 판단을 과학원리에까지 적용하면 안 된다는 비판을 이끌어 낼 수 있다. 따라서 답은 ⑤이다.
[관련 지문 인용]
• 과학자는 오직 자연의 숨겨진 사실을 밝히는 일에 몰두할 뿐인데, 사회적 책임을 묻는다는 것은 지나친 처사이며 자칫 과학 활동 자체를 저해할 수 있다.
• 기술적 응용은 사회적 개입에 의해 그 방향이 크게 바뀌는 반면, 과학원리는 자연에 숨겨진 사실을 발견해 내는 것에 불과하다.

오답 분석 ① 2문단 3번째 줄을 통해 과학자는 자연에서 원리를 발견하고 이를 탐구해야 함을 알 수 있으나 윗글은 과학자에게 사회적 책임을 물어서는 안 된다는 입장이므로 적절하지 않다.
[관련 지문 인용] 과학자들의 임무는 숨겨진 자연의 비밀을 캐내는 것이기 때문이다.
② 1문단 5~6번째 줄을 통해 과학자가 과학원리를 발견하는 활동에 사회적 책임을 묻는 것을 지양해야 한다는 필자의 관점은 알 수 있으나 과학원리를 활용한 기술자에 대한 사회적 책임은 윗글에서 제시되지 않았으므로 적절하지 않다.
[관련 지문 인용] 과학자는 오직 자연의 숨겨진 사실을 밝히는 일에 몰두할 뿐인데, 사회적 책임을 묻는다는 것은 지나친 처사이며
③ 발견된 과학원리를 공개할 것인지에 대한 국제기구 간의 협의와 관련된 내용은 윗글에서 제시되지 않았으므로 적절하지 않다.
④ 4문단을 통해 과학원리를 응용한 발명품은 어떤 방향으로 이용되었는지에 따라 가치판단이 달라질 수 있으나 과학은 가치판단에 구속받지 않음을 알 수 있으므로 적절하지 않다.
[관련 지문 인용] 같은 과학원리라도 어떻게 이용하느냐에 따라 그 결과는 크게 달라질 수 있다. ~기술적 응용은 사회적 개입에 의해 그 방향이 크게 바뀌는 반면, ~과학은 가치중립적이고,

79 과학 – 구체적 상황에 적용 정답 ④

ⓒ은 하나의 원리가 다른 목적으로 활용되는 경우 그에 대한 판단이 달라질 수 있다는 내용이다. 석유가 자동차의 연료로 사용될 때 인간의 편의에 도움을 주지만 이때 공해와 같은 부수적 피해가 생길 수 있다는 내용은 하나의 대상이 다른 목적으로 활용되는 것이 아니라 연료라는 하나의 목적으로 사용될 때 나타나는 효과와 부수적 피해이므로 ⓒ과 유사한 사례로 적절하지 않다. 나머지는 모두 하나의 대상이 다른 목적으로 활용되었을 경우 그 판단이 긍정적, 부정적으로 나뉠 수 있음을 보여 주는 사례이다.

① 암모니아가 비료로 사용되는 경우 농사에 도움을 주지만 이를 폭약으로 사용하는 경우 사람에게 피해를 가할 수 있다. 따라서 암모니아를 어떤 목적으로 사용하는지에 따라 그에 대한 판단이 달라질 수 있으므로 적절하다.

② 프로포폴이 수술이나 검사에서 마취제로 사용되는 경우 의학적 도움을 주지만 환각제로 사용되는 경우 정신 건강에 손상을 주거나 사회적 문제가 된다. 따라서 프로포폴을 어떤 목적으로 사용하는지에 따라 그에 대한 판단이 달라질 수 있으므로 적절하다.

③ 망원경은 별을 관측하는 용도로 쓰여 천문학의 발전에 도움을 줄 수 있지만 타인의 공간을 몰래 관찰하는 목적으로 사용되는 경우 사생활을 침해하는 문제점을 갖게 된다. 따라서 망원경이 어떤 목적으로 사용되는지에 따라 그에 대한 판단이 달라질 수 있으므로 적절하다.

⑤ 드론은 사고 현장에 필요한 약물이나 장치 등을 전달하여 사람에게 도움을 줄 수 있지만 드론에 폭탄을 장착하여 사람들을 위협하거나 다치게 만들 수 있다. 따라서 드론이 어떤 목적으로 사용되는지에 따라 그에 대한 판단이 달라질 수 있으므로 적절하다.

80 과학 – 적용하기 정답 ③

<보기>는 사회적 영향을 받는 과학활동과 달리 과학지식은 사회와 관련이 없는 자연의 사실이며, 또한 사회에 의해 왜곡되더라도 합리적 평가과정을 통해 그 사실 여부를 확인할 수 있으므로 사회와 관련이 없다는 내용이다. 윗글은 자연의 사실인 과학원리에 가치판단을 하는 것을 부정적으로 보며 단순히 사실을 발견하는 과학자에게 사회적 책임을 요구하면 안 된다고 주장하고 있다. 따라서 <보기>는 과학지식에 가치판단을 하면 안 된다는 윗글의 주장을 보완해 주는 근거가 된다. 따라서 답은 ③이다.

[관련 지문 인용]
- 자연과학은 자연을 대상으로 삼기 때문에 가치의 개입에서 자유로울 수 있고, ~과학자는 오직 자연의 숨겨진 사실을 밝히는 일에 몰두할 뿐인데,

- 과학원리 자체에 대한 가치판단이 가능한지는 의문이다.
- 과학원리는 자연에 숨겨진 사실을 발견해 내는 것에 불과하다.

① <보기>의 2~4번째 줄을 통해 과학지식의 진위 여부는 자연에서 확인 가능하며 합리적 평가과정을 통해 이에 대한 잘못된 정보를 바로잡을 수 있음을 알 수 있으나 합리성 검증의 구체적 진행 과정에 대한 내용은 <보기>를 통해 알 수 없다. 또한 윗글에서 과학지식 자체가 합당한 이론인지 확인해야 한다는 내용은 제시되지 않았으므로 적절하지 않다.

② <보기>의 4~5번째 줄을 통해 코페르니쿠스의 지동설이 그 당시 기독교 사회에서 외면 받았음을 알 수 있으며 윗글의 1문단 4번째 줄의 '갈릴레오 갈릴레이의 종교재판은 이를 단적으로 보여준다'를 통해 종교와 자연과학의 갈등이 있었음을 알 수 있다. 따라서 종교와 자연과학이 대립 관계에 있었음을 알 수 있으나 이들이 상호 보완적 관계임은 <보기>와 윗글을 통해 알 수 없으므로 적절하지 않다.

④ 윗글 1문단 5~6번째 줄을 통해 과학자에게 사회적 책임을 요구하는 경우 과학활동이 저해될 수 있음을 알 수 있으나 <보기>에서 과학자의 책임 윤리 의식과 관련된 내용은 확인할 수 없으므로 적절하지 않다.
[관련 지문 인용] 과학자는 오직 자연의 숨겨진 사실을 밝히는 일에 몰두할 뿐인데, 사회적 책임을 묻는다는 것은 지나친 처사이며 자칫 과학활동 자체를 저해할 수 있다.

⑤ 윗글의 4문단 4~6번째 줄의 '기술적 응용은 사회적 개입에 의해 그 방향이 크게 바뀌는 반면'을 통해 과학지식에 사회가 개입할 수 있음을 알 수 있으며 <보기>의 3번째 줄을 통해 사회적 이해관계에 따라 과학지식을 일부러 왜곡할 수 있음을 알 수 있다. 따라서 과학지식에 사회의 의도가 개입될 수 있다는 정보를 보완해 줄 수 있으나 금전적 이익에 따라 과학자의 의도가 개입된 사례는 윗글과 <보기>에서 확인할 수 없으므로 적절하지 않다.

81 안내문 – 정보 확인 정답 ④

'[3] 화상 응급 처치법'에서 '1~6'은 화상 발생 직후, '7~8'은 화상으로 인한 상처가 생긴 이후, '9'는 화상 발생 이후 전반적으로 지켜야 할 응급 처치법을 다루고 있으나 응급 처치를 하는 동안 지켜야 하는 순서대로 응급 처치법을 안내한 것은 아니므로 적절하지 않다.

① '[1] 화상의 원인별 분류'에서 '열탕화상, 화염화상, 전기화상, 화학화상, 접촉화상'과 같은 화상의 세부 종류가 어떤 원인에 의해 발생하는가를 안내하고 있으므로 적절하다.

② '[1] 화상의 원인별 분류'에서는 화상의 종류와 그 원인을, '[2] 화상분류별 예방 팁(영유아 중심)'에서는 화상의 종류에 따른 예방 방법을, '[3] 화상 응급 처치법'에서는 화상이 발생했을 때 활용할 수 있는 응급 처치 방법을 안내하고 있으므로 적절하다.

③ '[2] 화상분류별 예방 팁(영유아 중심)'에서 화상의 유형인 '열탕화상, 화염화상, 전기화상, 화학화상, 접촉화상'에 따라 알아두고 주의해야 할 내용을 안내하고 있으므로 적절하다.

⑤ '[2] 화상분류별 예방 팁(영유아 중심)'에서 가정 내에서 지켜야 할 수칙과 캠핑이나 야외 활동을 하며 지켜야 할 수칙을 안내하고 있으므로 적절하다.

※ 출처: 보건복지부, http://www.mohw.go.kr

82 안내문 - 구체적 상황에 적용 정답 ④

<보기>의 ㉠은 콘센트, ㉡은 커피포트, ㉢은 오븐, ㉣은 다리미이다. ㉠은 콘센트로 인한 화상이므로 '전기화상'을, ㉡은 커피포트의 뜨거운 내용물, 뜨거운 표면 등으로 인한 화상이므로 '열탕화상, 접촉화상'을, ㉢은 오븐으로 인한 화상이므로 '화염화상, 접촉화상'을, ㉣은 다리미로 인한 화상이므로 '접촉화상'을 설명할 수 있다. 따라서 ㉠~㉣을 통해 설명할 수 있는 화상은 '전기화상, 열탕화상, 화염화상, 접촉화상'이므로 답은 ④이다.

[관련 지문 인용]
• 아이들이 전선이나 콘센트를 만지거나 물지 않도록 충분히 가르치세요.
• 뜨거운 물, 식용유, 수증기 등 주로 2도 화상이 많으며,
• 손잡이가 있는 도구를 가열할 때엔 손잡이를 안쪽 방향으로 돌려놓으세요.
• 오븐, 레인지, 양초, 성냥이나 라이터 근처에 아이들이 오지 못하도록 주의를 주세요.
• 다리미, 미용용 전기인두 같은 기기는 사용 중, 혹은 사용 후 열기가 남아있을 경우 아이들이 닿지 않는 곳에서 사용, 보관하고,
• 난로, 오븐, 그릴, 전자레인지 등과 같은 뜨거운 도구들 주변에는 아이들이 접근하지 못하도록 하세요.

83 공문 - 형식 및 내용 파악 정답 ②

윗글을 통해 '50+다문화학습지원단' 사업의 취지가 '중장년층의 사회참여 확대 및 사회공헌활동'임을 알 수 있으나, 윗글은 해당 사업이 진행될 장소를 모집하기 위해 다문화가정 초등학생이 다니고 있는 학교에 이 사업의 내용을 전달해 달라고 요청하는 글이므로 적절하지 않은 것은 ②이다.

[관련 지문 인용]
• ○○시50플러스재단에서는 중장년층의 사회참여 확대 및 사회공헌활동을 위해「○○시 50+보람일자리 사업」을 수행하고 있습니다.
• 위 사업의 세부 사업인「50+다문화학습지원단」의 활동처를 다음과 같이 모집하오니, 참여를 희망하는 관내 초등학교에 안내를 요청드립니다.

 ① 윗글의 수신자는 '○○시 교육감'이므로 수신자가 속한 기관은 ○○시 교육청임을 알 수 있다. 윗글은 공문을 보낸 의도를 밝히기 전 '귀 청의 무궁한 발전을 기원합니다'와 같이 교육청을 존중하는 인사말로 공문 내용을 시작하고 있으므로 적절하다.

③ '50+다문화학습지원단' 사업을 설명하고 신청하는 데 필요한 정보 중 일부분만을 '사업개요, 신청방법, 문의처'로 제시하고 있으며 사업과 관련된 자세한 안내 및 신청 방식은 [붙임]의 사업 안내서나 참여 신청서 작성 도움말을 통해 제시하고 있으므로 적절하다.

④ 윗글은 공문의 마지막 항목인 '다. 문의처'에서 '○○시50플러스재단 보람사업단 홍◇◇ PM(010-1234-5678)'과 같이 사업 관련 문의에 응대하는 담당자와 그의 연락처를 제시하고 있으므로 적절하다.

⑤ 발신자는 ○○시 내 초등학교를 대상으로 '50+다문화학습지원단' 사업의 활동처를 모집하려 한다. 이를 위해 발신자는 ○○시 교육감인 수신자에게 ○○시 내 초등학교에 해당 사업을 안내해 주기를 요청하고 있으므로 적절하다.
[관련 지문 인용] 위 사업의 세부 사업인「50+다문화학습지원단」의 활동처를 다음과 같이 모집하오니, 참여를 희망하는 관내 초등학교에 안내를 요청드립니다.

※ 출처: 서울정보소통광장, https://opengov.seoul.go.kr

84 공문 - 정보 확인 정답 ①

'교육그룹'의 '학생 수'를 통해 다문화학습지원단은 다문화 초등학생 1~2명이 있는 그룹에도 배정되지만, 3명이 모인 그룹에 우선적으로 배정됨을 알 수 있다. 또한 '다문화 초등학생 3명당 지원단 2명이 배정되어'와 같이 설명하고 있으므로 적절하다.

 ② '교육그룹'의 '필요과목'에서 지원단은 국어, 수학 정교사 자격증 보유자 및 한국어교원 자격증을 보유한 자로 구성됨을 알 수 있다. 따라서 국어, 수학 정교사 자격증 없이 한국어교원 자격증만 보유한 사람도 다문화학습지원단이 될 수 있으므로 적절하지 않다.
[관련 지문 인용] 지원단은 정교사 및 한국어교원 자격증을 취득한 경험이 있는 분들이므로 국어, 수학 모두 학습지도가 가능합니다.

③ '교육그룹'의 '희망요일'에 따라 다문화학습지원단 활동이 최소 주 3회 이루어져야 함을 알 수 있으나, 요일을 체크하는 칸이 '월~금'이므로 주말을 제외한 평일에 최소 3회 이루어져야 함을 알 수 있으므로 적절하지 않다.

[관련 지문 인용] 본 사업의 기본 방침은 주 3회, 회당 2시간 이상 지도입니다.

④ '교육그룹'의 '그룹학년'에서 그룹을 편성할 때 학년과 학력 수준을 모두 고려함을 알 수 있으나 무엇을 우선적으로 고려하는지는 참여 신청서 작성 도움말을 통해 알 수 없으므로 적절하지 않다.

[관련 지문 인용]

- 해당 학생의 학년을 체크해 주세요.
- 학력 수준이 비슷하고 같은 교재로 학습지도가 가능한 경우 학년이 달라도 같은 그룹으로 묶을 수 있습니다.

⑤ '기타정보'의 '방과 후 교실 장소 제공'에서 '학습지도는 방과 후 교실에서 진행됩니다. 교실 제공이 불가능할 경우 사업 참여가 어렵습니다'라고 하였으므로 적절하지 않다.

85 교술 – 견해 파악   정답 ①

윗글의 1문단에서 글쓴이는 이가 빠지고 나서야 '예기'의 예법과 다르게 산 것이 그른 일이었음을 깨닫고 있으며, 2문단에서는 이 깨달음을 바탕으로 이가 빠진 사실을 받아들이고 노년에 접어들어 이가 빠진 사람이 행하기에 분수에 맞고 바람직한 방식으로 삶을 살아가겠다는 글쓴이의 생각을 다루고 있다. 이를 통해 글쓴이는 이가 빠진 것을 계기로 지금껏 살아온 방식과 다르게 자신의 삶의 방향을 설정하고 살아갈 것을 다짐하고 있음을 알 수 있다. 이를 고려할 때, ⊙'빠진 이'는 글쓴이가 자신의 삶의 방식을 다른 방향으로 생각해 보게 된 계기로 작용하는 대상임을 알 수 있으므로 적절한 것은 ①이다.

86 교술 – 반응 및 수용   정답 ⑤

윗글은 이가 빠진 경험을 통해 자신이 살아온 삶을 되돌아보며 반성하는 글쓴이의 성찰을 다루고 있다. ⓒ은 이가 빠진 후에 '얼굴이 일그러짐', '말소리가 샘', '고기를 씹기 어려움', '글 읽는 소리가 낭랑하지 못함'과 같이 화자가 겪은 일을 나열한 후 이를 부정적으로 생각하거나 이겨내려고 하는 대신 받아들여 '조용히 들어앉아 있기', '침묵 지키기', '부드러운 음식 먹기', '마음속으로 글 읽기'와 같은 삶의 태도를 갖겠다고 다짐하는 부분이다. 따라서 ⓒ이 이가 빠진 후 갖추려는 삶의 방식을 다루고 있는 것은 맞으나, 그 상황을 극복하려는 것은 아니므로 적절하지 않은 것은 ⑤이다.

① 2문단 1~2번째 줄에서 주자가 시력이 나빠진 후 성품을 바른 방향으로 길러 나갔다는 이야기를 언급한 후, ⓒ에서 시력이 나빠진 주자처럼 나이가 들어 이가 빠진 것을 계기로 어떤 삶의 태도를 지녀야 할지에 대해 논하고 있으므로 적절하다.

[관련 지문 인용] 옛날 성리학의 대가인 주자(朱子)도 눈이 어두워진 것이 계기가 되어, 본심을 잃지 않고 타고난 착한 성품을 기르는 데 전심하게 되었으며,

② ⓒ에 제시된 '얼굴이 일그러짐', '말소리가 샘', '고기를 씹기 어려움', '글을 읽는 소리가 낭랑하지 못함'은 모두 글쓴이가 이가 빠져 겪게 된 부정적인 일이나, 글쓴이는 이런 변화를 '조용히 들어앉아 있기', '침묵을 지키기', '부드러운 음식을 먹기', '마음속으로 글 읽기'와 같이 삶의 한 부분으로 긍정적으로 받아들이고 있으므로 적절하다.

③ ④ 1문단에서 글쓴이는 '예기'에서 학문을 멀리하는 등 노년에 맞게 살아야 한다고 한 나이를 넘겼음에도 그 가르침을 따르지 않고 살아온 사실을 반성하며 앞으로는 조용히 휴식하며 살아가겠다고 다짐하고 있다. 이가 빠진 것을 계기로 이러한 변화가 나타난 것임을 고려할 때, 이가 빠진 후 화자에게 나타난 변화인 ⓒ은 화자가 앞으로 살아갈 삶의 양식 및 취하려는 휴식의 내용으로 볼 수 있으므로 적절하다.

87 보도 자료 – 정보 확인   정답 ①

'평가 지표'의 지역균형발전 가점 항목에 따라 ITS 관련 사업에 균형발전지표가 전국 시군 평균에 못 미치는 지자체가 지원하는 경우 최대 5점의 가산점을 받을 수 있음을 알 수 있으므로 적절하다.

[관련 지문 인용] 국가균형위에서 발표하는 균형발전지표가 전국 시군 평균에 미달하는 지자체는 지역 발전도에 따라 가점 차등 반영(최대 5점)

② '지원 대상·공모 일정'의 '국고보조비율'에서 도·시·군뿐만 아니라 서울특별시, 광역시에도 보조금을 지급함을 알 수 있으므로 적절하지 않다.

[관련 지문 인용] 국고보조비율: 서울특별시 30%, 광역시 40%, 도·시·군 60%

③ '2009년부터 지자체 지능형교통체계(ITS) 구축 사업을 지원해 왔으며'에서 ITS 구축 지원 사업이 2009년부터 시작되었음을 알 수 있으나, '올해는 총 56개 지자체에서 추진하는~지원한다'에서 56개 지자체를 대상으로 해당 사업이 시행되는 것은 올해부터임을 알 수 있으므로 적절하지 않다.

④ '지원 대상·공모 일정'에서 ITS 구축 지원 사업의 공모 제안서는 기본계획을 수립하였거나 수립할 예정인 지자체 모두 제출 가능함을 알 수 있으므로 적절하지 않다.
[관련 지문 인용] 지능형교통체계(ITS) 기본계획을 기수립했거나 올해 수립예정인 특·광역시, 도·시·군을 대상으로 2022년 7월부터 공모 제안서를 접수받고

⑤ '사업 유형'에서 올해부터 ITS 구축 지원 사업이 'ITS 종합구축'과 '개별 솔루션'의 두 가지 유형으로 세분화될 것임을 알 수 있으며, '지원 대상·공모 일정'에서 올해(2022년)부터 사업 공모 제안서를 접수받는다는 것을 알 수 있으므로 적절하지 않다.
[관련 지문 인용]
  • 올해부터는 사업을 2가지 유형(ITS 종합구축, 개별 솔루션)으로 구분하여
  • 2022년 7월부터 공모 제안서를 접수받고

※ 출처: 국토교통부, http://www.molit.go.kr

88   보도 자료 – 전제 및 근거 추리   정답 ①

㉠ 앞에서 54개 지자체를 대상으로 ITS가 구축되어 있으나 대부분 특별시, 광역시, 수도권에 집중되어 있다고 설명하고 있다. 따라서 ㉠과 같이 지방 중소 도시에 ITS 구축을 활발히 진행해야 하는 이유는 수도권에 비해 지방 중소 도시에 ITS가 많이 갖춰져 있지 않기 때문임을 추론할 수 있다. 따라서 ㉠의 이유로 가장 적절한 것은 ①이다.

오답분석
② ㉠ 앞의 '현재 총 54개 지자체에서 교통정보센터를 통해 지역 주민에게~제공하고 있으나'에서 ITS가 지역 거주민을 위해 구축됨을 알 수 있으나, ITS 구축 사업 유치를 주민들이 요청했는지 여부는 윗글을 통해 알 수 없으므로 적절하지 않다.

③ '교통정보 수집 및 제공, CCTV 등을 활용한 돌발상황관제시스템, 스마트 교차로 및 횡단보도, 긴급차량 우선 신호시스템 등 다양한 지능형교통체계 구축 사업에'에서 ITS가 도로와 관련된 여러 문제를 수집하거나 도로 이용에 도움을 주는 체계임을 알 수 있으나 지방 중소 도시의 도로에서 수도권의 도로보다 문제가 자주 일어나는지는 윗글을 통해 알 수 없으므로 적절하지 않다.

④ '사업 유형'의 '올해부터는 사업을 2가지 유형(ITS 종합구축, 개별 솔루션)으로 구분하여'에서 올해부터 ITS 구축 지원 사업이 두 가지 유형으로 실시됨을 알 수 있으나, 이를 통해 지방 소도시보다 수도권에서 ITS 구축 사업이 다양한 유형으로 지원되어 ITS 구축 확산이 필요하다는 내용은 알 수 없으므로 적절하지 않다.

⑤ ㉠ 앞의 '현재 총 54개 지자체에서 교통정보센터를 통해 지역 주민에게 실시간 교통상황, 돌발정보 등 첨단 교통서비스를 제공하고 있으나'에서 ITS로 수집된 정보는 지역과 관계없이 실시간으로 수집 및 공유됨을 알 수 있으므로 적절하지 않다.

89   보도 자료 – 형식 및 내용 파악   정답 ③

㉡ 앞에서 2026년에 'ITS 세계총회'가 우리나라에서 열릴 예정임을 언급하고 있으나, ㉡을 통해 'ITS 세계총회'가 무사히 열리기를 기원하고 있지는 않으므로 적절하지 않다.

오답분석
① ㉡의 '국민체감 효과가 큰 특화 서비스를 적극적으로 발굴하여 참여해 주기를 당부'에서 ITS 구축 지원 사업이 해당 사업의 혜택을 받는 지역 거주민이 실생활에서 느낄 수 있는 성과를 내는 방향으로 진행되어야 함을 언급하고 있으므로 적절하다.

② 윗글은 전국 지자체를 대상으로 2023년에 시행될 ITS 구축 지원 사업 공모가 시작될 예정임을 안내하고 있으며 '특화 서비스를 적극적으로 발굴하여 참여해 주기를 당부'를 통해 ㉡의 예상 청자가 해당 사업에 지원할 지자체 관계자임을 알 수 있으므로 적절하다.

④ ㉡의 '올해부터 지자체의 여건과 특성을 고려할 수 있도록 공모 사업을 개편한 만큼'을 통해 알 수 있다.

⑤ ITS 구축 지원 사업을 시행하는 주체는 '국토교통부'이며, ㉡의 발언자는 '국토교통부'에 속한 직원이다. 또한 ㉡의 '국민체감 효과가 큰 특화 서비스를 적극적으로 발굴하여 참여해 주기를 당부'를 통해 ITS 구축 지원 사업에 참여할 것을 제안하고 있음을 알 수 있으므로 적절하다.

90   자료 – 정보 확인   정답 ①

버터는 2018년에 1,958톤, 2019년에 2,757톤, 2020년에 3,574톤 생산되었다. 따라서 2018~2019년에 증가한 생산량은 799톤이며, 2019~2020년에 증가한 생산량은 817톤이므로 적절한 것은 ①이다.

오답분석
② 2016~2017년에 조제분유 생산량은 20,896톤에서 16,727톤으로 감소하였고, 전지분유 생산량은 2,213톤에서 1,798톤으로 감소하였다. 그러나 탈지분유 생산량은 8,540톤에서 9,041톤으로 증가하였으므로 적절하지 않다.

③ 2017~2018년에 치즈 생산량은 35,214톤에서 37,322톤으로 증가하였고, 조제분유 생산량은 16,727톤에서 18,163톤으로 증가하였다. 그러나 전지분유 생산량은 1,798톤에서 1,284톤으로 감소하였으므로 적절하지 않다.

④ <보기>에서 가장 상단에 있는 그래프는 치즈 생산량이며, 가장 하단에 있는 그래프는 전지분유 생산량이다. 따라서 최근 5년간 생산 실적이 가장 우수한 것이 치즈라는 설명은 적절하나, 생산 실적이 가장 저조한 것은 버터가 아닌 전지분유이므로 적절하지 않다.

⑤ 2016년 생산량과 2020년 생산량이 가장 크게 차이나는 것은 치즈이므로 적절하지 않다.
- **치즈**: 2016년 28,842톤 생산, 2020년 44,671톤 생산, 생산량 15,829톤 증가
- **조제분유**: 2016년 20,896톤 생산, 2020년 12,501톤 생산, 생산량 8,395톤 감소
- **탈지분유**: 2016년 8,540톤 생산, 2020년 12,974톤 생산, 생산량 4,434톤 증가
- **연유**: 2016년 9,578톤 생산, 2020년 11,872톤 생산, 생산량 2,294톤 증가
- **버터**: 2016년 2,367톤 생산, 2020년 3,574톤 생산, 생산량 1,207톤 증가
- **전지분유**: 2016년 2,213톤 생산, 2020년 1,289톤 생산, 생산량 924톤 감소

※ 출처: KOSIS(농림축산식품부, 우유및유제품생산소비상황, 유제품별 생산 및 소비 실적), 2022.03.22.

국어 문화 (91번~100번)

91 사동문

정답 ③

뜯긴다(뜯+-기-+-ㄴ-+다): 사동사는 문장의 주체가 자기 스스로 행하지 않고 남에게 그 행동이나 동작을 하게 함을 나타내는 동사이다. ③은 문맥상 동생이 형에게 용돈을 뺏는 행위를 하게 한 것이 아니라, 동생이 형에게 용돈을 뺏기는 행위를 당한 것이므로 '뜯긴다'는 사동사가 아닌 피동사임을 알 수 있다. '뜯긴다'의 기본형은 피동사 '뜯기다'로, 동사 '뜯다'의 어간 '뜯-'에 피동 접미사 '-기-'가 결합한 것이며 함께 결합한 '-ㄴ'은 현재 시제 선어말 어미이다. 따라서 답은 ③이다. 참고로, 피동사는 남의 행동을 입어서 행하여지는 동작을 나타내는 동사이다.
- **뜯기다**: 재물 등을 졸려서 주거나 억지로 빼앗기다.

 ① **업혔다(업+-히-+-었-+다)**: 문맥상 그가 나에게 딸을 업는 행동을 하게 하였다는 의미이므로, '업혔다'는 사동사임을 알 수 있다. '업혔다'의 기본형은 '업히다'로, 동사 '업다'의 어간 '업-'에 사동 접미사 '-히-'가 결합한 것이며 함께 결합한 '-었-'은 과거 시제 선어말 어미이다.

- **업히다**: 어떤 사람이 다른 사람에게 또 다른 사람을 업게 하다.

② **갈렸다(갈+-리-+-었-+다)**: 문맥상 아버지가 어떤 사람에게 밭을 가는 행동을 하게 하였다는 의미이므로, '갈렸다'는 사동사임을 알 수 있다. '갈렸다'의 기본형은 '갈리다'로, 동사 '갈다'의 어간 '갈-'에 사동 접미사 '-리-'가 결합한 것이며 함께 결합한 '-었-'은 과거 시제 선어말 어미이다.
- **갈리다**: 쟁기나 트랙터 등의 농기구나 농기계로 땅을 파서 뒤집게 하다.

④ **삭히신다(삭+-히-+-시-+-ㄴ-+다)**: 문맥상 할머니가 여러 가지 젓갈을 발효시켜 맛이 들게 한다는 의미이므로, '삭히신다'는 사동사임을 알 수 있다. '삭히신다'의 기본형은 '삭히다'로, 동사 '삭다'의 어간 '삭-'에 사동 접미사 '-히-'가 결합한 것이며 함께 결합한 '-시-'와 '-ㄴ-'은 각각 주체 높임 선어말 어미와 현재 시제 선어말 어미이다.
- **삭히다**: 김치나 젓갈 등의 음식물을 발효시켜 맛이 들게 하다.

⑤ **붙였다(붙+-이-+-었-+다)**: 문맥상 공간이 좁아 침대를 방 모서리에 바짝 가깝게 하였다는 의미이므로, '붙였다'는 사동사임을 알 수 있다. '붙였다'의 기본형은 '붙이다'로, 동사 '붙다'의 어간 '붙-'에 사동 접미사 '-이-'가 결합한 것이며 함께 결합한 '-었-'은 과거 시제 선어말 어미이다.
- **붙이다**: 물체와 물체 또는 사람을 서로 바짝 가깝게 하다.

92 접사

정답 ③

접두사 '뒤-'는 일부 동사 앞에 붙어 '몹시, 마구, 온통'의 뜻을 더하거나 '반대로' 또는 '뒤집어'의 뜻을 더한다. <보기>의 ㉠~㉤ 중에서 ㉠, ㉡, ㉢에는 '몹시, 마구, 온통'의 뜻을 더하는 접두사 '뒤-'가 쓰였고 ㉣, ㉤에는 '반대로' 또는 '뒤집어'의 뜻을 더하는 접두사 '뒤-'가 쓰였으므로 올바르게 묶인 것은 ③이다.
- ㉠**뒤덮고**: 기본형은 '뒤덮다'로, '빈 데가 없이 온통 덮다'를 뜻한다.
- ㉡**뒤흔들었다**: 기본형은 '뒤흔들다'로, '함부로 마구 흔들다'를 뜻한다.
- ㉢**뒤끓기**: 기본형은 '뒤끓다'로, '한데 마구 섞여서 몹시 끓다'를 뜻한다.
- ㉣**뒤바꾸었다**: 기본형은 '뒤바꾸다'로, '어떠한 상태를 정반대의 상태로 바꾸다'를 뜻한다.
- ㉤**뒤엎었다**: 기본형은 '뒤엎다'로, '물건의 위와 아래가 뒤집히도록 엎어 놓다'를 뜻한다.

93 중세 국어 정답 ②

㉠~㉢에 들어갈 말은 '돗도, 깁고, 머그니'이므로 답은 ②이다.

- **㉠돗도(돗 + 도)**: 자음으로 끝나는 명사 '돗(돗자리)'에 자음으로 시작하는 형식 형태소인 조사 '도'가 오는 경우 '돗'의 종성 'ㅺ'은 8종성 중 하나인 'ㅅ'으로 적으므로 '돗도'로 표기한다. 참고로, 중세 국어에서 종성으로 쓰인 여덟 자는 'ㄱ, ㄴ, ㄷ, ㄹ, ㅁ, ㅂ, ㅅ, ㆁ'이다.
- **㉡깁고(깊- + -고)**: 자음으로 끝나는 용언의 어간 '깊-'에 자음으로 시작하는 형식 형태소인 어미 '-고'가 오는 경우 어간 '깊-'의 종성 'ㅍ'을 8종성 중 하나인 'ㅂ'으로 적으므로 '깁고'로 표기한다.
- **㉢머그니(먹- + -으니)**: 자음으로 끝나는 용언의 어간 '먹-'에 모음으로 시작하는 형식 형태소인 어미 '-으니'가 오는 경우 '먹-'의 종성 'ㄱ'을 '으'의 초성으로 옮겨 '머그니'로 표기한다.

94 남북한의 언어 정답 ①

북한에서는 '무한궤도를 갖추고, 두꺼운 철판으로 장갑(裝甲)하고, 포와 기관총 등으로 무장한 차량'을 뜻하는 외래어 '탱크(tank)'를 '땅크'로 적는다. 따라서 북한의 외래어 표기로 적절한 것은 ①이다.

95 문학 이론 정답 ①

㉠~㉢에 해당하는 비평 방법은 '내재적 비평', '반영론적 관점', '효용론적 관점'이므로 답은 ①이다.

- **㉠내재적 비평**: 작품 이외의 사실은 배제하고 작품 자체에만 초점을 맞추어 작품을 감상하고 분석하는 비평 방법이다. ㉠은 동음 반복, 운율 형성과 같이 작품의 내부적 요소인 표현 방식에만 초점을 맞추어 작품을 분석하고 있다. 따라서 ㉠은 내재적 비평 방법으로 작품을 분석한 내용이다.
- **㉡반영론적 관점**: 작품에 그 당시 현실 세계가 어떻게 반영되었는지에 초점을 맞추어 작품을 감상하고 분석하는 비평 방법이다. ㉡은 당시 시대상이 주인공의 상황에 반영되어 있다는 것에 중점을 두고 작품을 분석하고 있다. 따라서 ㉡은 반영론적 관점으로 작품을 분석한 내용이다.
- **㉢효용론적 관점**: 작품이 독자에게 어떤 영향을 미쳤는지, 독자가 작품을 어떻게 느꼈는지를 중심으로 작품을 감상하고 분석하는 비평 방법이다. ㉢은 작품을 읽고 독자가 생명의 소중함과 삶의 교훈을 깨달았다는 데 중점을 두고 작품을 분석하고 있다. 따라서 ㉢은 효용론적 관점으로 작품을 분석한 내용이다.

오답 분석
- **표현론적 관점**: 작품과 작가의 관계에 중심을 두고 작품에 표현된 작가의 체험과 사상에 초점을 맞추어 작품을 감상하고 분석하는 비평 방법이다.

96 어휘의 문맥적 의미 추론 정답 ②

3문단에서 '나'는 다리가 부러지고 싶냐고 소에게 윽박지르며 소를 두들기고 있다. 이를 고려할 때, ㉡'들입다'가 포함된 문장인 '소만 들입다 두들기며'는 문맥상 소의 사정을 봐주지 않고 마구 두들겼다는 의미로 추론할 수 있다. 따라서 단어의 의미가 적절하지 않은 것은 ㉡이므로 답은 ②이다. 참고로, '언제나 변함없이 한 모양으로 줄곧'은 부사 '노상'의 의미이다.

- **들입다**: 세차게 마구

[관련 지문 인용] "안야! 안야! 이 망할 자식의 소(장인님의 소니까) 대리를 꺾어 줄라."

오답 분석
① ㉠ **부리면**: 2문단 1번째 줄 '웬일인지 밭 반도 갈지 않아서'에서 '나'는 소에게 밭을 갈게 하고 있음을 알 수 있다. 이를 고려할 때, ㉠이 포함된 문장인 '소를 부리면'은 문맥상 소를 시켜 밭을 갈게 했다는 의미로 추론할 수 있으므로 적절하다. 참고로, '부리면'은 동사 '부리다'의 활용형이다.

③ ㉢ **톱톱하게**: 5문단 1번째 줄 '점순이는 뭐 그리 썩 이쁜 계집애는 못 된다. 그렇다구 또 개떡이냐 하면 그런 것도 아니고'에서 '점순이'의 외모가 매우 아름답지는 않으나 그렇게 못나지도 않음을 알 수 있다. 이를 고려할 때, ㉢이 포함된 문장인 '그저 톱톱하게 생긴 얼굴이다'는 문맥상 '점순이'의 외모가 세련되지 않고 평범하다는 의미로 추론할 수 있으므로 적절하다. 참고로, '톱톱하게'는 형용사 '톱톱하다'의 활용형이다.

④ ㉣ **파(破)**: ㉣의 앞에서는 '나'의 눈에 '점순이'가 예뻐 보이며, '점순이'가 밥을 복스럽게 먹어 좋다는 것과 같이 '점순이'의 장점이 나열되어 있다. ㉣이 포함된 문장인 '한 가지 파가 있다면'은 그 장점들과 역접의 부사 '헌데(한데)'로 연결되어 있다. 따라서 문맥상 '파'는 단점이라는 의미로 추론할 수 있으므로 적절하다.

⑤ ㉤ **채신**: ㉤ '채신'이 포함된 문장은 '나'의 장인이 보는 '점순이'의 단점을 이야기하는 부분이며, ㉤ 뒤에서 이를 들까불거나 너무 빠르게 돌아다닌다고 표현하고 있다. 따라서 문맥상 '채신'은 동작이나 행동과 같은 의미로 추론할 수 있으므로 적절하다. 참고로, '채신'은 '처신'을 낮잡아 이르는 말이다.
- **들까불다**: 몹시 경망하게 행동하다.
- **놀다**: 이리저리 돌아다니다.

97 작품

6·25 전쟁을 배경으로 하였고, 무속 세계관으로 갈등을 해소하는 윤흥길의 중편 소설이라는 점에서 <보기>에서 설명하고 있는 문학 작품이 ①의 「장마」임을 알 수 있다. 「장마」는 어린아이인 '나'의 시각에서 6·25 전쟁으로 인한 상실의 고통, 이념의 대립 및 화해의 과정을 그려냄으로써 전쟁으로 인한 비극을 더 효과적으로 보여 주는 작품이다. 또한 무속 신앙을 바탕으로 가족 간 갈등이 해소되는 모습을 그려 전통적·민족적 정서를 통한 화해를 주제로 드러낸다.

② 「토지」는 박경리의 작품으로, 구한말부터 1945년 광복에 이르는 동안 격변하는 최 참판 일가의 가족사를 통해 당대 민중의 삶을 표현한 대하소설이다. 참고로, 대하소설은 사람들의 생애나 가족의 역사 등을 사회적 배경 속에서 시대의 흐름에 따라 포괄적으로 다루는 소설 유형이다.

③ 「사평역」은 임철우의 작품으로, 곽재구의 시 「사평역에서」를 소설화한 것이다. 간이역 대합실에서 막차를 기다리는 여러 인물들의 모습을 통해 1970~1980년대 산업화 시대 속에서 힘들지만 희망을 가지고 살아가는 그 당시 민중들의 모습을 표현한 단편 소설이다.

④ 「해산 바가지」는 박완서의 작품으로, 전반부에는 남아 선호 사상이 드러나는 내용을, 후반부에는 성별에 대한 차별 없이 생명을 존중했던 시어머니의 모습을 회상하는 내용을 그려냄으로써 생명 존중의 주제를 표현한 단편 소설이다.

⑤ 「삼포 가는 길」은 황석영의 작품으로, 1970년대 이후 가속화된 산업화로 인해 고향을 잃고 유랑하는 소외된 하층민들의 삶과 유대를 표현한 단편 소설이다.

98 작가

<보기>에 제시된 「향수」와 「고향」을 지은 작가는 '정지용'이다. '정지용'은 시인으로, 섬세하고 독특한 언어로 대상을 청신하게 묘사함으로써 한국 현대시의 새로운 국면을 개척하였다. 초기에는 감각적 이미지가 드러나는 작품을 집필하였으며 후기에는 동양적 정신이 담긴 작품을 주로 집필하였다. 그의 대표작인 「향수」는 감각적 이미지를 사용하여 고향의 모습을 그리며 고향을 그리워하는 작품이며, 「고향」은 고향의 모습은 그대로이지만 변해 버린 자신의 모습으로 인해 느끼는 허망함을 그린 작품이다.

① '김광섭'은 「해외 문학」, 「문예 월간」의 동인이었으며 초기에는 식민지 시대의 지성인이 겪는 고뇌와 고독과 불안을 주제로 한 작품을, 후기에는 자연·문명 등을 다루며 이에 대한 비판적·사회적 시선을 주제로 한 작품을 주로 집필하였다. 주요 작품으로는 「동경」, 「성북동 비둘기」 등이 있다.

② '이상화'는 「백조」의 동인으로 낭만적 경향에서 출발하여 상징적인 서정시와 함께 일제에 대한 저항 의식을 나타내는 작품도 집필하였다. 주요 작품으로는 「나의 침실로」, 「빼앗긴 들에도 봄은 오는가」 등이 있다.

③ '이육사'는 상징주의적이고도 웅장하고 막힘없는 시풍으로 일제 강점기의 민족의 비극을 작품의 소재로 하여 저항 의식을 나타냈다. 주요 작품으로는 「절정」, 「광야」, 「청포도」 등이 있다.

⑤ '조지훈'은 청록파 시인의 한 사람으로, 초기에는 민족적 전통이 깃든 시를 썼으며 6·25 전쟁 이후에는 조국의 역사적 현실을 담은 시 작품과 평론을 주로 발표하였다. 주요 작품으로는 「승무」, 「역사 앞에서」 등이 있다.

99 작품

「금수회의록」은 1908년 안국선이 지은 신소설로 여덟 종류의 동물들이 차례대로 나와 현실을 비판하는 연설을 하는 내용으로 구성되어 있다. 여우가 연설자인 '제2석'은 호랑이의 권세를 빌려 위세를 부리는 여우의 모습과 이와 비슷하게 외세에 의존해 안위를 꾀하는 인간의 간사함을 다루고 있다. 이를 통해 '제2석'의 제목인 ①은 다른 존재의 힘을 자신의 힘처럼 다루는 것을 비판할 수 있는 말이 들어가야 함을 알 수 있으므로 답은 ③ '호가호위(狐假虎威)'이다. 참고로, '호가호위(狐假虎威)'는 '남의 권세를 빌려 위세를 부림'을 뜻하며 여우가 호랑이의 위세를 빌려 호기를 부린다는 데에서 유래한 한자 성어이다.

① '구밀복검(口蜜腹劍)'은 '입에는 꿀이 있고 배 속에는 칼이 있다'라는 뜻으로, 말로는 친한 듯하나 속으로는 해칠 생각이 있음을 이르는 한자 성어이다. 참고로, '구밀복검(口蜜腹劍)'은 '벌'이 나와 인간의 악독함을 비판하는 「금수회의록」 제4석의 제목이다.

② '무장공자(無腸公子)'는 창자가 없는 동물이라는 뜻으로, '게'를 이르는 한자 성어이다. 참고로, '무장공자(無腸公子)'는 '게'가 나와 부패한 정부와 인간을 비판하는 「금수회의록」 제5석의 제목이다.

④ '반포의 효(反哺之孝)'의 '반포지효(反哺之孝)'는 까마귀 새끼가 자라서 늙은 어미에게 먹이를 물어다 주는 효라는 뜻으로, 자식이 자란 후에 어버이의 은혜를 갚는 효성을 이르는 한자 성어이다. 참고로, '반포의 효(反哺之孝)'는 '까마귀'가 나와 인간의 불효를 비판하는 「금수회의록」 제1석의 제목이다.

⑤ '가정맹어호(苛政猛於虎)'는 '가혹한 정치는 호랑이보
다 무섭다'라는 뜻으로, 혹독한 정치의 폐가 큼을 이
르는 한자 성어이다. 참고로, '가정맹어호(苛政猛於虎)'
는 '호랑이'가 나와 과학 기술을 남을 해하는 데에 쓰
는 인간의 욕심과 포악함을 비판하는 「금수회의록」 제
7석의 제목이다.

※ 출처: 국립한글박물관, https://www.hangeul.go.kr

100 문학사

정답 ②

<보기>를 통해 신소설에서 기존의 봉건 질서를 비판하는 주제가
다루어졌음을 알 수 있으나 윗글에서 신분제를 비판하는 내용은
확인할 수 없으므로 적절하지 않다. 참고로, 「금수회의록」은 불효
(不孝), 정치적 자립, 무지한 외교 대관, 인간의 흉악·부패·음란
등의 문제를 비판하고 있다.

오답 분석
① 2문단에서 여우와 호랑이를 인격화하여 등장시키고 있
으며, 3문단의 '그것이 우리 여우보다 나은 일이오. 결
단코 우리 여우만 못한 물건들이라 하옵네다'를 통해
외세에 빌붙고 자국 사람들을 탄압하는 사람들을 비
판하고 있으므로 「금수회의록」이 우화적 요소를 사용
하여 인간 사회를 비웃고 있는 풍자 소설임을 알 수 있
다.

③ 1문단의 '여우가 연설단에 올라서서'를 통해 연설 형식
이 소설에 쓰였음을 알 수 있으며 <보기>에서 「금수회
의록」이 1908년에 쓰인 개화기 문학임을 알 수 있다.
따라서 「금수회의록」이 연설 형식으로 되어 있는 소설
이며, 작품의 형식으로 쓰인 연설은 당대의 의사 표현
방식이었음을 알 수 있으므로 적절하다.

④ 3문단의 '외국의 세력을 빌어 의뢰하여 몸을 보전하고
벼슬을 얻어 하려 하며'를 통해 부강해지기 위해 자력
으로 노력하지 않고 외국의 힘을 빌리려 하는 현실의 정
치를 비판하고 있음을 알 수 있으며 <보기>를 통해 신
소설에서 계몽적 주제가 다루어졌음을 알 수 있다. 따
라서 「금수회의록」은 정치적 소재를 다루어 사람들에
게 정치적 일깨움을 주기 위해 창작된 소설임을 알 수
있다. 참고로, 정치 소설은 정치를 제재로 하여 정치 사
상의 계몽·선전을 목적으로 쓴 소설로 새 시대가 도래
하는 과도기나 새로운 문명을 건설하려는 시기에 현저
하게 나타난다.

⑤ 3문단의 '외국의 세력을 빌어 의뢰하여 몸을 보전하
고 벼슬을 얻어 하려 하며, 타국 사람을 부동하여 제
나라를 망하고 제 동포를 압박하니'를 통해 연설자
인 여우가 지배층과 피지배층 사이에 생긴 인간 사회
의 문제점을 조롱하며 비판하고 있음을 알 수 있으며
<보기>를 통해 개화기에 자주 사상이 널리 퍼졌음을
알 수 있다. 따라서 「금수회의록」에서 자주적이지 못
한 당대 지배층을 비판하고 있음을 알 수 있으므로 적
절하다.

최신판

해커스
KBS
한국어능력시험
봉투모의고사

초판 2쇄 발행 2024년 2월 5일

초판 1쇄 발행 2022년 6월 2일

지은이	해커스 한국어연구소
펴낸곳	㈜챔프스터디
펴낸이	챔프스터디 출판팀

주소	서울특별시 서초구 강남대로61길 23 ㈜챔프스터디
고객센터	02-537-5000
교재 관련 문의	publishing@hackers.com
동영상강의	pass.Hackers.com

ISBN	978-89-6965-286-7 (13710)
Serial Number	01-02-01

KBS 한국어능력시험 1위,
해커스자격증(pass.Hackers.com)

ᆩᆩᆩ 해커스자격증

· 실전 완벽 대비를 위한 본 교재 인강(교재 내 할인쿠폰 수록)
· 효과적인 학습을 돕는 듣기·말하기 영역 MP3 무료 제공
· 출제포인트를 확인하는 KBS 한국어능력시험 핵심 요약강의
· 내 점수와 석차를 확인하는 모바일 자동 채점 및 성적 분석 서비스

주간동아 선정 2022 올해의 교육 브랜드 파워 온·오프라인 KBS 한국어능력시험 부문 1위